MARTIN WENZ

Die Societas Europaea (SE)

Abhandlungen aus dem Industrieseminar der Universität Mannheim

früher unter dem Titel
Abhandlungen aus dem Industrieseminar der Universität zu Köln
begründet von Prof. Dr. Dr. h. c. Theodor Beste

Herausgegeben von

Prof. Dr. Gert v. Kortzfleisch, Prof. Dr. Heinz Bergner
und Prof. Dr. Peter Milling

Heft 36

Die Societas Europaea (SE)

Analyse der geplanten Rechtsform und ihre Nutzungsmöglichkeiten für eine europäische Konzernunternehmung

Von

Martin Wenz

Duncker & Humblot · Berlin

Die Deutsche Bibliothek – CIP-Einheitsaufnahme

Wenz, Martin:
Die Societas Europaea : (SE) ; Analyse der geplanten Rechtsform und ihre Nutzungsmöglichkeiten für eine europäische Konzernunternehmung / von Martin Wenz. – Berlin : Duncker und Humblot, 1993
(Abhandlungen aus dem Industrieseminar der Universität Mannheim H. 36)
ISBN 3-428-07652-4
NE: Universität ⟨Mannheim⟩ / Seminar für Allgemeine Betriebswirtschaftslehre und Betriebswirtschaftslehre der Industrie: Abhandlungen aus dem . . .

Fotoprint: Werner Hildebrand, Berlin 65
Printed in Germany

ISSN 0935-381X
ISBN 3-428-07652-4

"Die wichtigste Eigenschaft des Europäers ist die Geduld: Die schon seit Jahrzehnten in der Diskussion befindliche Europa AG wäre wohl längst verabschiedet worden, gäbe es das ... Problem der Mitbestimmung nicht."
(*G. Langguth*, HB Nr. 93, vom 14.5.1992, S. 7)

Vorwort

Die Schaffung supranationaler Rechtsformen für Unternehmungen in den Europäischen Gemeinschaften, die neben die bisherigen Rechtsformen nationalen Rechts treten sollen, stellt eine schwierige Aufgabe dar, wie der schon über dreißig Jahre währende *Leidens*weg bei der Verabschiedung des Statuts über eine Europäische Handelsgesellschaft in Form einer Europäischen Aktiengesellschaft - Societas Europaea, SE - deutlich macht. Der Abschluß dieses europäischen Gesetzgebungsverfahrens (EG-Verordnung) ist auch zu Beginn des EG-Binnenmarktes noch nicht vollzogen, erscheint aber in den nächsten zwei Jahren zumindest als möglich.

Das Vorhaben, nationalstaatliche Hoheitsgrenzen zu überwinden, ist eine zentrale Voraussetzung für die Verwirklichung eines Binnenmarktes (Raum ohne wirtschaftliche und rechtliche Binnengrenzen) im Bereich der Rechtsformen: Sowohl unabhängige Unternehmungen als auch Konzerne sollten sich wirtschaftlich und vor allem auch rechtlich in grenzüberschreitenden *europäischen* Dimensionen organisieren können, um damit wirtschaftliche Einheiten in der EG zu schaffen, die gegenüber amerikanischen und japanischen Unternehmungen und Konzernen konkurrenzfähig sind. Darüber hinaus sollten sich diese wirtschaftlichen Einheiten bei der Zusammenführung von Produktionsfaktoren und in ihrer Freizügigkeit und Niederlassungsfreiheit nicht von nationalen Hoheitsgrenzen beeinträchtigen lassen. Letztlich stellt die Verabschiedung eines einheitsrechtlich geregelten Statuts über eine Societas Europaea *die* Alternative zur eher mühevollen Angleichung des nationalen Rechts der einzelnen EG-Staaten durch Richtlinien dar.

Die vorliegende Arbeit wurde im Wintersemester 1991/92 am Lehrstuhl für Allgemeine Betriebswirtschaftslehre und Industriebetriebslehre II der Universität Mannheim, Prof. Dr. *Heinz Bergner*, erstellt und im Laufe des Jahres 1992 aktualisiert. Sie soll die mit der Schaffung einer Societas Europaea verbundenen Ziele und ihre Verbindung zum EG-Binnenmarkt aufzeigen. Ferner wird der

Versuch unternommen, die wesentlichen Vorteile und Chancen - aber auch die noch bestehenden Nachteile und Problembereiche - der geplanten europäischen Rechtsform darzustellen. Anhand von Anwendungsbeispielen sollen die theoretischen Ausführungen zur Rechtsform der Societas Europaea in die Praxis übertragen und ihre Einsatzmöglichkeiten konkretisiert werden. Die Grundlage sämtlicher Erläuterungen bildet der von der EG-Kommission Mitte 1991 vorgelegte geänderte Vorschlag einer Verordnung über das Statut der Societas Europaea sowie die ihn ergänzenden europäischen und nationalen Regelungen.

Die Ausarbeitung wendet sich erstens an die interessierten Fachkreise, sowohl der Rechtswissenschaft als auch der Betriebswirtschaftslehre, und zweitens an europäisch ausgerichtete Verbände und insbesondere Unternehmungen, die sich in Zukunft im EG-Binnenmarkt stärker grenzüberschreitend - alleine oder zusammen mit anderen Unternehmungen - betätigen wollen.

Mein vornehmster Dank gilt Herrn Prof. Dr. *Heinz Bergner*, der mich bei der Erstellung der Arbeit umfassend betreut, mir wertvolle kritische Anregungen gegeben und mich zu dieser Veröffentlichung ermutigt hat. Ihm sowie den Herren Professoren Dr. *Gerd von Kortzfleisch* und Dr. *Peter Milling* habe ich für die Aufnahme dieser Arbeit in die von ihnen gemeinsam herausgegebene Schriftenreihe zu danken.

Weiterhin möchte ich den Herren Dipl.-Kfm. *Thomas Hänichen* und Dr. *Gerhard Kloos* für die stete Diskussionsbereitschaft und die große Unterstützung bei der Erstellung und der Veröffentlichung dieser Arbeit danken. Frau *Gudrun Heiser* schulde ich für die formale Durchsicht verschiedener Manuskriptfassungen ebenso Dank wie Herrn Dipl.-Kfm. *Christian Hertel*, der mir als Ansprechpartner immer zur Verfügung stand. Ein besonderer Dank gebührt darüber hinaus meinem Bruder, Herrn Dipl.-Inform. (FH) *Ekkehard Wenz*, für die Anfertigung zahlreicher Abbildungen sowie der Druckvorlage. Er blieb auch bei wiederholten Änderungswünschen bis ins Morgengrauen stets gelassen und arbeitete uhrwerkartig dem Ziel entgegen.

Zum Schluß, aber nicht zuletzt danke ich Frau *Burmeister* und Herrn *Kuchta* vom Verlag Duncker & Humblot für die Betreuung und Zusammenarbeit bei der zügigen Drucklegung.

Mannheim, im Oktober 1992 *Martin Wenz*

Inhalt

Verzeichnis der Abbildungen und Tabellen

Verzeichnis der Abkürzungen

a.A.	=	anderer Auffassung
a.a.O.	=	am angegebenen Ort
A.d.V.	=	Anmerkung des Verfassers
A.U.M.E.	=	Association pour l'Union Monetaire de l' Europe (Vereinigung für die europäische Währungsunion)
Abb.	=	Abbildung
ABl. EG	=	Amtsblatt der Europäischen Gemeinschaften, Nr. C = Reihe C, Nr. L = Reihe L
Abs.	=	Absatz
a.F.	=	alte Fassung
AG	=	Aktiengesellschaft
AktG	=	Aktiengesetz
AN-RL	=	Vorschlag der EG-Kommission bezüglich einer Richtlinie zur Ergänzung des SE-Statuts hinsichtlich der Stellung der Arbeitnehmer von 1991
Anm.	=	Anmerkung
AO	=	Abgabenordnung
Art.	=	Artikel
Bd.	=	Band
BetrVG	=	Betriebsverfassungsgesetz 1972
BewG	=	Bewertungsgesetz
BFH	=	Bundesfinanzhof
BGBl.	=	Bundesgesetzblatt
BGH	=	Bundesgerichtshof
BGHZ	=	Entscheidungen des Bundesgerichtshofes in Zivilsachen
BHV	=	Beherrschungsvertrag
BS	=	Betriebsstätte
BStBl.	=	Bundessteuerblatt
Buchst.	=	Buchstabe
BV	=	Beslotenen Vennotschap met beperkte Aansprakelijkheid
bzgl.	=	bezüglich
bzw.	=	beziehungsweise
C.E.E.	=	Communauté Economique Européenne (Europäische Wirtschaftsgemeinschaft)
CASA	=	Construcciones Aeronauticas Sociedad Anónima, Madrid
CDU	=	Christlich-Demokratische Union
CES	=	Wirtschafts- und Sozialausschuß der Europäischen Gemeinschaften

d.h.	=	das heißt
DASA	=	Deutsche Aerospace Aktiengesellschaft, München
DBA	=	Abkommen zur Vermeidung der Doppelbesteuerung
DBAs	=	Plural von DBA
Diss.	=	Dissertation
DIN	=	Deutsche Industrie-Norm
DM	=	Deutsche Mark
DOK	=	Dokumentation der Kommission der EG
dual.	=	dualistisch
e.V.	=	eingetragener Verein
ECU	=	European Currency Unit (Europäische Währungseinheit)
EFTA	=	European Free Trade Association (Europäische Freihandelsassoziation)
EG	=	Europäische Gemeinschaften/Europäische Wirtschaftsgemeinschaft
einschl.	=	einschließlich
endg.	=	endgültig
EStG	=	Einkommensteuergesetz
et al.	=	et alii
EuGH	=	Europäischer Gerichtshof, Luxemburg
evtl.	=	eventuell
EWG	=	Europäische Wirtschaftsgemeinschaft
EWGV	=	Vertrag zur Gründung der Europäischen Wirtschaftsgemeinschaft
EWIV	=	Europäische Wirtschaftliche Interessenvereinigung
EWIV-VO	=	Verordnung über das Statut einer EWIV
EWS	=	Europäisches Währungssystem
f.	=	folgende
F.E.E.	=	Fédération des Experts Comptables Européens
FF	=	Französischer Franc
Fusions-RL	=	steuerliche Fusionsrichtlinie
GewStG	=	Gewerbesteuergesetz
ggü.	=	gegenüber
GIE	=	Groupement d'intérêt économique
GmbH	=	Gesellschaft mit beschränkter Haftung
GoB	=	Grundsätze ordnungsmäßiger Buchführung
GrEStG	=	Grunderwerbsteuergesetz
GuV	=	Gewinn- und Verlustrechnung
GuVs	=	Plural von GuV
HGB	=	Handelsgesetzbuch
Hrsg.	=	Herausgeber
hrsg.	=	herausgegeben
HS	=	Halbsatz
i.Br.	=	im Breisgau
i.d.R.	=	in der Regel
i.R.d.	=	im Rahmen des/der
i.S.	=	im Sinne
i.S.d.	=	im Sinne des
i.S.v.	=	im Sinne von
i.V.m.	=	in Verbindung mit

Jg.	=	Jahrgang
k.A.	=	keine Angaben
KOM	=	Dokument der Kommission der Europäischen Gemeinschaften
KStG	=	Körperschaftsteuergesetz
Lit.	=	Buchstabe
m.b.H.	=	mit beschränkter Haftung
MBB	=	Messerschmitt-Bölkow-Blohm GmbH, München
m.E.	=	meines Erachtens
Mio	=	Millionen
mon.	=	monistisch
Mu-To-RL	=	steuerliche Mutter-Tochter-Richtlinie
Nr.	=	Nummer
NV	=	Naamloze Vennootschap
o.V.	=	ohne Verfasser
OECD	=	Organization for Economic Cooperation and Development (Organisation für wirtschaftliche Zusammenarbeit)
OECD-MA	=	Muster eines Abkommens zur Vermeidung der Doppelbesteuerung auf dem Gebiete der Steuern vom Einkommen und vom Vermögen (OECD-Musterabkommen)
PE	=	Europäisches Parlament
PLC	=	Public Limited Company
PuK	=	Planungs- und Kontrollrechnung
Rdnr.	=	Randnummer
Rdnrn.	=	Randnummern
RL	=	Richtlinie
RLV	=	Richtlinienvorschlag
S.	=	Satz/Seite
s.o.	=	siehe oben
s.u.	=	siehe unten
SA	=	Société Anonyme
SE	=	Societas Europaea
SE-VO	=	Vorschlag der EG-Kommission bezüglich einer Verordnung über das Statut einer SE von 1991
SEs	=	Societates Europaeae (Plural von Societas Europaea)
SNI	=	Société Nationale Industrielle
Sp.	=	Spalte
Tab.	=	Tabelle
Tz.	=	Textziffer
u.a.	=	unter anderem
U.E.C.	=	Union Européenne des Experts Comptables Economiques et Financiers (Europäischer Berufsverband der Wirtschaftsprüfer)
UmwStG	=	Umwandlungssteuergesetz
US/U.S.	=	Vereinigte Staaten
USA	=	Vereinigte Staaten von Amerika
usw.	=	und so weiter

v.	=	von
v.a.	=	vor allem
VersBiRiLi	=	Versicherungsbilanzrichtlinie
vgl.	=	vergleiche
vH	=	vom Hundert
VO	=	Verordnung
VStG	=	Vermögensteuergesetz
vT	=	vom Tausend
WPO	=	Wirtschaftsprüferordnung
WSA	=	Wirtschafts- und Sozialausschuß der Europäischen Gemeinschaften
z.B.	=	zum Beispiel
1. EG-RL	=	Erste gesellschaftsrechtliche Richtlinie der EG
2. EG-RL	=	Zweite gesellschaftsrechtliche Richtlinie der EG
3. EG-RL	=	Dritte gesellschaftsrechtliche Richtlinie der EG
4. EG-RL	=	Vierte gesellschaftsrechtliche Richtlinie der EG (Bilanzrichtlinie)
5. EG-RLV	=	Vorschlag einer fünften gesellschaftsrechtlichen Richtlinie (Strukturrichtlinie) der EG-Kommission
7. EG-RL	=	Siebente gesellschaftsrechtliche Richtlinie der EG (Konzernbilanzrichtlinie)
8. EG-RL	=	Achte gesellschaftsrechtliche Richtlinie der EG (Prüferbefähigungsrichtlinie)

A. Die Societas Europaea als Rechtsform zur Schließung der Lücke zwischen der wirtschaftlichen Realität und den rechtlichen Gegebenheiten im EG-Binnenmarkt

I. Die grundlegende Bedeutung von Rechtsformen für die Betriebswirtschaftslehre und die Rechtswissenschaft

Der Begriff *"Rechtsform"* wird in der betriebswirtschaftlichen Literatur ähnlich aber nicht einheitlich definiert. Dieser Arbeit soll daher eine Definition zugrundegelegt werden, die sich aus verschiedenen in der Literatur dargestellten Auffassungen zusammensetzt und die die grundlegenden Merkmale von Rechtsformen beinhaltet. Danach sind unter Rechtsformen "alle wesentlichen Eigenschaften .. (der; A.d.V.) rechtlichen Organisation"[1] von Unternehmungen zu verstehen, die sich nach bestimmten, gesetzlich definierten und von der Rechtsordnung zur Verfügung gestellten Grundstrukturen richten[2] und als rechtliche Verfassung der Unternehmung angesehen werden können.[3] Rechtsformen stellen folglich die "rechtliche Struktur"[4] bzw. den institutionellen Rahmen[5] von Unternehmungen dar, die die rechtlichen Beziehungen zur Umwelt und die innere Organisation der Unternehmungen bestimmen.[6]

Die *betriebswirtschaftliche Aufgabe* der Rechtsform einer Unternehmung besteht darin, "langfristig .. (die; A.d.V.) bestmögliche Unterstützung einer erfolgreichen Unternehmungsentwicklung"[7] zu gewährleisten. Daher gehört

---

[1] Stüdemann, K.: Rechtsform der Unternehmung, in: Grochla, E./Wittmann, W. (Hrsg.), Handwörterbuch der Betriebswirtschaft, 4. Auflage, Bd. I/2, Stuttgart 1975, Sp. 3362.

[2] Vgl. hierzu ähnlich Grimm-Curtius, H.: Erster Teil: Betriebswirtschaftlicher Gesamtprozeß und konstitutiver Rahmen, in: Bestmann, U. (Hrsg.), Kompendium der Betriebswirtschaftslehre, 5. Auflage, München/Wien 1990, S. 21, sowie Wöhe, G.: Einführung in die Allgemeine Betriebswirtschaftslehre, 17. Auflage, München 1990, S. 333.

[3] Vgl. Albach, H./Albach, R.: Das Unternehmen als Institution, Wiesbaden 1989, S. 37.

[4] Thommen, J.-P.: Allgemeine Betriebswirtschaftslehre, Wiesbaden 1991, S. 60.

[5] Vgl. Albach/Albach, S. 2.

[6] Vgl. Thommen, S. 60.

[7] Nathusius, K.: Gründungsplanung, in: Szyperski, N. (Hrsg.), Handwörterbuch der Planung, Stuttgart 1989, Sp. 614.

die Wahl einer bestimmten Rechtsform ebenso wie die Wahl des Standorts und die Bildung eines Unternehmungszusammenschlusses zu den konstitutiven (grundlegenden) Unternehmungsentscheidungen.[8]

In Deutschland und in anderen Staaten kann für eine Unternehmung zwischen einer *Vielzahl* verschiedener *Rechtsformen* ausgewählt werden, deren innere Ausgestaltung ebenfalls frei bestimmbar ist, sofern die Rechtsordnung dies für die jeweilige Rechtsform zuläßt (dispositives Recht).[9] Rechtsformen können allgemein nach dem Recht, auf dem sie beruhen, in private und öffentliche Rechtsformen unterteilt werden.[10] Im folgenden soll stets nur auf private Rechtsformen von Unternehmungen eingegangen werden, an denen sich allerdings auch staatliche oder öffentliche Institutionen beteiligen können.

Die wichtigsten privatrechtlichen Rechtsformen für Unternehmungen sind in Deutschland neben der Einzelunternehmung die Offene Handelsgesellschaft, die Kommanditgesellschaft, die Gesellschaft mit beschränkter Haftung, die Kommanditgesellschaft auf Aktien und die Aktiengesellschaft.[11]

Die konkrete Auswahl oder Änderung einer bestimmten Rechtsform bei der Gründung oder Umstrukturierung einer Unternehmung hängt v.a. von folgenden *Bestimmungsfaktoren* der Rechtsformen ab:

- Haftung der Gesellschafter,
- Leitungsbefugnis und Kontrolle der Unternehmungsführung,
- Finanzierungsmöglichkeiten mit Eigen- und/oder Fremdkapital,
- Beteiligung am Gewinn und/oder Verlust,
- Gewinnverwendungsvorschriften und Entnahmerechte,
- Kooperationsfähigkeit,
- Aufwendungen der Rechtsform (z.B. Gründungskosten),
- laufende und aperiodische Steuerbelastung,
- handelsrechtliche Rechnungslegungsvorschriften,
- Pflicht zur Publizität und Prüfung der handelsrechtlichen externen Rechnungslegung und
- Rechte der Arbeitnehmer bei der betrieblichen und der unternehmerischen Mitbestimmung.[12]

---

[8] Vgl. hierzu sinngemäß nur Grimm-Curtius, S. 21, 39, 51.

[9] Vgl. ähnlich Lutter, M.: Legal Forms of German Business Organisation, in: Grochla, E./ Gaugler, E.: Handbook of German Business Management, Bd. 2, New York et al. 1990, Sp. 1323.

[10] Vgl. Stüdemann, Sp. 3367.

[11] Vgl. bezüglich einer umfassenden Darstellung von sämtlichen privatrechtlichen deutschen Rechtsformen sowie den daraus ableitbaren Kombinationsformen Schierenbeck, H.: Grundzüge der Betriebswirtschaftslehre, 10. Auflage, München/Wien 1989, S. 28-32, sowie Grimm-Curtius, S. 22-30.

[12] Vgl. ähnlich Thommen, S. 61-69; Schierenbeck, S. 30 f.; Grimm-Curtius, S. 31-38; Wöhe, Einführung, S. 343-389.

Rechtsformen sind sowohl für die *Betriebswirtschaftslehre* als auch für die *Rechtswissenschaft* von grundlegender Bedeutung. Zwischen beiden geisteswissenschaftlichen Teilwissenschaften bestehen bezüglich der Rechtsformen folgende *Interdependenzen*: Die für die Unternehmung Handelnden müssen ebenso wie diejenigen, die sich mit der Unternehmung theoretisch befassen (Betriebswirtschaftslehre)[13], zwingende rechtliche Vorschriften beachten, die durch die gewählte Rechtsform vorgegeben sind, da sie andernfalls die wirtschaftlichen Ziele der Unternehmung nicht erreichen können. Die Rechtswissenschaft und hierbei insbesondere der Gesetzgeber muß bei der Ausgestaltung der Rechtsformen, die den Unternehmungen zur Verfügung gestellt werden, die wirtschaftlichen Gegebenheiten, Realitäten und Bedürfnisse der Unternehmungen und deren Umwelt berücksichtigen. Andernfalls wird die Effizienz der unternehmerischen Tätigkeit durch unzureichende Rechtsformen behindert.[14]

Als Ausfluß dieser Interdependenzen wurden in der Vergangenheit von den Gesetzgebern der einzelnen Staaten verschiedene *Rechtsformen nationalen Rechts* für die in ihrem Hoheitsgebiet ansässigen Unternehmungen zur Verfügung gestellt. "Da sich die wirtschaftliche Tätigkeit (der Unternehmungen; A.d.V.) aber weiterentwickelt, kann der Fall eintreten, daß .. individuelle Änderungen"[15] der Rechtsformen, die von den einzelstaatlichen Gesetzgebern vorgenommen werden, nicht mehr ausreichen, um den Unternehmungen einen wirtschaftlich sachgerechten, rechtlichen Rahmen zur Verfügung zu stellen.[16] "Die Rechtsordnung (muß den Unternehmungen dann zusätzliche; A.d.V.) neue Rechtsformen zur Verfügung stellen, wenn es nicht zu Störungen der wirtschaftlichen Prozesse kommen soll."[17]

---

[13] Die Unternehmung bildet das Erfahrungsobjekt der Betriebswirtschaftslehre, aus dem im Wege der isolierenden Abstraktion durch die Bestimmung eines Auswahlprinzips das jeweils zu untersuchende Erkenntnisobjekt abgegrenzt wird. Vgl. Wöhe, Einführung, S. 2 f. Hierbei wird allerdings der Auffassung von Lohmann gefolgt, der die *Unternehmung* als gegenüber dem *Betrieb* übergeordnet ansieht, während sich Wöhe bei der Bestimmung des Erfahrungsobjekts der Betriebswirtschaftslehre allgemein auf Betriebe als Oberbegriff bezieht. Vgl. Lohmann, M.: Einführung in die Betriebswirtschaftslehre, 4. Auflage, Tübingen 1964, S. 12-15; Wöhe, Einführung, S. 12.

[14] Vgl. zum gesamten Absatz ähnlich Hübner, H.: Recht und Organisation, in: Grochla, E. (Hrsg.), Handwörterbuch der Organisation, 2. Auflage, Stuttgart 1980, Sp. 2007.

[15] Albach/Albach, S. 2.

[16] Vgl. ähnlich Albach/Albach, S. 2.

[17] Albach/Albach, S. 2. So auch Hübner, Sp. 2007. Bersch stellt in diesem Zusammenhang folgende Forderung auf: "Die Rechtsentwicklung muß .. Schritt halten mit der sich in hohem Tempo entwickelnden grenzüberschreitenden Aktivität der Unternehmen, die wirksame Instrumentarien (z.B.; A.d.V.) für grenzüberschreitende Unternehmenszusammenschlüsse erfordert." Bersch, A.: EG-Kommission schlägt europäischen Betriebsrat vor, in: Europäisches Wirtschafts- und Steuerrecht, 2. Jg. 1991, S. 26.

II. Das Problem der fehlenden europäischen Rechtsform auf der Ebene des EG-Binnenmarkts und erste Lösungsansätze

Zum 31.12.1992 soll der *Binnenmarkt* als Markt ohne wirtschaftliche und rechtliche Grenzen zwischen den zwölf Mitgliedstaaten der Europäischen Gemeinschaften (EG) vollendet werden.[18] [19] Da Rechtsformen für die Unternehmungen aber nur von den verschiedenen nationalen Rechtsordnungen der EG-Staaten bereitgehalten werden, entsteht mit der Vollendung des Binnenmarkts eine *Lücke* im Bereich der Rechtsformen. Diese ergibt sich aus dem einheitlichen europäischen Markt einerseits und den verschiedenen nationalen Rechtsformen andererseits, die sich grundsätzlich nur auf das jeweilige nationale Hoheitsgebiet beziehen und dadurch die Unternehmungen v.a. in ihren *rechtlichen* Entfaltungsmöglichkeiten auf die jeweiligen EG-Staaten beschränken.

Für die Schließung dieser Lücke zwischen den rechtlichen Gegebenheiten und der wirtschaftlichen Realität des Binnenmarkts ist die Schaffung von *supranationalen* (überstaatlichen) *europäischen Rechtsformen* notwendig, die die bestehenden Rechtsformen nationalen Rechts fakultativ ergänzen[20] und unabhängig vom nationalen Recht der EG-Staaten[21] sein sollen. Dadurch kann auch im Bereich der Rechtsformen ein europäischer Binnenmarkt ohne nationale rechtliche Grenzen hergestellt werden.

De lege lata gibt es bisher aber nur eine EG-Verordnung über die Rechtsform der *Europäischen Wirtschaftlichen Interessenvereinigung* (EWIV)[22], die in allen EG-Staaten unmittelbar geltendes Recht darstellt. Die EWIV wurde als Rechtsform zur grenzüberschreitenden Zusammenarbeit zwischen Unternehmungen verschiedener Mitgliedstaaten entwickelt[23], "ohne (selbst; A.d.V.) zu

---

[18] Vgl. Art. 8a des Vertrags zur Gründung der Europäischen Wirtschaftsgemeinschaft (EWGV) vom 25.3.1957, BGBl. Teil II, vom 19.8.1957, S. 753-1233.

[19] Vgl. zur Erweiterung des Binnenmarkts um die Staaten der Europäischen Freihandelsassoziation (EFTA) zu einem Europäischen Wirtschaftsraum, auf den in dieser Arbeit allerdings nicht eingegangen werden soll, nur Albrechtskirchinger, G.: 1993 - Der erweiterte Binnenmarkt, in: Europäische Zeitschrift für Wirtschaftsrecht, 3. Jg. 1992, Heft 12, S. I, sowie o.V.: Noch Hürden auf dem Weg zum gemeinsamen Markt, in: Frankfurter Allgemeine Zeitung, Nr. 247, vom 24.10.1991, S. 15.

[20] Vgl. hierzu z.B. Weitnauer, W.: Die europäische grenzüberschreitende Gesellschaft, in: Europäisches Wirtschafts- und Steuerrecht, 3. Jg. 1992, S. 167.

[21] Vgl. Hauschka, C.E.: Die Europäische Aktiengesellschaft (SE) im Entwurf der Kommission von 1992: Vor der Vollendung?, in: Europäische Zeitschrift für Wirtschaftsrecht, 3. Jg. 1992, S. 147.

[22] ABl. EG Nr. L 199, vom 31.7.1985, S. 1-9.

[23] Vgl. Ganske, J.: Das Recht der Europäischen Wirtschaftlichen Interessenvereinigung

einem Unternehmenszusammenschluß zu führen"[24], und kann als eine Art "Offene Handelsgesellschaft mit Fremdgeschäftsführung"[25] und "genossenschaftlichem Hintergrund"[26] gekennzeichnet werden.

Durch Art. 3 der Verordnung über das Statut[27] der EWIV (EWIV-VO) werden die Anwendungsmöglichkeiten dieser Rechtsform allerdings stark eingeschränkt. Die EWIV ist ausschließlich befugt, "die wirtschaftliche Tätigkeit ihrer Mitglieder (, d.h. ihrer Gesellschafter,; A.d.V.) zu erleichtern oder zu entwickeln sowie die Ergebnisse dieser Tätigkeit zu verbessern oder zu steigern; sie hat nicht den Zweck, Gewinn für sich selbst zu erzielen."[28] Darüber hinaus verbietet Art. 3 Abs. 2 Buchst. a und c EWIV-VO den Unternehmungen in der Rechtsform einer EWIV die Leitung eines Konzerns sowie die Beschäftigung von mehr als 500 Arbeitnehmern.[29] [30] Aufgrund dieser Einschränkungen in den Anwendungsmöglichkeiten der EWIV kann sie die oben dargestellte Lücke nur unzureichend schließen. Bestätigt wird diese Einschätzung dadurch, daß bis Dezember 1991 in der gesamten EG nur 224 Unternehmenskooperationen in der Rechtsform einer EWIV gegründet worden sind.[31]

Daher wurde und wird in der Literatur ebenso wie von der EG-Kommission die Schaffung einer supranationalen Europäischen Handelsgesellschaft (lateinisch *Societas Europaea*) in Form einer Europäischen Aktiengesellschaft gefordert.[32] Diese soll dieselben wirtschaftlichen und v.a. auch *rechtlichen Einsatzmöglichkeiten* im Binnenmarkt besitzen, wie die bestehenden nationalen Handelsgesellschaften in Form von Aktiengesellschaften im nationalen Markt.[33] [34] Neben der Forderung nach Schaffung einer Societas Europaea (SE)

(EWIV), München 1988, S. 26 f.

[24] Goerdeler, R.: Überlegungen zum künftigen Gesellschaftsrecht in der EG, in: Bauer, J.F./Hopt, K.J./Mailänder, P.K. (Hrsg.), Festschrift für Ernst Steindorff zum 70. Geburtstag am 13. März 1990, Berlin/New York 1990, S. 1215.

[25] Ganske, J.: Die Europäische Wirtschaftliche Interessenvereinigung (EWIV), in: Der Betrieb, 38. Jg. 1985, Beilage Nr. 20, S. 2.

[26] Lutter, M.: Europa und das Unternehmensrecht, Berlin/New York 1988, S. 12.

[27] Unter einem Statut ist allgemein ein Gesetz zu verstehen.

[28] Art. 3 Abs. 1 EWIV-VO.

[29] Vgl. zu diesen Einschränkungen der Einsatzmöglichkeiten der Rechtsform einer EWIV Ganske, Europäische, S. 3.

[30] Vgl. zu weiteren Einschränkungen der Einsatzmöglichkeiten der Rechtsform einer EWIV nach Art. 3 Abs. 2 Buchst. b, d und e z.B. Ganske, Europäische, S. 3.

[31] Vgl. hierzu und zu den Gründungszahlen der EWIV in den einzelnen EG-Staaten bis Dezember 1991 Rechenberg, W.-G. Freiherr von: Die EWIV - Ihr Sein und Werden, in: Zeitschrift für Unternehmens- und Gesellschaftsrecht, 21. Jg. 1992, S. 300 f.

[32] Vgl. zur Entwicklungsgeschichte der Rechtsform einer Societas Europaea Kapitel B.I.

[33] Den Bedarf und damit die Notwendigkeit der Schaffung einer supranationalen Gesellschaftsform speziell für grenzüberschreitende Unternehmenszusammenschlüsse oder zumindest - ko-

wird auch die Schaffung einer Europäischen Gesellschaft mit beschränkter Haftung[35], einer Europäischen Genossenschaft[36], eines Europäischen Vereins und einer Europäischen Gegenseitigkeitsgesellschaft gefordert oder zumindest diskutiert.[37]

Diese Arbeit befaßt sich ausschließlich mit der Schaffung einer Europäischen Aktiengesellschaft (SE) auf der Grundlage des (letzten) Statutvorschlags der EG-Kommission vom Mai 1991, da *erstens* die Arbeiten an dieser geplanten Rechtsform auf europäischer Ebene am weitesten fortgeschritten bzw. nahezu beendet und *zweitens* deren Anwendungsmöglichkeiten grundsätzlich nicht begrenzt sind. Die geplante Rechtsform der SE kann daher als besonders aussichtsreich bei der Schließung der oben angesprochenen Lücke angesehen werden.

Demgegenüber soll die bestehende europäische Rechtsform der EWIV aufgrund ihrer nur sehr begrenzten Einsatzmöglichkeiten grundsätzlich ebensowenig berücksichtigt werden, wie die Rechtsform einer Europäischen Gesellschaft mit beschränkter Haftung, die bisher nur in der Literatur vereinzelt diskutiert wird.[38]

Für die Schaffung einer Europäischen Genossenschaft, eines Europäischen Vereins und einer Europäischen Gegenseitigkeitsgesellschaft hat die EG-Kommission am 18.12.1991[39] dem Ministerrat erste Statutvorschläge vorgelegt.[40] Da die Arbeiten an diesen Rechtsformen noch am Anfang stehen[41] und

---

operationen in der EG haben v.a. die Probleme der gescheiterten Unternehmenskooperationen, wie z.B. zwischen der Hoesch Aktiengesellschaft und der Hoogovens Namlooze Vennootschap (hierauf wird bezüglich der Einsatzmöglichkeiten der Rechtsform einer SE in Kapitel D.III. näher eingegangen) offenbart. Vgl. hierzu Ebenroth, C.T./Wilken, O.: Entwicklungstendenzen im deutschen internationalen Gesellschaftsrecht - Teil 1, in: Juristenzeitung, 46. Jg. 1991, S. 1015 sowie Großfeld, B.: Internationales Unternehmesrecht, Heidelberg 1986, S. 75-77.

[34] Vgl. zu den Zielen der Rechtsform einer Societas Europaea Kapitel B.III.

[35] Vgl. hierzu Hommelhoff, P.: Die deutsche GmbH im System der Kapitalgesellschaften, in: Roth, G.H. (Hrsg.), Das System der Kapitalgesellschaften im Umbruch - ein internationaler Vergleich, Köln 1990, S. 60 f. sowie Duden, K.: Das Für und Wider einer europäischen GmbH, in: GmbH-Rundschau, 53. Jg. 1962, S. 76 f.

[36] Vgl. hierzu nur Schaffland, H.-J.: Die Europäische Genossenschaft - Eine neue Rechtsform, in: Deutsche Zeitschrift für Wirtschaftsrecht, 1. Jg. 1991, S. 18-21.

[37] Ablehnend zu diesen weiteren europäischen Rechtsformen Lutter, M.: Perspektiven eines europäischen Unternehmensrechts - Versuch einer Summe, in: Zeitschrift für Unternehmens- und Gesellschaftsrecht, 21. Jg. 1992, S. 447.

[38] Vgl. hierzu nochmals Hommelhoff, System, S. 60 f. und Duden, Für und Wider, S. 76 f.

[39] Vgl. hierzu o.V.: EG-Statut für Genossenschaften, in: Frankfurter Allgemeine Zeitung, Nr. 294, vom 19.12.1991, S. 13.

[40] Alle drei Statutvorschläge sind abgedruckt, in: Kommission der Europäischen Gemeinschaften, KOM(91) 273 endg. - SYN 386-391, vom 5.3.1992.

[41] Vgl. sinngemäß Schaffland, S. 19.

ihre Anwendungsmöglichkeiten gegenüber denjenigen einer Europäischen Aktiengesellschaft geringer sind[42], soll auch auf ihre Einbeziehung in die vorliegende Arbeit verzichtet werden.[43]

III. Der Aufbau der Arbeit und der Gang der Untersuchung

Die vorliegende Arbeit umfaßt neben diesem vier weitere Kapitel, wobei im folgenden Kapitel zunächst auf die Grundlagen der SE eingegangen werden soll, um deren Entstehungsgeschichte und das ihr zugrundeliegende Recht sowie die mit der Schaffung einer SE verbundenen Ziele darzustellen (Kapitel B.). Die Ausführungen über die geplante Rechtsform orientieren sich hierbei insbesondere an der Vollendung des EG-Binnenmarkts.

---

[42] So besteht z.B. der Zweck von Genossenschaften, in Anlehnung an das deutsche Genossenschaftsgesetz, ausschließlich in der "Förderung des Erwerbs oder der Wirtschaft ihrer Mitglieder (Genossen; A.d.V.) mittels gemeinschaftlichen Geschäftsbetriebs". Gesetz betreffend die Erwerbs- und Wirtschaftsgenossenschaften vom 1.5.1889, RGBl., vom 10.5.1889, S. 55-93, in der Fassung der Bekanntmachung vom 20.5.1898, RGBl., vom 14.6.1898, S. 369, 810-845, zuletzt geändert durch Bankbilanzrichtlinie-Gesetz vom 30.11.1990, BGBl. Teil I, vom 7.12.1990, S. 2570-2578. Die Hauptmerkmale von Genossenschaften bestehen folglich in der Gleichberechtigung der beteiligten Genossen und "im gemeinschaftlich begründeten Geschäftsbetrieb, der im Sinne der Förderungsaufgabe nicht gewinnorientiert sein soll". Jäger, W.: Genossenschaft, in: Gabler Wirtschaftslexikon, 12. Auflage, Wiesbaden 1988, Bd. 1, Sp. 2045. Weiterhin ist Unternehmungen in der Rechtsform einer Genossenschaft der Zugang zu den (europäischen) Kapitalmärkten durch die Ausgabe von Aktien generell verwehrt. Diese Möglichkeit der Eigenfinanzierung steht nur Aktiengesellschaften offen. Vgl. allgemein zur Eigenfinanzierung, insbesondere bezüglich einer Aktiengesellschaft, Matschke, M.J.: Finanzierung der Unternehmung, Herne/Berlin 1991, S. 75-95. Vgl. ausführlich zu den Unterschieden der Rechtsform einer Genossenschaft und einer Aktiengesellschaft Binz, M.K./Freudenberg, G.: Ist die Rechtsform der Genossenschaft noch zeitgemäß?, in: Der Betrieb, 44. Jg. 1991, S. 2473-2477.

[43] Vgl. zu den geplanten Rechtsformen der Europäischen Genossenschaft, des Europäischen Vereins und der Europäischen Gegenseitigkeitsgesellschaft Schneider, U.H.: Europäischer Verein, Europäische Genossenschaft, Europäische Gegenseitigkeitsgesellschaft, in: Europäische Zeitschrift für Wirtschaftsrecht, 3. Jg. 1992, Heft 7, S. I; Wiesner, P.M.: Verein, Genossenschaft, Gegenseitigkeitsgesellschaft: EG-Kommission legt drei neue supranationale Rechtsformen vor, in: Die Aktiengesellschaft, 37. Jg. 1992, S. R66-R70; Wiesner, P.M.: Spitzenverbände kritisieren neue supranationale Rechtsformen, in: Handelsblatt, Nr. 53, vom 16.3.1992, S. 8; Köstler, R.: Ein Füllhorn europäischer Rechtsformen, in: Die Mitbestimmung, 38. Jg. 1992, S. 58 f.; Gemeinsamer Arbeitsausschuß des Bundesverbandes der Deutschen Industrie, des Bundesverbandes Deutscher Banken, der Bundesvereinigung der Deutschen Arbeitgeberverbände, des Deutschen Industrie- und Handelstages und des Gesamtverbandes der Deutschen Versicherungswirtschaft für Fragen des Unternehmensrechts: Stellungnahme zu den Vorschlägen der EG-Kommission für ein Statut des Europäischen Vereins, der Europäischen Genossenschaft und der Europäischen Gegenseitigkeitsgesellschaft, Köln 1992.

Daran anschließend wird in Kapitel C. der Statutvorschlag und die ihn ergänzenden Regelungen über die zu schaffende europäische Rechtsform der SE analysiert, wodurch drei Ziele verfolgt werden sollen:

Es sollen *erstens* die Regelungsbereiche des Statutvorschlags dargestellt, erläutert und analysiert werden. Dadurch können Erkenntnisse darüber gewonnen werden, ob die geplante Rechtsform der SE die in Kapitel A.II. angesprochene Lücke zwischen der wirtschaftlichen Realität und den rechtlichen Gegebenheiten zu schließen vermag. Zudem werden die in Kapitel A.I. aufgezählten Bestimmungsfaktoren, bezogen auf die Rechtsform einer SE, dargestellt. Sofern hierbei nationales Recht der einzelnen EG-Staaten ergänzend einschlägig ist, wird grundsätzlich nur auf das in Deutschland geltende Recht eingegangen. Die Darstellung und Analyse der für die SE relevanten Vorschriften im Bereich der unternehmerischen Mitbestimmung (Kapitel C.X.) erfolgt insbesondere aufgrund der Tatsache, daß die Bestimmungen hierüber die Einigung über die Schaffung einer SE im EG-Ministerrat bis heute hinauszögern.[44]

Zweitens wird auf bestimmte, besonders interessante Regelungsbereiche des Statutvorschlags näher eingegangen. Hierzu gehören im allgemeinen die Regelungen über grenzüberschreitende Sachverhalte und im besonderen die Möglichkeiten der Gründung sowie die Vorschriften der externen Rechnungslegung einer SE. Letztere wurden für Kapitalgesellschaften nationalen Rechts in den EG-Staaten harmonisiert, so daß es von besonderem Interesse ist, festzustellen, nach welchen Vorschriften sich die externe Rechnungslegung einer SE zu richten hat.

Drittens wird in Kapitel C.VIII. die steuerrechtliche Behandlung von SEs, v.a. de lege lata, untersucht werden. Diese richtet sich nahezu ausschließlich nach nationalem Recht der EG-Staaten. Hierbei soll u.a. überprüft werden, inwieweit die einzelstaatlichen Vorschriften des Steuerrechts den grenzüberschreitenden Charakter der Rechtsform einer SE fördern, beeinflussen oder faktisch unmöglich machen. Die Grundlage dieser Untersuchung bilden die deutschen Regelungen (deutsches Steuerrecht) sowie ergänzend die steuerrechtlichen Richtlinien und Richtlinienvorschläge der EG, die teilweise bereits verabschiedet und transformiert sind.

---

[44] Vgl. zu den nach wie vor bestehenden Divergenzen über die Mitbestimmung z.B. Gerum, E.: Führungsorganisation und Mitbestimmung in der europäischen Unternehmensverfassung, in: Zeitschrift für Organisation, 61. Jg. 1992, S. 147; Langguth, G.: Die Unternehmen müssen sich nach europäischem Recht organisieren können, in: Handelsblatt, Nr. 93, vom 14.5.1992, S. 7; Merkt, H.: Europäische Aktiengesellschaft: Gesetzgebung als Selbstzweck?, in: Betriebs-Berater, 47. Jg. 1992, S. 658; Wiesner, P.M.: Das weitere Schicksal der Europa-AG ist wegen der Mitbestimmung ungewiß, in: Handelsblatt, Nr. 123, vom 30.6.1992, S. 8.

In Kapitel C. werden zudem einzelne normative Vorschläge zu möglichen Verbesserungen und Ergänzungen des SE-Statutvorschlags und der ihn ergänzenden Regelungen unterbreitet, die als Ausfluß der Analyse des Statutvorschlags angesehen werden können.

Die Nutzungsmöglichkeiten der supranationalen europäischen Rechtsform der SE werden in Kapitel D. konkret anhand von zwei praktischen Beispielen dargestellt. Hierbei wird ausschließlich auf die Einsatzmöglichkeiten für europäische (Teil-) Konzernunternehmungen eingegangen, da diese den Hauptanwendungsfall von SEs darstellen, wie noch zu zeigen sein wird.

Abschließend werden in der Schlußbetrachtung in Kapitel E. die wesentlichen Ergebnisse der Arbeit nochmals zusammengefaßt und ein Urteil darüber abgegeben, ob die Rechtsform der SE die Lücke zwischen der wirtschaftlichen Realität und den rechtlichen Gegebenheiten zu schließen vermag. Im Ausblick desselben Kapitels wird zusätzlich auf mögliche Erkenntnisse aus der Analyse der Rechtsform der SE für ihre Weiterentwicklung und für die Schaffung der noch ausstehenden, weiteren supranationalen europäischen Rechtsformen eingegangen.

B. Grundlagen der Societas Europaea

I. Entwicklungsgeschichte der Societas Europaea

Den Ausgangspunkt der rechtlichen Überlegungen in Deutschland zur Schaffung einer *internationalen Handelsgesellschaft* bilden die Diskussionen auf dem vierunddreißigsten Deutschen Juristentag in Köln 1926.[1] Auf Antrag *Karl Geilers* wurde beschlossen, daß "der Juristentag ... die Bildung einer überstaatlichen kapitalistischen Organisationsform .., die wahlweise neben den innerstaatlichen Gesellschaftsformen zur Verfügung stehen soll"[2], anregt.[3] Die Forderung nach einer internationalen Rechtsform ist aber bis zum zweiten Weltkrieg weder in Deutschland noch international weiterverfolgt worden.[4]

Nach dem zweiten Weltkrieg entwickelte der 1949 in London gegründete Europarat[5] bereits 1949 und 1952 zwei Entwürfe, die als Vorläufer für eine *europäische Gesellschaftsform* angesehen werden können. Die hiernach zu schaffenden europäischen Gesellschaften sollten bestimmte Privilegien "auf dem Gebiete der Zölle, Devisenausnahmegenehmigungen, Anwerbung von Arbeitskräften und dergleichen mehr"[6] erhalten und zudem nur öffentliche Zwecke verfolgen.[7] Durch diese Vorteile der vorgeschlagenen europäischen

---

[1] Vgl. Netta, F.: Das Recht der verbundenen Unternehmen im Vorschlag eines Statuts für die Societas Europaea, Diss. Bochum 1974, S. 1.

[2] Verhandlungen des 34. Deutschen Juristentags zu Köln, hrsg. von dem Schriftführer-Amt der ständigen Deputation, Bd. 2, Berlin/Leipzig 1927, S. 878.

[3] Vgl. Netta, S. 878.

[4] Vgl. Duden, K.: Internationale Aktiengesellschaften, in: Rabels Zeitschrift für ausländisches und Internationales Privatrecht, 27. Jg. 1962/63, S. 90 f.

[5] Der Europarat ist eine internationale Organisation, deren Ziele die Verwirklichung einer europäischen Union, die Verteidigung der Demokratie und der Menschenrechte sowie die Verbesserung der Lebensbedingungen aller Europäer sind. Vgl. hierzu im einzelnen Gautron, J.-C.: droit européen, 4. Auflage, Paris 1989, S. 21-30.

[6] Sanders, P.: Auf dem Wege zu einer europäischen Aktiengesellschaft, in: Außenwirtschaftsdienst des Betriebs-Beraters, 6. Jg. 1960, S. 2.

[7] Vgl. Caemmerer, E. von: Europäische Aktiengesellschaft, in: Biedenkopf, K.H./Coing, H./ Mestmäcker, E.-J. (Hrsg.), Das Unternehmen in der Rechtsordnung, Festgabe für Heinrich Kronstein aus Anlaß seines 70. Geburtstages am 12. September 1967, Karlsruhe 1967, S. 176.

Gesellschaftsform befürchtete man eine Diskriminierung nationaler Gesellschaften. Die beiden Entwürfe für eine *allgemein* zur Verfügung stehende europäische Gesellschaftsform ruhen seither.[8]

Für bestimmte *Einzelzwecke* wurden dagegen wiederholt internationale Gesellschaften gegründet. Nachdem 1930 die Bank für internationalen Zahlungsausgleich mit Sitz in Basel (Schweiz)[9] aufgrund der Haager Konvention vom August 1929 gegründet worden war, durch die das Grundgesetz und die Statuten der Bank festgelegt wurden, sind vor allem zwischen 1955 und 1959 verschiedene internationale Gesellschaften in Europa durch Staatsvertrag zwischen souveränen Staaten gegründet worden. Als Beispiel hierfür kann die Gesellschaft für die Finanzierung von Eisenbahnmaterial (Eurofima), ebenfalls mit Sitz in Basel (Schweiz)[10], genannt werden.[11] Auf die Eurofima findet primär das internationale Regierungsabkommen (einschließlich der in der Anlage dieses Abkommens beigefügten Satzung) und sekundär das nationale Recht des Kantons Basel Anwendung.[12] Abgesehen von diesen *isolierten Gründungen* international organisierter Gesellschaften durch Staatsverträge gab es lange Zeit keinen konkreten Ansatz für eine europäische Handelsgesellschaft.

Erst 1959, also etwa zweieinhalb Jahre nach der Unterzeichnung des Vertrags zur Gründung der Europäischen Wirtschaftsgemeinschaft (EWGV) in Rom[13], wurde vom französischen "Notar *Thibièrge* die Schaffung einer 'societé par action de type europeén'[14] vorgeschlagen"[15]. Auch *Sanders* erhob noch im selben Jahr die Forderung nach Schaffung eines *europäischen Aktienrechts* als Ergänzung des

---

[8] Vgl. Sanders, Aktiengesellschaft, S. 2.

[9] RGBl. Teil II, vom 19.3.1930, S. 289-327 und RGBl. Teil II, vom 19.5.1930, S. 776, die das Grundgesetz und die Statuten der Bank sowie das deutsche Zustimmungsgesetz enthalten.

[10] BGBl. Teil II, vom 19.10.1956, S. 908-923.

[11] Weitere internationale Gesellschaftsgründungen durch Staatsvertrag sind die Internationale Mosel-Gesellschaft m.b.H., mit Sitz in Trier, BGBl. Teil II, vom 24.12.1956, S. 1837-1862, die Europäische Gesellschaft für die chemische Aufarbeitung bestrahlter Kernbrennstoffe (Eurochemic) mit Hauptniederlassung in Mol, Belgien, BGBl. Teil II, vom. 6.6.1959, S. 621-671, sowie die Saar-Lothringische Kohlenunion, deutsch-französische Gesellschaft auf Aktien (Saarlor), mit Doppelsitz in Saarbrücken, Deutschland, und Straßburg, Frankreich, BGBl. Teil II, vom. 24.12.1956, S. 1634 f., 1791 f. Vgl. hierzu Duden, Aktiengesellschaften, S. 96 f.

[12] Vgl. Sanders, Aktiengesellschaft, S. 1.

[13] Vgl. zur Quelle des EWGV Kapitel A.II. Mit dem EWGV sollte ein umfassender, einheitlicher Markt geschaffen werden, der gem. Art. 3 EWGV den freien Verkehr von Gütern, Personen, Dienstleistungen und Kapital innerhalb der den EWGV unterzeichnenden Staaten gewährleistet. Vgl. hierzu: Kommission der Europäischen Gemeinschaften: Die Vollendung des Binnenmarktes, Bedingungen für die industrielle Zusammenarbeit, Öffentliches Auftragswesen, Brüssel/Luxemburg 1990, S. 1.

[14] D.h., "einer Aktiengesellschaft europäischen Typs". Merkt, Aktiengesellschaft, S. 652.

[15] Lutter, M.: Genügen die vorgeschlagenen Regelungen für eine "Europäische Aktiengesellschaft"?, in: Die Aktiengesellschaft, 35. Jg. 1990, S. 413. Vgl. zu den Aussagen Thibièrges auch die hier von Lutter in Fußnote 1 auf S. 413 angegebene Literaturstelle.

nationalen Aktienrechts der Mitgliedstaaten der Europäischen Wirtschaftsgemeinschaft (EWG), da durch diese neue zusätzliche Rechtsform Vorteile im Internationalen Privatrecht, im Gesellschaftsrecht sowie in der Organisation und Finanzierung europäischer Unternehmungen erreicht werden könnten.[16] Die Kommission der Europäischen Gemeinschaften, d.h. der EWG, der Europäischen Gemeinschaft für Kohle und Stahl[17] und der Europäischen Atomgemeinschaft[18], die auch als Europäische Gemeinschaften (EG) zusammengefaßt werden[19], bezeichnete die Grundgedanken von *Sanders* in einer Stellungnahme[20] als wertvollen Beitrag in der einsetzenden Diskussion um die Schaffung einer europäischen Gesellschaftsform.[21]

In Frankreich wurden die Gedanken einer europäischen Gesellschaftsform in den Folgejahren durch den 1962 vorgelegten Entwurf eines Statuts für europäische Gesellschaften des französischen Industrieverbands, der aus 194 Artikeln bestand[22], sowie durch die Note der französischen Regierung von 1965 an den Rat der EG, "in der sie die Schaffung einer Europäischen Handelsgesellschaft durch Abschluß eines Staatsvertrages über die Einführung einer entsprechenden 'loi uniforme' (gleichlautende nationale Gesetze; A.d.V.[23]) in allen sechs EG-Staaten vorschlug"[24], vorangebracht. Die Kommission der EG nahm diesen Gedanken positiv auf und arbeitete eine Denkschrift aus, in der sie "die Schaffung europäischer Handelsgesellschaften als Teil der Verwirklichung des Gemeinsamen Marktes"[25] ansah.[26] Zudem beauftragte die Kommission der EG im Jahre

[16] Vgl. Sanders, Aktiengesellschaft, S. 1-3.

[17] BGBl. Teil II, vom 6.5.1952, S. 445-504.

[18] BGBl. Teil II, vom 19.8.1957, S. 1014-1155.

[19] Vgl. Arndt, H.-W./Rudolf, W.: Öffentliches Recht, 8. Auflage, München 1991, S. 167 f.

[20] Vgl. ABl. EG Nr. 65, vom 19.12.1959, S. 1272.

[21] Auch auf dem Kongreß der Pariser Anwaltsvereinigung 1960 wurden in Diskussionen die Schaffung eines europäischen Gesellschaftstyps positiv beurteilt und erste Regelungsinhalte vorgeschlagen. Vgl. hierzu den Bericht von Lietzmann, H.: Stand der Diskussion über die europäische Aktiengesellschaft, in: Die Aktiengesellschaft, 6. Jg. 1961, S. 57-61. Die Ergebnisse des Pariser Kongresses werden auch von Bärmann zusammengefaßt. Vgl. Bärmann, J.: Einheitliche Gesellschaftsform für die Europäische Wirtschaftsgemeinschaft, in: Archiv für die civilistische Rechtspraxis, Band 160, ohne Jg., 1961, S. 108-112. Von Duden wurde ein einheitliches europäisches Aktienrecht auf der Trierer Tagung für Rechtsvergleichung 1961 als Schritt, um ein geeintes Europa aufzubauen, bezeichnet. Vgl. zur Trierer Tagung nur das dort gehaltene Referat von Duden, Aktiengesellschaften, S. 89-111, hier S. 105, 108.

[22] Vgl. hierzu sowie zu den einzelnen Artikeln Skaupy, W.: Europäisches Gesellschaftsrecht, in: Die Aktiengesellschaft, 11. Jg. 1966, S. 21-23.

[23] Übersetzung von Hauschka, C.E.: Kontinuität und Wandel im Statut für die Europäische Aktiengesellschaft (SE) 1989, in: Europäische Zeitschrift für Wirtschaftsrecht, 1. Jg. 1990, S. 181.

[24] Caemmerer, S. 177.

[25] Kommission der Europäischen Wirtschaftsgemeinschaft: Denkschrift der Kommission der Europäischen Wirtschaftsgemeinschaft über die Schaffung einer europäischen Handelsgesellschaft, in: SEK (66) 1250, vom 22.4.1966, S. 6.

[26] Vgl. Kommission der Europäischen Wirtschaftsgemeinschaft, Denkschrift, S. 1.

1966 *Sanders* und eine Sachverständigengruppe mit der Prüfung, "wie eine neue einheitliche Rechtsform für einen bestimmten Gesellschaftstyp - die Europäische Aktiengesellschaft - aussehen könnte, die neben die bestehenden Gesellschaftsformen nationalen Rechts tritt."[27] Da die Struktur einer Aktiengesellschaft in allen EG-Staaten in verwandter Form existiert, bezieht sich die Frage der Schaffung einer *Societas Europaea* ausschließlich auf die Schaffung einer Europäischen *Aktiengesellschaft*. Außerdem wird nur durch eine Aktiengesellschaft der Zugang zur Börse gewährleistet, was für eine Gesellschaftsform europäischer Konzerne und Gemeinschaftsunternehmungen, die durch die Vorschriften über die SE geschaffen werden soll, als notwendig erscheint.[28] Bereits im Dezember 1966 legten *Sanders* und die ihn unterstützende Sachverständigengruppe einen Vorentwurf für ein Statut einer *Europäischen Aktiengesellschaft* vor, dessen Rechtsgrundlage ein Staatsvertrag zwischen den Mitgliedstaaten der EG bilden sollte.[29] Dieser Vorentwurf diente als Grundlage des Verordnungsvorschlags über das Statut einer Europäischen Aktiengesellschaft[30], den die Kommission der EG dem Ministerrat im Jahre 1970 vorlegte.

Nach umfangreichen Stellungnahmen hierzu[31] überarbeitete die Kommission diesen Vorschlag und legte 1975 einen geänderten Verordnungsvorschlag[32] vor.[33] Im Ministerrat konnte allerdings *keine Einigung* über die Struktur der Organe, das Konzern- und Steuerrecht sowie die Fragen der Mitbestimmung der Arbeitnehmer der SE erreicht werden[34]. Die Beratungen wurden im Ministerrat ab 1982 nicht weitergeführt, da man zunächst auf Vorschläge der Kommission zur Harmonisierung des Konzernrechts warten wollte.[35]

Auf der Tagung des Europäischen Rates[36] im März 1985 in Brüssel forderte dieser die Kommission der Europäischen Gemeinschaften auf, bis zur "nächsten

---

27 Vorwort der Kommission der Europäischen Gemeinschaften zu Sanders, P.: Vorentwurf eines Statuts für europäische Aktiengesellschaften, in: Kommission der Europäischen Gemeinschaften (Hrsg.), Kollektion Studien, Reihe Wettbewerb Nr. 6, Brüssel 1967, S. 5.

28 Vgl. ähnlich Caemmerer, S. 182.

29 Vgl. Sanders, Vorentwurf, S. 7, 13-15.

30 ABl. EG Nr. C 124, vom 10.10.1970, S. 1-55.

31 Vgl. zu den Stellungnahmen ausführlich die Materialien in: Lutter, M. (Hrsg.), Die Europäische Aktiengesellschaft, Köln et al. 1976, S. XII-XV.

32 Kommission der Europäischen Gemeinschaften: Vorschlag einer Verordnung des Rates über das Statut für Europäische Aktiengesellschaften, in: Bulletin der EG, Beilage 4/1975, S. 1-200.

33 Vgl. ausführlich zu diesem Vorschlag nur den gesamten von Lutter hierzu herausgegebenen Sammelband: Lutter, M. (Hrsg.), Die Europäische Aktiengesellschaft, Köln et al. 1976.

34 Vgl. Hauschka, C.E.: Entwicklungslinien und Integrationsfragen der gesellschaftsrechtlichen Akttypen des Europäischen Gemeinschaftsrechts, in: Die Aktiengesellschaft, 35. Jg. 1990, S. 96.

35 Vgl. Kommission der Europäischen Gemeinschaften: Statut der Europäischen Aktiengesellschaft, in: Bulletin der Europäischen Gemeinschaften, Beilage 5/1989, S. 28.

36 Der Europäische Rat besteht aus den Staats- und Regierungschefs der EG-Staaten und dem

Tagung des Europäischen Rates ein detailliertes Programm (über Maßnahmen zur Verwirklichung des Binnenmarkts bis Ende 1992; A.d.V.) mit einem genauen Zeitplan auszuarbeiten."[37] Im Juni 1985 legte die Kommission dem Europäischen Rat daher ein *Weißbuch* über die Vollendung des Binnenmarkts mit 279 Gesetzesvorschlägen und einem Zeitplan für deren Annahme vor.[38] Hierin wies die Kommission darauf hin, daß es erforderlich ist, über die vorgeschlagene Satzung einer Europäischen Aktiengesellschaft bis 1992 zu beschließen, und behielt sich die Möglichkeit vor, den Verordnungsvorschlag von 1975 zu ergänzen.[39] Mit der 1986 erfolgten Verabschiedung der Einheitlichen Europäischen Akte durch den Europäischen Rat[40] "und den danach geänderten und eingefügten Vorschriften in den EWG-Vertrag (insbesondere Art. 8a-c, 100a, b) wurden ... die notwendigen Rechtsgrundlagen auf EG-Ebene geschaffen, um den Forderungen des Weißbuchs ... gerecht werden zu können".[41] Daran anschließend forderte der Europäische Rat die Kommission im Juni 1987 auf, "die Anpassungen des Gesellschaftsrechts mit dem Ziel der Schaffung einer Gesellschaft europäischen Rechts rasch voranzutreiben."[42]

Während die Kommission der EG in ihrem Grundsatzpapier zur Unternehmenspolitik 1988 noch an ihrem Verordnungsentwurf des Statuts einer Europäischen Aktiengesellschaft von 1975 festhielt[43], deutete sie in ihrem Memorandum von 1988 auf einen geänderten Vorschlag über das Statut einer Europäischen Aktiengesellschaft hin.[44] Nachdem zu diesem Memorandum sowohl positive als

---

Präsidenten der Kommission der EG, Art. 2 der Einheitlichen Europäischen Akte (EEA). Auf die EEA wird im folgenden näher eingegangen.

[37] Vgl. Kommission der Europäischen Gemeinschaften: Vollendung des Binnenmarktes, Weißbuch der Kommission an den Europäischen Rat, in: KOM(85) 310 endg., vom 14.6.1985, S. 3 f.

[38] Vgl. hierzu das gesamte Weißbuch: Kommission der Europäischen Gemeinschaften, Weißbuch.

[39] Vgl. Kommission der Europäischen Gemeinschaften, Weißbuch, S. 34, Rdnr. 137.

[40] ABl. EG Nr. L 169 vom 29.6.1987, S. 1-29. Vgl. hierzu auch das deutsche Gesetz zur Ratifizierung der EEA, BGBl. Teil II, vom 24.12.1986, S. 1102 f.

[41] Abeltshauser, T.E.: Der neue Statutvorschlag für eine Europäische Aktiengesellschaft, in: Die Aktiengesellschaft, 35. Jg. 1990, S. 290.

[42] Zitiert nach Kommission der Europäischen Gemeinschaften: Zweiter geänderter Vorschlag einer Verordnung über das Statut der Europäischen Aktiengesellschaft, in: KOM(89) 268 endg. - SYN 218, vom 25.8.1989, S. 1.

[43] Kommission der Europäischen Gemeinschaften: Mitteilung der Kommission - Eine Unternehmenspolitik für die Gemeinschaft, in: KOM(88) 241/2 endg. vom 10.5.1988, S. 19.

[44] Vgl. Kommission der Europäischen Gemeinschaften: Memorandum der Kommission an das Parlament, den Rat und die Sozialpartner, Binnenmarkt und industrielle Zusammenarbeit - Statut für die Europäische Aktiengesellschaft - Weißbuch für die Vollendung des Binnenmarktes, Rdnr. 137, in: KOM(88) 320 endg., vom 15.7.1988, S. 2, 16-20. Eingehend zu diesem Memorandum Kohlhepp, K.H.: Die Europäische Aktiengesellschaft, in: Recht der Internationalen Wirtschaft, 35. Jg. 1989, S. 88-90.

auch ablehnende Stellungnahmen abgegeben worden waren[45], verabschiedete die Kommission 1989 den von den Kommissaren Bangemann et al. vorgelegten neuen Entwurf[46], der aus einem *Verordnungsvorschlag* über ein Statut einer Societas Europaea und einem diesen ergänzenden *Richtlinienvorschlag* hinsichtlich der Stellung der Arbeitnehmer besteht.[47]

Der Verordnungs- und der Richtlinienvorschlag von 1989 (1) wurden nach dem sog. *Verfahren der Zusammenarbeit*[48] (Art. 149 Abs. 2 EWGV) dem Ministerrat (2) sowie dem Wirtschafts- und Sozialausschuß der EG (3) und dem Europäischen Parlament (4) vorgelegt. Das Verfahren der Zusammenarbeit soll im folgenden für die SE kurz beschrieben werden. Die Zahlen in Klammern geben die Stationen in Abbildung 1[49] auf Seite 16 an; Abbildung 1 stellt dieses Verfahren nochmals graphisch dar. Sowohl der Wirtschafts- und Sozialausschuß der EG[50] (5) als auch das Europäische Parlament (erste Lesung)[51] (6) haben zu beiden Vorschlägen - teilweise sehr kritisch - Stellung genommen. Die Kommission hat daraufhin 1991 einen weiteren, überarbeiteten Verordnungs- und Richtlinienvorschlag[52] i.R.d. Zusatzantragsmöglichkeit dem Ministerrat (7) zur Prüfung vorgelegt, in dem sie die Änderungsanträge des Europäischen Parlaments und des Wirtschafts- und Sozialausschusses weitgehend berücksichtigt hat.[53] Der

[45] Vgl. hierzu Kolvenbach, W.: Statut für die Europäische Aktiengesellschaft (1989), in: Der Betrieb, 42. Jg. 1989, S. 1957-1959.

[46] Vgl. Kolvenbach, Statut, S. 1959.

[47] Kommission der Europäischen Gemeinschaften, Statut, S. 1-55, 62-139, und Kommission der Europäischen Gemeinschaften: Vorschlag einer Richtlinie zur Ergänzung des SE-Statuts hinsichtlich der Stellung der Arbeitnehmer, in: KOM(89) 268 endg. - SYN 219, vom 25.8.1989, S. 56-61, 140-148.

[48] Vgl. zu diesem EG-Gesetzgebungsverfahren Nicolaysen, G.: Europarecht, Bd. 1, Baden-Baden 1991, S. 153-156.

[49] Verändert entnommen aus Kommission der Europäischen Gemeinschaften, Vollendung, S. IV.

[50] Wirtschafts- und Sozialausschuß der Europäischen Gemeinschaften: Stellungnahme zu dem Vorschlag für eine Verordnung (EWG) des Rates über das Statut der Europäischen Aktiengesellschaft und dem Vorschlag für eine Richtlinie des Rates zur Ergänzung des SE-Statuts hinsichtlich der Stellung der Arbeitnehmer, in: CES(90) 379, vom 28.3.1990. Vgl. hierzu auch Wiesner, P.M.: Europa-AG: WSA kritisiert neue Vorschläge, in: Die Aktiengesellschaft, 35. Jg. 1990, S. R 306-R 310.

[51] Vgl. hierzu Wiesner, P.M.: Europa-AG: Europäisches Parlament für Letztentscheidungsrecht der Aktionäre, in: Die Aktiengesellschaft, 36. Jg. 1991, S. R 54 f.

[52] Kommission der Europäischen Gemeinschaften: Geänderter Vorschlag für eine Verordnung (EWG) des Rates über das Statut der Europäischen Aktiengesellschaft, in: KOM(91) 174 endg. - SYN 218, vom 16.5.1991, S. 1-166 (= ABl. EG Nr. C 176, vom 8.7.1991, S. 1-68), und Kommission der Europäischen Gemeinschaften: Geänderter Vorschlag für eine Richtlinie des Rates zur Ergänzung des SE-Statuts hinsichtlich der Stellung der Arbeitnehmer, in: KOM(91) 174 endg. - SYN 219, vom 6.5.1991, S. 1-20 (= ABl. EG Nr. C 138, vom 29.5.1991, S. 8-17).

[53] Vgl. Wiesner, P.M.: Kommission legt neue Vorschläge zur Europa-AG vor, in: Die Aktiengesellschaft, 36. Jg. 1991, S. R 275.

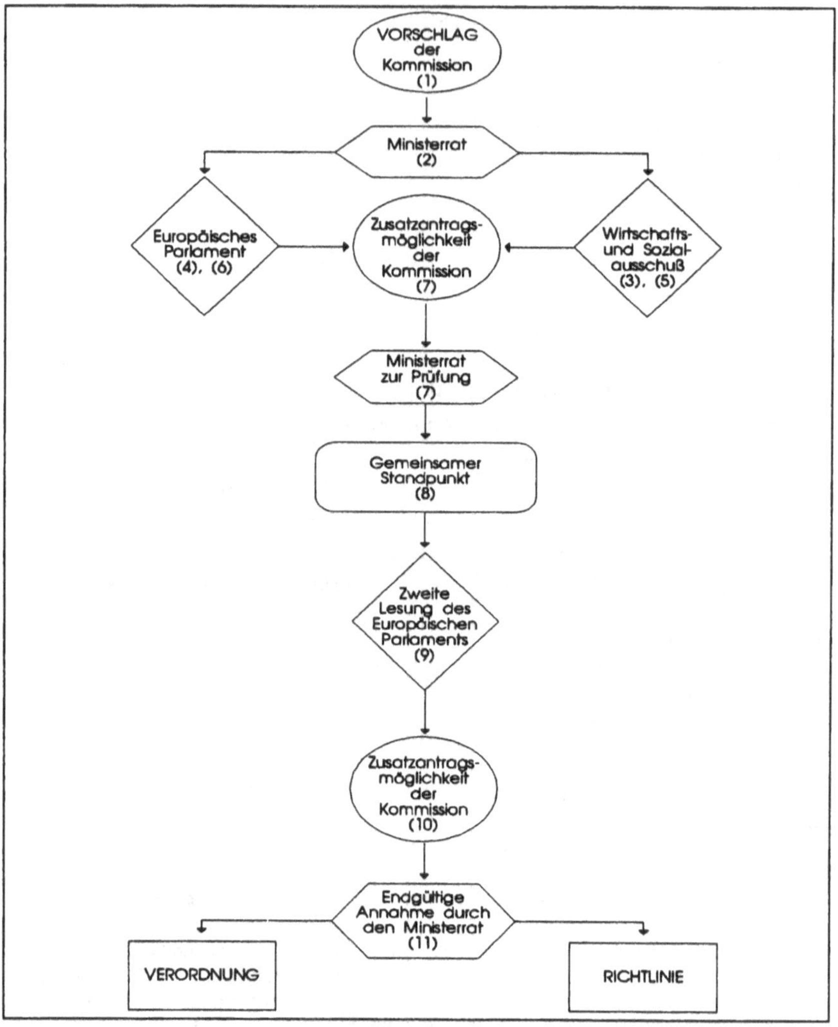

Abb. 1: Das Verfahren der Zusammenarbeit für die Verabschiedung von Verordnungen und Richtlinien der EG

Ministerrat soll zu diesem neuen Verordnungs- und Richtlinienvorschlag mit (mindestens) qualifizierter Mehrheit[54] einen gemeinsamen Standpunkt festle-

[54] Die Möglichkeit, den Verordnungs- und Richtlinienvorschlag mit qualifizierter Mehrheit zu verabschieden, ergibt sich aus den Rechtsgrundlagen auf die der Verordnungsvorschlag (Art. 100a Abs. 1 EWGV) und der Richtlinienvorschlag (Art. 54 Abs. 3 Buchst. g und Abs. 2 EWGV) gestützt werden. Diese Rechtsgrundlagen sind aber umstritten. Vgl. hierzu Kapitel B.II.2. bis B.II.4.

gen (8).[55] Dieser gemeinsame Standpunkt ist, sofern er zustandekommt, dem Europäischen Parlament (9) zuzuleiten, das diesen sehr wahrscheinlich ohne weitere Änderungsanträge billigen wird (zweite Lesung), da seine Änderungsanträge der ersten Lesung fast vollständig berücksichtigt wurden. Auch die Kommission wird dann von ihrer weiteren Zusatzantragsmöglichkeit (10) voraussichtlich nicht mehr Gebrauch machen. Der Ministerrat (11) könnte daraufhin den Verordnungs- und Richtlinienvorschlag entsprechend dem gemeinsamen Standpunkt endgültig verabschieden.

Wieviel Zeit die noch ausstehenden Schritte (8) bis (11) des Rechtssetzungsverfahrens der Verordnung und der Richtlinie bezüglich der SE benötigen werden kann nicht gesagt werden. Mit einer *Verabschiedung vor Anfang 1993* wird allerdings *nicht* mehr *gerechnet*.[56] Dennoch ist weiterhin zu hoffen, daß mit der Verwirklichung des Binnenmarkts zum 31.12.1992 auch die rechtlichen Bestimmungen bezüglich der SE verabschiedet und wirksam sind.[57] Hiervon geht diese Arbeit grundsätzlich aus. Der Verordnungs- und Richtlinienvorschlag über das Statut der SE von 1991 bilden somit die Grundlage der folgenden Ausführungen.

II. Das Recht der Societas Europaea

1. Das Recht der Europäischen Gemeinschaften

Art. 24 des Grundgesetzes der Bundesrepublik Deutschland (GG)[58] ermöglicht dieser die *Übertragung* von *Hoheitsrechten* auf zwischenstaatliche (supranationale) Einrichtungen, wie z.B. die Europäische Wirtschaftsgemeinschaft (EWG), die Europäische Atomgemeinschaft (Euratom) und die Europäische Gemeinschaft für Kohle und Stahl (EGKS), die auch als Europäische Gemein-

[55] Hierfür war eine Frist bis Ende 1991 vorgesehen, die aber nicht eingehalten wurde.

[56] Vgl. Wiesner, P.M.: Europa-AG: Wirtschaft begrüßt neue Kommissionsvorschläge, in: Die Aktiengesellschaft, 37. Jg. 1992, S. R 36. Neuerdings sieht Wiesner das weitere Schicksal der SE sogar generell als ungewiß an. Vgl. Wiesner, Mitbestimmung, S. 8.

[57] Für Wiesner ist dies bereits heute in dem Sinne entschieden, daß zum "Beginn des Binnenmarktes (keine; A.d.V.) .. supranationale Europäische Aktiengesellschaft zur Verfügung" steht. Wiesner, Mitbestimmung, S. 8. Für Rasner wird die Möglichkeit der Gründung einer SE sogar dann Anfang 1994 noch unmöglich sein, wenn ihre Verabschiedung in allernächster Zeit erfolgt. Vgl. Rasner, H.: Die Europäische Aktiengesellschaft (SE) - ist sie wünschenswert?, in: Zeitschrift für Unternehmens- und Gesellschaftsrecht, 21. Jg. 1992, S. 315.

[58] BGBl. vom 23.5.1949, S. 1-20, zuletzt geändert durch den Einigungsvertrag vom 31.8.1990, BGBl. Teil II, vom 28.9.1990, S. 889-1236.

schaften (EG) zusammengefaßt werden (vgl. Kapitel B.I.).[59] Durch die Gründung der EG wurde eine von der Staatsgewalt der Mitgliedstaaten unabhängige, selbständige, öffentliche Gewalt, die eine eigene Rechtsordnung bildet, geschaffen.[60]

Das Recht der EG (Europäisches Gemeinschaftsrecht) wird in *Primär-* und *Sekundärrecht* unterteilt. Während das primäre Gemeinschaftsrecht v.a. die Verträge zur Gründung der EG - einschließlich Änderungen - umfaßt, wie z.B. den EWGV und den Vertrag über die Europäische Union von Maastricht, versteht man unter sekundärem Gemeinschaftsrecht die Rechtsakte (insbesondere Verordnungen und Richtlinien) der EG.[61] Im folgenden wird insbesondere auf die EWG eingegangen, da sie gem. Art. 2, 8 Abs. 1, 8a EWGV für die Errichtung und Verwirklichung des Gemeinsamen Markts und des Binnenmarkts aller Mitgliedstaaten der EG zuständig ist, in ihren Bereich somit die Schaffung einer SE fällt (vgl. Kapitel A.II. und B.III.). Die Begriffe EWG und EG werden hierbei synonym verwendet.

Damit die EG-Kommission Rechtsakte bezüglich einer SE (z.B. Verordnungen und Richtlinien gem. Art. 189 Abs. 1-3 EWGV) vorschlagen und der Ministerrat diese dann verabschieden kann, bedarf es nach dem Prinzip der begrenzten (Einzel-) Ermächtigung einer *Ermächtigungs-* (Rechts-) *Grundlage* im EWGV.[62] [63] Die Rechtsakte stellen dann die Rechtsquellen dar, die als *Verordnung* gem. Art. 189 Abs. 2 EWGV in jedem Mitgliedstaat für jedermann unmittelbar geltendes Recht sind. EG-Rechtsakte in Form von *Richtlinien* sind gem. Art. 189 Abs. 3 EWGV dagegen nur für die Mitgliedstaaten verbindlich, denen ihre konkrete Umsetzung in nationales Recht überlassen bleibt.[64]

---

[59] Vgl. Becker, F.: Grundzüge des Öffentlichen Rechts, 3. Auflage, München 1986, S. 107-110.

[60] Vgl. Beschluß des ersten Senats des Bundesverfassungsgerichts vom 18.10.1967, in: Mitglieder des Bundesverfassungsgerichts (Hrsg.), Entscheidungen des Bundesverfassungsgerichts, Bd. 22, Tübingen 1968, S. 296.

[61] Vgl. Bleckmann, A.: Europarecht, 5. Auflage, Köln et al. 1990, S. 121.

[62] Vgl. Nicolaysen, S. 128.

[63] Auf die in der Literatur bestehende Diskussion, ob das Prinzip der begrenzten bzw. enumerativen *Einzel*ermächtigung oder infolge von Art. 235 EWGV, der i.S. einer Generalermächtigung auszulegen ist, nur das Prinzip der begrenzten Ermächtigung für den EWGV gilt, soll hier nicht weiter eingegangen werden. Vgl. hierzu Oppermann, T.: Europarecht, München 1991, S. 168-172; Nicolaysen, S. 128-131; Bleckmann, S. 69-77; Grabitz, E.: Art. 189 EWGV, in: Grabitz, E. (Hrsg.), Kommentar zum EWG-Vertrag, München 1983, Stand 4. Ergänzungslieferung, Juni 1990, S. 4, Rdnr. 4.

[64] Allerdings können sich einzelne auf verabschiedete EG-Richtlinien, die nationalen Rechtsvorschriften entgegenstehen oder diese ergänzen, direkt berufen, sofern diese Richtlinien nicht ordnungsgemäß (z.B. nicht fristgerecht) transformiert wurden. Voraussetzung dafür ist, daß die Richtlinie in Bezug auf den betreffenden Sachverhalt "inhaltlich klar und unbedingt ist .. (‚es; A.d.V.) zu ihrer Anwendung insoweit keines Ausführungsaktes mehr bedarf." Goerdeler, S. 1221 f.; EuGH-Urteil vom 26.2.2986, in: Recht der Internationalen Wirtschaft, 32. Jg., S. 739. Vgl. zu

2. Rechtsgrundlage des Verordnungsvorschlags über das Statut der Societas Europaea (SE-VO) im primären Gemeinschaftsrecht

Durch das Statut über die SE soll *unmittelbar geltendes supranationales Sekundärrecht* der EG mittels einer Verordnung geschaffen werden, da die SE grundsätzlich eine einheitliche europäische Rechtsform, unabhängig von nationalem Recht, sein soll (vgl. Kapitel B.II.5. und B.III.). Dieses Ziel kann im Wege der Umsetzung des Statuts der SE durch eine EG-Richtlinie nicht erreicht werden und ist daher generell zu vernachlässigen.[65]

a) Art. 235 EWGV

Die Kommission der EG stützte die Verordnungsvorschläge von 1970 und 1975 über das Statut einer SE auf Art. 235 EWGV[66], entgegen der damals herrschenden Meinung in der Literatur, die nur einen Staatsvertrag als mögliche Rechtsgrundlage ansah.[67] Heute ist Art. 235 EWGV als *Generalermächtigung* aufzufassen, auf die zurückgegriffen werden kann, wenn es erforderlich ist, daß die Gemeinschaft zur Verwirklichung eines ihrer Ziele tätig wird und die erforderlichen Befugnisse im EWGV fehlen.[68]

Einerseits fehlt im EWGV die erforderliche Einzelermächtigungsgrundlage für eine Verordnung über das Statut einer SE, andererseits aber folgt aus den Art. 54 Abs. 3 Buchst. g, 58, 100 und 220a EWGV, die die gesellschaftsrechtlichen Aufgaben und Ziele des Art. 3 EWGV (vgl. im einzelnen dort) konkretisieren, daß "die mit der Konzeption der SE bezweckte Förderung grenzüberschreitender Kooperationen durch Fusions- und Konzentrationsmaßnahmen .. genau dieser Zielsetzung und damit ... dem Kriterium der Erforderlichkeit i.S.v. Art. 235 EWGV"[69] entspricht.[70] Folglich kann Art. 235 EWGV als zulässige

---

einer möglichen Haftung der EG-Staaten wegen Verstoßes gegen EG-Richtlinien nur Fischer, H.G.: Staatshaftung nach Gemeinschaftsrecht, in: Europäische Zeitschrift für Wirtschaftsrecht, 3. Jg. 1992, S. 41-44.

[65] Vgl. Abeltshauser, Statutvorschlag, S. 291 f.

[66] Vgl. ABl. EG Nr. C 124 vom 10.10.1970, S. 1; Kommission der Europäischen Gemeinschaften, Vorschlag, S. 11.

[67] Vgl. Caemmerer, S. 187; Wang, M.: Die Europäische Aktiengesellschaft in der EWG, Freiburg, Schweiz 1964, S. 73-75, 149 f. Zumindest skeptisch bezüglich Art. 235 EWGV als Rechtsgrundlage Mertens, H.-J.: Angleichung des Gesellschaftsrechts, europäische Handelsgesellschaft und europäischer Konzern, in: Juristische Rundschau, ohne Jg., 1970, S. 324.

[68] Vgl. Oppermann, S. 169 f.

[69] Wahlers, H.W.: Art. 100a EWGV - Unzulässige Rechtsgrundlage für den geänderten Vorschlag einer Verordnung über das Statut der Europäischen Aktiengesellschaft?, in: Die Aktiengesellschaft, 35. Jg. 1990, S. 449 und 457.

Rechtsgrundlage angesehen werden. Nach Art. 235 EWGV wird für die Verabschiedung des Verordnungsvorschlags *Einstimmigkeit* des Ministerrats vorausgesetzt, die für die Verordnungsvorschläge der Kommission von 1970 und 1975 nicht erzielt werden konnte, wie in Kapitel B.I. dargestellt wurde.

b) Art. 100a EWGV

Durch die Verabschiedung der Einheitlichen Europäischen Akte (EEA), deren "Kernstück (die; A.d.V.) ... Vorschriften (Art. 13-19) über die Errichtung eines einheitlichen europäischen Binnenmarkts"[71] sind, wurde u.a. gem. Art. 18 EEA eine *neue Ermächtigungsgrundlage* in den EWGV aufgenommen: Art. 100a EWGV. Dieser Artikel des EWGV dient dazu, "Maßnahmen zur Angleichung der Rechts- und Verwaltungsvorschriften der Mitgliedstaaten, die die Errichtung und das Funktionieren des Binnenmarktes zum Gegenstand haben"[72], der in Art. 8a S. 2 EWGV (gem. Art. 13 EEA eingeführt) definiert ist, zu ermöglichen und zu vereinfachen.

Neben Richtlinien läßt Art. 100a EWGV als Maßnahmen zur Harmonisierung der Rechtsvorschriften auch Verordnungen zu und ermöglicht die Verabschiedung beider durch den Ministerrat mit *qualifizierter Mehrheit* (54 von 76 Stimmen, gem. Art. 148 Abs. 2 EWGV).[73] Ausgenommen vom Anwendungsbereich des Art. 100a EWGV sind in Abs. 2 u.a. ausdrücklich "Bestimmungen über die Steuern ... und ... die Rechte und Interessen der Arbeitnehmer."[74] Der Geltungsbereich von Art. 100a EWGV ist insofern als lex specialis gegenüber Art. 100 EWGV eingeschränkt, der für diese Bereiche gilt, und für den nach wie vor das Einstimmigkeitsgebot maßgeblich ist (Art. 100 Abs. 1 EWGV).[75]

Die Kommission stützt ihre Verordnungsvorschläge von 1989[76] und 1991[77] über das Statut einer SE, wobei letzterer im folgenden als *SE-VO* bezeichnet wird, auf Art. 100a Abs. 1 EWGV, da sie die Schaffung einer SE als notwendige Maßnahme zur Verwirklichung des Binnenmarkts ansieht.[78] Durch die Abspal-

---

[70] Vgl. Wahlers, S. 457.

[71] Dauses, M.A.: Die rechtliche Dimension des Binnenmarktes, in: Europäische Zeitschrift für Wirtschaftsrecht, 1. Jg. 1990, S. 8.

[72] Art. 100a Abs. 1 S. 2 EWGV.

[73] Vgl. Dauses, S. 8 f.

[74] Art. 100a Abs. 2 EWGV.

[75] Darüber hinaus bezieht sich Art. 100 Abs. 1 EWGV nur auf die Angleichung der Rechts- und Verwaltungsvorschriften der EG-Staaten durch Richtlinien.

[76] Vgl. Kommission der Europäischen Gemeinschaften, Statut, S. 11.

[77] Vgl. Kommission der Europäischen Gemeinschaften, Verordnung, S. 34.

[78] Vgl. Kommission der Europäischen Gemeinschaften, Verordnung, S. 34 f.

tung einer Richtlinie von der SE-VO, die Stellung der Arbeitnehmer betreffend, wird zudem formal (zunächst) keiner der in Art. 100a Abs. 2 EWGV enthaltenen Ausschlußgründe erfüllt. Dies hat einmal den *Vorteil*, daß das Statut einer SE durch eine *Verordnung* geregelt werden kann (Art. 100 EWGV ermöglicht nur den Erlaß von Richtlinien), wodurch die SE "in allen Mitgliedstaaten einheitlichen und von nationalen Rechten losgelösten Gemeinschaftsregeln unterworfen ist."[79] Zudem erfordert Art. 100a Abs. 1 EWGV *keine Einstimmigkeit*, wie die Art. 100, 235 EWGV. Die Verordnung kann nach Art. 100a Abs. 1 EWGV durch qualifizierte Mehrheit vom Ministerrat verabschiedet werden.

Art. 100a EWGV als Rechtsgrundlage einer Verordnung über das Statut einer SE wird in der Literatur aber heftig kritisiert, was im folgenden näher analysiert werden soll:

Erstens gilt für die SE das *Steuerrecht* des Sitzstaats, mit Ausnahme von Art. 133 SE-VO.[80] Durch die steuerliche Regelung des Art. 133 enthält die SE-VO einen Ausschlußgrund i.S.v. Art. 100a Abs. 2 EWGV. Art. 100a Abs. 1 EWGV scheidet daher als Rechtsgrundlage der SE-VO aus.[81] Eine *Heilung* ist aber durch die Verabschiedung der von der Kommission 1990 vorgeschlagenen steuerlichen *Verlustrichtlinie*[82] (vgl. hierzu Kapitel C.VIII.1.a)cc)) möglich, die eine Art. 133 SE-VO entsprechende Regelung enthält. Nach der Umsetzung der Verlustrichtlinie in nationales Recht könnte diese auf die SE angewendet, auf Art. 133 SE-VO verzichtet und Art. 100a Abs. 1 EWGV als Rechtsgrundlage verwendet werden.

Zweitens sollen die *Mitbestimmungsregelungen* der SE durch eine das Statut ergänzende Richtlinie geregelt werden, die im folgenden als Arbeitnehmer-Richtlinie (*AN-RL*) bezeichnet wird.[83] Die AN-RL stellt mit der SE-VO eine untrennbare Einheit dar[84] und muß zum selben Zeitpunkt wie die SE-VO anwendbar sein.[85] Die SE-VO und die AN-RL sind daher nur formalrechtlich selbständige Rechtsakte. Die Abspaltung der Mitbestimmungsregelungen von der SE-VO in der AN-RL ist als *Kunstgriff* anzusehen, um die Rechtsgrundlagen der SE-VO (Art. 100a Abs. 1 EWGV) und der AN-RL (Art. 54 Abs. 3 Buchst.

---

[79] Wahlers, S. 451 f.

[80] Vgl. zur steuerrechtlichen Behandlung der SE de lege lata v.a. Kapitel C.VIII.

[81] So auch Merkt, Aktiengesellschaft, S. 659.

[82] ABl. EG Nr. C 53, vom 28.2.1991, S. 30-34.

[83] Hier und in den folgenden Kapiteln werden die Artikel der AN-RL direkt als Grundlage der Erläuterungen herangezogen, da weder eine Verabschiedung noch eine Umsetzung dieses Richtlinienvorschlags in nationales, z.B. deutsches Recht bisher erfolgt sind.

[84] Dies folgt u.a. aus Art. 8 Abs. 3 SE-VO, wonach die SE erst nach der Wahl eines Mitbestimmungsmodells gem. Art. 3 AN-RL (in Deutschland ins Handelsregister) eingetragen werden kann.

[85] Vgl. Kommission der Europäischen Gemeinschaften, Richtlinie, S. 1, 3.

g EWGV) aufrechtzuerhalten. Da Mitbestimmungsregelungen einen Ausschlußgrund gem. Art. 100a Abs. 2 EWGV darstellen, könnten durch die Abspaltung sowohl die SE-VO als auch die AN-RL mit *qualifizierter Mehrheit* vom Ministerrat verabschiedet werden. Diese Abspaltung stellt allerdings eine *Umgehung* von Art. 100a Abs. 2 EWGV dar, da die SE-VO und die AN-RL einen einheitlichen Rechtsgegenstand bilden. Sie ist daher abzulehnen.[86] [87] Das Problem der nur formellen Abspaltung könnte durch die (vollständige) Trennung der AN-RL von der SE-VO aber *geheilt* werden. Diese selbständige AN-RL könnte dann zudem die generelle Angleichung der Mitbestimmungsregeln nationaler Aktiengesellschaften und SEs in der EG zum Ziel haben.[88]

Drittens erfordert Art. 100a Abs. 1 S. 2 EWGV die *Angleichung* der Rechts- und Verwaltungsvorschriften der Mitgliedstaaten, die die Errichtung und das Funktionieren des Binnenmarkts zum Gegenstand haben. Unter dem Begriff der Rechtsangleichung, der im EWGV nicht definiert ist, kann "die Verringerung oder Abschaffung von Unterschieden zwischen den Rechts- und Verwaltungsvorschriften der Mitgliedstaaten, welche die Schaffung binnenmarktähnlicher Zustände behindern"[89], verstanden werden, bezüglich der in Art. 2, 3, 8a EWGV enthaltenen Grundsätze und Ziele der EWG.[90] Bei der umstrittenen Frage der Abgrenzung von Rechtsangleichung und -vereinheitlichung soll hier der Auffassung von *Schmeder* gefolgt werden, wonach sich beide Verfahren *nur graduell*, *nicht* aber *artmäßig* unterscheiden.[91] Die Übergänge sind fließend. Die Rechtsangleichung (im weiteren Sinne) nach Art. 100a Abs. 1 S. 2 EWGV ist als Oberbegriff zu verstehen, die sich in Rechtsangleichung im engeren Sinne und Rechtsvereinheitlichung, "die intensivste Form der Rechtsangleichung"[92], unterteilt[93], vgl. Abbildung 2 auf Seite 23.

---

[86] Vgl. Wahlers, S. 455.

[87] Raiser spricht bezüglich der Trennung von AN-RL und SE-VO sogar von einem "erstaunlichen Trick (der EG-Kommission; A.d.V.) ... um dem Erfordernis der Einstimmigkeit ... ausweichen zu können". Raiser, T.: Führungsstruktur und Mitbestimmung in der Europäischen Aktiengesellschaft nach dem Verordnungsvorschlag der Kommission vom 25. August 1989, in: Bauer, J.F./Hopt, K.J./Mailänder, P.K. (Hrsg.), Festschrift für Ernst Steindorff zum 70. Geburtstag am 13. März 1990, Berlin/New York 1990, S. 202 f.

[88] Vgl. zu dieser Auffassung nur Abeltshauser, Statutvorschlag, S. 295.

[89] Wahlers, S. 452. Vgl. hierzu auch Beutler, B. et al.: Die Europäische Gemeinschaft - Rechtsordnung und Politik -, 3. Auflage, Baden-Baden 1987, S. 372-374.

[90] Unter Rechtsangleichung versteht man allgemein auch die "Verminderung des als *Summe* gedachten divergierenden Rechtsstoffes der Mitgliedsländer". Lutter, M.: Die Rechtsangleichung im Gesellschaftsrecht, in: Caemmerer, E. von (Hrsg.), Europäische Handelsgesellschaft und Angleichung des nationalen Gesellschaftsrechts, Frankfurt am Main/Berlin 1968, S. 11.

[91] Nach Lutter beschränkt sich der EWGV dagegen insbesondere auf die Rechtsangleichung. Vgl. Lutter, M.: Europäisches Unternehmensrecht, Sonderheft 1 der Zeitschrift für Unternehmens- und Gesellschaftsrecht, 3. Auflage, Berlin/New York 1991, S. 4 f.

[92] Schmeder, W.: Die Rechtsangleichung als Integrationsmittel der Europäischen Gemein-

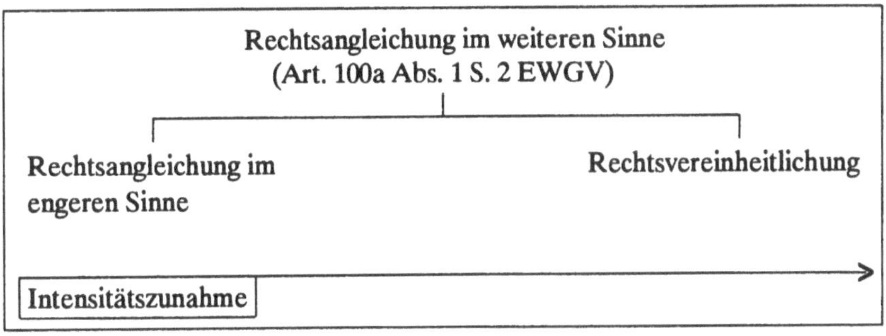

Abb. 2: Systematisierung der Rechtsangleichung nach Art. 100a Abs. 1 S. 2 EWGV

Eine Angleichung der Rechts- und Verwaltungsvorschriften im weiteren Sinne setzt nicht das Bestehen voneinander abweichenden Regelungen in den Mitgliedstaaten voraus. Andernfalls wäre eine Angleichung erst dann möglich, wenn voneinander abweichende nationale Gesetze erlassen werden würden.[94] Notwendig ist dagegen, daß der Sachgegenstand (hier das Statut der SE) auch von den jeweiligen nationalen Gesetzgebern der Mitgliedstaaten geregelt werden *könnte*.[95]

Das Statut der SE soll nicht innerstaatliches Recht ersetzen bzw. angleichen, sondern dient der *Ergänzung* von innerstaatlichem durch Gemeinschaftsrecht. Dieser Sachgegenstand einer zusätzlichen supranationalen europäischen Rechtsform (supranationales Recht) kann nicht von den nationalen Gesetzgebern geregelt werden.[96] Damit geht der Verordnungsvorschlag über die Kompetenz des Art. 100a Abs. 1 S. 2 EWGV hinaus, der deshalb als Ermächtigungsgrundlage nicht dienen kann.[97] Eine *Heilung* ist in diesem Fall auch nicht möglich.

Die SE-VO kann also auch dann nicht auf Art. 100a Abs. 1 EWGV gestützt werden, wenn die steuerliche Vorschrift in Art. 133 SE-VO gestrichen und die SE-VO von der AN-RL vollständig getrennt werden würde, da der Regelungsinhalt einer SE-VO von den nationalen Gesetzgebern nicht erlassen werden kann.

---

schaft, Köln et al. 1978, S. 8.

[93] Vgl. Schmeder, S. 7-10. A.A. Fichna, G.: EG - Kommission und Ministerrat als Gesetzgeber?, in: Recht der Internationalen Wirtschaft, 34. Jg. 1988, S. 889 f.

[94] Vgl. Ipsen, H.P.: Europäisches Gemeinschaftsrecht, Tübingen 1972, S. 694.

[95] Vgl. allgemein hierzu Müller-Graff, P.-C.: Die Rechtsangleichung zur Verwirklichung des Binnenmarktes, in: Europarecht, 24. Jg. 1989, S. 129.

[96] So auch Merkt, Aktiengesellschaft, S. 659.

[97] Vgl. Schwartz, I.E.: 30 Jahre EG-Rechtsangleichung, in: Mestmäcker, E.-J./Möller, H./ Schwarz, H.-P. (Hrsg.), Eine Ordnungspolitik für Europa, Festschrift für Hans von der Groeben zu seinem 80. Geburtstag, Baden-Baden 1987, S. 365.

3. Rechtsgrundlage des Richtlinienvorschlags zur Ergänzung des Statuts der Societas Europaea hinsichtlich der Stellung der Arbeitnehmer (AN-RL) im primären Gemeinschaftsrecht

Die Kommission stützt den Vorschlag der AN-RL, die die Probleme der Mitbestimmung der Arbeitnehmer einer SE lösen soll, auf Art. 54 Abs. 3 Buchst. g EWGV[98] als Ermächtigungsgrundlage. Art. 54 Abs. 3 Buchst. g EWGV ermöglicht die Angleichung der Schutzbestimmungen im Interesse Dritter und der Gesellschafter, die den Gesellschaften in den Mitgliedstaaten vorgeschrieben sind, durch den Erlaß von Richtlinien, die gem. Art. 54 Abs. 2 EWGV mit *qualifizierter Mehrheit* vom Ministerrat verabschiedet werden können.

In Art. 54 Abs. 3 Buchst. g EWGV wird auf Gesellschaften gem. Art. 58 Abs. 2 EWGV verwiesen, zu denen u.a. juristische Personen des Privatrechts gehören. Art. 58 Abs. 1 EWGV begrenzt diese Gesellschaften auf solche, die nach dem Recht eines Mitgliedstaats gegründet werden. Die SE als supranationale Rechtsform wird (insbesondere) nach sekundärem Europäischen Gemeinschaftsrecht gegründet, welches von Art. 54. Abs. 3 Buchst. g, 58 Abs. 1 und 2 EWGV nicht erfaßt wird.[99] Zudem gehören zu den Dritten i.S.d. Art. 54 Abs. 3 Buchst. g EWGV nur Gläubiger, Lieferanten und Abnehmer der Gesellschaften.[100] Auch die einzelne Beziehung von Arbeitnehmern zu den Gesellschaften kann hierunter gefaßt werden, *nicht* aber die *kollektiven Beteiligungsrechte*, um die es bei der Mitbestimmung geht.[101] Art. 54 Abs. 3 Buchst. g EWGV stellt demzufolge keine geeignete Rechtsgrundlage des Richtlinienvorschlags dar.

Art. 100a Abs. 1 EWGV kann ersatzweise auch nicht als Ermächtigungsgrundlage dienen, da Mitbestimmungsregelungen zu den Ausschlußgründen von Art. 100a Abs. 2 gehören. Die AN-RL kann folglich nur auf Art. 100 Abs. 1 EWGV gestützt werden, der Einstimmigkeit bei der Verabschiedung im Ministerrat erfordert. Die SE-VO und die AN-RL müßten dann aber ebenfalls vollständig getrennt werden (vgl. Kapitel B.II.2.b)).[102]

---

[98] Vgl. Kommission der Europäischen Gemeinschaften, Richtlinie, S. 1-3.

[99] Vgl. Wahlers, S. 456; Merkt, Aktiengesellschaft, S. 659.

[100] Vgl. Timmermanns, C.W.A.: Die europäische Rechtsangleichung im Gesellschaftsrecht, in: Rabels Zeitschrift für ausländisches und internationales Privatrecht, 48. Jg. 1984, S. 20.

[101] Vgl. Sonnenberger, H.J.: Die Organisation der Aktiengesellschaft im gemeinsamen Markt, in: Die Aktiengesellschaft, 19. Jg. 1974, S. 3.

[102] Art. 235 EWGV kann als Rechtsgrundlage dagegen nicht herangezogen werden, da Art. 100 EWGV als lex specialis Vorrang hat. Dies gilt allerdings nur dann, sofern Art. 100 Abs. 1 EWGV als begrenzte (Einzel-) Ermächtigungsgrundlage anzusehen ist (vgl. Kapitel B.II.1. und B.II.2.a)).

4. Zusammenfassende Stellungnahme zu den Rechtsgrundlagen des Verordnungs- und Richtlinienvorschlags

Die obigen Ausführungen haben deutlich gemacht, daß die EG-Kommission nicht an den von ihr vorgeschlagenen Rechtsgrundlagen des Verordnungs- und Richtlinienvorschlags festhalten sollte. Sie stehen in Widerspruch zum geltenden Primärrecht der EG. Die Kommission läuft sonst Gefahr, daß gegen sie *Klage* beim Europäischen Gerichtshof (EuGH) gem. Art. 173 Abs. 1 S. 2 EWGV erhoben wird wegen Verletzung einer bei der Durchführung des EWGV anzuwendenden Rechtsnorm.[103] Bei Begründetheit der Klage, wovon hier ausgegangen wird, hat der EuGH gem. Art. 174 Abs. 1 EWGV die angefochtene Handlung des Vorschlags einer SE-VO und einer AN-RL für nichtig zu erklären. Die Kommission sollte daher die Regelungen bezüglich der SE auf eine dem EWGV entsprechende Rechtsgrundlage stellen.[104] [105]

Unter Berücksichtigung der obigen Ausführungen zu den Art. 235, 100a und 54 EWGV bestehen *zwei Alternativen*, um die Probleme der gültigen und damit wirksamen Rechtsgrundlagen zu lösen: Einerseits könnten die Regelungsinhalte des Verordnungs- und Richtlinienvorschlags zu einer *einheitlichen Verordnung* zusammengefaßt werden, die auf Art. 235 EWGV als Rechtsgrundlage basieren könnte (Alternative I).

Andererseits könnte die *Verbindung* zwischen dem Verordnungs- und Richtlinienvorschlag *aufgehoben* und die Richtlinie auf Art. 100 Abs. 1 EWGV, die Verordnung auf Art. 235 EWGV gestützt werden (Alternative II).

Beide Lösungsvorschläge sehen die *einstimmige Verabschiedung* des Verordnungs- bzw. Verordnungs- und Richtlinienvorschlags durch den Ministerrat vor (Art. 100 Abs. 1, 235 EWGV), was auch der Wirtschafts- und Sozialausschuß der

---

[103] Großbritannien, das gem. Art. 173 Abs. 1 S. 2 EWGV klageberechtigt ist, hat angedroht, daß es gegen die Kommission Klage vor dem EuGH erheben werde, wenn die Kommission nicht von der Verabschiedung durch den Ministerrat mit qualifizierter Mehrheit absieht. Vgl. Dawkins, W.: Brussels details final plans for company statute, in: Financial Times, Nr. 30,893, vom 13.7.1989, S. 1; Dawkins, W.: EC company law plan could be blocked, in: Financial Times, Nr. 30,898, vom 19.7.1989, S. 20; Kolvenbach, Statut, S. 1962. Interessanterweise vertritt allerdings der Europaausschuß des englischen Oberhauses die Auffassung, daß "die Aufspaltung der Rechtsgrundlage rechtlich zulässig und überdies sachgerecht sei." House of Lords, Select Committee on the European Communities, Session 1989-90, 19th Report, European Company Statute, HL Paper 71-I, S. 21 (zitiert nach Merkt, Aktiengesellschaft, S. 660, Fußnote 69).

[104] So auch Hauschka, Entwurf, S. 148. A.A. wohl Weitnauer, S. 170 f., Fußnote 48.

[105] Widersprüchlich hierzu Raiser, der sich zwar gegen die Trennung von AN-RL und SE-VO aufgrund einer möglichen Umgehung des Einstimmigkeitsgebotes ausspricht, diese Vorgehensweise aber dennoch als einen "einstweilen ... vertretbaren Ausweg" ansieht. Raiser, S. 203. Für Abeltshauser ist "bei genauer Prüfung des (vorgesehenen Rechtssetzungsverfahrens, dem Verfahren der Zusammenarbeit,; A.d.V.) ... das Argument der Umgehung des Einstimmigkeits-

EG[106] für notwendig hält. Dieser Nachteil gegenüber den von der Kommission vorgesehenen Rechtsgrundlagen muß in Kauf genommen werden, soll die Verabschiedung des Statuts der SE und der Mitbestimmungsregelungen nicht an der falschen Rechtsgrundlage scheitern.

Die Änderung der Rechtsgrundlagen des Verordnungs- und Richtlinienvorschlags sowie deren eventuelle Zusammenfassung zu einem einzigen Verordnungsvorschlag könnte auch der *Ministerrat* selbst durch einen einstimmigen Beschluß gem. Art. 149 Abs. 1 EWGV vornehmen. Das Rechtssetzungsverfahren könnte dann für einen der beiden Lösungsvorschläge nach dem sog. *Anhörungsverfahren*[107] erfolgen (vgl. Abbildung 3[108]). Gegenüber dem in Kapi-

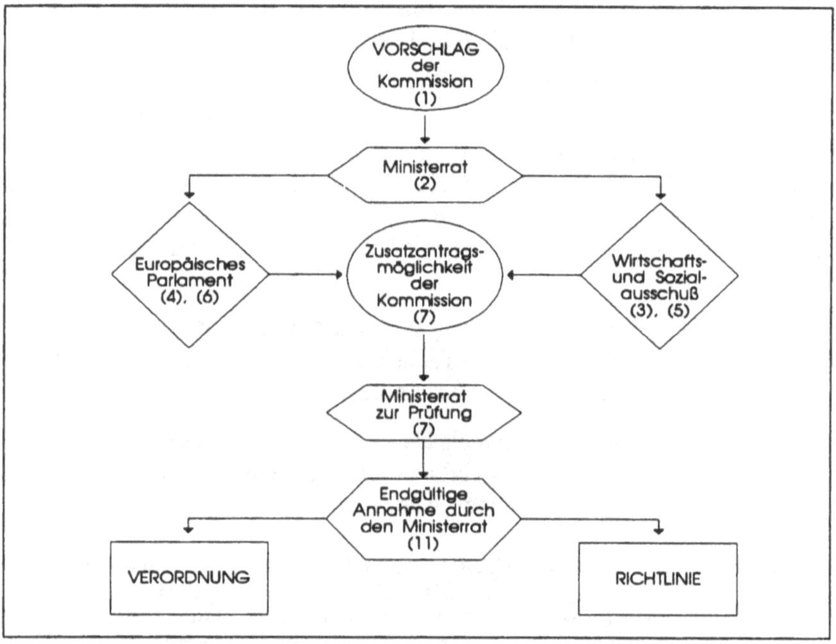

Abb. 3: Das Anhörungsverfahren für die Verabschiedung von Verordnungen und Richtlinien der EG

prinzips ... zumindest ... abgeschwächt." Abeltshauser, T.E.: Grundfragen der Europäischen Aktiengesellschaft, in: Europäisches Wirtschafts- und Steuerrecht, 2. Jg. 1991, S. 60.

[106] Vgl. Wirtschafts- und Sozialausschuß der Europäischen Gemeinschaften, Stellungnahme, S. 4 f.

[107] Vgl. hierzu Nicolaysen, S. 147-153.

[108] Mit Veränderungen entnommen aus Kommission der Europäischen Gemeinschaften, Vollendung, S. IV.

tel B.I. angesprochenen Verfahren der Zusammenarbeit würden die Festlegung eines gemeinsamen Standpunkts des Ministerrats, die zweite Lesung im Europäischen Parlament sowie die weitere Zusatzantragsmöglichkeit der Kommission entfallen (Schritte (8) bis (10) aus Abbildung 1). Der Ministerrat könnte nach der Prüfung des Verordnungs- bzw. des Verordnungs- und Richtlinienvorschlags diesen bzw. diese sofort einstimmig verabschieden.

5. Rechtssystematik des Verordnungs- und Richtlinienvorschlags

Grundsätzlich soll mit dem Statut der SE "ein einheitliches Gesellschaftsrecht geschaffen werden, das völlig unabhängig von den Rechtsordnungen der Mitgliedstaaten"[109] ist, was auch als *Prinzip der Einheitlichkeit* bezeichnet werden kann. Wegen des Prinzips der Einheitlichkeit sollte die SE also ausschließlich durch unmittelbar geltendes sekundäres Europäisches Gemeinschaftsrecht (Verordnung) geregelt werden. Aufgrund der sehr unterschiedlichen rechtlichen und sozialen Bedingungen in den einzelnen Mitgliedstaaten und da bisher kein Europäisches Zivilrecht (*Gemeinschaftsprivatrecht*[110]) existiert, in das das Statut der SE eingebettet werden könnte, ist die Realisierung des Ideals einer von nationalem Recht völlig unabhängigen Rechtsform unmöglich bzw. utopisch. Es muß im Statut der SE zumindest ergänzend auf nationales Recht verwiesen werden.[111] Somit liegt der Rechtsform einer SE kein in sich geschlossenes rein europäisches Gesellschaftsstatut zugrunde. Im folgenden soll daher die *Systematik* einschließlich der *Rangfolge* des auf die SE *anzuwendenden Rechts*, jeweils getrennt nach SE-VO und AN-RL, dargestellt werden. Es wird hier und in der weiteren Arbeit also davon ausgegangen, daß auch bei einer Änderung der Rechtsgrundlagen des Verordnungs- und Richtlinienvorschlags diese nicht zu einem gemeinsamen Verordnungsvorschlag zusammengefaßt werden (Verwirklichung von Alternative II).

---

[109] Kommission der Europäischen Gemeinschaften, Memorandum, S.16.

[110] Vgl. zu diesem Begriff nur Müller-Graff, P.-C.: Privatrecht und Europäisches Gemeinschaftsrecht, Baden-Baden 1989, S. 27-29.

[111] Vgl. Wirtschafts- und Sozialausschuß der Europäischen Gemeinschaften, Stellungnahme, S. 2 f.; Hauschka, Entwicklungslinien, S. 101 f., sowie zuletzt nochmals Hauschka, Entwurf, S. 148.

a) Europäisches Gemeinschaftsrecht

aa) Der Regelungsgegenstand des Verordnungsvorschlags

Eine SE unterliegt *primär* den Regelungen, die in der SE-VO niedergelegt sind (Art. 7 Abs. 1 Buchst. a 1. HS SE-VO) und die sich v.a. auf "die Gründung und Funktionsweise der SE (beziehen,; A.d.V.) ... mit Ausnahme der Regeln über die Stellung der Arbeitnehmer"[112]. Die SE-VO stellt gem. Art. 189 Abs. 2 S. 2 EWGV i.V.m. Art. 137 S. 2 SE-VO in allen Mitgliedstaaten unmittelbar geltendes Gemeinschaftsrecht dar. *Ergänzend* hierzu gelten nach Art. 7 Abs. 1 Buchst. a 2. HS SE-VO die Bestimmungen der Satzung der SE, sofern diese durch die SE-VO ausdrücklich zugelassen sind (Prinzip der Satzungsstrenge).

bb) Unmittelbare Verweisungen des Verordnungsvorschlags auf bereits verabschiedete EG-Richtlinien

Die SE-VO verweist in verschiedenen Vorschriften unmittelbar auf vom Ministerrat bereits verabschiedete EG-Richtlinien zur Angleichung des Rechts in den EG-Mitgliedstaaten. Durch die Verweisungen werden diese Richtlinien zu *unmittelbar geltendem Recht* der SE; ihr Rechtscharakter entspricht für SEs folglich dem einer Verordnung.[113] Sofern diese Richtlinien Wahlrechte enthalten, unabhängig davon, an wen sie gerichtet sind, können Unternehmungen in der Rechtsform einer SE hiervon uneingeschränkt Gebrauch machen, es sei denn, die SE-VO schließt dies explizit aus.

cc) Der Regelungsgegenstand des Richtlinienvorschlags

Die AN-RL enthält nur Regelungen zur unternehmerischen Mitbestimmung der Arbeitnehmer einer SE (vgl. Kapitel C.X.). Nach Art. 13 AN-RL ist die AN-RL an die EG-Mitgliedstaaten gerichtet, die nach ihrer Verabschiedung den Inhalt in nationales Recht transformieren müssen. Auf die SE sind dann ausschließlich die (harmonisierten) nationalen und ergänzend die sonstigen nationalen Rechtsvorschriften des EG-Staats anzuwenden, in dem die SE ihren

---

[112] Kommission der Europäischen Gemeinschaften, Statut, S. 11.

[113] Vgl. speziell zu den Prüfungsvorschriften bezüglich der Rechnungslegung einer SE Haller, A.: Die Jahresabschlußprüfung einer europäischen Aktiengesellschaft nach dem Statut-Entwurf der EG-Kommission, in: Die Wirtschaftsprüfung, 43. Jg. 1990, S. 586 f.

Sitz hat. Ausnahmsweise können die Regelungen der AN-RL einschließlich der Wahlrechte von SEs auch direkt angewendet werden, sofern ihre Umsetzung in nationales Recht im Sitzstaat der betreffenden SE nicht ordnungsgemäß erfolgt ist.[114]

dd) Unmittelbare Verweisungen des Richtlinienvorschlags auf bereits verabschiedete EG-Richtlinien

Die Richtlinie zur Ergänzung des SE-Statuts hinsichtlich der Stellung der Arbeitnehmer (AN-RL) enthält keine Bestimmungen, die direkt auf verabschiedete EG-Richtlinien verweisen.

b) Nationales Recht der Mitgliedstaaten

Neben den Regelungen im Verordnungsvorschlag, der Satzung der SE (sofern die SE-VO dies zuläßt) und den EG-Richtlinien, auf die die SE-VO direkt verweist, gilt, wiederum ergänzend, das nationale Recht der EG-Mitgliedstaaten. Hierauf wird einerseits in verschiedenen Vorschriften der SE-VO verwiesen, andererseits findet das nationale Recht stets dort Anwendung, wo europäisches Recht fehlt, d.h. im Bereich des Zivilrechts.[115] Darüber hinaus regelt harmonisiertes nationales Recht den gesamten Anwendungsbereich der AN-RL.

aa) Ausführung der Verordnung und der Richtlinie durch die Mitgliedstaaten

Die AN-RL ist nach ihrer Verabschiedung durch den Ministerrat im Wege von Ausführungs- bzw. Transformationsgesetzen in den EG-Staaten in nationales Recht zu transformieren. Die SE-VO stellt dagegen nach ihrer Verabschiedung durch den Ministerrat unmittelbar geltendes Recht in den EG-Staaten dar. Ein nationales SE-Ausführungsgesetz für die SE-VO ist insofern nur zur Anpassung der nationalen Rechtsvorschriften, die für die SE ergänzend gelten, notwendig. Darüber hinaus kann dadurch von den in der SE-VO enthaltenen Ermächtigungsgrundlagen zum Erlaß nationalen Rechts für die SE Gebrauch gemacht werden (z.B. Art. 134 SE-VO).

---

[114] Vgl. hierzu Kapitel B.II.1., Fußnote 64.

[115] Vgl. Hauschka, Entwicklungslinien, S. 100-102.

bb) Verweisungen des Verordnungsvorschlags auf nationales Recht

"Enthält die Verordnung keine Bestimmungen, so kommt das Prinzip der Willensfreiheit und der Vertragsfreiheit voll zum Tragen, sofern die zwingenden Vorschriften des im Sitzland der SE für Aktiengesellschaften geltenden Rechts beachtet werden."[116] Die SE besitzt somit bei fehlenden Verordnungsregelungen und direkten Verweisungen auf EG-Richtlinien dieselben Rechte und Pflichten wie eine nationale Aktiengesellschaft im selben Sitzstaat.[117]

Die Verweisung auf nationales Recht der Aktiengesellschaften einschließlich der ergänzend zulässigen Satzungsbestimmungen im Sitzstaat der SE nach Art. 7 Abs. 1 Buchst. b SE-VO kann als *Generalverweisung*[118] der SE-VO auf nationales Recht angesehen werden.[119] [120] Damit gelten die nationalen Rechtsvorschriften für Aktiengesellschaften im Sitzstaat der SE stets dann, wenn die Verordnung selbst keine Regelungen enthält, keine Satzungsbestimmungen zuläßt und auch nicht unmittelbar auf Richtlinien oder spezielle nationale Rechtsvorschriften verweist. Die Generalverweisung wird durch Art. 7 Abs. 4 SE-VO ergänzt, der bestimmt, daß eine SE "hinsichtlich ihrer Rechte, Befugnisse und Verpflichtungen ... in jedem Mitgliedstaat vorbehaltlich der .. Bestimmungen (der SE-VO; A.d.V.) wie eine Aktiengesellschaft nationalen Rechts behandelt"[121] wird.

Der *Umfang* der nationalen Rechtsvorschriften, die durch die Generalverweisung für die SE Geltung erlangen, ist sehr groß.[122] Einerseits gehören hierzu die Regelungsbereiche, die - z.B. für in Deutschland ansässige SEs - das deutsche Aktiengesetz und das sonstige auf Aktiengesellschaften anzuwendende nationale und Internationale Gesellschaftsrecht enthält und die durch die SE-VO weder geregelt sind, noch auf die die SE-VO speziell verweist (vgl. hierzu anschließend). Andererseits gehört hierzu das gesamte nationale (und Internationale) Privatrecht des SE-Sitzstaats außerhalb des Gesellschaftsrechts, da aufgrund feh-

---

[116] Kommission der Europäischen Gemeinschaften, Verordnung, S. 5.

[117] Vgl. Kommission der Europäischen Gemeinschaften, Verordnung, S. 5.

[118] So auch Ebenroth/Wilken, S. 1016, allerdings in Bezug auf den gesamten Art. 7 Abs. 1 SE-VO.

[119] Vgl. ähnlich Lutter, M.: Genügen die vorgeschlagenen Regelungen für eine "Europäische Aktiengesellschaft"?, in: Die Aktiengesellschaft, 35. Jg. 1990, S. 416, der in Fußnote 22 auf S. 416 darauf aufmerksam macht, daß sich die Satzungsautonomien von Aktiengesellschaften in den Mitgliedstaaten der EG erheblich voneinander unterscheiden. In Deutschland ist dafür § 23 Abs. 5 AktG zu beachten.

[120] Vgl. zur Einordnung von Art. 7 Abs. 1 Buchst. b SE-VO als sog. Kollisionsnorm zur Bestimmung *welches* nationale Recht auf die SE ergänzend anzuwenden ist Kapitel C.I.

[121] Art. 7 Abs. 4 SE-VO.

[122] Kritisch zur Verweisungstechnik zuletzt Lutter, Perspektiven, S. 446; Rasner, S. 317-320., der sich u.a. auf die Vorschriften zur Verwaltung und der Organstruktur der SE bezieht (vgl. hierzu auch Kapitel C.IV.).

lender Bestimmungen im privaten Recht der EG (Gemeinschaftsprivatrecht), z.B. wie ein Vertrag rechtlich zustandekommt, eine "Einbindung in eine übergeordnete Systematik des Privatrechts"[123] der EG nicht möglich ist.[124]

"Der Verordnungsvorschlag nimmt .. (über die Generalverweisung; A.d.V.) hinaus in zahlreichen Bestimmungen *ausdrücklich* Bezug auf die für Aktiengesellschaften geltenden Rechtsvorschriften des Staates, in dem die SE (oder ihre Gründungsgesellschaften; A.d.V.) ihren Sitz hat"[125] bzw. haben. Die Kommission versucht dadurch, die *Akzeptanz* der SE-VO im Ministerrat zu erhöhen, was aber zu Lasten der *Einheitlichkeit* des SE-Statuts geht.[126] Zusätzlich kann dadurch ein erhebliches Rechtsgefälle durch diejenigen nationalen Rechtsvorschriften auftreten, die auf die in unterschiedlichen Mitgliedstaaten ansässigen SEs anzuwenden sind, sofern sie nicht durch die Transformation von EG-Richtlinien in nationales Recht angeglichen wurden (vgl. hierzu unten). Nationale Rechtsvorschriften können daher zu einem *standortbestimmenden Faktor* bezüglich des Sitzstaats einer SE werden.[127]

In verschiedenen Artikeln verweist die SE-VO auf nationales Recht der Mitgliedstaaten, das durch die Transformation von vom Ministerrat bereits verabschiedeter EG-Richtlinien angeglichen bzw. harmonisiert wurde (Verweisung auf *harmonisiertes* nationales Recht). Das Ziel dieser Richtlinien ist die Harmonisierung des nationalen Rechts der EG-Staaten, um dieses *gleichwertig* zu gestalten (Rechtsangleichung im engeren Sinne). Durch die Verweisungen auf harmonisiertes nationales Recht wird allerdings keine Einheitlichkeit i.S. einer Rechtsvereinheitlichung des auf die SE anzuwendenden Rechts erzielt. Diese Verweisungen stellen gegenüber den Verweisungen auf nicht-harmonisiertes nationales Recht aber die Einhaltung von bestimmten *Mindestanforderungen* sicher[128], so daß "zumindest eine funktionale Gleichwertigkeit (der auf die SE anzuwendenden Vorschriften; A.d.V.) erreicht"[129] wird. Von den unmittelbaren Verweisungen der SE-VO auf bereits verabschiedete Richtlinien (vgl. Kapitel B.II.5.a)bb)) unterscheiden sich die Verweisungen auf harmonisiertes nationales Recht der EG-Staaten insbesondere darin, daß bei letzteren die an die Mitgliedstaaten gerichteten Wahlrechte von diesen i.d.R. verbindlich ausgeübt wurden.

[123] Hauschka, Entwicklungslinien, S. 101.

[124] Daher zutreffend die Kritik von Merkt, der den Wortlaut von Art. 7 Abs. 1 Buchst. b SE-VO für zu eng hält. Vgl. Merkt, Aktiengesellschaft, S. 656. Diese Vorschrift bezieht sich auf das gesamte nationale Recht des Sitzstaats der SE.

[125] Lutter, Aktiengesellschaft, S. 416.

[126] Vgl. Wiesner, Europa-AG, S. R 275.

[127] Vgl. Trojan-Limmer, U.: Die Geänderten Vorschläge für ein Statut der Europäischen Aktiengesellschaft (SE), in: Recht der Internationalen Wirtschaft, 37. Jg. 1991, S. 1013.

[128] In Anlehnung an Lutter, Aktiengesellschaft, S. 417.

[129] Trojan-Limmer, S. 1013.

cc) Verweisungen des Richtlinienvorschlags auf nationales Recht

Die Transformation der AN-RL führt in jedem EG-Staat zur Entstehung von harmonisiertem nationalen Recht. Dennoch enthält die AN-RL in Art. 10, der auf die nationalen Vorschriften bezüglich der *betrieblichen* Mitbestimmung der Arbeitnehmer der SE verweist, eine Verweisung auf bisher *nicht-harmonisiertes* nationales Recht. Für die zukünftige Harmonisierung der betrieblichen Mitbestimmung in der EG liegen dem Ministerrat allerdings *zwei Vorschläge* vor: Der Vorschlag über die sog. Vredeling-Richtlinie[130] sowie der Vorschlag über eine Richtlinie zur Schaffung Europäischer Betriebsräte[131]. Darüber hinaus stellt Art. 3 Abs. 1 S. 2 AN-RL klar, daß durch die Transformation der AN-RL die harmonisierten nationalen Bestimmungen, die durch die Transformation der Richtlinie über die Wahrung von Ansprüchen der Arbeitnehmer beim Übergang von Unternehmen, Betrieben oder Betriebsteilen (Arbeitnehmerschutzrichtlinie, Richtlinie 77/187/EWG)[132] erlassen wurden, nicht verdrängt werden können.

c) Zusammenfassende Stellungnahme zur Rechtssystematik des Verordnungsvorschlags

Die oben dargestellte Rechtssystematik (insbesondere) des Verordnungsvorschlags über das Statut der SE (SE-VO) ist v.a. durch das *Ineinandergreifen* von sekundärem europäischen Gemeinschaftsrecht und - teilweise harmonisiertem - nationalem Recht der EG-Mitgliedstaaten gekennzeichnet. Wie bereits angedeutet und weiterhin noch zu zeigen sein wird, kommt auch die SE als supranationale Rechtsform derzeit zumindest *politisch* nicht ohne Verweisungen auf nationales Recht der EG-Staaten aus. Notwendig ist daher eine sinnvolle *Abstimmung* zwischen einheitlichen Regelungen einerseits und Verweisungen auf (harmonisiertes) nationales Recht andererseits.[133]

---

[130] Geänderter Vorschlag für eine Richtlinie über die Unterrichtung und Anhörung der Arbeitnehmer, in: ABl. EG Nr. C 217, vom 12.8.1983, S. 3-16. Vgl. hierzu nur Lutter, Unternehmensrecht, S. 121-125.

[131] Vorschlag für eine Richtlinie des Rates über die Einsetzung Europäischer Betriebsräte zur Information und Konsultation der Arbeitnehmer in gemeinschaftsweit operierenden Unternehmen und Unternehmensgruppen, in: ABl. EG Nr. C 39, vom 15.2.1991, S. 10-15. Vgl. hierzu Bersch, S. 26-28, sowie Hans-Böckler-Stiftung (Hrsg.): Europäische Betriebsräte - Ein Beitrag zum sozialen Europa, 3. Auflage, Düsseldorf 1992, S. 1-24c.

[132] ABl. EG Nr. L 61, vom 5.3.1977, S. 26-28. Vgl. hierzu Lutter, Unternehmensrecht, S. 120 f.

[133] Vgl. hierzu Trojan-Limmer, S. 1013.

Durch das Zusammenspiel der verschiedenen Rechtsvorschriften nach der SE-VO können derzeit insbesondere folgende *Problembereiche* bei der Abgrenzung des auf die SE anzuwendenden Rechts entstehen:

Erstens kann der Fall eintreten, daß es nicht ersichtlich ist, ob die SE-VO einen bestimmten Sachverhalt *abschließend* regelt oder nicht.[134] Dadurch bestehen zwei Auslegungsalternativen: Einerseits kann die Auffassung vertreten werden, daß ergänzend zu den Regelungen der SE-VO nach Art. 7 Abs. 1 Buchst. b *stets* das für nationale Aktiengesellschaften geltende - strengere - Recht des Sitzstaats der SE anzuwenden ist (*strenge Lösung*).[135] Andererseits kann die SE-VO in dem Bereich, in dem sie schweigt und keine speziellen Verweisungen auf nationales Recht enthält bzw. weitergehendes Sitzstaatsrecht nicht ausdrücklich toleriert, als abschließend angesehen werden (*liberale Lösung*). Beide Auslegungen der SE-VO erscheinen aber nicht sinnvoll. Sie benötigen entweder ausdrückliche Vorschriften darüber, daß die SE-VO einen Sachverhalt abschließend regelt (strenge Lösung), oder ausdrückliche Verweisungen, daß nationales Recht ergänzend anzuwenden ist (liberale Lösung), wodurch die Generalverweisung in Art. 7 Abs. 1 Buchst. b SE-VO ihre Bedeutung verlieren würde bzw. überflüssig wäre.[136] Folglich muß jede geschriebene und ungeschriebene Regelung der SE-VO auf ihre Abgeschlossenheit hin überprüft werden, was im Einzelfall allerdings zu erheblichen Unsicherheiten führen kann.[137]

Zweitens kann der Fall eintreten, daß die SE-VO eine konkrete Verweisung auf nationales Sitzstaatsrecht beinhaltet, die entweder als Verweisung auf das für Aktiengesellschaften desselben Staats bereits geltende Recht oder als Ermächtigung an den betreffenden EG-Staat zum Erlaß neuen Rechts im Rahmen des nationalen SE-Ausführungsgesetzes angesehen werden kann.[138] Welche der beiden Auslegungsvarianten zutreffend ist, muß wiederum für jede Verweisung der SE-VO eigenständig ermittelt werden. Im konkreten Fall können allerdings auch hier erhebliche Unsicherheiten auftreten.

Drittens besteht die Möglichkeit, daß die SE-VO eine Regelung enthält, wonach eine bestimmte Satzungsregelung ausdrücklich zugelassen wird, diese aber gegen das für Aktiengesellschaften zwingend geltende nationale Recht des SE-Sitzstaats verstößt. Sofern dies nicht gewollt ist, müßte nach *Merkt* auch die

---

[134] Nach Trojan-Limmer kann dies insbesondere dann eintreten, wenn die SE-VO neben Verweisungen auf nationales Recht auch eigene Regelungen enthält. Vgl. Trojan-Limmer, S. 1012.

[135] Vgl. hierzu und zu konkreten Beispielen nur Trojan-Limmer, S. 1012.

[136] Vgl. zu diesen Überlegungen kritisch Merkt, Aktiengesellschaft, S. 656 f.

[137] Vgl. Trojan-Limmer, S. 1012; Merkt, Aktiengesellschaft, S. 657.

[138] Vgl. hierzu Merkt, Aktiengesellschaft, S. 656. Als Beispiel nennt er Art. 72 Abs. 4 SE-VO, der es den EG-Mitgliedstaaten erlaubt, für die bei ihnen ansässigen SEs zusätzlich zu Art. 72 Abs. 1 SE-VO weitere Maßnahmen der Genehmigung des Aufsichts- oder eines Beschlusses des Verwaltungsorgans zu unterwerfen.

in Art. 7 Abs. 1 Buchst. a 2. HS SE-VO enthaltene "Satzungsautonomie[139] .. unter den Vorbehalt des Sitzrechts"[140] der SE gestellt werden. Nach der hier vertretenen Auffassung sollte ein derartiger nationalstaatlicher Vorbehalt aber nicht zusätzlich in die SE-VO aufgenommen werden: Der *Sinn* und *Zweck* der Trennung der in der SE-VO enthaltenen (vgl. Art. 7 Abs. 1 Buchst. a 2. HS SE-VO) von der nach nationalem Recht einschlägigen *Satzungsautonomie* (Art. 7 Abs. 1 Buchst. b 2. HS) besteht darin, daß Unternehmungen in der Rechtsform einer SE von der Satzungsautonomie nach der SE-VO Gebrauch machen können und sollen, unabhängig vom Recht des SE-Sitzstaats. Dadurch ist zumindest in diesem Bereich der Umfang der Satzungsautonomie einer SE einheitlich geregelt.

Aus dem *Ineinandergreifen europäischer* und *nationaler Rechtsvorschriften*, die auf die SE anzuwenden sind, ergibt sich über die dargestellte Problematik hinaus eine weitere Besonderheit bezüglich des Zuständigkeitsbereichs der *Rechtsprechung*: Der Europäische Gerichtshof (EuGH) ist zusätzlich zu den nationalen Gerichten der EG-Staaten nur zur letztinstanzlichen Auslegung[141] von Gemeinschaftsrecht und des auf ihm beruhenden Durchführungs- bzw. Transformationsrechts befugt.[142] Der EuGH entscheidet somit letztinstanzlich über die Auslegung von Regelungen der SE-VO, der Satzungsbestimmungen aufgrund der SE-VO, der unmittelbar anzuwendenden EG-Richtlinien, des harmonisierten nationalen Rechts bezüglich Fragen der Richtlinien-konformen Transformation[143], der nationalen Ausführungsgesetze zur SE-VO bezüglich Fragen der Konformität zur SE-VO[144] und insbesondere über Problembereiche, die aus dem Ineinandergreifen von sekundärem europäischen Gemeinschaftsrecht und nationalem Recht entstehen können (s.o.).[145] Die nicht-harmonisierten nationalen

---

[139] Unter Satzungsautonomie versteht man grundsätzlich die - teilweise erheblich reglementierte - Möglichkeit, in der Satzung neben den gesetzlich vorgeschriebenen Bestimmungen davon abweichende oder ergänzende Bestimmungen niederzulegen. Vgl. hierzu z.B. Henn, G.: Handbuch des Aktienrechts, 4. Auflage, Heidelberg 1991, S. 57 f.; Eckardt, U.: § 23 AktG, in: Geßler, E./Hefermehl, W./Eckardt, U./Kropff, B. (Hrsg.), Kommentar zum Aktiengesetz, Bd. I, München 1984, S. 304.

[140] Merkt, Aktiengesellschaft, S. 657.

[141] Vgl. zum Verfahren der letztinstanzlichen Auslegung durch den EuGH im Wege der sog. Vorlageverpflichtung der nationalen Gerichte nach Art. 177 EWGV z.B. Everling, U.: Zur Auslegung des durch EG-Richtlinien angeglichenen nationalen Rechts, in: Zeitschrift für Unternehmens- und Gesellschaftsrecht, 21. Jg. 1992, S. 389-391.

[142] Vgl. dazu Goerdeler, S. 124 f.

[143] Hierzu gehört z.B. die einzelstaatliche Transformation der Regelungen der AN-RL in nationales Recht.

[144] Vgl. hierzu Everling, Auslegung, S. 379.

[145] Dazu ausschließlich Lutter: "Es liegt also ... am EuGH, wieviel er aus dem Text der (SE-VO; A.d.V.) .. als Aussage des europäischen Rechts entwickelt, um auf diese Weise das Abgleiten in ... nationales Recht zu vermeiden: Wenn der EuGH es will, kann er trotz des ganz und gar

Rechtsvorschriften sowie die hierdurch begründeten Satzungsregelungen sind dagegen grundsätzlich nur durch die nationalen Gerichte der einzelnen EG-Staaten auszulegen.[146] [147]

III. Zielsetzung und Gründe der Schaffung einer supranationalen europäischen Rechtsform der Societas Europaea

Grundlage einer durch supranationales Recht der EG zu schaffenden Europäischen Aktiengesellschaft (SE) sind die *Ziele* des EWGV, die in der Präambel und in Art. 2 EWGV sowie ergänzend in Art. 3 EWGV niedergelegt sind, ferner aufgrund der Einheitlichen Europäischen Akte in Art. 8a EWGV, den Binnenmarkt betreffend.[148] Für die Schaffung einer SE von besonderer Bedeutung sind die speziellen Ziele des EWGV, die in der Errichtung eines Gemeinsamen Markts gem. Art. 2 EWGV sowie in der Verwirklichung des Binnenmarkts gem. Art. 8a EWGV bestehen. Vgl. zu den verschiedenen, für die SE relevanten Zielen stets auch Abbildung 4 auf Seite 44.

Von diesen *speziellen Zielen* des EWGV leitet sich die *übergeordnete Zielsetzung* der Schaffung einer Societas Europaea in der Bereitstellung einer einheitlichen supranationalen europäischen Rechtsform ab, die sich im Markt der EG auch rechtlich unabhängig von nationalen Grenzen entfalten kann, was derzeit für nationale Rechtsformen nicht oder nur sehr eingeschränkt möglich ist. Dies bedeutet, daß der *einheitliche Markt* (Binnenmarkt) durch eine *einheitliche Rechtsform* in diesem Markt vervollständigt werden soll. Die Unternehmungen in der Rechtsform einer SE sollen dadurch die gleiche Freizügigkeit und Niederlassungsfreiheit sowie dieselben Möglichkeiten der Zusammenführung von Produktionsfaktoren[149] im Binnenmarkt besitzen wie Unternehmungen nationalen Rechts im nationalen Markt (*abgeleitete Zielsetzung*).[150] Die Schaf-

---

unzureichenden Textes (der SE-VO; A.d.V.) oder gerade deswegen zum bestimmenden Faktor, zum eigentlichen Gesetzgeber für das Recht einer SE werden." Lutter, Perspektiven, S. 446.

[146] Vgl. bezüglich der Aufgaben und des Zuständigkeitsbereichs des EuGH nur Oppermann, S. 133 f., S. 230-233.

[147] Dies gilt allerdings nicht bezüglich der Überprüfung der Vereinbarkeit von nationalem Recht mit (primärem oder sekundärem) europäischem Gemeinschaftsrecht. Auch hierüber entscheidet der EuGH letztinstanzlich.

[148] Vgl. Bleckmann, S. 6-9, 19 f.

[149] Vgl. zum Inhalt dieses Begriffs Gutenberg, E.: Grundlagen der Betriebswirtschaftslehre, Bd. 1: Die Produktion, 23. Auflage, Berlin/Heidelberg/New York 1979, S. 2-8.

[150] Vgl. Groeben, H. von der: Auf dem Wege zu europäischen Aktiengesellschaften, in: Die Aktiengesellschaft, 12. Jg. 1967, S. 95.

fung einer SE kann demnach sowohl zur Verwirklichung des Gemeinsamen Markts[151] als auch des Binnenmarkts[152] als notwendig angesehen werden.[153]

Zur Herstellung der *Freizügigkeit* und der *Niederlassungsfreiheit* von Unternehmungen im Binnenmarkt müssen die folgenden *konkreten Zielsetzungen* erreicht werden:

Erstens muß die *Rechtsform* und damit die *Rechtspersönlichkeit* einer Unternehmung im ganzen Binnenmarkt uneingeschränkt *anerkannt* werden. Juristische Personen in Form von Gesellschaften nationalen Rechts, die in dem EG-Staat, in dem sie *wirksam* gegründet worden sind, auch ihren Satzungssitz und ihre effektive Verwaltung haben, besitzen in diesem Staat volle Rechtspersönlichkeit. Nach dem Internationalen Gesellschaftsrecht der EG-Staaten wird die Rechtspersönlichkeit dieser Gesellschaften aber auch in den anderen EG-Staaten regelmäßig anerkannt, vorbehaltlich des sog. ordre public[154].[155] [156] Durch die Verabschiedung einer Verordnung über das Statut einer SE soll einheitliches unmittelbar geltendes Recht in allen EG-Mitgliedstaaten geschaffen werden. Die Anerkennung der Rechtspersönlichkeit von Gesellschaften in der Rechtsform einer SE ist daher im gesamten EG-Binnenmarkt stets gegeben.[157]

---

[151] Vgl. Vorwort der Kommission der Europäischen Gemeinschaften zu Sanders, Vorentwurf, S. 5.

[152] Vgl. Kommission der Europäischen Gemeinschaften, Weißbuch, S. 34, Rdnr. 137, was auch durch die Erklärung zu Art. 8a EWGV der Schlußakte der EEA bestätigt wird.

[153] Auf die in der Literatur umstrittene Abgrenzung des Gemeinsamen Markts vom Binnenmarkt kann daher verzichtet werden. Vgl. hierzu Zacker, C.: Binnenmarkt und Gemeinsamer Markt, in: Recht der Internationalen Wirtschaft, 35. Jg. 1989, S. 489 f. und insbesondere Bleckmann, S. 7 f., der die verschiedenen Auffassungen kurz darstellt, sowie die dort angegebene Literatur.

[154] Vgl. zum "ordre public" (Vorbehaltsklausel) z.B. des deutschen Internationalen Privatrechts allgemein Art. 6 Einführungsgesetz zum Bürgerlichen Gesetzbuch (EGBGB) vom 18.8.1896, RGBl. vom 24.8.1896, S. 604-650, in der Fassung vom 25.7.1986, BGBl. Teil I vom 30.7.1986, S. 1142-1155, zuletzt geändert durch Gesetz zur Änderung adoptionsrechtlicher Fristen vom 30.9.1991, BGBl. Teil I, vom 2.10.1991, S. 1930, und konkret das Urteil des Oberlandesgerichts Hamburg vom 21.1.1987, in: Recht der Internationalen Wirtschaft, 34. Jg. 1988, S. 816 f.

[155] Vgl. hierzu Ebenroth, C.T./Auer, T.: Grenzüberschreitende Verlagerung von unternehmerischen Leitungsfunktionen im Zivil- und Steuerrecht, in: Recht der Internationalen Wirtschaft, Beilage Nr. 1, 38. Jg. 1992, S. 4-6; Ebenroth, C.T.: Nach Art. 10, in Rebmann, K./Säcker, J. (Hrsg.), Münchener Kommentar zum BGB, Bd. 7, 2. Auflage, München 1990, S. 453-461, Rdnrn. 123-138; Behrens, P.: Sind Gesellschaften Niederlassungsberechtigte minderen Rechts?, in: Europäische Zeitschrift für Wirtschaftsrecht, 2. Jg. 1991, Heft 4, S. I.

[156] Von der Frage der Anerkennung der Rechtspersönlichkeit zu unterscheiden ist die Problematik der "öffentlich-rechtlichen Genehmigung des Gewerbebetriebes ausländischer Gesellschaften durch einen Träger hoheitlicher Gewalt" im Inland. Ebenroth, Art. 10, S. 458 f., Rdnr. 130, dort teilweise fett. Vgl. dazu auch die von Ebenroth angegebene Literatur.

[157] Vgl. ähnlich Groeben, S. 101.

Zweitens muß die *Verlegung* des *Sitzes* (Satzungssitz und/oder Ort der effektiven Verwaltung) einer Unternehmung innerhalb des Binnenmarkts uneingeschränkt, d.h. unter Wahrung der bestehenden Rechtspersönlichkeit, *möglich* sein. Die Frage des Standorts einer Unternehmung und seiner Verlegung darf nur von wirtschaftlichen Faktoren, nicht aber von der Verschiedenheit der - insbesondere gesellschaftsrechtlichen - Rechtsvorschriften und Besteuerungsmaßnahmen[158] abhängen: Sie muß rechtlich indifferent sein.[159]

Bezüglich Sitzverlegungen z.B. von Aktiengesellschaften nationalen Rechts, die in einem EG-Mitgliedstaat wirksam gegründet worden sind und ihren Satzungssitz und/oder ihre effektive Verwaltung in einen anderen Mitgliedstaat verlegen (Gesellschaft mit Auslandsbezug), ist für die Frage der Anerkennung des Fortbestandes der Rechtspersönlichkeit das für diese Gesellschaften maßgebende Recht (Sach- und Kollisionsnormen) sowohl durch den Wegzugs- als auch durch den Zuzugsstaat zu bestimmen (Personal- bzw. Gesellschaftsstatut).[160] Es wird durch die sog. *Kollisionsnormen* des Internationalen Gesellschaftsrechts der betroffenen nationalen Rechtsordnungen festgelegt.[161] Nur wenn die Rechtsordnungen sowohl des Wegzugs- als auch des Zuzugsstaats eine Sitzverlegung zulassen, besteht die Rechtspersönlichkeit der Gesellschaft fort.[162] Innerhalb der EG bestehen grundsätzlich zwei unterschiedliche Konzeptionen von Kollisionsnormen: Nach der sog. *Sitztheorie*, der insbesondere Belgien, Frankreich, Deutschland, Griechenland, Luxemburg und Portugal folgen[163], ist das für die Gesellschaft maßgebende Recht (Personal- bzw. Gesellschaftsstatut) das Recht des Staats, an dem sich der Ort der effektiven Verwaltung befindet.[164] Dagegen wird nach der sog. *Gründungstheorie*, der Großbritannien, Dänemark, Irland, die Niederlande und Spanien folgen[165], als maßgebendes Recht das Recht

---

[158] Die steuerlichen Probleme der Sitzverlegung einer SE werden in Kapitel C.VIII.1.a)bb) behandelt.

[159] Vgl. ähnlich Groeben, S. 96, 101.

[160] Vgl. Knobbe-Keuk, B.: Umzug von Gesellschaften in Europa, in: Zeitschrift für das gesamte Handelsrecht und Wirtschaftsrecht, Bd. 154, ohne Jg., 1990, S. 326.

[161] Vgl. Ebenroth/Auer, S. 4, Rdnr. 5f.

[162] Vgl. hierzu Ebenroth/Auer, S. 6, Rdnr. 8, sowie die dort angegebene Literatur.

[163] Vgl. Ebenroth, C.T./Neiß, E.: Voraussetzungen der steuerlichen Abschirmwirkung für Finanzierungsgesellschaften in den Niederlanden, in: Betriebs-Berater, 45 Jg. 1990, S. 151, sowie Ebenroth, C.T./Eyles, U.: Die innereuropäische Verlegung des Gesellschaftssitzes als Ausfluß der Niederlassungsfreiheit (Teil I), in: Der Betrieb, 42. Jg. 1989, S. 365, und jeweils die dort angegebene Literatur.

[164] Vgl. zur Sitztheorie Großfeld, B.: Internationales Gesellschaftsrecht, in: Staudinger, J. von (Hrsg.), Kommentar zum Bürgerlichen Gesetzbuch, Einführungsgesetz zum Bürgerlichen Gesetzbuch, Teil 2a, 10./11. Auflage, Berlin 1980, S. 309, Rdnr. 18. Kritisch zur Sitztheorie v.a. Knobbe-Keuk, Umzug, S. 325-356.

[165] Vgl. Ebenroth/Neiß, S. 151, sowie Ebenroth/Eyles, S. 366, und jeweils die dort angegebene Literatur.

des Staats angesehen, nach dem die Gesellschaft gegründet worden ist (Inkorporationsstaat).[166]

Für Deutschland, für das die Sitztheorie gilt, ergibt sich nach herrschender Meinung folgendes: Unter Wahrung der Rechtspersönlichkeit ist der Zuzug (Verlegung des Satzungssitzes und/oder der effektiven Verwaltung) von im Ausland wirksam gegründeten Aktiengesellschaften ebenso *un*möglich wie der Wegzug von in Deutschland wirksam gegründeten Aktiengesellschaften[167], mit einer Ausnahme: Die Verlegung nur der effektiven Verwaltung einer deutschen Aktiengesellschaft von Deutschland ins Ausland ist vorbehaltlich des ordre public grundsätzlich möglich, sofern der Zuzugsstaat der Gründungstheorie folgt. Das deutsche Internationale Gesellschaftsrecht verweist auf das Recht des Zuzugsstaats (Ort der effektiven Verwaltung) als maßgebendes Recht. Der Zuzugsstaat, der der Gründungstheorie folgt, verweist auf das deutsche Recht zurück, da der Satzungssitz und der Ort der Gründung der Aktiengesellschaft nach wie vor Deutschland ist.[168] Auf diese Aktiengesellschaft finden also nach wie vor die deutschen Rechtsvorschriften, nach denen sie wirksam gegründet worden ist, Anwendung.[169] Für alle anderen Fälle ist eine Sitzverlegung somit nur durch Auflösung und anschließende Neugründung möglich.[170]

Auch auf *europäischer Ebene* bestehen derzeit keine Vorschriften, die es einer juristischen Person in Form einer Gesellschaft nationalen Rechts erlauben, ihren Sitz unter Wahrung der Rechtspersönlichkeit grenzüberschreitend zu verlegen.[171] [172] Gesellschaften in der Rechtsform einer SE können dagegen innerhalb

---

[166] Vgl. Ebenroth, Art. 10, S. 462, Rdnr. 141.

[167] Vgl. dazu zuletzt Knobbe-Keuk, die davon spricht, daß sowohl die von Deutschland ins Ausland als auch die vom Ausland nach Deutschland umziehende Gesellschaft "erschlagen" wird. Knobbe-Keuk, B.: Was fehlt noch zum Binnenmarkt?, in: Der Betrieb, 45. Jg. 1992, Heft 41, S. I.

[168] Daneben wird in der Literatur gefordert, auch den Zuzug ausländischer Gesellschaften z.B. bei Verlegung des Ortes der effektiven Verwaltung und des Satzungssitzes ins Inland unter Wahrung der Rechtspersönlichkeit als formwechselnde Umwandlung zuzulassen. Vgl. Behrens, Gesellschaften, S. I, sowie Knobbe-Keuk, Umzug, S. 334 f.

[169] Vgl. zur Sitzverlegung von juristischen Personen in Form von Gesellschaften nationalen Rechts aus der Sicht des deutschen Internationalen Gesellschaftsrechts allgemein Ebenroth/Auer, S. 6-8, Rdnr. 9-14, und speziell im Verhältnis zu Spanien und den USA, zu denen besondere bilaterale Abkommen bestehen, S. 8-12, Rdnr. 15-23.

[170] Darüber hinaus sind aus deutscher Sicht identitätswahrende Sitzverlegungen (Verlegung der effektiven Verwaltung) auch von Gesellschaften zwischen zwei ausländischen Staaten möglich, sofern der Zuzugsstaat der Gründungstheorie folgt. Vgl. Ebenroth/Auer, S. 8.

[171] So hat der EuGH bezüglich der im EWGV kodifizierten Niederlassungsfreiheit wie folgt entschieden: "Die Artikel 52 und 58 .. gewähren ... einer Gesellschaft, die nach dem Recht eines Mitgliedstaats gegründet ist und in diesem ihren satzungsmäßigen Sitz hat, nicht das Recht, den Sitz ihrer Geschäftsleitung in einen anderen Mitgliedstaat zu verlegen." Urteil des EuGH vom 27.9.1988 (sog. "Daily-Mail"-Entscheidung), in: Der Betrieb, 42. Jg. 1989, S. 269-271. Die Sitztheorie wird daher als mit dem EWGV vereinbar angesehen. Vgl. Ebenroth/Wilken, S. 1015. A.A. Knobbe-Keuk, Umzug, S. 331 f., 342-345.

des gesamten Binnenmarkts ihren Standort frei wählen und unter Wahrung ihrer Rechtspersönlichkeit verlegen[173]. Eine Vermögensübertragung bei einer grenzüberschreitenden Sitzverlegung im Wege der Einzel- oder Gesamtrechtsnachfolge ist daher nicht notwendig.

Drittens muß die *Gründung* von *Tochtergesellschaften* im Binnenmarkt erleichtert werden. Dies kann durch das Statut der SE in der Weise erreicht werden, daß Großunternehmungen ihre Tochtergesellschaften in verschiedenen Mitgliedstaaten der EG einheitlich nach dem Recht der SE gründen können. Mittelgroße Unternehmungen[174] können ermuntert werden, überhaupt Tochtergesellschaften in anderen EG-Staaten zu gründen, da sie nun auf eine einheitliche Rechtsform zurückgreifen können.[175]

Durch die Zusammenführung von Produktionsfaktoren i.R.d. grenzüberschreitenden europäischen Umstrukturierung von Unternehmungen und Konzernen, denen heute nur unzulängliche Rechtsinstrumente zur Verfügung ste-

---

[172] Das bereits 1968 von den damaligen EG-Mitgliedstaaten unterzeichnete Übereinkommen nach Art. 220 EWGV über die gegenseitige Anerkennung von Gesellschaften und juristischen Personen (BGBl. Teil II, vom 25.5.1972, S. 369-383, das auch das deutsche Zustimmungsgesetz enthält), hat mangels Ratifizierung durch die Niederlande bis heute keine Gültigkeit erlangt. Vgl. Dötsch, E.: Körperschaftsteuerliche Behandlung der Verlegung des Sitzes bzw. der Geschäftsleitung einer Kapitalgesellschaft über die Grenze, in: Der Betrieb, 42. Jg. 1989, S. 2297; Behrens, P.: Das Gesellschaftsrecht im Europäischen Binnenmarkt, in: Europäische Zeitschrift für Wirtschaftsrecht, 1. Jg. 1990, S. 17. Es hätte auch nur zu Veränderungen durch eine dann für alle EG-Staaten verbindliche Kollisionsnorm bezüglich der Rechts-, Geschäfts- und Handlungsfreiheit geführt. Vorgesehen war, hierfür die Gründungstheorie einzuführen. Bei Fragen, die die innere Verfassung der Gesellschaften betreffen, sollte dagegen die derzeitige Situation im Internationalen Gesellschaftsrecht beibehalten werden (Vorbehalte zugunsten der Sitztheorie, vgl. Behrens, Gesellschaftsrecht, S. 17). Das Übereinkommen wird aufgrund der (möglichen) Spaltung des Personal- bzw. Gesellschaftsstatuts von Gesellschaften teilweise aber als mißglückt abgelehnt. Vgl. Ebenroth, Art. 10, S. 459 f., Rdnrn. 133 f. Vgl. zum Übereinkommen auch Drobnig, U.: Das EWG-Übereinkommen über die Anerkennung von Gesellschaften und juristischen Personen, in: Die Aktiengesellschaft, 18. Jg. 1973, S. 90-98, 125-131. Positiv dagegen Knobbe-Keuk, Umzug, S. 338.

[173] Vgl. Hauschild, W.: Die Europäische Aktiengesellschaft, in: Caemmerer, E. von (Hrsg.), Europäische Handelsgesellschaft und Angleichung des nationalen Gesellschaftsrechts, Frankfurt am Main/Berlin 1968, S. 84, sowie insbesondere Kapitel C.I.

[174] Die Abgrenzung von mittelgroßen zu großen Unternehmungen kann in Anlehnung an eine Untersuchung des Instituts für Mittelstandsforschung erfolgen. Danach beschäftigen mittelgroße Unternehmungen zwischen 50 und 499 Mitarbeiter und erzielen eine bis 100 Millionen DM Umsatz im Jahr, während große Unternehmungen mindestens 500 Mitarbeiter beschäftigen und mindestens 100 Millionen Umsatz im Jahr erwirtschaften. Vgl. Kayser, G. von/Schwarting, U.: Definitorische Ansätze zur Klärung des Begriffs "kleine und mittlere Unternehmen", in: Bundesministerium für Wirtschaft (Hrsg.), Unternehmensgrößenstatistik 1981/82, Bonn 1981, S. 13.

[175] Vgl. Groeben, S. 96, 101; Kommission der Europäischen Wirtschaftsgemeinschaft, Denkschrift, S. 16 f.

hen, können potentielle Skaleneffekte (steigende Skalenerträge[176]) erzielt und dazu genutzt werden, die Wettbewerbsfähigkeit der Unternehmungen zu erhalten und mit den Hauptkonkurrenten auf dem Weltmarkt, japanischen und amerikanischen Unternehmungen, Schritt zu halten.[177] Insbesondere die folgenden grenzüberschreitenden Zusammenschlüsse von Unternehmungen können die *Zusammenführung von Produktionsfaktoren* (abgeleitete Zielsetzung der Schaffung einer SE) gewährleisten, die daher durch die Schaffung einer europäischen Rechtsform der SE ermöglicht werden sollen (*konkrete Zielsetzungen*):

Erstens muß die *internationale Fusion* zweier Gesellschaften[178] verschiedenen nationalen Rechts im Binnenmarkt möglich sein. "Die Fusion hat den Übergang des Vermögens als Ganzes von der übertragenden auf die übernehmende Gesellschaft oder von den fusionierenden auf die neu gebildete Gesellschaft zur Folge, ohne daß es einer Liquidation bedarf; die übertragende bzw. die fusionierenden Gesellschaften erlöschen (und die; A.d.V.) ... Aktionäre dieser Gesellschaften (erhalten; A.d.V.) Aktien der übernehmenden oder neu zu gründenden Gesellschaft."[179] Eine grenzüberschreitende Verschmelzung nationaler Aktiengesellschaften ist zur Zeit nicht - zumindest nicht *uneingeschränkt* - möglich[180], obwohl die Kommission dem Ministerrat 1985 den Vorschlag einer zehnten gesellschaftsrechtlichen Richtlinie betreffend die grenzüberschreitende Verschmelzung von Aktiengesellschaften[181] vorgelegt hatte, und im Weißbuch bezüglich der Vollendung des Binnenmarkts die Verabschiedung bis 1988 vorgesehen war.[182] [183] Durch die Schaffung einer SE wäre es dagegen erstmals möglich, Umstrukturierungen durch internationale Fusionen im Binnenmarkt uneingeschränkt vorzunehmen (vgl. Kapitel C.II.1.).[184]

---

[176] Vgl zum Inhalt dieses Begriffs Fehl, U./Oberender, P.: Grundlagen der Mikroökonomie, 4. Auflage, München 1990, S. 82-86.

[177] Vgl. Kommission der Europäischen Gemeinschaften, Memorandum, S. 3, 5; Hallstein, W.: Der unvollendete Bundesstaat, Baden-Baden 1969, S. 154-168; Cecchini; P.: Europa '92, Der Vorteil des Binnenmarkts, Baden-Baden 1988, S.17.

[178] Unter Gesellschaften werden hier und im folgenden stets Aktiengesellschaften verstanden.

[179] Hauschild, S. 87.

[180] Vgl. Kaligin, T.: Das internationale Gesellschaftsrecht der Bundesrepublik Deutschland, in: Der Betrieb, 38. Jg. 1985, S. 1456, sowie die dort angegebene Literatur. Vgl. zu Möglichkeiten der Aufnahme einer Gesellschaft ausländischen Rechts durch eine Gesellschaft deutschen Rechts nur Lutter, Perspektiven, S. 450, sowie die dort angegebene Literatur.

[181] ABl. EG. Nr. C 23 vom 25.1.1985, S. 11-15.

[182] Vgl. Kommission der Europäischen Gemeinschaften, Weißbuch, S. 35, Rdnr. 143 und Anhang des Weißbuchs, S. 36.

[183] Dem Vorschlag einer zehnten gesellschaftsrechtlichen Richtlinie geht der Entwurf eines Übereinkommens nach Art. 220 EWGV bezüglich der internationalen Verschmelzung von Aktiengesellschaften (abgedruckt in Lutter, M.: Europäisches Gesellschaftsrecht, Sonderheft 1 der Zeitschrift für Unternehmens- und Gesellschaftsrecht, 2. Auflage, Berlin/New York 1984, S. 351-362) voraus, über den sich die EG-Mitgliedstaaten aber nicht einigen konnten. Vgl. zu diesem Entwurf nur Lutter, Gesellschaftsrecht, S. 67 f.

Zweitens sollte die "Bildung (grenzüberschreitender; A.d.V.) übergeordneter *Holding-Gesellschaften*"[185] für Aktiengesellschaften verschiedenen nationalen Rechts auf deren Ebene[186] möglich sein, wodurch "die Aktionäre der nationalen Aktiengesellschaft (-en; A.d.V.) .. Aktionäre der Holdinggesellschaft (werden; A.d.V.), die die Beteiligungen an den fortbestehenden nationalen Aktiengesellschaften verwaltet und diese dadurch wirtschaftlich führt."[187] Die Gründung einer derartigen Holdinggesellschaft in der Rechtsform einer SE wird mit der Verabschiedung des Statuts über die SE möglich, was für internationale Konzerne besonders interessant ist.[188]

Drittens sollte "die Gründung *gemeinsamer Tochtergesellschaften* durch Unternehmungen aus verschiedenen Mitgliedstaaten"[189] möglich sein, um grenzüberschreitende Kooperationen in der EG auf Basis einer einheitlichen europäischen Rechtsgrundlage durchführen zu können. Dies wird durch die Schaffung einer SE als einheitlicher Rechtsform ermöglicht, deren rechtliche Ausgestaltung überall bekannt ist.[190]

Die Herstellung der Freizügigkeit und die Möglichkeit der Zusammenführung von Produktionsfaktoren im europäischen Binnenmarkt, die durch die Schaffung einer SE grundsätzlich ermöglicht werden, dürfen nicht durch *fehlende Regelungen* im *steuerlichen Bereich* faktisch unmöglich gemacht werden. Hierzu sind entweder im Statut der SE oder allgemeingültige, auch für nationale Rechtsformen anwendbare Regelungen zu schaffen. Der Ministerrat hat 1990 durch die Verabschiedung der sog. *Fusionsrichtlinie*[191], der sog. *Mutter-Tochter-Richtlinie*[192] und des sog. *Schiedsabkommens*[193] die Voraussetzungen hierzu zumindest teilweise geschaffen. Die Standortwahl einer Unternehmung im EG-Binnenmarkt wird aber nach wie vor aufgrund der verschiedenen nationalen Körperschaftsteuersysteme und -tarife, der verschiedenen nationalen Verfahren zur Ermittlung des steuerpflichtigen Gewinns, des Fehlens einer europäischen

---

[184] Vgl. Kommission der Europäischen Gemeinschaften, Statut, S. 7.

[185] Groeben, S. 96. Im Original nicht kursiv.

[186] Vgl. zum Unterschied zwischen der Gründung einer Holding-Gesellschaft auf der Ebene von Gesellschaften und auf der Ebene von deren individuellen Gesellschaftern nur Kapitel C.II.2.

[187] Groeben, S. 102.

[188] Vgl. Kommission der Europäischen Gemeinschaften, Statut, S. 7.

[189] Groeben, S. 96. Im Original nicht kursiv.

[190] Für im Binnenmarkt tätige kleinere und mittlere Unternehmungen ist eine *einheitliche* europäische Rechtsform von großem Vorteil, da sie meistens nicht über eigene Rechtsabteilungen verfügen. Vgl. o.V.: Rückendeckung des Straßburger Parlaments für die Europa-AG, in: Frankfurter Allgemeine Zeitung, Nr. 19, vom 23.1.1991, S. 14.

[191] ABl. EG Nr. L 225 vom 20.8.1990, S. 1-5.

[192] ABl. EG Nr. L 225 vom 20.8.1990, S. 6-9.

[193] ABl. EG Nr. L 225 vom 20.8.1990, S. 10-24, worin auch die gemeinsamen und einseitigen Erklärungen der EG-Staaten enthalten sind.

Konzernbesteuerung und der steuerlichen Probleme der Sitzverlegung in der EG beeinflußt, so daß insoweit die steuerlichen Voraussetzungen noch herzustellen sind. Auf die steuerliche Behandlung der SE wird insbesondere in Kapitel C.VIII. eingegangen.

Weitere Gründe oder abgeleitete Zielsetzungen, die für die Schaffung einer europäischen Organisations- und Rechtsform sprechen, sind der *Abbau psychologischer Schranken* und *Hemmnisse* sowie die mit der Schaffung einer SE verbundenen *Integrationswirkungen*, den europäischen Binnenmarkt betreffend. Die Rechtsform einer SE ist durch ihre europäische Ausrichtung und Rechtsgrundlage stets ein Bestandteil des Binnenmarkts, unabhängig von der nationalen Zugehörigkeit zu dem EG-Staat, in dem die einzelne SE ihren Sitz hat. Die SE wird somit in allen EG-Staaten als von dem Staat, in dem sie ihren Sitz hat, gelöste europäische Rechtsform betrachtet. Damit steigt das Ansehen (Goodwill) der Unternehmungen in der Rechtsform einer SE v.a. in denjenigen EG-Staaten, in denen die Unternehmungen, die eine SE gründen, bisher nicht ansässig waren.[194] Unternehmungen, die europäisch ausgerichtet sind, können sich durch eine SE auch rechtlich europäisch konstituieren und sind nicht mehr auf Rechtsformen nationalen Rechts beschränkt.[195] Die rechtliche und wirtschaftliche europäische Identität von europäischen Unternehmungen kann folglich durch die Rechtsform einer SE hergestellt werden.[196]

Die übergeordnete Zielsetzung sowie die abgeleiteten und konkreten Ziele der Schaffung einer europäischen Rechtsform können, wie oben gezeigt wurde, grundsätzlich durch eine SE erfüllt werden. Auf Einzelheiten, Mängel und Probleme, die mit der Schaffung einer SE verbunden sind, wird anschließend in Kapitel C. ausführlicher eingegangen.

Die grundsätzliche *Notwendigkeit* der Schaffung einer Europäischen Rechtsform, insbesondere in der Gestalt einer SE, wird in der Literatur teilweise auch *bestritten*.[197] So stehen für *Mestmäcker* "der kapitalmäßigen Beteiligung und den daran anknüpfenden Unternehmensverbindungen .. keine gesellschaftsrechtli-

---

[194] Vgl. Kallmeyer, H.: Die Europäische Aktiengesellschaft - Praktischer Nutzen und Mängel des Statuts, in: Die Aktiengesellschaft, 35. Jg. 1990, S. 105.

[195] Vgl. Sanders, Aktiengesellschaft, S. 3; Kommission der Europäischen Wirtschaftsgemeinschaft, Denkschrift, S. 4.

[196] Vgl. zu den unternehmenspsychologischen Aspekten, die für die Schaffung der Rechtsform einer SE sprechen, auch Weitnauer, S. 173.

[197] So zuletzt Knobbe-Keuk, Binnenmarkt, S. I, sowie Rasner, S. 316, als auch Mundorf, H.: Statt einheitlicher Rechtsformen nur ein Angebot von nationalen Optionen, in: Handelsblatt, Nr. 250, vom 31.12.1991, S. 17. Vgl. dazu überwiegend ablehnend auch Kolvenbach, W.: Die Europäische Aktiengesellschaft - eine wohlgemeinte Utopie?, in: Kübler, F./Mertens, H.-J./Werner, W. (Hrsg.), Festschrift für Theodor Heinsius zum 65. Geburtstag am 25.9.1991, Berlin/New York 1991, S. 381-386.

chen Hindernisse entgegen (, so daß sich; A.d.V.) .. multinationale Unternehmen ... durch die Inanspruchnahme der von den einzelnen Staaten zur Verfügung gestellten Gesellschaftsrechte ohne Schwierigkeiten organisieren"[198] lassen. Dies bestätigt auch der Bericht der EG-Kommission von 1990 über die Wettbewerbspolitik, wonach die Zahl der nationalen gegenüber den grenzüberschreitenden Unternehmenszusammenschlüssen in der EG, z.B. durch Erwerb einer Mehrheitsbeteiligung, von Juni 1989 bis Mai 1990 nur noch geringfügig höher war[199], obwohl 1990 die Möglichkeit der Errichtung von SEs hierzu nicht bestand. Das Weißbuch der Kommission zur Vollendung des Binnenmarkts führt hierzu aus, daß die grenzüberschreitende Kooperation von Unternehmungen "in der Praxis ... meist zur Gründung einer Gruppe rechtlich getrennter, aber verbundener Unternehmen führen"[200] wird.

Obigen Argumenten kann und soll nicht widersprochen werden. Festzuhalten ist aber, daß - abgesehen von psychologischen Grenzen - die *rechtlichen* Beschränkungen in Bezug auf die grenzüberschreitende Freizügigkeit von Unternehmungen und die Zusammenführung der Produktionsfaktoren (s.o.) nach wie vor bestehen und deshalb an der Schaffung einer SE als *Ergänzung* der nationalen Rechtsformen "grundsätzliches Interesse"[201] besteht.[202] Die Schaffung einer SE ändert zudem nichts an den bestehenden nationalen Rechtsvorschriften (z.B. dem deutschen Aktienrecht). Vielmehr eröffnet sie grenzüberschreitenden Unternehmungszusammenschlüssen einen Fluchtweg aus den nationalen nichtkompatiblen Gesellschaftsrechten.[203] Erfüllt die zu schaffende SE die an sie gestellten Ziele, so trägt sie zur Überwindung der rechtlichen Unterschiede in der EG bei und fördert somit die Verwirklichung des Binnenmarkts.

Die Ziele sowie die verschiedenen Zielebenen, die mit der Schaffung einer einheitlichen supranationalen europäischen Rechtsform der Societas Europaea verbunden sind, stellt zusammengefaßt nachmals Abbildung 4 auf Seite 44 dar.

---

[198] Mestmäcker, E.-J.: Europäisches Wettbewerbsrecht, München 1974, S. 104.

[199] Vgl. Kommission der Europäischen Gemeinschaften: XX. Bericht über die Wettbewerbspolitik, Brüssel/Luxemburg 1991, S. 257-260.

[200] Kommission der Europäischen Gemeinschaften, Weißbuch, S. 35, Rdnr. 144.

[201] Bundesverband der Deutschen Industrie e.V.: Was bringt der EG-Binnenmarkt, 2. Auflage, Köln 1990, S. 291.

[202] Obwohl die Notwendigkeit der Schaffung einer SE in der Literatur teilweise negiert wird (vgl. zuletzt Rasner, S. 316), wird sie dennoch als wünschenswert angesehen. Vgl. Rasner, S. 316.

[203] Vgl. Ebenroth/Wilken, S. 1015.

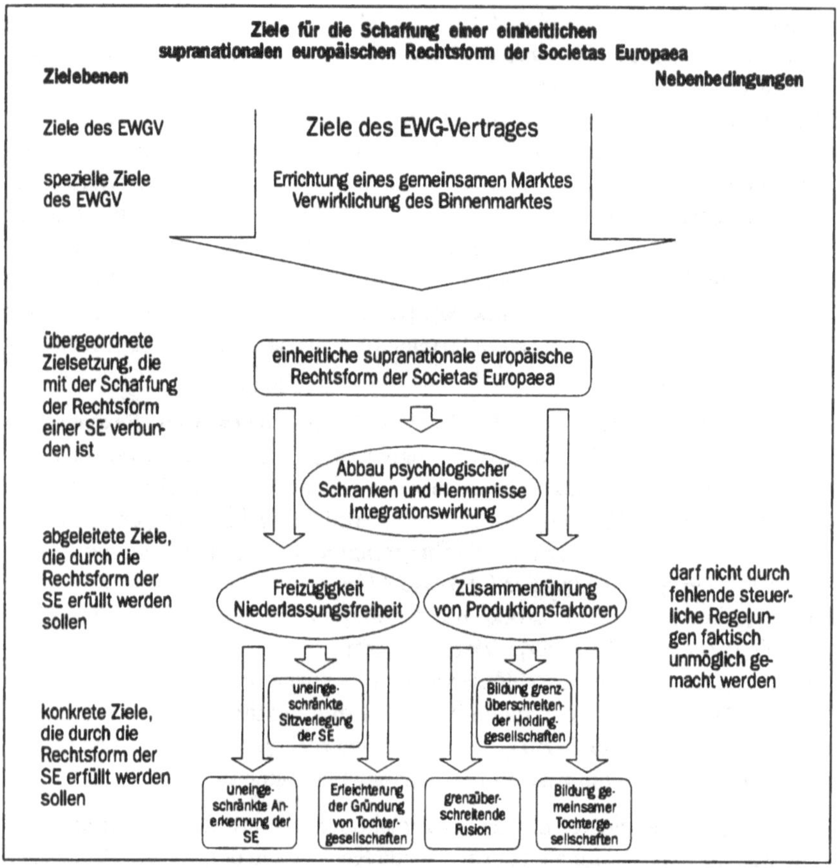

Abb. 4: Ziele, Zielebenen und Nebenbedingungen, die mit der Schaffung einer einheitlichen supranationalen europäischen Rechtsform der Societas Europaea verbunden sind

C. Analyse des Regelungsinhalts des Statutvorschlags für die Societas Europaea und der ihn ergänzenden europäischen und nationalen Bestimmungen

I. Wesensmerkmale und allgemeine Bestimmungen der supranationalen europäischen Rechtsform der Societas Europaea

Eine SE ist eine Gesellschaft mit eigener Rechtspersönlichkeit (juristische Person), die in allen EG-Staaten nach den Art. 2, 3, 11a-37a SE-VO gegründet werden kann. Sie wird folglich primär nach sekundärem europäischen Gemeinschaftsrecht gegründet, das in allen EG-Staaten unmittelbar gilt.[1] Dadurch ist die *Anerkennung* der *Rechtspersönlichkeit* von Gesellschaften in der Rechtsform einer SE im gesamten EG-Binnenmarkt *stets gegeben*.

Das Kapital einer SE ist in Aktien zerlegt und muß mindestens 100.000 ECU (European Currency Unit)[2] [3] betragen (Art. 1, 4 Abs. 1 SE-VO). Für die Verbindlichkeiten der SE haftet gem. Art. 1 Abs. 2 S. 2 SE-VO ausschließlich das der SE gehörende Vermögen, so daß die Aktionäre der SE maximal mit ihrer Einlage haften[4]. Die SE stellt eine europäische Kapitalgesellschaft[5] dar, die ihren Sitz an dem in der Satzung festgelegten Ort hat, an dem sich auch ihre Hauptverwaltung befinden und der innerhalb des Hoheitsgebiets der Mitglied-

---

[1] Ergänzend finden auf die Gründung einer SE auch nationale Rechtsvorschriften ihres Sitzstaats und die der SE-Gründungsgesellschaften Anwendung, vgl. Kapitel C.II.

[2] ECU stellt die Europäische Währungseinheit dar, die durch die Errichtung des Europäischen Währungssystems (EWS) 1979 geschaffen wurde. Sie ist eine Buchwährung, deren Wert sich aus einem Korb der Währungen der EG-Staaten zusammensetzt. Vgl. Berg, H.: Außenwirtschaftspolitik, in: Vahlens Kompendium der Wirtschaftstheorie und Wirtschaftspolitik, 3. Auflage, München 1988, Bd. 2, S. 492.

[3] Der Wert eines ECU hat am 1.10.1992 umgerechnet 1,96777 DM (Leitkurs 2,03412) betragen. Vgl. o.V.: Devisenbericht, in: Frankfurter Allgemeine Zeitung, Nr. 230, vom 2.10.1992, S. 22.

[4] Merkt macht allerdings zu Recht darauf aufmerksam, daß diese Formulierung mißverständlich ist, da die Aktionäre der SE grundsätzlich nicht haften. Merkt, Aktiengesellschaft, S. 655, Fußnote 27. Sofern von den Gesellschaftern die Einlageverpflichtungen noch nicht (vollständig) erfüllt sind, schulden sie der SE diese Beträge, haften aber nicht für sie.

[5] Vgl. zu den Merkmalen von Kapitalgesellschaften allgemein z.B. Kübler, F.: Gesellschaftsrecht, 3. Auflage, Heidelberg 1990, S. 23-25.

staaten der EG liegen muß (Art. 5 SE-VO). Satzungssitz und Ort der (effektiven) Verwaltung einer SE müssen somit stets identisch sein.

Im Hoheitsgebiet der zwölf EG-Mitgliedstaaten kann eine SE ihren *Sitz* (Satzungssitz und identischen Ort der Hauptverwaltung) *ohne Auflösung* und *Neugründung*, d.h. unter Wahrung ihrer Rechtspersönlichkeit, grundsätzlich *uneingeschränkt grenzüberschreitend verlegen*[6] (Art. 5a Abs. 1 SE-VO).[7] Sitzverlegungen einer SE in Hoheitsgebiete bzw. Staaten, die nicht zur EG gehören, stellen nach Art. 117a S. 1 SE-VO hingegen einen zwingenden Grund für deren Auflösung dar. Aufgrund der Tatsache, daß der gesamte EG-Binnenmarkt den Rechtsrahmen der SE-VO darstellt (unmittelbar geltendes sekundäres Gemeinschaftsrecht), erfordert die SE-VO als supranationales europäisches Gesellschaftsstatut in den von ihr *originär geregelten Rechtsbereichen* keine Kollisionsnorm zur Ermittlung der für die SE maßgeblichen Sachnormen, sofern nur verschiedene EG-Mitgliedstaaten bei einer nationalitätsändernden Sitzverlegung betroffen sind. Die SE-VO gilt als Sachnorm unmittelbar im gesamten Hoheitsbereich aller EG-Staaten, unabhängig vom konkreten SE-Sitzstaat innerhalb der EG. Dagegen ist bei einer Sitzverlegung von einem EG-Staat (EG-Wegzugsstaat) in einen Drittstaat (Nicht-EG-Zuzugsstaat) eine Kollisionsnorm zur Bestimmung des auf die SE maßgeblichen Rechts notwendig. Für diesen Fall ist Art. 117a S. 1 SE-VO einschlägig, der als *integrierte Sach-* und *Kollisionsnorm* angesehen werden kann: Einerseits bleibt die SE-VO aus der Sicht der Gesamtheit aller EG-Staaten als rechtliches Wegzugsgebiet uneingeschränkt anwendbar (Kollisionsnormteil von Art. 117a S. 1 SE-VO). Andererseits bestimmt Art. 117a SE-VO als nach wie vor maßgebliche Sachnorm des rechtlichen Wegzugsgebiets entweder die zwingende Auflösung der SE[8] oder die Möglichkeit der Einräumung einer Frist, um dem "Auflösungsgrund abzuhelfen."[9] [10]

---

[6] Hierunter ist eine Verlegung des Sitzes einer SE zu verstehen, bei der sich das nach Art. 7 Abs. 1 Buchst. b SE-VO subsidiär geltende nationale Recht des SE-Sitzstaats ändert (Art. 5a Abs. 2 S. 1 SE-VO).

[7] Diese Regelung wird in der Literatur zumindest teilweise äußerst positiv beurteilt. Vgl. Rasner, S. 320 f.; Weitnauer, S. 170, 173. Lutter spricht bezüglich der Möglichkeit der Sitzverlegung - allerdings ohne konkreten Bezug zur SE - davon, "daß die Wirkungen für die Gemeinschaft und die Realität des Binnenmarktes .. bedeutend" wären. Lutter, Perspektiven, S. 448. Neutral dagegen wohl Trojan-Limmer, S. 1015 f.

[8] Die Auflösung einer SE erfolgt nach den Art. 115-118 SE-VO sowie ergänzend nach nationalem Recht (Art. 7 Abs. 1 Buchst. b SE-VO). Vgl. zur Auflösung einer SE auch Kapitel C.IX.1. Auf die Frage, *welches* nationale Recht die Auflösung ergänzend regelt, ist im folgenden näher einzugehen.

[9] Art. 117a S. 2 SE-VO.

[10] Eine Abhilfe kann nur darin bestehen, den Sitz der SE wieder in einen EG-Staat zurückzuverlegen.

In denjenigen *Rechtsbereichen*, die *nicht originär* durch die SE-VO, sondern durch das ergänzend geltende nationale Sitzstaatsrecht der SE geregelt werden, gilt folgendes: Bei einer grenzüberschreitenden Sitzverlegung zwischen verschiedenen *EG-Staaten* erfolgt auch ein Wechsel des auf die SE ergänzend anzuwendenden nationalen Rechts. Art. 7 Abs. 1 Buchst. b i.V.m. Art. 5 SE-VO bestimmt hierfür als Kollisionsnorm, daß das auf die SE ergänzend anzuwendende nationale Recht stets das Recht ihres Sitzstaats (Satzungssitz und identischer Ort der Hauptverwaltung) ist. Art. 7 Abs.1 Buchst. b SE-VO i.V.m. Art. 5 SE-VO ist insofern lex specialis zu den Kollisionsnormen nationalen Rechts[11], sowohl des EG-Zuzugs- als auch des EG-Wegzugsstaats. Bei einer grenzüberschreitenden Sitzverlegung in einen *Drittstaat* bleibt dagegen das nationale Recht des bisherigen EG-Staats, in dem die SE ihren Sitz hatte (EG-Wegzugsstaat), ergänzend einschlägig (Kollisionsnorm, Art. 7 Abs. 1 Buchst. b i.V.m. Art. 117a S. 1 SE-VO). Die SE ist ergänzend zu den Art. 115-118 SE-VO nach den Rechtsvorschriften des EG-Wegzugsstaats aufzulösen, sofern der Sitz nicht wieder in einen EG-Staat zurückverlegt wird (Sachnorm, Art. 7 Abs. 1 Buchst. b i.V.m. Art. 117a SE-VO). Die Grenzen des EG-Binnenmarkts stellen somit auch die Grenzen für die Freizügigkeit und die Niederlassungsfreiheit einer SE dar.

Die in Kapitel B.III. beschriebenen und von der Rechtsform einer SE zu erfüllenden Ziele, die sich u.a. auf die besonders wichtige Freizügigkeit und Niederlassungsfreiheit von Unternehmungen im gesamten EG-Binnenmarkt beziehen (*abgeleitete Ziele*), können durch die Bestimmungen der SE-VO bezüglich der Anerkennung der Rechtspersönlichkeit und der Möglichkeit der grenzüberschreitenden Sitzverlegung unter Wahrung der Rechtspersönlichkeit vollständig erreicht werden.[12]

Für die *konkrete Vornahme* der grenzüberschreitenden *Sitzverlegung* einer SE innerhalb des EG-Binnenmarkts muß ein *Verlegungsplan* aufgestellt[13] und veröffentlicht werden (Art. 5a Abs. 2 S. 1 SE-VO). Sein Inhalt ist in der SE-VO allerdings nicht festgelegt. Der Verlegungsplan sollte, in analoger Anwendung der zur EWIV von *Meyer-Landrut* dargestellten Auffassung, "Angaben über den zukünftigen Sitz, den .. Zeitpunkt der Verlegung sowie ... einen Zeitplan, wenn die Verlegung schrittweise durchgeführt"[14] wird, enthalten.[15] Eine extensive

---

[11] Die Kollisionsnormen des Internationalen Gesellschaftsrechts der einzelnen EG-Staaten folgen entweder der Sitz- oder der Gründungstheorie, vgl. Kapitel B.III.

[12] Auf die für die Freizügigkeit und die Niederlassungsfreiheit ebenfalls wichtige Gründung von Tochterunternehmen in der Rechtsform einer SE nach einem einheitlichen Gesellschaftsstatut wird in den Kapiteln C.II.3. und C.II.5. ausführlich eingegangen.

[13] So auch Trojan-Limmer, S. 1015. Die Pflicht zur *Aufstellung* eines Verlegungsplans ergibt sich nur implizit aus Art. 5a Abs. 2 S. 1 SE-VO.

[14] Meyer-Landrut, A.: Die Europäische Wirtschaftliche Interessenvereinigung, Stuttgart 1988, S. 167.

Auslegung von Art. 5a Abs. 2 S. 1 SE-VO dahingehend, daß der Verlegungsplan sehr viel weitreichendere Angaben enthalten muß, die faktisch zu einer Gründungskontrolle oder zu einer nachträglichen Prüfung über die Einhaltung der Gründungsvorschriften nach der SE-VO und dem ergänzend anzuwendenden nationalen Recht des EG-Wegzugsstaats durch den EG-Zuzugsstaat führen, ist abzulehnen.[16] Darüber hinaus ist Art. 5a Abs. 2 S. 1 SE-VO als abschließende Regelung anzusehen, die nicht durch nationales Recht des EG-Wegzugs- und/ oder des EG-Zuzugsstaats ergänzt werden kann, obwohl der Mindestinhalt des Verlegungsplans hierin nicht festgeschrieben ist. Andernfalls würde nationalstaatlichen Einschränkungen der grenzüberschreitenden Sitzverlegung einer SE Tür und Tor geöffnet, so daß zumindest faktisch eine Neugründung im Zuzugsstaat erforderlich wäre. Dies widerspricht aber sowohl der Grundkonzeption einer supranationalen Rechtsform im allgemeinen als auch dem Sinn und Zweck von Art. 5a Abs. 1 S. 2 SE-VO im besonderen[17].[18]

Erst zwei Monate nach der *Veröffentlichung* des Verlegungsplans kann die Verlegung des Sitzes der SE von deren Hauptversammlung mit einer Mehrheit von zwei Dritteln beschlossen werden[19], was v.a. die Sicherung des Gläubigerschutzes gewährleisten soll[20] (Art. 5a Abs. 2 S. 2 und 3 i.V.m. Art. 97 Abs. 1 SE-VO). Aufgrund der bei grenzüberschreitenden Sitzverlegungen drohenden Gefahr, daß die "Vollstreckungsmöglichkeiten (für SE-Gläubiger; A.d.V.) faktisch erheblich beeinträchtigt werden können"[21], fordert *Trojan-Limmer* darüber hinaus, einen "ausreichenden Gläubigerschutz durch einen Anspruch auf Sicherheitsleistung"[22] zu gewährleisten. Dem kann grundsätzlich zugestimmt werden, da diese weitere Einschränkung der grenzüberschreitenden Sitzverlegung im EG-Binnenmarkt aus juristischer Sicht dazu führt, daß sich eine SE auch

---

[15] Gegen eine zur EWIV analoge Behandlung des Inhalts des Verlegungsplans wohl Trojan-Limmer, S. 1015 f.

[16] Die Wirksamkeit der Gründung einer SE im Wegzugsstaat ist für den Zuzugsstaat bindend.

[17] Die Sitzverlegung einer SE im EG-Binnenmarkt "führt weder zur Auflösung noch zur Gründung einer neuen juristischen Person." Art. 5a Abs. 1 S. 2 SE-VO.

[18] Ähnlich wohl auch Trojan-Limmer, S. 1016, Fußnote 28, die sich allerdings für die Einführung *zusätzlicher* "Schutzmechanismen", wie z.B. "eine Nachprüfung der Einhaltung der Gründungsvorschriften im Ursprungsland", in die SE-VO ausspricht. Trojan-Limmer, S. 1016.

[19] Nach Art. 97 Abs. 2 SE-VO kann "die Satzung .. jedoch bestimmen, daß eine einfache Mehrheit der Stimmen ... ausreicht, sofern mindestens die Hälfte des gezeichneten Kapitals vertreten ist." Art. 97 Abs. 2 SE-VO. Kritisch sowohl zur Verabschiedung des Verlegungsbeschlusses durch die SE-Hauptversammlung mit einfacher Mehrheit als auch mit einer Mehrheit von zwei Dritteln Trojan-Limmer. Sie fordert zur Verbesserung des Minderheitenschutzes die Festschreibung einer Mehrheit von drei Vierteln der Stimmen in der Hauptversammlung. Vgl. Trojan-Limmer, S. 1016.

[20] Vgl. analog zur EWIV Meyer-Landrut, S. 167.

[21] Trojan-Limmer, S. 1016.

[22] Trojan-Limmer, S. 1016.

faktisch nicht ihren Verpflichtungen gegenüber Gläubigern entziehen kann.[23] Aus betriebswirtschaftlicher Sicht verhindert eine Sicherheitsleistung die mögliche Erhöhung der Zinsen für Fremdkapital einer SE durch die Erhebung eines Risikozuschlags.

Nach der Offenlegung des Verlegungsplans und des Beschlusses der Hauptversammlung über die Sitzverlegung ist die SE im neuen Sitzstaat in dessen Register (siehe unten) einzutragen, wodurch die Sitzverlegung der SE wirksam wird (Art. 5a Abs. 2 S. 4-5 SE-VO). Anschließend ist nach Art. 5a Abs. 3 SE-VO die Eintragung der SE im Register des alten Sitzstaats zu löschen. Gegenüber Dritten ist die Sitzverlegung spätestens mit der Bekanntgabe der Eintragung der SE im Register des Zuzugsstaats und der Löschung der Eintragung der SE im Register des Wegzugsstaats wirksam (Art. 5a Abs. 5 SE-VO).

Durch die grenzüberschreitende Sitzverlegung einer SE im EG-Binnenmarkt erfolgt nach Art. 7 Abs. 1 Buchst. b i.V.m. Art. 5 SE-VO ein Wechsel des auf die SE sekundär anzuwendenden nationalen Rechts (siehe oben). Dadurch wird einerseits die Anpassung der Satzungsvorschriften an das ergänzend geltende Recht des SE-Zuzugsstaats erforderlich.[24] Andererseits sind spätestens mit der gegenüber Dritten wirksamen Sitzverlegung alle rechtserheblichen Tatbestände nach dem neben der SE-VO ergänzend anzuwendenden Recht des Zuzugsstaats zu beurteilen (vgl. hierzu auch Art. 5a. Abs. 2 S. 4-5, Abs. 3-5 SE-VO).

Sofern bei einer grenzüberschreitenden Sitzverlegung gleichzeitig das auf die Arbeitnehmer der SE bisher angewendete *Mitbestimmungsmodell* zugunsten eines anderen gewechselt werden soll, kann dies grundsätzlich nur durch ein Verhandlungsverfahren nach Art. 3 Absätze 1, 1a, 1b und 2 AN-RL zwischen der Unternehmensführung und den Arbeitnehmervertretern der SE erfolgen (Art. 3 Abs. 7 AN-RL). Dadurch sollen insbesondere die Rechte der Arbeitnehmer geschützt werden.[25]

Weitere Einschränkungen der grenzüberschreitenden Sitzverlegung einer SE im EG-Binnenmarkt, die auf eine faktische Neugründung hinauslaufen würden, bestehen nach der SE-VO nicht. Sie sind auch nicht anstrebenswert, da sie der Grundkonzeption der SE im allgemeinen und dem Sinn und Zweck von Art. 5a

---

[23] Obwohl Rasner die Einführung einer zusätzlichen Gläubigerschutzbestimmung als "legitimes Anliegen von Gläubigern" ansieht, lehnt er sie aus juristischer Sicht mit der überzeugenden Begründung ab, daß dadurch die verschiedenen EG-Staaten als rechtlich nicht gleichwertig angesehen werden würden. Vgl. Rasner, S. 321.

[24] So wohl auch Wiesner, Mitbestimmung, S. 8.

[25] Vgl. zum Verhandlungsverfahren, dem Inhalt und den Unterschieden der Mitbestimmungsmodelle und zu den Problemen der Kontinuität der Mitbestimmungsmodelle bei einer grenzüberschreitenden Sitzverlegung ausführlich Kapitel C.X.

Abs. 1 SE-VO im besonderen widersprechen (siehe oben).[26] Zusätzlich darf der in der SE-VO gefundene Kompromiß zwischen der Realisierung einer uneingeschränkten Sitzverlegungsmöglichkeit der SE im Binnenmarkt und der Berücksichtigung von berechtigten Schutzinteressen der an einer Unternehmung Beteiligten, z.B. durch die Aufstellung eines Verlegungsplans sowie der Anpassung der Satzung an die ergänzend geltenden Rechtsvorschriften des Zuzugsstaats, nicht durch weitere Einschränkungen zunichte gemacht werden.[27]

Nachdem oben die Wesensmerkmale der SE dargestellt worden sind, soll im folgenden noch auf weitere, bisher nicht behandelte, *allgemeine Bestimmungen* der SE-VO eingegangen werden:

Art. 6 SE-VO definiert für die SE den Begriff des kontrollierten und herrschenden Unternehmens. Diese Vorschrift ist aber ausschließlich für zwei Regelungsbereiche der SE-VO von Bedeutung. *Erstens* für den (nur eingeschränkt möglichen) Erwerb von Aktien einer SE durch die SE selbst oder durch ein von ihr *kontrolliertes* Unternehmen, wobei dieser Erwerb der *herrschenden* SE zugerechnet wird (Erwerb eigener Aktien, vgl. hierzu Kapitel C.III.1.b)aa)). *Zweitens* für die Abgrenzung der Informationsrechte des Aufsichtsorgans gegenüber dem Leitungsorgan oder im Verwaltungsorgan der SE (vgl. Kapitel C.IV.1.b) und C.IV.1.c)). Der Grund hierfür besteht darin, daß die SE-VO zu Konzernsachverhalten keinerlei Regelungen beinhaltet, mit Ausnahme der Vorschriften zur Konzernrechnungslegung in den Art. 106-112 SE-VO.

Art. 7 Abs. 1 Buchst. b SE-VO enthält insbesondere die *Generalverweisung* auf subsidiär anzuwendendes Sitzstaatsrecht der SE. In Art. 7 Abs. 2 SE-VO befindet sich für das Vereinigte Königreich (Großbritannien) eine Sondervorschrift, da Schottland ein autonomes Recht besitzt.[28] Die Verweisungen der SE-VO auf nationales Recht beziehen sich für in Schottland ansässige SEs folglich auf das schottische Recht.[29]

Die *Eintragung* einer *SE*, die erst nach der Wahl eines Modells der Arbeitnehmermitbestimmung erfolgen kann, wird in ein Register, das sich nach dem Recht

---

[26] A.A. Trojan-Limmer, die eine "Nachprüfung der Einhaltung der Gründungsvorschriften im Ursprungsland" für wünschenswert hält (s.o.). Trojan-Limmer, S. 1016.

[27] In diesem Zusammenhang ist auch die von Lutter aufgeworfene Frage zu beantworten, ob den überstimmten Minderheitsgesellschaftern bei einer grenzüberschreitenden Sitzverlegung das Recht auf Austritt eingeräumt werden soll, wie dies z.B. in Italien für Aktiengesellschaften nationalen Rechts vorgesehen ist. Vgl. hierzu nur Lutter, Perspektiven, S. 448 f.

[28] Vgl. Kommission der Europäischen Gemeinschaften, Statut, S. 15.

[29] Da für das Beitrittsgebiet (ehemalige DDR) durch Art. 8 des Vertrags zwischen der Bundesrepublik Deutschland und der Deutschen Demokratischen Republik über die Herstellung der Einheit Deutschlands - Einigungsvertrag -, vom 31.8.1990, BGBl. Teil II, vom 28.9.1990, S. 889-1245, das Aktiengesetz der Bundesrepublik Deutschland am 3.10.1990 in Kraft getreten ist, ist Art. 7 Abs. 2 SE-VO für das oben genannte Gebiet dagegen nicht einschlägig.

des Sitzstaats der SE bestimmt, gem. Art. 3 der ersten gesellschaftsrechtlichen Richtlinie der EG[30] (Publizitätsrichtlinie, die im folgenden als 1. EG-RL bezeichnet wird) vorgenommen (Art. 8 Abs. 1 und 3 SE-VO). Für in Deutschland ansässige SEs erfolgt deren Eintragung ins Handelsregister, die durch den Bundesanzeiger und ein weiteres Blatt bekanntgemacht werden (§ 10 Abs. 1 HGB[31]). Der Bezeichnung (Firma) der SE ist hierbei, sowie generell, der "Zusatz "SE" voran- bzw. nachzustellen"[32]. Aufgrund der SE-VO offenlegungspflichtige Rechtsakte und Hinweise der SE sind nach dem Recht des SE-Sitzstaats, das gem. Art. 3 1. EG-RL harmonisiert wurde, zu publizieren (Art. 9 SE-VO).[33] Zusätzlich ist die Eintragung der SE bei deren Gründung und Sitzverlegung sowie deren Liquidationsabschluß im Amtsblatt der Europäischen Gemeinschaften nach Art. 10 Abs. 1 SE-VO mit den dort genannten Angaben zu veröffentlichen.

II. Voraussetzungen, Möglichkeiten und Durchführung der Gründung einer Societas Europaea

Die allgemeinen Vorschriften zur Gründung einer SE bestimmen, daß ergänzend zu den Regelungen und Verweisungen der SE-VO das nationale Gründungsrecht für Aktiengesellschaften des Sitzstaats der SE gilt (Art. 11a Abs. 1 SE-VO)[34] [35], die Gründung einer SE nach dem harmonisierten nationalen Recht ihres Sitzstaats bekanntgemacht wird (Art. 11a Abs. 2 i.V.m. Art. 9 SE-VO i.V.m. Art. 3 Abs. 4 1. EG-RL[36]) und die SE vom Tag ihrer Registereintragung an eigene Rechtspersönlichkeit besitzt (Art. 16 SE-VO).[37]

---

[30] ABl. EG Nr. L 65, vom 14.3.1968, S. 8-12.

[31] Handelsgesetzbuch vom 10.5.1897, RGBl., vom 21.5.1897, S. 219-436, zuletzt geändert durch Rechtspflege-Vereinfachungsgesetz vom 17.12.1990, BGBl. Teil I, vom 22.12.1990, S. 2847-2863.

[32] Art. 8 Abs. 2 SE-VO.

[33] Der Jahresabschluß einer SE mit Sitz in Deutschland muß z.B. zum Handelsregister eingereicht und im Bundesanzeiger veröffentlicht werden (§ 325 Abs. 1 und 2 HGB), sofern hierfür keine größenabhängigen Erleichterungsvorschriften bestehen. Vgl. hierzu Kapitel C.VI.

[34] Die Unterscheidung zwischen dem allgemeinen Verweis auf das nationale Recht für Aktiengesellschaften des Sitzstaats der SE (Art. 11a SE-VO) und den hier nur als "Verweisungen" bezeichneten Verweisen ist von grundsätzlicher Bedeutung. Dies folgt daraus, daß die "Verweisungen" i.d.R. Verweise auf das nationale Recht der Sitzstaaten der *Gründungsgesellschaften* der SE, deren Sitzstaaten von dem der SE abweichen können, darstellen. Hierauf machen v.a. Sagasser und Swienty aufmerksam. Vgl. Sagasser, B./Swienty, C.: Die Gründung einer Europäischen Aktiengesellschaft im Wege der Verschmelzung - Zur Praktikabilität des SE-Statuts in der Entwurfsfassung vom 6./16.5.1991 (Teil I), in: Deutsches Steuerrecht, 29. Jg. 1991, S. 1191.

[35] Hierzu gehören sämtliche Vorschriften des nationalen Rechts bezüglich der Haftung der Gründer und der sonstigen an der SE-Gründung Beteiligten sowie die Sachgründungsvorschriften. Vgl. Trojan-Limmer, S. 1013 f.

Nach allgemeinen Erläuterungen zu Begriffen, die bei der Gründung einer SE von Bedeutung sind, sollen in den Kapiteln C.II.1. bis C.II.4. die verschiedenen *Gründungsformen* einer SE näher erläutert und in Kapitel C.5. kritisch gewürdigt werden. Unter Aktiengesellschaften, Gesellschaften mit beschränkter Haftung und anderen *Gesellschaften*, jeweils *nationalen Rechts*, sind im folgenden stets Gesellschaften zu verstehen, die nach dem nationalen Recht eines EG-Staats gegründet wurden und ihren satzungsmäßigen (oder gesetzlichen) Sitz und ihre Hauptverwaltung in der EG haben (Art. 2, 3 Absätze 1, 1a und 2 SE-VO). *Tochtergesellschaften* werden analog zu Art. 2 und 3, einschließlich Anhang, der steuerlichen Mutter-Tochter-Richtlinie als Gesellschaften mit eigener Rechtspersönlichkeit verstanden, an der eine andere Gesellschaft mit mindestens 25 vH am Kapital beteiligt ist.[38] Mit *Niederlassungen* können, in Anlehnung an das deutsche Recht, die in §§ 42-44 AktG[39] beschriebenen Zweigniederlassungen als rechtlich unselbständiger Teil einer Unternehmung (z.B. einer Aktiengesellschaft), mit einer gewissen Selbständigkeit, deren Grenze die Weisungsbefugnis der Hauptniederlassung ist, räumlicher Trennung von der Hauptniederlassung, eigener Organisation, Firma und Buchführung bezeichnet werden[40]; steuerlich kann man sie mit den in § 12 AO[41] definierten Betriebsstätten gleichsetzen.

1. Gründung einer Societas Europaea durch Verschmelzung

Eine SE kann durch die Verschmelzung nationaler Aktiengesellschaften gegründet werden, wenn mindestens zwei von ihnen ihre Hauptverwaltung in

---

[36] In Deutschland wird die Handelsregistereintragung gem. §§ 40 AktG, 10 Abs. 1 HGB insbesondere im Bundesanzeiger bekanntgemacht. Vgl. Lutter, M.: Die erste Angleichungs-Richtlinie zu Art. 54 Abs. 3 Lit. g) EWGV und ihre Bedeutung für das geltende deutsche Unternehmensrecht, in: Europarecht, 4. Jg. 1969, S. 12.

[37] Vgl. zu den sich für die Beneluxländer hierdurch ergebenden Haftungsproblemen, die sich allerdings i.R.d. nationalen SE-Ausführungsgesetze lösen lassen, nur Merkt, Aktiengesellschaft, S. 656.

[38] In Deutschland gehören hierzu Aktiengesellschaften, Gesellschaften mit beschränkter Haftung, Kommanditgesellschaften auf Aktien und bergrechtliche Gewerkschaften, die alle Kapitalgesellschaften darstellen. Vgl. Lehmann, H./Dietz, R.: Gesellschaftsrecht, 3. Auflage, Berlin/Frankfurt am Main 1970, S. 19.

[39] Aktiengesetz vom 6.9.1965, BGBl. Teil I, vom 11.9.1965, S. 1089-1184, zuletzt geändert durch Bankbilanzrichtlinie-Gesetz vom 30.11.1990, BGBl. Teil I, vom 7.12.1990, S. 2570-2578.

[40] Vgl. Barz, C.H.: § 42 AktG, in: Großkommentar zum Aktiengesetz, 3. Auflage, Bd. 1, 1. Halbband, Berlin/New York 1973, S. 308-310, Anm. 2-6.

[41] Abgabenordnung 1977 vom 16.3.1976, BGBl. Teil I, vom 23.3.1976, S. 613-700, berichtigt in BGBl. Teil I, vom 9.2.1977, S. 269, zuletzt geändert durch Steueränderungsgesetz 1992 vom 25.2.1992, BGBl. Teil I, vom 28.2.1992, S. 297-358.

verschiedenen EG-Staaten haben - Prinzip der Mehrstaatlichkeit[42] - (Art. 2 Abs. 1 SE-VO). Hierbei geht das gesamte Aktiv- und Passivvermögen der die SE gründenden und dadurch verschmelzenden Aktiengesellschaften auf die SE im Wege der Auflösung ohne Liquidation als Ganzes über, was auch gegenüber Dritten gilt. Den Aktionären der verschmelzenden Aktiengesellschaften werden Aktien der SE, gegebenenfalls mit einer baren Aufzahlung[43], gewährt, da die die SE gründenden Aktiengesellschaften erlöschen (Art. 17 Abs. 1 S. 2, 27 Abs. 1 Buchst. a-c SE-VO, *Verschmelzung* durch *Neubildung*).[44]

Dagegen wird bei der *Verschmelzung* durch *Aufnahme*, die in der SE-VO allerdings nicht vorgesehen ist[45], das Vermögen der übertragenden Gesellschaft (-en) auf die bereits existierende, übernehmende Gesellschaft als Ganzes gegen Gewährung von Aktien der übernehmenden Gesellschaft übertragen.[46] Beide Formen der Verschmelzung sollen mit ihren wesentlichen Merkmalen in Abbildung 5[47] auf Seite 54 nochmals für Aktiengesellschaften zusammengefaßt dargestellt werden.

Art. 18 Abs. 1 SE-VO schreibt den Leitungs- oder Verwaltungsorganen der verschmelzenden Gesellschaften[48] vor, einen (gleichlautenden[49]) *Verschmelzungsplan* aufzustellen, der die in den Buchst. a-g dieses Absatzes geforderten Angaben enthalten muß (Mindestinhalt).[50] Sieht das nationale Recht für minde-

---

[42] Vgl. Ebenroth/Wilken, S. 1016; Abeltshauser, Grundfragen, S. 61; Trojan-Limmer, S. 1013.

[43] Die Baraufzahlung darf allerdings den zehnten Teil des Nennbetrags oder des rechnerischen Werts, falls ein Nennbetrag nicht vorhanden ist, der gewährten Aktien nicht übersteigen (Art. 17 Abs. 1 S. 2 SE-VO).

[44] Schreibt ein EG-Staat bei der Verschmelzung von Aktiengesellschaften besondere Formvorschriften vor, damit z.B. bestimmte Gegenstände von den die SE gründenden Aktiengesellschaften auf die SE rechtswirksam übertragen werden können, so gelten diese fort. Diese Vorschriften werden von den die SE gründenden Aktiengesellschaften und, ab der Eintragung der SE, von dieser erfüllt (Art. 27 Abs. 2 SE-VO).

Im deutschen Aktienrecht besteht keine solche Regelung, da die sich in Deutschland auf eine (weitere) Aktiengesellschaft verschmelzenden Aktiengesellschaften vorher mindestens zwei Jahre im Handelsregister eingetragen sein müssen, so daß die Vorschriften der Nachgründung (§§ 342, 52 AktG) generell keine Anwendung finden könnnen (§ 353 Abs. 2 AktG). Da die Verschmelzung von Aktiengesellschaften auf eine neugegründete SE aber schon vorher möglich ist, sollten die Vorschriften der Nachgründung (s.o.) dann analog beachtet werden.

[45] Der Grund hierfür besteht darin, daß durch die Verschmelzung ein neues Rechtsgebilde in Form einer SE errichtet werden soll, was nur durch eine Neugründung möglich ist. Vgl. Weitnauer, S. 167.

[46] Vgl. Klunzinger, E.: Grundzüge des Gesellschaftsrechts, 6. Auflage, München 1990, S. 185.

[47] Verändert entnommen und ergänzt aus Klunzinger, S. 186.

[48] Bei deutschen Aktiengesellschaften ist dies der Vorstand (§ 76 Abs. 1 AktG). Vgl. Schmidt, K.: Gesellschaftsrecht, 2. Auflage, Köln et al. 1991, S. 675.

[49] Vgl. Art. 24a Abs. 3 SE-VO.

[50] Dabei können "die Gründungsgesellschaften .. in dem Verschmelzungsplan über die in der Verordnung vorgeschriebenen Angaben hinaus zusätzliche Angaben machen; die Mitgliedstaaten

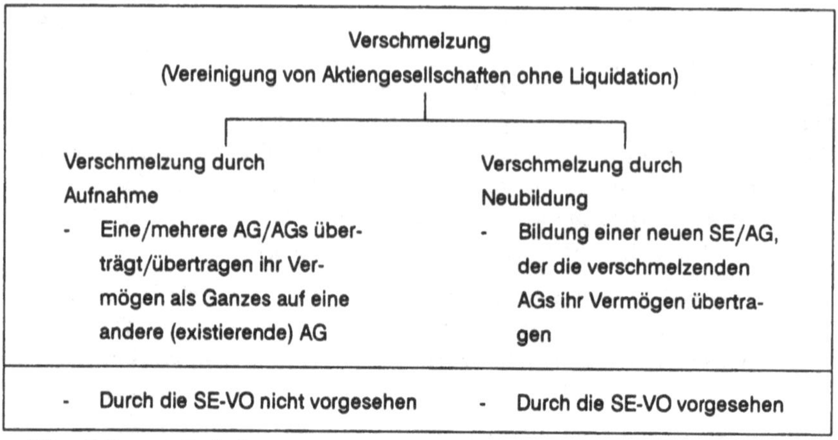

AG = Aktiengesellschaft

Abb. 5: Möglichkeiten der Verschmelzung von Aktiengesellschaften

stens eine der Gründungsgesellschaften vor, den Verschmelzungsplan öffentlich zu beurkunden, so gilt dies auch hier (Art. 18 Abs. 2 SE-VO). Ist unter den Gründungsgesellschaften eine deutsche Aktiengesellschaft, so muß der Verschmelzungsplan notariell beurkundet werden, da §§ 353 Abs. 1, 341 Abs. 1 S. 1 AktG dies für den Verschmelzungsvertrag vorsehen, der dem Verschmelzungsplan entspricht[51].[52]

Der Verschmelzungsplan ist nach Art. 19 Abs. 1 SE-VO "für jede Gründungsgesellschaft mindestens einen Monat vor dem Zusammentreten der Hauptversammlungen, die über die Verschmelzung .. beschließen"[53], jeweils entsprechend dem für diese geltenden, harmonisierten nationalen Recht der EG-Staaten, das gem. Art. 3 der 1. EG-RL bei diesen erlassen bzw. angeglichen wurde, bekanntzumachen. Hierbei muß der Verschmelzungsplan die in Art. 19 Abs. 2 und 3 SE-VO geforderten Angaben enthalten, z.B. wie die Gläubiger der Gründungsgesellschaften ihre Rechte nach Art. 23 SE-VO ausüben können bzw. welche Rechte ihnen nach dem Sitzstaatsrecht ihrer Gründungsgesellschaften zustehen[54].[55]

können dagegen keine zusätzlichen Angaben verlangen." Kommission der Europäischen Gemeinschaften, Verordnung, S. 8. Der in der SE-VO festgelegte Mindestinhalt des Verschmelzungsplans ist somit als abschließend anzusehen.

[51] So auch Trojan-Limmer, S. 1014. A.A. wohl Sagasser/Swienty, Teil I, S. 1193 f.

[52] Vgl. §§ 353 Abs. 1, 340 Abs. 1 und 2 AktG i.V.m. Art. 23 Abs. 1, 5 Abs. 1 und 2 der dritten gesellschaftsrechtlichen EG-Richtlinie (Fusionsrichtlinie), die im folgenden als 3. EG-RL bezeichnet wird. ABl. EG Nr. L 295, vom 20.10.1978, S. 36-43.

[53] Art. 19 Abs. 1 SE-VO.

Die Verwaltungs- oder Leitungsorgane der Gründungsgesellschaften erstellen zusätzlich zum Verschmelzungsplan gem. Art. 20 Abs. 1 SE-VO jeweils einen schriftlichen Bericht (*Verschmelzungsbericht*), der den Verschmelzungsplan und das Umtauschverhältnis der Aktien aus juristischer und wirtschaftlicher Sicht erläutert und begründet, und auf Schwierigkeiten bei der Bewertung hinweist (Art. 20 Abs. 2 SE-VO).[56]

Unabhängige Sachverständige[57], die von einem Gericht oder einer Verwaltungsbehörde des EG-Staats, in dem die jeweilige Gründungsgesellschaft ihren Sitz hat, bestellt oder zugelassen sind, prüfen für jede Gründungsgesellschaft den Verschmelzungsplan und erstellen einen schriftlichen Bericht hierüber für die jeweiligen Aktionäre (Art. 21 Abs. 1 SE-VO).[58] Bei deutschen Aktiengesellschaften, die an der SE-Gründung beteiligt sind (Gründungs-Aktiengesellschaften) werden diese Prüfer vom Vorstand bestellt (§§ 353 Abs. 1, 340b Abs. 2 S. 1 AktG), wobei zur Prüfung nur Wirtschaftsprüfer (Bestellung erfolgt nach § 15 Abs. 1 S. 1-2 WPO[59]) und Wirtschaftsprüfungsgesellschaften (Anerkennung erfolgt nach den §§ 29, 30 WPO) zugelassen sind (Art. 21 Abs. 1 SE-VO i.V.m. §§ 353 Abs. 1, 340b Abs. 3 S. 1 AktG i.V.m. § 319 Abs. 1 S. 1 HGB).[60]

---

[54] So auch § 347 Abs. 1 S. 3 AktG bezüglich der Bekanntmachung der Verschmelzung durch Eintragung, worauf insbesondere Trojan-Limmer aufmerksam macht. Vgl. Trojan-Limmer, S. 1014.

[55] In Deutschland muß der Verschmelzungsplan zum Handelsregister eingereicht und in den einsehbaren Sonderband der Akten des Registers aufgenommen werden (§§ 353 Abs. 1, 340d Abs. 1 AktG). Vgl. Balser, H./Bockelmann, G./Piorreck, K.F.: Die Aktiengesellschaft, Freiburg i.Br. 1984, S. 126, Rdnr. 491.

[56] Die Spitzenorganisationen der Deutschen Wirtschaft fordern hierbei eine klarstellende Regelung, so daß der Verschmelzungsbericht auch durch die Gründungsgesellschaften *gemeinsam* erstellt werden kann, da sich die Inhalte beider Berichte wahrscheinlich decken werden. Vgl. Gemeinsamer Arbeitsausschuß des Bundesverbandes der Deutschen Industrie, des Bundesverbandes Deutscher Banken, der Bundesvereinigung der Deutschen Arbeitgeberverbände, des Deutschen Industrie- und Handelstages, des Gesamtverbandes der Deutschen Versicherungswirtschaft für Fragen des Unternehmensrechts: Vorläufige Stellungnahme zum geänderten Verordnungs- und Richtlinienvorschlag für Europäische Aktiengesellschaften (SE) vom 16. bzw 6. Mai 1991, Köln/Bonn 1991, S. 6. Im folgenden werden die Verfasser dieser Stellungnahme als *Arbeitsausschuß Unternehmensrecht* zitiert.

[57] Das können gem. Art. 21 Abs. 1a SE-VO nach dem nationalen Recht des betreffenden Staats natürliche oder juristische Personen oder Gesellschaften sein.

[58] Im Einvernehmen der Gründungsgesellschaften kann die (dann grenzüberschreitende) Prüfung des Verschmelzungsplans auch durch einen *gemeinsamen* Sachverständigen erfolgen, der nur einen einzigen Bericht erstellt (Art. 21 Abs. 4 SE-VO). Vgl. hierzu nur Trojan-Limmer, S. 1014.

[59] Gesetz über eine Berufsordnung der Wirtschaftsprüfer (Wirtschaftsprüferordnung) vom 5.11.1975, BGBl. Teil I, vom 12.11.1975, S. 2803-2832, zuletzt geändert durch Rechtspflege-Vereinfachungsgesetz vom 17.12.1990, BGBl. Teil I, vom 22.12.1990, S. 2847-2863.

[60] Vgl. zum Mindestinhalt des Prüfungsberichts und den Informations- und Nachprüfungsrechten der Sachverständigen Art. 21 Abs. 2 und 3 SE-VO.

Nach Art. 22 Abs. 1 S. 1 SE-VO stimmen die Hauptversammlungen der Gründungs-Aktiengesellschaften dem Verschmelzungsplan, dem Gründungsakt und der Satzung, sofern sie einen vom Gründungsakt getrennten Akt bildet, zu. Die Beschlußfassungen der Hauptversammlungen erfolgen nach harmonisiertem nationalen Recht; bei einer deutschen Gründungs-Aktiengesellschaft gem. Art. 22 Abs. 1 S. 2 SE-VO i.V.m. Art. 7, 23 Abs. 1 3. EG-RL i.V.m. §§ 353 Abs. 1, 340c Abs. 2 AktG mit drei Viertel Mehrheit des vertretenen Grundkapitals, falls die Satzung der Gründungs-Aktiengesellschaft nicht höhere Anforderungen vorsieht.[61] Harmonisiertes nationales Recht der Gründungs-Aktiengesellschaften bestimmt auch, welche Schriftstücke den Aktionären vor dem Zeitpunkt des Zusammentretens der die Verschmelzung beschließenden Hauptversammlungen zur Verfügung zu halten sind (Art. 22 Abs. 2 SE-VO). Für die Aktionäre einer deutschen Gründungs-Aktiengesellschaft sind die in § 340d Abs. 2 Nr. 1-5 AktG aufgeführten Unterlagen zur Einsicht in den Geschäftsräumen der Gesellschaft auszulegen (Art. 22 Abs. 2 SE-VO i.V.m. Art. 23 Abs. 1, 11 Abs. 1 3. EG-RL i.V.m. § 353 Abs. 1 AktG[62]).

Das nationale Recht der Gründungsgesellschaften findet zum Schutz der Gläubiger, der Anleihegläubiger und der Inhaber anderer Wertpapiere als Aktien, die mit Sonderrechten verbunden sind, gem. Art. 23 SE-VO wie bei einer rein nationalen Verschmelzung von Aktiengesellschaften Anwendung.[63] Das deutsche Aktienrecht gewährt diesen Schutz durch die Regelungen der §§ 353 Abs. 1, 347, 347a AktG.[64]

Die *Kontrolle* der *Rechtmäßigkeit* der Verschmelzung nationaler Aktiengesellschaften durch Neugründung einer SE erfolgt in zwei Stufen.[65] *Stufe 1:* Für jede Gründungsgesellschaft muß bezüglich des sie betreffenden Teils des Verschmelzungsverfahrens eine vorbeugende Kontrolle der Rechtmäßigkeit nach nationalem Aktienrecht erfolgen (Art. 24 Abs. 1, 24a Abs. 1, 29 Abs. 1 SE-VO). Im deutschen Aktienrecht existiert auch nach der Transformation der 3. EG-RL (vgl. hier insbesondere Art. 16 3. EG-RL) keine solche Bestimmung[66]; sie müßte

[61] Vgl. Priester, H.-J.: Das neue Verschmelzungsrecht, in: Neue Juristische Wochenschrift, 36. Jg. 1983, S. 1462.

[62] Vgl. Priester, S. 1463.

[63] Die nationalen Vorschriften wurden durch die Transformation der Art. 13-15 der 3. EG-RL harmonisiert. Art. 23 SE-VO stellt damit eine Verweisung auf *harmonisiertes* nationales Recht dar, die auch als solche in Art. 23 SE-VO gekennzeichnet werden sollte.

[64] Vgl. Balser/Bokelmann/Piorreck, S. 129.

[65] Vgl. Trojan-Limmer, S. 1014. Sie sieht den Sinn der Zweistufigkeit darin, die verschiedenen Verschmelzungssysteme der Gründungsstaaten ... in Einklang" zu bringen. Trojan-Limmer, S. 1014.

[66] Vgl. Ganske, J.: Änderungen des Verschmelzungsrechts, in: Der Betrieb, 34. Jg. 1981, S. 1554 f.

also erst i.R.d. deutschen Ausführungsgesetzes zur SE-VO geschaffen werden.[67] Nach Art. 24 Abs. 2 SE-VO wird den Gründungs-Aktiengesellschaften jeweils eine Bescheinigung über die Erfüllung der Formerfordernisse, die der Verschmelzung vorausgehen, von der jeweils zuständigen nationalen Behörde erteilt. In Deutschland könnte hierfür das Registergericht in Frage kommen[68], was in Art. 24 Abs. 2 SE-VO aber klargestellt werden sollte.[69] *Stufe 2:* Die zuständige Behörde im Sitzstaat der zu gründenden SE, in Deutschland also eventuell das Registergericht, s.o., kontrolliert die Durchführung der Verschmelzung und die Gründung der SE auf deren Rechtmäßigkeit, wozu ihr die Gründungsgesellschaften die - bindenden[70] - Bescheinigungen über die Erfüllung der Formerfordernisse gem. Art. 24 Abs. 2 SE-VO vorlegen (Art. 24a Abs. 1 und 2 SE-VO). Der Gegenstand der Kontrolle bestimmt sich nach Art. 24a Abs. 3 und 4 SE-VO: Danach ist die Satzung der SE, die Übereinstimmung der SE-Gründung mit dem hierauf ergänzend anzuwendenden Gründungsrecht des Sitzstaats, "ob die Gründungsgesellschaften einen gleichlautenden Verschmelzungsplan genehmigt haben"[71] sowie das auf die SE gem. Art. 3 AN-RL anzuwendende Mitbestimmungsmodell zu überprüfen.[72]

Durch die *Registereintragung* der SE, was die Erfüllung aller formalen Erfordernisse der Art. 24, 24a SE-VO voraussetzt, werden die Verschmelzung und die Gründung der SE wirksam. Für in Deutschland ansässige SEs erfolgt deren Eintragung ins Handelsregister (Art. 25 i.V.m. Art. 8 Abs. 1 SE-VO i.V.m. § 10 Abs. 1 HGB). Die Durchführung der Verschmelzung wird gem. Art. 26 SE-VO von den Gründungs-Aktiengesellschaften nach dem Verfahren offengelegt, das in ihrem EG-Sitzstaat durch die Umsetzung von Art. 3 1. EG-RL in nationales Recht erlassen wurde. Für deutsche Gründungs-Aktiengesellschaften muß das Leitungs- oder Verwaltungsorgan der SE die Verschmelzung zur Eintragung in das Handelsregister der verschmelzenden Aktiengesellschaften anmelden (§ 353 Abs. 8 AktG), wobei die Eintragung im Bundesanzeiger bekanntgemacht wird (§ 10 Abs. 1 HGB).[73] [74]

---

[67] Von den Spitzenorganisationen der Deutschen Wirtschaft wird die vorbeugende Kontrolle der Rechtmäßigkeit des Verschmelzungsverfahrens und damit auch die soeben aufgezeigte Möglichkeit der Einführung einer solchen Vorschrift ins deutsche Recht allerdings generell abgelehnt, da hierzu keine sachliche Notwendigkeit bestehe. Vgl. Arbeitsausschuß Unternehmensrecht, S. 7.

[68] So auch Trojan-Limmer, S. 1014.

[69] Vgl. Arbeitsausschuß Unternehmensrecht, S. 7.

[70] Vgl. Trojan-Limmer, S. 1014.

[71] Art. 24a Abs. 3 SE-VO.

[72] Kritisch zur Möglichkeit der Trennung der Rechtmäßigkeitskontrolle in einen zweistufigen Prozeß insbesondere Trojan-Limmer, S. 1014.

[73] Vgl. hierzu auch Sagasser, B./Swienty, C.: Die Gründung einer Europäischen Aktiengesellschaft im Wege der Verschmelzung - Zur Praktikabilität des SE-Statuts in der Entwurfsfassung

Eine *vereinfachte Verschmelzung* kann nach dem harmonisierten nationalen Recht (Umsetzung von Kapitel IV 3. EG-RL) einer Gründungs-Aktiengesellschaft unter den in Art. 30a Abs. 1 oder 2 SE-VO genannten Voraussetzungen durchgeführt werden.[75] Kommt dabei das deutsche Aktienrecht zur Anwendung, ergeben sich die Vereinfachungen aus § 352b Abs. 1 AktG.[76]

Die Gründung einer SE durch Verschmelzung einer *SE* mit anderen SEs oder mit Aktiengesellschaften nationalen Rechts ist nach Art. 3 Abs. 1 SE-VO ebenfalls möglich. Haben die Gesellschaften, die sich an der Verschmelzung beteiligen, ihren Sitz im selben EG-Staat, finden die harmonisierten nationalen Verschmelzungsvorschriften für Aktiengesellschaften nationalen Rechts Anwendung, die gem. der 3. EG-RL erlassen bzw. geändert wurden (in Deutschland die §§ 339-353 AktG). Für Gesellschaften mit Sitz in verschiedenen EG-Staaten gelten dagegen die oben dargestellten Regelungen der Art. 11a-30a SE-VO einschließlich dem einschlägigen nationalen Recht sinngemäß (Art. 132 SE-VO).

2. *Gründung einer Societas Europaea durch Errichtung einer übergeordneten Holdinggesellschaft*

Eine übergeordnete Holdinggesellschaft ist eine Gesellschaft an der Spitze eines Konzerns, die den Konzern führt und die Beteiligungen hält[77]. Unter *Konzernen* wird, ausgehend von der deutschen Legaldefinition in § 18 Abs. 1 und 2 AktG, die Zusammenfassung von rechtlich selbständigen Unternehmen unter einheitlicher Leitung verstanden.[78]

---

vom 6./16.5.1991 (Teil II), in: Deutsches Steuerrecht, 29. Jg. 1991, S. 1226.

[74] Auf die Regelungen der zivilrechtlichen Haftung der Mitglieder des Leitungs- oder Verwaltungsorgans der Gründungs-Aktiengesellschaften und der Sachverständigen i.S.d. Art. 21 SE-VO sowie der Nichtigkeit der Verschmelzung soll hier nicht näher eingegangen werden, vgl. insoweit Art. 28, 29 SE-VO.

[75] Art. 30a Abs. 1 oder 2 SE-VO bestimmt auch welches harmonisierte nationale Recht bei der vereinfachten Verschmelzung zur Anwendung kommt.

[76] Vgl. Priester, S. 1465. Dagegen ist die Anwendung von § 352b Abs. 1 AktG auf eine Verschmelzung durch Neugründung für rein nationale Verschmelzungen von Aktiengesellschaften in Deutschland nicht möglich, da § 353 AktG, der die Vorschriften und Verweisungen über Verschmelzungen durch Neugründungen enthält, hierauf nicht verweist. Für die grenzüberschreitende Gründung einer SE durch Verschmelzung bestehen insofern gegenüber nationalen Verschmelzungen Erleichterungen.

[77] Vgl. Everling, W.: Konzernführung durch eine Holdinggesellschaft, in: Der Betrieb, 34. Jg. 1981, S. 2549.

[78] Vgl. ausführlicher zum Begriff des Konzerns Kapitel D.I.2. sowie die dort angegebene Literatur.

Übergeordnete Holdinggesellschaften in der Rechtsform einer SE (Holding-SE) können "im Wege der Ausgliederung nach oben"[79] einerseits nach Art. 2 Abs. 1a SE-VO durch Aktiengesellschaften oder Gesellschaften mit beschränkter Haftung nationalen Rechts[80] gegründet werden. *Voraussetzung* ist, daß mindestens zwei Gründungsgesellschaften ihre Hauptverwaltung in verschiedenen Staaten der EG[81] oder eine Tochtergesellschaft oder Niederlassung in einem anderen Staat der EG als dem ihrer Hauptverwaltung[82] haben. Andererseits können Holding-SEs nach Art. 3 Abs. 1a SE-VO durch eine SE mit einer oder mehreren anderen Aktiengesellschaften, Gesellschaften mit beschränkter Haftung (beide nationalen Rechts) oder SEs gegründet werden.

Vorbehaltlich einzelstaatlicher Vorschriften bestehen die die Holding-SE gründenden Gesellschaften auch dann als Tochterkapitalgesellschaften der Holding-SE fort, wenn sich deren Anteile vollständig in der Hand der Holding-SE befinden (Art. 31 Abs. 1 S. 2 SE-VO).[83]

Art. 31 Abs. 2 S. 1 SE-VO schreibt den Leitungs- oder Verwaltungsorganen der die SE gründenden Gesellschaften die Aufstellung eines gleichlautenden *Gründungsplans* vor (Art. 31 Abs. 2 S. 2 SE-VO). Dieser muß die in Art. 18 Abs. 1 Buchst. a-c SE-VO vorgeschriebenen Angaben - entsprechend dem Verschmelzungsplan - enthalten, begründet werden und den Anteil der Aktien/Geschäftsanteile festsetzen (mindestens 51 vH der Stimmrechtsaktien/Geschäftsanteile), die von den Gesellschaftern jeder Gründungsgesellschaft in die Holding-SE eingebracht werden müssen (Art. 31 Abs. 2 S. 2-4 SE-VO).

Nach Art. 31 Abs. 3 S. 1 SE-VO stimmen von den Gründungsgesellschaften die Hauptversammlungen bei Aktiengesellschaften und die Gesellschafterversammlungen bei Gesellschaften mit beschränkter Haftung dem Gründungsplan, dem Gründungsakt und, falls sie einen getrennten Akt darstellt, der Satzung der Holding-SE zu.[84] Die *Beschlußfassung* erfolgt dabei entsprechend den Vorschrif-

---

[79] Ebenroth/Wilken, S. 1016.

[80] Die Einbeziehung auch der Gesellschaften mit beschränkter Haftung nationalen Rechts als Gründungsgesellschaften einer Holding-SE wird insbesondere mit der Öffnung der Rechtsform einer SE für kleinere und mittlere Unternehmen begründet. Vgl. hierzu Merkt, Aktiengesellschaft, S. 655.

[81] Erfordernis des Prinzips der Mehrstaatlichkeit (Ebene der SE-Gründungsgesellschaften).

[82] Eingeschränktes Erfordernis des Prinzips der Mehrstaatlichkeit, das hier nur noch auf der Ebene von Tochtergesellschaften oder Niederlassungen der SE-Gründungsgesellschaften besteht. Vgl. hierzu Ebenroth/Wilken, S. 1016.

[83] Das deutsche Aktienrecht und das deutsche Recht die Gesellschaften mit beschränkter Haftung betreffend enthalten hierzu keine Bestimmungen, so daß die deutschen Gründungsgesellschaften der Holding-SE auch bei einer Anteilsvereinigung in der Hand der SE fortbestehen.

[84] Da der Gründung einer Holding-SE die Hauptversammlungen bzw. die Gesellschafterversammlungen als Gesellschaftsorgane und nicht individuell die einzelnen gründungswilligen

ten für Verschmelzungen, für deutsche Gründungs-Aktiengesellschaften also gem. Art. 30 Abs. 3 S. 2 SE-VO i.V.m. Art. 7 3. EG-RL i.V.m. § 340c Abs. 2 AktG mit drei Viertel Mehrheit (vgl. auch Kapitel C.II.1.).

Nach dieser Zustimmung können alle Gesellschafter der Gründungsgesellschaften gem. Art. 31a Abs. 1 SE-VO innerhalb von drei Monaten ihre Aktien/ Gesellschaftsanteile durch Umtausch gegen Aktien der SE, gegebenenfalls mit Baraufzahlung, entsprechend den in den Gründungsplänen festgelegten Bedingungen in die Holding-SE einbringen. Alle Gesellschafter der Gründungsgesellschaften haben also ein *Wahlrecht*, ob sie Gesellschafter der Holding-SE werden wollen oder nicht.[85] Dies wird allerdings im Regelfall dazu führen, daß mehr oder weniger Anteile der SE-Gründungsgesellschaften von deren Gesellschaftern in die Holding-SE eingebracht und damit in SE-Aktien umgetauscht werden wollen, als nach dem Gründungsplan vorgesehen.[86] Sofern die Gesellschafter *weniger Anteile* an den Gründungsgesellschaften in SE-Aktien tauschen wollen als im Gründungsplan vorgesehen, wird die wirksame Gründung einer Holding-SE zu verneinen sein (vgl. Art. 31a Abs. 2 SE-VO).[87] Falls die Gesellschafter *mehr Anteile* an den Gründungsgesellschaften in SE-Aktien tauschen wollen, kann dagegen durch eine Rationierung die im Gründungsplan vorgesehene absolute Umtauschmenge pro Gründungsgesellschaft eingehalten und die SE wirksam gegründet werden.

Sofern diese Lösung aber als unerwünscht angesehen wird, könnte die SE-VO wie folgt geändert werden: Die umtauschwilligen Anteilseigner jeder Gründungsgesellschaft könnten in einem *zusätzlichen (Vor-) Verfahren* ihre Anteile bei den Gründungsgesellschaften hinterlegen und sich aufschiebend bedingt verpflichten[88], diese gegen SE-Aktien zu tauschen. Die sich danach ergebende Umtauschquote, die pro Gründungsgesellschaft mindestens 51 vH betragen muß, wäre dann verbindlich in den Gründungsplan aufzunehmen. Nach den Beschlüssen der Haupt- und/oder Gesellschafterversammlungen der Grün-

---

Gesellschafter zustimmen, sind nicht die Gesellschaft*er*, sondern die Gesellschaft*en* die Gründer der Holding-SE. Die Art. 31 und 31a sprechen daher auch von SE-"Gründungsgesellschaften". Im Gegensatz dazu kann nach deutschem Recht die Gründung einer *übergeordneten Holdinggesellschaft* mangels Spezialvorschriften nur durch individuelle Einbringung der Anteile an den zukünftigen Tochtergesellschaften durch deren Gesellschafter im Wege der Sachgründung erfolgen. Folglich sind hier die einzelnen Gesellschaft*er* die Gründer der Holdinggesellschaft. Vgl. hierzu nur Trojan-Limmer, S. 1014 f.

[85] Vgl. Kommission der Europäischen Gemeinschaften, Verordnung, S. 12.

[86] Vgl. hierzu nur Trojan-Limmer, S. 1015.

[87] Ähnlich wohl auch Trojan-Limmer, die sogar in beiden Fällen "das Schicksal der SE (für; A.d.V.) völlig ungeklärt" hält. Trojan-Limmer, S. 1015.

[88] Die aufschiebende Bedingung hätte in einem wirksamen Haupt- und/oder Gesellschafterversammlungsbeschluß aller Gründungsgesellschaften der Holding-SE zu bestehen.

dungsgesellschaften darüber, die Holding-SE zu gründen (Eintritt der Bedingung), hätten dann ausschließlich die dazu verpflichteten - und berechtigten - Gesellschafter ihre Anteile in SE-Aktien zu tauschen.

Die Holding-SE ist nach dem Tausch der Anteile der Gründungsgesellschaften gegen SE-Aktien gegründet, sofern sie mindestens 51 vH der Anteile ihrer Gründungsgesellschaften besitzt.[89] Sie kann dann unter Berücksichtigung der Formerfordernisse des Art. 31 SE-VO, insbesondere den Gründungsplan der SE betreffend, eingetragen werden (Art. 31a Abs. 2 und 3 SE-VO). Die Eintragung von in Deutschland ansässigen Holding-SEs erfolgt ins Handelsregister.

3. Gründung einer Societas Europaea durch Errichtung einer Tochtergesellschaft

a) SE-Gründung durch Errichtung einer gemeinsamen Tochtergesellschaft

Nach Art. 2 Abs. 2 SE-VO können Gesellschaften i.S.d. Art. 58 Abs. 2 EWGV[90] und sonstige Körperschaften des öffentlichen und privaten nationalen Rechts eine SE durch Errichtung einer gemeinsamen Tochtergesellschaft gründen. *Voraussetzung* ist, daß diese Gesellschaften ihre Hauptverwaltungen in verschiedenen EG-Staaten[91] oder eine Tochtergesellschaft oder Niederlassung in einem anderen EG-Staat als dem ihrer Hauptverwaltung haben[92] (Art. 2 Abs. 2 SE-VO).

Eine gemeinsame Tochtergesellschaft in der Rechtsform einer SE kann ferner eine SE mit anderen SEs, Gesellschaften oder juristischen Personen i.S. des Art. 2 Abs. 2 SE-VO, s.o., gründen (Art. 3 Abs. 2 SE-VO). Die Erfüllung des auch nur eingeschränkten Prinzips der Mehrstaatlichkeit ist hierzu nicht erforderlich.

---

[89] Kritisch zur Tatsache, daß die Gründung einer Holding-SE keiner Aufstellung eines Gründungsberichts und keiner Gründungsprüfung (mehr) bedarf, nur Trojan-Limmer, S. 1015. Vgl. hierzu auch bereits Hommelhoff, P.: Gesellschaftsrechtliche Fragen im Entwurf eines SE-Statuts, in: Die Aktiengesellschaft, 35. Jg. 1990, S. 425 f.

[90] Hierzu gehören rechtsfähige und nichtrechtsfähige Gesellschaften des bürgerlichen Rechts (z.B. die deutsche BGB-Gesellschaft) und des Handelsrechts, Genossenschaften und sonstige juristische Personen des öffentlichen und privaten Rechts, die einen Erwerbszweck verfolgen. Vgl. Everling, U.: Das Niederlassungsrecht im Gemeinsamen Markt, Berlin/Frankfurt am Main 1963, S. 33 f. Zur Gründung einer gemeinsamen SE-Tochtergesellschaft müssen diese Gesellschaften zudem Handelsgesellschaften sein, vgl. Art. 1 Abs. 1 SE-VO. Deutsche BGB-Gesellschaften, die keine Personen*handels*gesellschaften darstellen, scheiden daher als mögliche SE-Gründungsgesellschaften aus.

[91] Erfordernis des Prinzips der Mehrstaatlichkeit.

[92] Eingeschränktes Erfordernis des Prinzips der Mehrstaatlichkeit.

Sofern die die SE gründenden Gesellschaften solche nationalen Rechts sind, finden *auf sie* nach Art. 35 Abs. 2 SE-VO die Vorschriften zur Gründung einer Tochter-Aktiengesellschaft nationalen Rechts, an der sie beteiligt sind, Anwendung. Für SEs als Gründungsgesellschaften gelten die Bestimmungen für nationale Aktiengesellschaften des Sitzstaats der zu gründenden Tochter-SE (Art. 11a SE-VO). Für die zu gründende Tochtergesellschaft in der Rechtsform einer SE gilt nach Art. 11a SE-VO für das Gründungsverfahren stets das für nationale Aktiengesellschaften geltende nationale Recht des (zukünftigen) Sitzstaats dieser SE.

b) Gründung einer SE als Tochtergesellschaft einer anderen SE

Eine Tochtergesellschaft in der Rechtsform einer SE kann gem. Art. 3 Abs. 3 SE-VO auch durch eine SE *alleine* gegründet werden (100 vH SE-Tochtergesellschaft[93]). Nach Art. 11a Abs. 1 SE-VO findet sowohl auf die die Tochter-SE gründende SE als auch auf die zu gründende Tochter-SE selbst das im Sitzstaat der zu gründenden SE für nationale Aktiengesellschaften geltende nationale Recht bei der Gründung der SE Anwendung, in Ermangelung eigener Vorschriften der SE-VO.[94]

4. Gründung einer Societas Europaea durch Umwandlung einer Aktiengesellschaft nationalen Rechts in eine Societas Europaea

Eine SE kann durch die Umwandlung einer Aktiengesellschaft nationalen Rechts gegründet werden, *vorausgesetzt*, sie besitzt eine Tochtergesellschaft oder Niederlassung in einem anderen EG-Staat als dem ihrer Hauptverwaltung (Art. 2 Abs. 3, 37a S. 1 SE-VO).[95] [96] Hierzu ist nach Art. 37a S. 2 SE-VO weder

---

[93] Vgl. Ebenroth/Wilken, S. 1016.

[94] Der SE-Verordnungsvorschlag von 1989 enthielt für zu gründende gemeinsame Tochter-SEs (Art. 34, 35 Abs. 1 und 3 SE-VO) und für Tochter-SEs von SEs selbst (Art. 36, 37 SE-VO) noch jeweils Vorschriften über einen Gründungsplan und die Genehmigung der Gründung durch das Aufsichts- oder Verwaltungsorgan sowie eventuell durch die Hauptversammlung der die Tochter-SE (mit-) gründenden SE. Vgl. zur derzeit eventuell notwendigen Zustimmungspflicht des Aufsichts- oder des Verwaltungsorgans (Beschluß) der SE nach Art. 72 Abs. 1 Buchst. b und e SE-VO bei der Gründung einer Tochter-SE Kapitel C.IV.1.a).

[95] Die Spitzenorganisationen der Deutschen Wirtschaft begrüßen diese erweiterte Gründungsmöglichkeit, fordern aber zusätzlich auch Gesellschaften mit beschränkter Haftung nationalen Rechts in eine SE umwandeln zu können. Vgl. Arbeitsausschuß Unternehmensrecht, S. 4.

[96] Eingeschränktes Erfordernis des Prinzips der Mehrstaatlichkeit.

eine Gründung noch eine Auflösung der in eine SE umzuwandelnden Aktiengesellschaft nationalen Rechts notwendig. Die in eine SE umgewandelte Aktiengesellschaft muß aber ihrer Bezeichnung den Zusatz "SE" voran- oder nachstellen; die SE bzw. die Umwandlung ist in ein nach dem Recht des SE-Sitzstaats bestimmtes Register dieses Staats einzutragen[97], das die Wahl eines der Mitbestimmungsmodelle gem. Art. 3 AN-RL voraussetzt (Art. 37a S. 2, 8 Abs. 1-3 SE-VO).

Diese Form der Umwandlung wird als *formwechselnde Umwandlung* bezeichnet, die sich von der *übertragenden Umwandlung* durch die in Abbildung 6[98] dargestellten Charakteristika unterscheidet. Die übertragende Umwandlung, mit den Ausprägungen der errichtenden und der verschmelzenden Umwandlung, ist durch die SE-VO aber nicht zugelassen. Die Darstellung beider Formen der Umwandlung in Abbildung 6 wird allgemein für Aktiengesellschaften vorgenommen.

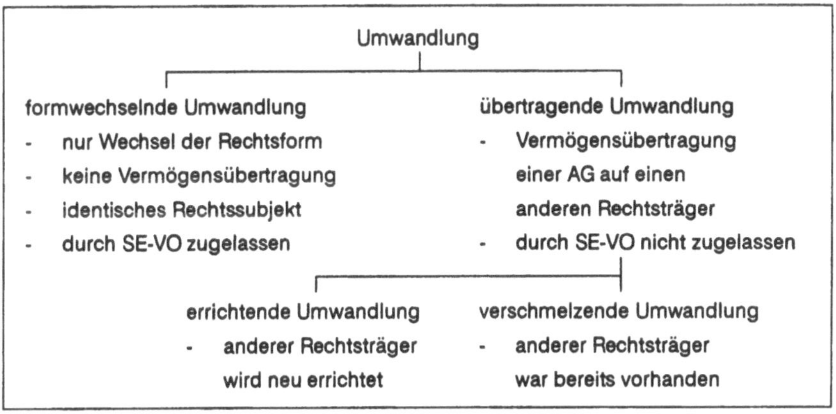

Abb. 6: Möglichkeiten der Umwandlung von Aktiengesellschaften

Das Leitungs- oder Verwaltungsorgan der umzuwandelnden nationalen Aktiengesellschaft, nach deutschem Recht gem. § 76 Abs. 1 AktG der Vorstand, muß nach Art. 37a S. 3 SE-VO einen *Umwandlungsplan* aufstellen, "der die rechtlichen und wirtschaftlichen Aspekte der Umwandlung enthält."[99]

[97] In Deutschland erfolgt die Eintragung ins Handelsregister, vgl. §§ 367, 368 AktG-analog, 10 Abs. 1 HGB.

[98] Vgl. Klunzinger, S. 187.

[99] Art. 37a S. 3 SE-VO.

Art. 37a S. 4 SE-VO schreibt die Zustimmung der Hauptversammlung der nationalen Aktiengesellschaft zur Umwandlung, dem Gründungsakt und der Satzung der SE, sofern sie einen getrennten Akt bildet, entsprechend dem nationalen Recht vor, das für Änderungen des Gründungsakts oder der Satzung einschlägig ist. Für deutsche Aktiengesellschaften, die sich in eine SE umwandeln wollen, gelten demnach wohl die Vorschriften der §§ 179 Abs. 2 S. 1 i.V.m. 362 Abs. 2 S. 2 AktG-analog, die für die beschließende Hauptversammlung mindestens eine Mehrheit von drei Viertel des bei der Beschlußfassung vertretenen Grundkapitals vorsehen.

Obwohl die erstmals im Verordnungsvorschlag über das Statut der SE von 1991 vorgesehene Umwandlung einer nationalen Aktiengesellschaft in eine SE sehr begrüßt und als "eine der wichtigsten Gründungsformen"[100] bezeichnet wird, ist sie unzureichend geregelt. Insbesondere fehlt es an einer *Umwandlungsprüfung* wie auch an einer exakten Festlegung des *Inhalts* des *Gründungsplans*.[101]

5. *Kritische Würdigung der Gründungsmöglichkeiten einer Societas Europaea*

Die Möglichkeiten der Gründung einer SE sind insbesondere im Hinblick auf die *Ziele*, die durch die Schaffung der Rechtsform einer SE erreicht werden sollen, einer kritischen Würdigung zu unterziehen.

Die Tatsache, daß nach der SE-VO eine SE grundsätzlich nur *grenzüberschreitend*, d.h. von Gesellschaften mit Hauptverwaltungen in verschiedenen EG-Staaten, gründbar ist (Prinzip der Mehrstaatlichkeit) oder sich die die SE gründenden Gesellschaften zumindest grenzüberschreitend in Form von Niederlassungen oder Tochtergesellschaften betätigen müssen (eingeschränktes Prinzip der Mehrstaatlichkeit), stellt für eine *europäische* Rechtsform wie der SE grundsätzlich keine Einschränkung dar. Der Grund hierfür besteht darin, daß mit der SE gerade eine europäische, d.h. grenzüberschreitende Rechtsform geschaffen werden soll. Dennoch hat die Erfüllung des (eingeschränkten) Prinzips der Mehrstaatlichkeit, durch das der grenzüberschreitende (europäische) Charakter der SE sichergestellt werden soll, in der Literatur vielfältige Kritik hervorgerufen[102]:

---

[100] Trojan-Limmer, S. 1015.

[101] Vgl. hierzu und zu weiteren Problemen auch im Zusammenspiel zwischen der SE-VO und dem ergänzend geltenden nationalen Recht nur Trojan-Limmer, S. 1015.

[102] Vgl. hierzu Hommelhoff, SE-Statut, S. 424; Trojan-Limmer, S. 1013.

Die Erfüllung dieses Prinzips kann *erstens* formal durch Umgehungen relativ einfach erfüllt werden (Gründung einer 100 vH-igen Tochtergesellschaft in einer Rechtsform nationalen Rechts in einem anderen EG-Staat oder Verlegung des Orts der effektiven Verwaltung einer inländischen Tochtergesellschaft ins EG-Ausland[103]).

Zweitens ist durch die Einhaltung dieses Prinzips materiell nicht sichergestellt, daß sich die Unternehmung tatsächlich grenzüberschreitend (europaweit) betätigt.

Drittens werden Unternehmungen, die sich europaweit betätigen, aber hierzu keine Niederlassungen oder Tochtergesellschaften in anderen EG-Staaten als dem ihres Sitzes unterhalten benachteiligt.

Daher wird gefordert, die Erlaubnis zur Gründung einer SE an *materielle Kriterien* anzuknüpfen, wie z.B. Mindestumsatzzahlen in mindestens zwei EG-Staaten[104], u.a. um Täuschungen des Geschäftsverkehrs zu verhindern. Obwohl im Regelfall sowohl die in der SE-VO enthaltenen *formellen* als auch die von der Literatur geforderten *materiellen* Anforderungen an die Gründung einer SE kumulativ vorliegen, sollten materielle Kriterien zumindest zusätzlich in die SE-VO aufgenommen werden, um Mißbräuche zu verhindern.

Ebenfalls kritisch angesehen wird die Tatsache, daß eine SE nur von bereits *bestehenden Gesellschaften* gegründet werden kann. Dadurch ist die Möglichkeit der völligen Neugründung einer Unternehmung in der Rechtsform einer SE (z.B. durch natürliche Personen) nicht gegeben.[105] Diese kann nur über den Umweg der Gründung nationaler Gesellschaften, die wiederum eine SE gründen können, erfolgen.

Für *Aktiengesellschaften nationalen Rechts* kann das abgeleitete Ziel der EG-weiten Zusammenfassung von Produktionsfaktoren durch die Gründung einer SE nahezu uneingeschränkt verwirklicht werden, da *erstens* EG-weite Verschmelzungen innerhalb der Grenzen des Binnenmarkts durch die Gründung

---

[103] Vgl. hierzu nur Weitnauer, S. 165. Diese Möglichkeit könnte z.B. von deutschen Unternehmungen genutzt werden, da eine Verlegung der effektiven Verwaltung deutscher Tochterkapitalgesellschaften unter Beibehaltung des deutschen Satzungssitzes in EG-Staaten, die der Gründungstheorie folgen, möglich ist. Vgl. Kapitel B.III.

[104] Nach Hommelhoff sollten diese 1 Mio ECU pro EG-Staat betragen. Vgl. Hommelhoff, SE-Statut, S. 424.

[105] Für die Einräumung dieser Möglichkeit, solange für die Gründung einer SE nicht an materielle Kriterien angeknüpft wird, wohl Merkt, Aktiengesellschaft, S. 655. Bei einer zusätzlichen Einführung von materiellen Anforderungskriterien an die Gründung einer SE müßte SE-Neugründungen eine Frist (z.B. 3 Jahre) eingeräumt werden, innerhalb der z.B. grenzüberschreitende Mindestumsatzzahlen zu realisieren wären. Sofern diese nicht erreicht würden, könnte die SE-VO vorsehen, daß sich die SE in eine Aktiengesellschaft nationalen Rechts desselben Sitzstaats umwandeln muß.

einer SE im Wege der Verschmelzung nationaler Aktiengesellschaften uneingeschränkt möglich sind. Zudem werden Umstrukturierungen von nationalen Aktiengesellschaften im Binnenmarkt durch Verschmelzungen nicht mehr aufgrund von nationalen rechtlichen Bestimmungen behindert bzw. ausgeschlossen.

Zweitens können die in den nationalen Aktiengesellschaften eingesetzten Produktionsfaktoren durch die Gründung einer grenzüberschreitenden übergeordneten Holding-SE zusammengefaßt werden. Dies ermöglicht darüber hinaus einerseits einzelnen nationalen Aktiengesellschaften die Errichtung auch rechtlich europäischer Konzernstrukturen. Andererseits können verschiedene nationale/internationale Konzerne, an deren Spitze nationale Aktiengesellschaften stehen, ihre Konzernstrukturen durch die Gründung einer gemeinsamen Holding-SE mittels einer europäischen Rechtsform zusammenfassen und/oder bezüglich des EG-Binnenmarkts rechtlich und wirtschaftlich neu gestalten (vgl. hierzu Kapitel D.).

Drittens kann die Zusammenfassung von Produktionsfaktoren v.a. in Form von EG-weiten Kooperationen auf der Grundlage gemeinsamer Tochter-SEs, sog. grenzüberschreitender Gemeinschaftsunternehmen (joint ventures)[106], erfolgen.

Das mit der Schaffung einer SE ebenfalls verbundene (abgeleitete) Ziel der Freizügigkeit und der Niederlassungsfreiheit kann für *nationale Aktiengesellschaften*, die sich auch bisher schon durch Tochterunternehmen oder Niederlassungen in der EG wirtschaftlich grenzüberschreitend betätigt haben, durch die Umwandlung in eine SE erreicht werden. Der Grund besteht darin, daß die SE in allen EG-Staaten uneingeschränkt anerkannt wird und v.a. ihren Sitz innerhalb des EG-Binnenmarkts grundsätzlich uneingeschränkt verlegen kann (vgl. auch Kapitel C.I.). Die Umwandlung einer nationalen Aktiengesellschaft in eine SE paßt zudem die bisher national-rechtlichen an die grenzüberschreitend-wirtschaftlichen Strukturen der Unternehmung an.[107]

Für die Erreichung des abgeleiteten Ziels der Freizügigkeit und der Niederlassungsfreiheit ist es zudem notwendig, die Möglichkeit der Ausgründung von 100 vH-igen Tochtergesellschaften, denen eine einzige bekannte europäische Rechtsform (SE) zugrunde liegt, zuzulassen. Diese Möglichkeit eröffnet die SE-VO aber nicht, sondern kann nur über den Umweg der Umwandlung nationaler Aktiengesellschaften in eine SE erreicht werden, da nur SEs selbst 100 vH-ige

[106] Vgl. zum Begriff des Gemeinschaftsunternehmens Theisen, M.R.: Der Konzern, Stuttgart 1991, S. 63.

[107] Nach Auffassung von Hauschka könnten sich zumindest "ein Großteil .. der etwa 500 börsenzugelassenen bundesdeutschen Aktiengesellschaften ... (theoretisch) in eine SE umwandeln." Hauschka, Entwurf, S. 148.

SE-Tochtergesellschaften ausgründen können. Dennoch können für nationale Aktiengesellschaften als SE-Gründungsgesellschaften die mit der Schaffung einer SE verbundenen Ziele grundsätzlich nahezu voll erreicht werden.

Die Gründungsmöglichkeiten einer SE durch *nationale Gesellschaften mit beschränkter Haftung* unterscheiden sich gegenüber denen nationaler Aktiengesellschaften erheblich, da sich nationale Gesellschaften mit beschränkter Haftung nur an der Errichtung von Holding-SEs und der Gründung gemeinsamer Tochter-SEs beteiligen können. Daher wird zu Recht gefordert, daß auch nationalen Gesellschaften mit beschränkter Haftung die Möglichkeit, sich zu einer SE zu verschmelzen oder sich in eine SE umwandeln zu können, gewährt werden sollte.[108] Andernfalls müßte sich z.B. eine bereits durch Tochtergesellschaften oder Niederlassungen grenzüberschreitend tätige nationale Gesellschaft mit beschränkter Haftung zuerst in eine nationale Aktiengesellschaft umwandeln, um sich dann wiederum in eine SE umwandeln zu können.

Für *andere Gesellschaften i.S.d. Art. 58 Abs. 2 EWGV*, also insbesondere Personenhandelsgesellschaften in der Rechtsform einer Offenen Handelsgesellschaft oder Kommanditgesellschaft, steht ausschließlich die Möglichkeit der Gründung von gemeinsamen Tochter-SEs offen.[109] Das mit der Schaffung einer SE ebenfalls verbundene Ziel, eine *einheitliche* europäische Rechtsform zur Verfügung zu stellen, um auch diesen Gesellschaften, die gegenüber nationalen Aktiengesellschaften und Gesellschaften mit beschränkter Haftung i.d.R. kleiner sind, die Möglichkeit zu eröffnen, sich stärker grenzüberschreitend in Kooperationen in Form von Tochter-SEs mit anderen Unternehmungen zu betätigen, ist nur unzureichend erfüllt. Hierzu tragen insbesondere die vielfältigen Verweisungen der SE-VO auf nationales Recht, so z.B. bereits beim Gründungsverfahren der SE, s.o., bei.

Zusammenfassend kann festgehalten werden, daß die mit der Schaffung einer SE verbundenen abgeleiteten Ziele bezüglich der Freizügigkeit und der Niederlassungsfreiheit sowie der Zusammenfassung von Produktionsfaktoren, zumin-

---

[108] So z.B. das Europäische Parlament in seiner Stellungnahme zum SE-Verordnungsvorschlag von 1989. Vgl. hierzu Wiesner, Europäisches Parlament, S. R 54. Vgl. zu dieser Forderung zuletzt auch Rasner, S. 320, der darauf aufmerksam macht, daß diese Beschränkung insbesondere für Deutschland, die Niederlande und England problematisch ist, da in diesen Staaten die Rechtsform der Gesellschaft mit beschränkter Haftung "am weitesten verbreitet ist." Rasner, S. 320.

[109] Daher sollten die bereits in Kapitel A.II. angesprochenen weiteren supranationalen europäischen Rechtsformen, die Europäische Gesellschaft mit beschränkter Haftung, die Europäische Genossenschaft, der Europäische Verein sowie die Europäische Gegenseitigkeitsgesellschaft von der EG-Kommission und dem Ministerrat aufgenommen bzw. weiter vorangebracht werden. Die Zugangsbeschränkungen zu diesen europäischen Rechtsformen sollten dann v.a. für kleinere und mittlere Unternehmungen, die sich bisher anderer nationaler Rechtsformen als nationalen Aktiengesellschaften bedienen, gegenüber der SE erheblich erleichtert werden.

dest für nationale Aktiengesellschaften als SE-Gründungsgesellschaften, grundsätzlich nahezu vollständig erreicht werden können. Die konkrete Ausgestaltung der SE-VO ist dagegen vom übergreifenden Ziel, der Schaffung einer *einheitlichen* supranationalen europäischen Rechtsform der SE, noch relativ weit entfernt, aufgrund der vielfachen Verweisungen auf nationales Recht des Sitzstaats der SE. Nach *Lutter* stellt die SE-VO daher nur noch einen "Torso"[110] dar, der mit der Schaffung einer einheitlichen europäischen Rechtsform wenig gemeinsam hat. Daraus hat *Lutter* den Schluß gezogen, die Schaffung einer SE solange aufzuschieben, bis eine vollständig einheitliche europäische SE als Rechtsform verwirklicht werden kann.[111] Dessen ungeachtet ist er vom Erfolg auch einer mit Mängeln geschaffenen SE überzeugt.[112]

Aus diesem und den folgenden Gründen soll hier der sehr strengen Schlußfolgerung von *Lutter* als Ergebnis nicht gefolgt werden: Einerseits ist die Forderung nach Schaffung einer von nationalem Recht vollständig losgelösten und ausschließlich auf einheitlichem europäischen Recht basierenden Rechtsform als (politisch) unmöglich anzusehen (vgl. Kapitel B.II.5.). Andererseits können durch die Schaffung einer SE nach der SE-VO zumindest für nationale Aktiengesellschaften die an sie gestellten abgeleiteten Ziele, der Niederlassungsfreiheit und der Freizügigkeit sowie der Zusammenfassung von Produktionsfaktoren im Binnenmarkt, grundsätzlich erreicht werden. Daß hierbei noch weitgehende Verweisungen auf das nationale Recht des Sitzstaats der SE bestehen ist zwar sehr bedauerlich stellt aber keine Besonderheit der SE-VO dar, sondern entspricht vollständig der europäischen Integration, die als fortschreitender Prozeß anzusehen ist.[113] Die SE-VO sollte daher in der vorliegenden Form eingeführt und im Zeitablauf zunehmend weiter vereinheitlicht werden. Vgl. zu dieser vorgreifenden Schlußfolgerung insbesondere auch Kapitel E.

---

[110] Lutter, Aktiengesellschaft, S. 414.

[111] Vgl. Lutter, Aktiengesellschaft, S. 421. Dieser Auffassung ist auch Westphal, Vorsitzender der Wettbewerbs-Kommission des CDU-Wirtschaftsrates, der für eine völlig einheitliche europäische Rechtsform der SE plädiert, und, sofern dies nicht zu erreichen sei, die Zeit für die Schaffung einer SE als noch nicht für gekommen ansieht. Vgl. Westphal, J. in einem Gespräch mit dem Handelsblatt, o.V.: Absage an die Brüsseler Pläne für eine Europa-AG, in: Handelsblatt, Nr. 174/37, vom 10.9.1990, S. 4.

[112] Vgl. Lutter, Perspektiven, S. 447.

[113] Das entspricht auch den Erfahrungen, die mit nahezu allen gesellschaftsrechtlichen EG-Richtlinien gemacht wurden, da diese stets den Charakter eines Kompromisses tragen und damit auch die Beibehaltung bisherigen nationalen Rechts vorsehen.

III. Vermögensordnung der Societas Europaea

Die Vermögensordnung der SE soll hier als Gesamtheit der rechtlichen Bestimmungen der SE-VO und des ergänzend geltenden nationalen Sitzstaatsrechts über die Ausstattung der SE mit Kapital, einschließlich Veränderungen, verstanden werden.

1. Kapital der Societas Europaea

a) Begriff und Funktionen des gezeichneten Kapitals

Nach den Art. 1 Abs. 2 S. 1, 4 Abs. 1, 38 Abs. 1 und 2 SE-VO ist unter Kapital bzw. gezeichnetem Kapital, beide Begriffe verwendet die SE-VO synonym, der auf ECU lautende und in Aktien zerlegte Betrag zu verstehen, dessen Funktion insbesondere der Schutz der Gläubiger der SE ist. Diese Hauptfunktion des gezeichneten Kapitals folgt aus der Tatsache, daß die Gesellschafter (Aktionäre) der SE nur ihre Einlage schulden, während für die Verbindlichkeiten einer SE nur das dieser gehörende Vermögen haftet (vgl. Art. 1 Abs. 2 S. 2 SE-VO sowie Kapitel C.I.).[114]

b) Aufbringung, Bestand und Veränderung des gezeichneten Kapitals

Vorbehaltlich des nationalen Rechts des SE-Sitzstaats muß das gezeichnete Kapital der SE mindestens 100.000 ECU betragen (Art. 4 Abs. 1 SE-VO). Für Aktien, die bei der Gründung der SE ausgegeben werden, müssen Bareinlagen zu mindestens 25 vH und Sacheinlagen[115], "spätestens innerhalb von fünf Jahren nach der Eintragung der SE, vollständig geleistet werden"[116] (Art. 38 Absätze 2,

---

[114] Weitere Funktionen des gezeichneten Kapitals (Grundkapital) von nationalen und supranationalen Aktiengesellschaften bestehen in der Gewinn- und Vermögensverteilung. Darüber hinaus dient es als "Grundlage für die Ausübung von Macht und Kontrolle". Buchner, R.: Wirtschaftliches Prüfungswesen, München 1991, S. 257, Fußnote 3.

[115] Sacheinlagen sind bei einer SE einer Prüfung nach harmonisiertem nationalen Recht des Sitzstaats der SE zu unterziehen. Für in Deutschland ansässige SEs erfolgt diese Prüfung nach den §§ 33, 34 AktG (Art. 38 Abs. 2b S. 2 SE-VO i.V.m. Art. 10 der zweiten gesellschaftsrechtlichen Richtlinie (Kapitalrichtlinie), die im folgenden als 2. EG-RL bezeichnet wird. ABl. EG Nr. L 26, vom 31.1.1977, S. 1-13.

[116] Art. 38 Abs. 2b S. 1 SE-VO.

2a und 2b S. 1 SE-VO). Der wirtschaftliche Wert der Vermögensgegenstände, aus denen das gezeichnete Kapital besteht, muß feststellbar sein, d.h., daß "Vermögensgegenstände nicht aus Verpflichtungen zu Arbeits- oder Dienstleistungen bestehen"[117] dürfen.

aa) Garantie und Sicherung des gezeichneten Kapitals

Zur Erfüllung der Funktionen des gezeichneten Kapitals, wie z.B. den Gläubigerschutz, muß dieses in seiner Höhe garantiert und gesichert sein (*Grundsatz der Kapitalerhaltung* und *Verbot der Einlagenrückgewähr*[118]). Die SE-VO selbst wird dieser Forderung durch das grundsätzliche Verbot der Unterpariemission nach Art. 39 Abs. 1 SE-VO, also der Ausgabe von Aktien unter dem Nennbetrag (vgl. allgemein zu den Aktien der SE Kapitel C.III.2.), dem grundsätzlichen Verbot der Befreiung der Aktionäre von der Einlageverpflichtung nach Art. 41 SE-VO und dem Verbot der Zeichnung von Aktien durch oder für die SE (vgl. hierzu und zu den Einzelheiten dabei Art. 48 SE-VO) nicht vollständig gerecht: Es fehlt ein ausdrückliches Verbot der Einlagenrückgewähr, so daß nach *Ebenroth/Wilken* das nationale Sitzstaatsrecht für Aktiengesellschaften nationalen Rechts gem. Art. 7 Abs. 1 Buchst. b 1. HS SE-VO einschlägig ist. Danach ist z.B. die Rückgewähr von Einlagen in Deutschland ansässiger SEs verboten (Art. 7 Abs. 1 Buchst. b 1. HS SE-VO i.V.m. § 57 Abs. 1 S. 1 AktG).[119]

Weiterhin ist der Erwerb von Aktien der SE durch diese selbst oder durch ein von ihr nach Art. 6 SE-VO kontrolliertes Unternehmen (*Erwerb eigener Aktien*) einerseits durch die SE-VO selbst, vgl. hierzu Art. 49 Abs. 5-7 SE-VO, und andererseits durch das harmonisierte nationale Recht des Sitzstaats der SE einschränkend geregelt (Art. 49 Abs. 1 und 1a SE-VO i.V.m. Art. 19-22 2. EG-RL).[120]

---

[117] Art. 38 Abs. 3 S. 2 SE-VO.

[118] Vgl. hierzu z.B. Kübler, S. 161.

[119] Vgl. Ebenroth/Wilken, S. 1017. Das Schweigen der SE-VO ist in diesem Falle also nicht als abschließende Regelung anzusehen, sondern wird durch bestehendes nationales Aktienrecht ausgefüllt.

[120] Für in Deutschland ansässige SEs gelten demnach auf den Erwerb eigener Aktien durch die SE die §§ 71, 71b-71d, 160 Abs. 1 Nr. 2, 237, 405 Abs. 1 Nr. 4 Buchst. a und c, 407 Abs. 1 AktG und § 274 Abs. 4 HGB. Vgl. hierzu Ganske, J.: Das Zweite gesellschaftsrechtliche Koordinierungsgesetz vom 13. Dezember 1978, in: Der Betrieb, 31. Jg. 1978, S. 2463 f.

bb) Änderungen des gezeichneten Kapitals

In den Art. 42-46 SE-VO werden die Möglichkeiten und Bedingungen der Veränderung des gezeichneten Kapitals der SE beschrieben. Bei Kapitalerhöhungen (Art. 42, 43 SE-VO) besitzen die Aktionäre nach Art. 44 SE-VO grundsätzlich ein Bezugsrecht. Bei Kapitalherabsetzungen werden die Gläubiger der SE gem. Art. 45 SE-VO nach dem Aktienrecht des Sitzstaats der SE geschützt, für in Deutschland ansässige SEs somit nach den §§ 225, 233 AktG.

2. *Aktien der Societas Europaea*

Aktien sind Wertpapiere, die das verbriefte Recht der Mitgliedschaft an der Gesellschaft, einschließlich von Teilrechten, wie z.B. des Gewinnbezugsrechts, beinhalten.[121] Eine Ausgabe der auf einen festen Nennbetrag lautenden Aktien der SE unter ihrem Nennbetrag ist nach Art. 39 Abs. 1 SE-VO grundsätzlich verboten (*Unterpariemission*).[122]

Art. 53 Abs. 1 SE-VO ermöglicht die Ausgabe von Inhaber- und/oder Namensaktien der SE, wobei der jeweilige Aktionär ein Recht auf die Umwandlung der Inhaber- in Namensaktien vice versa hat, sofern die Satzung der SE eine entsprechende Regelung enthält. Von der SE ausgegebene Inhaberaktien müssen stets voll eingezahlt sein (Art. 53 Abs. 1a SE-VO), während bei der Ausgabe von Namensaktien durch die SE ein Aktienbuch gem. Art. 53 Abs. 2 SE-VO geführt werden muß.

Nach Art. 52 Abs. 1 S. 1 und Abs. 2 SE-VO können die in den Aktien verbrieften Rechte bezüglich der Gewinnverteilung und der Verteilung des Gesellschaftsvermögens unterschiedlich ausgestaltet und die hierin enthaltenen Stimmrechte unter den Bedingungen des Abs. 2 beschränkt oder ausgeschlossen werden.[123] Hierbei bilden "Aktien mit gleichen Rechten .. eine Gattung"[124]. Die Vereinbarung und/oder Bezahlung von festen Zinsen ist generell verboten (Art. 52 Abs. 1 S. 2 SE-VO).

---

[121] Vgl. Schmidt, S. 652.

[122] Vgl. zur Ausnahme hiervon nur Art. 39 Abs. 2 SE-VO.

[123] Dagegen sind "sonstige Beschränkungen oder Erweiterungen des Stimmrechts, insbesondere Mehrstimmrechtsaktien, .. unzulässig." Art. 52 Abs. 3 SE-VO.

[124] Art. 52 Abs. 4 SE-VO.

3. Sonstige Finanzmittel und Wertpapiere der Societas Europaea

Eine "SE kann sich aller Finanzmittel bedienen, die Aktiengesellschaften nach dem Recht des Sitzstaats der SE geboten werden."[125] [126] Für in Deutschland ansässige SEs bieten sich v.a. Obligationen in Form von Inhaber- oder Orderschuldverschreibungen an (vgl. §§ 793-807, 808a BGB[127]), von denen nur die Wandel- und die Gewinnschuldverschreibungen sowie die Genußrechte (Sonderformen) in § 221 AktG geregelt sind.

IV. Organstruktur der Societas Europaea

"Die Interessen der an (einer; A.d.V.) .. Unternehmung beteiligten *Gesellschafter* (Anteilseigner, Eigenkapitalgeber) werden gesellschaftsrechtlich in Gremien bzw. Organen der Institution Unternehmung organisiert"[128] und dadurch vertreten.[129] Der formale Aufbau, d.h. die Struktur dieser Organe, stellt dann die Organstruktur dar.[130] International haben sich für Aktiengesellschaften nationalen Rechts v.a. zwei Organstrukturen herausgebildet, die sich insbesondere in der "institutionellen Ordnung der zentralen Führungsfunktionen: der Planung, der Realisation und der Kontrolle"[131] voneinander unterscheiden. Erstens die dreigliedrige Organstruktur, *Trennungsmodell*, mit den Organen:

- Hauptversammlung, die den Aufsichtsrat wählt und kontrolliert, bestimmte Grundentscheidungen trifft und von der Geschäftsführung ausgeschlossen ist,
- Aufsichtsrat, der die Geschäftsführung durch den Vorstand kontrolliert und
- Vorstand, der für die Geschäftsführung und die Gestaltung der Unternehmungspolitik zuständig ist.

---

[125] Art. 56 SE-VO.

[126] "Damit ist die SE hinsichtlich der Kapitalbeschaffung den nationalen Aktiengesellschaften im Sitzstaat gleichgestellt." Merkt, Aktiengesellschaft, S. 657.

[127] Bürgerliches Gesetzbuch vom 18.8.1896, in: RGBl. vom 24.8.1896, S. 195-603, zuletzt geändert durch das Rentenüberleitungsgesetz vom 25.7.1991, in: BGBl. Teil I, vom 31.7.1991, S. 1606-1708.

[128] Chmielewicz, K.: Unternehmensverfassung, Gremien der, in: Grochla, E. (Hrsg.), Handwörterbuch der Organisation, 2. Auflage, Stuttgart 1980, Sp. 2272.

[129] Auf die (mögliche) Vertretung der Interessen der Arbeitnehmer in diesen Gremien wird in Kapitel C.X. eingegangen.

[130] Vgl. Gleichmann, K.: Europäische Aktiengesellschaft (S.E.), in: Macharzina, K./Welge, M.K. (Hrsg.), Handwörterbuch Export und Internationale Unternehmung, Stuttgart 1989, Sp. 482.

[131] Gerum, Führungsorganisation, S. 148.

Zweitens die zweigliedrige Organstruktur, *Vereinigungsmodell*, mit den Organen:

- Hauptversammlung, die den Verwaltungsrat wählt (die weiteren Funktionen entsprechen denen im Trennungsmodell) und
- Verwaltungsrat, der für Geschäftsführung, Vertretung und Kontrolle zuständig und gegenüber der Hauptversammlung verantwortlich ist.[132] [133]

Vergleicht man die oben dargestellten Grundformen der Modelle von beiden Organstrukturen, ergeben sich durch die Trennung von Leitung und Kontrolle und einer breiten Beurteilungsbasis bei mehrköpfigem Vorstand Vorteile des Trennungs- gegenüber dem Vereinigungsmodell, das Leitung und Kontrolle vereint, wodurch Probleme der Selbstkontrolle des Managements auftreten können. Beim Vereinigungsmodell wird zudem sehr oft nur einem Mitglied des Verwaltungsrats (Präsident) die Exekutivgewalt übertragen. Vorteile des Vereinigungs- gegenüber dem Trennungsmodell bestehen dagegen in der einheitlichen Willensdurchsetzung (durch den Präsidenten) und in der schnelleren Entscheidungsvollziehung, während die kollegiale Willensbildung in einem mehrköpfigen Vorstand zu Entscheidungsverzögerungen und unzulänglichen Kompromissen führen kann.[134] [135]

Möglichkeiten der Angleichung (*Konvergenz*) von beiden grundsätzlich verschiedenen Organstrukturen bestehen darin, im Verbundmodell zwischen geschäftsführenden und diese kontrollierenden Mitgliedern zu trennen. Im Trennungsmodell könnte dagegen die Einführung eines Katalogs von vom Aufsichtsrat zustimmungspflichtigen Geschäften eingeführt werden.[136]

---

[132] Vgl. Gerum, E.: Unternehmensverfassung, internationale, in: Macharzina, K./Welge, M.K. (Hrsg.), Handwörterbuch Export und Internationale Unternehmung, Stuttgart 1989, Sp. 2142-2144; Hoffmann, F.: Unternehmensleitung, Organisation der, in: Grochla, E. (Hrsg.), Handwörterbuch der Organisation, 2. Auflage, Stuttgart, 1980, Sp. 2266.

[133] Der Begriff des *Vereinigungs*modells resultiert insbesondere aus der *Vereinigung* von Geschäftsführung und Kontrolle in einem Organ, während der Begriff des *Trennungs*modells aus der Tatsache der *Trennung* von Geschäftsführung und Kontrolle abgeleitet wird. Vgl. Gerum, Unternehmensverfassung, Sp. 2143.

[134] Vgl. zum gesamten bisherigen Absatz Hoffmann, Sp. 2267 f.

[135] In Deutschland gilt für Aktiengesellschaften nationalen Rechts das Trennungsmodell mit den Organen Hauptversammlung, Aufsichtsrat und Vorstand. Die Einführung des insbesondere in angelsächsischen Ländern vorherrschenden Vereinigungsmodells ins deutsche Recht wurde bereits auf dem 34. Deutschen Juristentag 1926 diskutiert und in großer Übereinstimmung von den Delegierten abgelehnt, da das Vereinigungs- gegenüber dem bestehenden Trennungsmodell eine Verschlechterung darstellen würde. Vgl. Verhandlungen des 34. Deutschen Juristentags zu Köln, S. 875 f.

[136] Vgl. Gerum, Unternehmensverfassung, Sp. 2144-2145. Beide Angleichungsmöglichkeiten sind z.B. in Art. 12 und 21a des geänderten Vorschlags einer fünften gesellschaftsrechtlichen Richtlinie über die Struktur von Aktiengesellschaften (Strukturrichtlinie) der EG-Kommission vorgesehen, der im folgenden als 5. EG-RLV bezeichnet wird. ABl. EG Nr. C 240, vom 9.9.1983, S. 2-38.

Der Verordnungsvorschlag über das Statut einer SE sieht aufgrund der verschiedenen europäischen Organstrukturen ein Wahlrecht zwischen beiden Modellen vor (Art. 61 SE-VO)[137]. Tabelle 1[138] soll daher zunächst eine Übersicht darüber geben, welchem Modell die nationalen Regelungen der EG-Staaten für Aktiengesellschaften grundsätzlich zuzuordnen sind. In den Kapiteln C.IV.1.a) bis C.IV.1.c) wird dann u.a. untersucht, ob eine Angleichung zwischen beiden Modellen für die SE vorgesehen ist, und gegebenenfalls, in welchem Umfang.

Organstruktur	Trennungsmodell	Vereinigungsmodell
EG-Staaten	Dänemark Deutschland Frankreich (neues Recht)[139] Niederlande (große AG)	Belgien England Frankreich (altes Recht)[140] Griechenland Irland Italien Luxemburg Portugal Spanien

AG = Aktiengesellschaft

Tab. 1: Organstruktur von Aktiengesellschaften der EG-Staaten

[137] Vgl. Hauschka, Entwicklungslinien, S. 97 f.

[138] Vgl. Theisen, M.R.: Die Überwachung der Unternehmungsführung, Stuttgart 1987, S. 79-81, 89-108.

[139] Die hier als *neues Recht* bezeichneten Vorschriften beziehen sich auf die Art. 118-150 des Gesetzes Nr. 66-537 vom 24.7.1966 über Handelsgesellschaften, in: Journal Officiel de la République Française, Lois et Décrets, du 25 et 26 juillet 1966, S. 6402-6440, die erst mit der Verabschiedung dieses Gesetzes ins französische Recht Einzug gefunden haben. Vgl. hierzu Gravenstein, V.: Französisches Gesellschaftsrecht, 3. Auflage, Frankfurt am Main 1988, S. 13-15.

[140] Die hier als *altes Recht* bezeichneten Vorschriften beziehen sich auf die Art. 89-117 des Gesetzes Nr. 66-537 vom 24.7.1966 über Handelsgesellschaften, die für französische Aktiengesellschaften auch schon vor diesem (neuen) Gesetz gegolten haben. Nach der Auffassung von Raiser wurde in Frankreich vom Trennungsmodell bisher allerdings kein Gebrauch gemacht. Vgl. Raiser, S. 206. Ebenso Gerum, Führungsorganisation, S. 148.

1. Wahlrecht zwischen dualistischem und monistischem System der Leitung und Überwachung der Societas Europaea

Art. 61 SE-VO bestimmt, daß die Satzung der SE entweder das dualistische System mit einem Leitungs- und einem Aufsichtsorgan (vergleichbar dem Vorstand und Aufsichtsrat), das zusammen mit der Hauptversammlung eine dreigliedrige Organstruktur darstellt, oder das monistische System festschreiben muß, das nur ein Verwaltungsorgan (entspricht dem Verwaltungsrat) besitzt und zusammen mit der Hauptversammlung eine zweigliedrige Organstruktur darstellt.[141] [142] Die EG-Staaten können den SEs mit Sitz in ihrem Staat nach Art. 61 S. 2 SE-VO aber auch eines der beiden Systeme vorschreiben, so daß es sich hierbei um ein sog. abgeleitetes Unternehmenswahlrecht[143] handelt, das durch die Mitgliedstaaten für SEs mit Sitz in ihrem Hoheitsgebiet verbindlich ausgeübt oder an diese weitergegeben werden kann. Sofern ein EG-Staat von seinem Wahlrecht für die in seinem Hoheitsgebiet ansässigen SEs einschränkend Gebrauch macht, kann dies im nationalen Ausführungsgesetz zur SE-VO geschehen.[144]

Die Möglichkeit der einschränkenden Ausübung dieses Wahlrechts durch die EG-Staaten nach Art. 61 S. 2 SE-VO ist abzulehnen, da sie die uneingeschränkte Sitzverlegung einer SE zumindest beeinträchtigt: Sofern etwa eine SE ihren Sitz aus einem Staat, der das dualistische System vorgeschrieben hat, in einen Staat, der das monistische System vorschreibt, verlegt, muß mit dieser Sitzverlegung auch eine Umstrukturierung der Organstruktur der SE vorgenommen werden.[145]

---

[141] Vgl. Jürgens, P.: Die Europäische Aktiengesellschaft nimmt Strukturen an, in: Betriebs-Berater, 45. Jg. 1990, S. 1147.

[142] Kritisch zum Wahlrecht über die Organstruktur aufgrund der (derzeit noch) fehlenden Gleichwertigkeit Abeltshauser, Grundfragen, S. 62, sowie Hommelhoff, SE-Statut, S. 427f. Gegen einen nutzenkalkulatorischen "Wettbewerb um die optimale .. Unternehmensverfassung" und damit gegen ein Wahlrecht bezüglich der Führungsstruktur wendet sich insbesondere auch Gerum, der darauf aufmerksam macht, daß Unternehmensverfassungen nicht selbst Objekte des Tausches sein können, sondern die *über*individuelle Grundlage hierfür begründen. Gerum, Führungsstruktur, S. 152, der u.a. auch auf Buchanan, J.M.: Die Grenzen der Freiheit - Zwischen Anarchie und Leviathan, Tübingen 1984, S. 23-26, verweist.

[143] Vgl. zur Systematisierung von Wahlrechten Kirchner, C./Schwartze, A.: Umsetzung der EG-Rechnungslegungsrichtlinien in nationales Recht, in: Die Wirtschaftsprüfung, 38. Jg. 1985, S. 398 f.; Weber-Braun, E.: Grundlagen des neuen Bilanzrechts, Umsetzung in den sonstigen EG-Mitgliedstaaten, in: Küting, K./Weber, C.-P. (Hrsg.), Handbuch der Rechnungslegung, 3. Auflage, Stuttgart 1990, S. 14.

[144] Es ist daher anzunehmen, daß z.B. der deutsche Gesetzgeber nach der Verabschiedung der SE-VO in einem Ausführungsgesetz das dualistische System, das grundsätzlich dem nationalen deutschen Recht für Aktiengesellschaften entspricht, für SEs mit Sitz in Deutschland festschreiben wird. So auch vom Ergebnis her Hauschka, Entwurf, S. 148. Dadurch wird einerseits eine Rechtszersplitterung *in* den jeweiligen nationalen Hoheitsgebieten, andererseits aber auch die

a) Gemeinsame Bestimmungen zum dualistischen und monistischen System der SE

Die Organmitglieder des Leitungs-, Aufsichts- oder Verwaltungsorgans werden für einen Zeitraum bestellt, den die Satzung bestimmt, maximal aber für sechs Jahre, wobei eine Wiederwahl möglich ist (Art. 68 Abs. 1 und 2 SE-VO). Die Voraussetzungen der Mitgliedschaft in einem dieser SE-Organe regelt Art. 69 Abs. 1-3 SE-VO (vgl. hierzu dort). Konkret erfolgt die Bestellung und Abberufung der Mitglieder des Aufsichts- oder des Verwaltungsorgans durch die Hauptversammlung[146], vorbehaltlich der Bestellung und Abberufung von Mitgliedern dieser Organe durch Minderheitsaktionäre nach dem Recht des Sitzstaats der SE (Art. 69 Abs. 4 SE-VO) oder durch die Arbeitnehmer der SE oder deren Vertreter, sofern das erste Mitbestimmungsmodell nach Art. 4 S. 1 AN-RL (vgl. hierzu Kapitel C.X.1.) auf die SE angewendet wird (Art. 63 Abs. 2 S. 1 und 3, 66 Abs. 3 SE-VO).[147] [148]

Art. 72 Abs. 1 Buchst. a-e SE-VO zählt die Vorgänge auf, die einer *Zustimmung* des Aufsichtsorgans oder eines *Beschlusses* des Verwaltungsorgans bedürfen und nach Art. 72 Abs. 2 SE-VO durch die Satzung ergänzt werden können.[149] [150] Hierzu gehört z.B. auch die Errichtung einer Tochtergesellschaft der SE (z.B. in der Rechtsform einer SE), sofern die damit verbundenen Aufwendungen (Gründungskosten, Einlage des Kapitals usw.) den in der Satzung der die Tochtergesellschaft gründenden SE festgelegten Betrag des gezeichneten Kapi-

Rechtseinheitlichkeit der SE verhindert. Vgl. hierzu nur Trojan-Limmer, S. 1016.

[145] Die einschränkende Wahlrechtsausübung durch die EG-Staaten ebenfalls ablehnend Rasner. Er begründet seine Auffassung allerdings mit der Beeinflussung der Wahl des Sitzes durch das von den jeweiligen EG-Staaten vorgegebene System der Leitung und Überwachung für die dort ansässigen SEs. Dies hält er aber für nicht sachgerecht. Vgl. Rasner, S. 319 f.

[146] Vgl. hierzu auch im Vergleich zum nationalen Aktienrecht in Deutschland, Frankreich und England nur Rasner, S. 322.

[147] Die Satzung der SE kann dagegen nur die Mitglieder des ersten Aufsichtsorgans bestellen, Art. 63 Abs. 2 S. 2 SE-VO.

[148] Die Arbeitnehmervertreter im Aufsichts- oder Verwaltungsorgan der SE können, bei Anwendung des ersten Mitbestimmungsmodells in der Ausprägung des sog. niederländischen Kooptationsmodells, auch vom Aufsichts- oder Verwaltungsorgan selbst bestellt und abberufen werden, wobei die Arbeitnehmer hiergegen Widerspruch einlegen können, vgl. Art. 4 Buchst. b AN-RL.

[149] Vgl. Jürgens, S. 1147.

[150] Kritisch zur gesetzlichen Festlegung von zustimmungspflichtigen Geschäften aus betriebswirtschaftstheoretischer Sicht Chmielewicz, K.: Harmonisierung der europäischen Unternehmensverfassung aus betriebswirtschaftstheoretischer Sicht, in: Chmielewicz, K./Forster, K.-H. (Hrsg.), Unternehmensverfassung und Rechnungslegung in der EG, Sonderheft 29 der Zeitschrift für betriebswirtschaftliche Forschung, Düsseldorf/Frankfurt am Main 1991, S. 31-34. Für eine ausschließliche Satzungs- (oder Geschäftsordnungs-) Verankerung zustimmungspflichtiger Tätigkeiten spricht sich Kallmeyer aus. Vgl. Kallmeyer, S. 105.

tals übersteigt. Dieser Betrag muß mindestens 5 vH und darf höchstens 25 vH des gezeichneten Kapitals der SE betragen (Art. 72 Abs. 1 Buchst. a und c).[151] Art. 72 Abs. 3 SE-VO ermächtigt die EG-Staaten für die in ihrem Hoheitsgebiet ansässigen SEs den in Art. 72 Abs. 1 enthaltenen Betrag (Wahlrecht), der grundsätzlich von den SEs selbst i.R.d. Satzung festgelegt werden kann, entsprechend dem nationalen Aktienrecht verbindlich zu bestimmen (z.B. durch das nationale SE-Ausführungsgesetz). Dieses Wahlrecht stellt daher ein sog. abgeleitetes Unternehmenswahlrecht[152] der SE-VO dar.

Durch den in Art. 72 Abs. 1 SE-VO beschriebenen *Mindestpflichtkatalog* von Vorgängen, für die die Zustimmung des Aufsichtsorgans oder ein Beschluß des Verwaltungsorgans erforderlich ist, wird v.a. bezüglich des Trennungsmodells eine Stärkung des Aufsichtsorgans gegenüber dem Leitungsorgan erreicht. Das Trennungsmodell wird insoweit zu einem von *Steinmann* und *Gerum* als *Kooperationsmodell*[153] bezeichneten Modell weiterentwickelt, das einerseits die Trennung zwischen Leitungs- und Überwachungsorgan grundsätzlich beibehält, andererseits aber "die interessen- und sachbezogenen Interaktionen zwischen beiden Organen verstärken will."[154] Zudem führt dies letztlich zu einer Annäherung zwischen dem Trennungs- und dem Vereinigungsmodell.[155] Die Annäherung der beiden Organstrukturen durch die SE-VO und die Verbesserung des dualistischen Systems durch den Katalog von zustimmungspflichtigen Vorgängen können als Fortschritt gegenüber den nationalen Rechtsordnungen der EG-Staaten angesehen werden[156] [157] und zu einer (weiteren) Integration des europäischen Rechts beitragen.

Weiterhin ermächtigt Art. 72 Abs. 4 SE-VO die EG-Staaten im nationalen SE-Ausführungsgesetz für in ihrem Hoheitsgebiet ansässige SEs die gleichen zustimmungspflichtigen Vorgänge wie nationalen Aktiengesellschaften vorzu-

---

[151] Kritisch zu den Regelungen über Investitionen unterschiedlichster Art, zu deren Durchführung bereits beim Überschreiten sehr niedriger (größenabhängiger) Schwellen ein Beschluß des Verwaltungs- oder die Zustimmung des Aufsichtsorgans erfolgen muß und dadurch ein Eingriff (z.B. des Aufsichtsrats) in die laufende Geschäftsführung nicht auszuschließen ist, Trojan-Limmer, S. 1016.

[152] Vgl. Kirchner/Schwartze, S. 398 f.; Weber-Braun, S. 14.

[153] Vgl. hierzu Steinmann, H./Gerum, E.: Reform der Unternehmensverfassung, Köln et al. 1978, S. 90-93, und Steinmann, H./Gerum, E.: Unternehmenspolitik in der Mitbestimmten Unternehmung, in: Die Aktiengesellschaft, 25. Jg. 1980, S. 9 f.

[154] Gerum, Unternehmensverfassung, Sp. 2144.

[155] Vgl. Bleicher, K./Paul, H.: Das amerikanische Board-Modell im Vergleich zur deutschen Vorstands-/Aufsichtsratsverfassung, in: Die Betriebswirtschaft, 46. Jg. 1986, S. 275.

[156] So implizit Steinmann/Gerum, Unternehmenspolitik, S. 10.

[157] Theisen bemerkt hierzu allerdings kritisch, daß durch einen Mindestpflichtkatalog nur spezifische Aktivitäten überwacht werden können und er daher nur als Mindestniveau der Überwachung der Unternehmungsleitung anzusehen ist. Theisen präferiert u.a. deshalb ein unternehmungsführungsbezogenes Überwachungssystem i.R.d. von ihm entwickelten Grundsät-

schreiben.[158] Art. 72 Abs. 4 SE-VO ist aber lediglich als Ermächtigungsvorschrift anzusehen. Nach nationalem Recht zustimmungspflichtige Rechtsgeschäfte, die über Art. 72 Abs. 1 SE-VO hinausgehen, sind somit nicht automatisch auf die SE ergänzend anzuwenden.[159]

Alle Mitglieder der Aufsichts-, Leitungs- und Verwaltungsorgane besitzen bei der Wahrnehmung ihrer Aufgaben dieselben Rechte und Pflichten, üben ihr Amt im Interesse der SE, v.a. der Aktionäre und Arbeitnehmer der SE, aus und sind zur Verschwiegenheit auch nach der Beendigung ihrer Tätigkeit verpflichtet (Art. 74 SE-VO). Nach Art. 76 Abs. 1 SE-VO regelt die Satzung der SE die Beschlußfassung in den Organen. Vorbehaltlich dieser Satzungsbestimmungen ist ein Organ nur bei Anwesenheit mindestens der Hälfte seiner Mitglieder beschlußfähig und faßt die Beschlüsse mit einfacher Mehrheit der tatsächlich anwesenden Organmitglieder (Art. 76 Abs. 2 SE-VO). Bei Stimmengleichheit gibt nach Art. 76 Abs. 3a SE-VO der Vorsitzende den Ausschlag. Er darf beim Aufsichts- oder Verwaltungsorgan nur ein von der Hauptversammlung bestelltes Mitglied sein, unabhängig von dem auf die SE anzuwendenden Mitbestimmungsmodell (Art. 65 Abs. 1, 67a Abs. 1 SE-VO). Hierdurch wird das *Letztentscheidungsrecht* der Anteilseigner der SE gesichert.[160] Das Verwaltungs- oder Aufsichtsorgan wird von seinem Vorsitzenden entsprechend den Bestimmungen der Satzung, auf Antrag eines Drittels seiner Mitglieder (Antragsteller), des Leitungsorgans[161] oder von den Antragstellern selbst, falls deren Antrag nicht innerhalb von 15 Tagen stattgegeben wird, einberufen (Art. 65 Abs. 2, 67a Abs. 2 SE-VO).[162]

b) Dualistisches Leitungs- und Überwachungssystem

Nach Art. 62 Abs. 1 S. 1 SE-VO obliegt dem Leitungsorgan die *Geschäftsführung* der SE, was durch das in Art. 63 Abs. 1 S. 2 SE-VO kodifizierte Eingriffs-

---

ze ordnungsmäßiger (Unternehmungs-) Überwachung. Vgl. hierzu ausführlich Theisen, Unternehmungsführung, S. 353, 205-399, 418-442.

[158] Vgl. Kommission der Europäischen Gemeinschaften, Verordnung, S. 25. Das deutsche Aktienrecht ermöglicht de lege lata dem Aufsichtsrat (neben der Satzung) bestimmte Arten von Geschäften von seiner Zustimmung abhängig zu machen (§ 111 Abs. 4 S. 2 AktG). Vgl. hierzu z.B. Schmidt, S. 728.

[159] Merkt sieht diese Frage dagegen als offen an. Vgl. Merkt, Aktiengesellschaft, S. 656.

[160] Auf die Verankerung des Letztentscheidungsrechts hat insbesondere die Deutsche Wirtschaft gedrängt. Vgl. hierzu Arbeitsausschuß Unternehmensrecht, S. 3, 15, 18.

[161] Diese Möglichkeit besteht natürlich nur falls das dualistische Leitungs- und Überwachungssystem angewendet wird.

[162] Auf die Haftung der Organmitglieder gem. Art. 77 SE-VO soll hier nicht eingegangen werden. Vgl. hierzu z.B. Jürgens, S. 1148, und zuletzt Rasner, S. 322 f.

verbot des Aufsichtsorgans in die Geschäftsführung noch bekräftigt wird.[163] Die SE wird vom Leitungsorgan gegenüber Dritten verpflichtet und nach harmonisiertem nationalen Recht gerichtlich vertreten (Art. 62 Abs. 1 S. 2 SE-VO). Für in Deutschland ansässige SEs gelten hierfür die §§ 78, 82 AktG, so daß grundsätzlich die Möglichkeit der Einzel- oder Gesamtvertretung des Leitungsorgans (Vorstands) der SE, dessen Vertretungsbefugnis unbeschränkt und v.a. auch unbeschränkbar ist, besteht.[164]

Das Aufsichtsorgan bestellt die Mitglieder des Leitungsorgans und beruft diese ab, wobei ihre Anzahl durch die Satzung bestimmt wird (Art. 62 Abs. 2 und 4 SE-VO). "Eine Mitgliedschaft in beiden Organen ist unzulässig"[165], ausgefallene Mitglieder des Leitungsorgans können aber durch solche des Aufsichtsorgans ersetzt werden. In dieser Zeit ruht dann deren Amt im Aufsichtsorgan (Art. 62 Abs. 3 SE-VO).

Art. 63 Abs. 1 S. 1 SE-VO bestimmt die *Überwachung* des Leitungs- durch das Aufsichtsorgan. Das Aufsichtsorgan ist hierbei von der Geschäftsführung ausgeschlossen (Eingriffsverbot, s.o.) und vertritt die SE nur bei Vertragsabschlüssen und Streitigkeiten gegenüber dem Leitungsorgan (Art. 63 Abs. 1 S. 2-4 SE-VO). Die Satzung bestimmt nach Art. 63 Abs. 3 SE-VO die Zahl der Mitglieder des Aufsichtsorgans, vorbehaltlich nationalen Rechts im SE-Sitzstaat.

Jedes Quartal unterrichtet das Leitungs- das Aufsichtsorgan über den Geschäftsgang und die voraussichtliche Entwicklung der SE, wobei Informationen von Unternehmen, die die SE kontrolliert, und "die sich auf den Geschäftsverlauf der SE spürbar auswirken können"[166], zu berücksichtigen sind. Art. 64 Abs. 2 SE-VO sieht eine Redepflicht des Leitungs- gegenüber dem Aufsichtsorgan von Informationen vor, "die sich auf die Lage der SE spürbar auswirken können."[167] Weiterhin kann "das Aufsichtsorgan .. gesonderte Berichte vom Leitungsorgan anfordern, Auskünfte verlangen und Überprüfungen vornehmen"[168], wofür auch Sachverständige hinzugezogen werden können (Art. 64 Abs. 3 und 4 SE-VO).[169]

---

[163] Dennoch sollte nach der Auffassung Hommelhoffs in Art. 62 Abs. 1 S. 1 SE-VO der Zusatz "unter eigener Verantwortung", entsprechend § 76 Abs. 1 AktG, zur Verdeutlichung eingefügt werden. Vgl. Hommelhoff, SE-Statut, S. 427.

[164] Vgl. Einmahl, J.: Die erste gesellschaftsrechtliche Richtlinie des Rates der Europäischen Gemeinschaften und ihre Bedeutung für das deutsche Aktienrecht, Teil 2, in: Die Aktiengesellschaft, 14. Jg. 1969, S. 168-173. Einmahl nennt die Paragraphen des AktG allerdings nicht vollständig.

[165] Jürgens, S. 1147.

[166] Art. 64 Abs. 1 SE-VO.

[167] Art. 64 Abs. 2 SE-VO.

[168] Jürgens, S. 1147.

[169] Kritisch zur Problematik, daß einerseits nur die in § 64 Abs. 1 SE-VO enthaltenen "Informationsrechte des Aufsichtsorgans" konzerndimensional sind, und daß andererseits das

Die Informationen des Leitungsorgans sind allen Mitgliedern des Aufsichtsorgans, also auch den Arbeitnehmervertretern bei Anwendung des ersten Mitbestimmungsmodells, zugänglich (Art. 64 Abs. 6 SE-VO).

c) Monistisches Leitungs- und Überwachungssystem

Die Überwachung und die Geschäftsführung obliegt beim monistischen Leitungs- und Überwachungssystem dem *Verwaltungsorgan*, das die SE gegenüber Dritten verpflichtet und sie nach harmonisiertem nationalen Recht ihres Sitzstaats gerichtlich vertritt (Art. 66 Abs. 1 SE-VO). Die Anzahl der Mitglieder des Verwaltungsorgans beträgt mindestens drei, falls die Mitbestimmung der Arbeitnehmer der SE nicht nach Art. 4 der AN-RL geregelt ist auch nur zwei oder eins, höchstens aber die in der Satzung bestimmte Zahl (Art. 66 Abs. 1a SE-VO).

Die Geschäftsführung *kann* auch ausschließlich an bestimmte Mitglieder oder Nichtmitglieder des Verwaltungsorgans übertragen und stets widerrufen werden[170], sofern diese natürliche Personen sind; die Voraussetzungen hierzu kann die Satzung oder die Hauptversammlung festlegen (Art. 66 Abs. 2 SE-VO). *Hommelhoff* tritt dagegen für eine strikte Trennung zwischen den geschäftsführenden und den diese überwachenden Mitgliedern des Verwaltungsrats ein, wobei er diese Trennung auch als funktionsteiliges System des Verwaltungsrats bezeichnet.[171] [172] Die generelle Trennung zwischen den geschäftsführenden und den diese kontrollierenden Mitgliedern des Verwaltungsrats[173] würde auch dem

---

Recht auf Information nur dem Aufsichtsrat als Ganzes (SE-Organ), nicht aber dem einzelnen Aufsichtsratsmitglied zusteht, nur Trojan-Limmer, S. 1016.

[170] Die Übertragung der Geschäftsführung auf bestimmte Mitglieder des Verwaltungsorgans der SE stellt lediglich eine *Kann*vorschrift dar, was der Präambel der SE-VO entspricht. Danach ist "eine klare Abgrenzung der Verantwortungsbereiche jener Personen, denen die Geschäftsführung obliegt, und der Personen, die mit der Aufsicht betraut sind, wünschenswert". Präambel der SE-VO, in: Kommission der Europäischen Gemeinschaften, Verordnung, S. 36. A.A. Hommelhoff, für den die Verwirklichung des oben zitierten Ausschnitts der Präambel der SE-VO zu einer strengen Trennung zwischen den geschäftsführenden und den überwachenden Verwaltungsratsmitgliedern führen muß. Vgl. Hommelhoff, SE-Statut, S. 428.

[171] Vgl. Hommelhoff, SE-Statut, S. 427 f.

[172] Dieser Trennung entspricht grundsätzlich auch die Regelung des Art. 21a 5. EG-RLV, die zur Sicherung der Kontrolle und Überwachung der die Geschäfte führenden Mitglieder des Verwaltungsorgans vorschreibt, daß die Anzahl der überwachenden Mitglieder des Verwaltungsorgans größer sein muß als die Anzahl der geschäftsführenden Mitglieder des Verwaltungsorgans.

[173] Als Gründe für die Trennung von Geschäftsführung und Überwachung werden v.a. "die ungelösten Kontrollprobleme des Vereinigungsmodells, .. die Professionalisierung des Managements, ... die interessenpluralistische Öffnung des (Verwaltungsorgans bezüglich der Mitbestimmung der Arbeitnehmer; A.d.V.) ... und die zunehmenden personellen Verflechtungen" genannt. Gerum, Unternehmensverfassung, Sp. 2144.

internationalen Trend entsprechen[174] [175], der dieser Trennung folgt, und der in den EG-Staaten, die das Vereinigungsmodell anwenden, als durchaus verbreitet angesehen werden kann.[176] Der von *Hommelhoff* vertretenen Auffassung ist sich daher ausdrücklich anzuschließen.[177]

Weiterhin bestimmt die SE-VO, daß "das Verwaltungsorgan .. in den durch die Satzung bestimmten Abständen, mindestens .. alle drei Monate, .. (zusammentritt; A.d.V.), um über den Gang der Geschäfte der SE und deren voraussichtliche Entwicklung, .. unter Berücksichtigung der Informationen über die von der SE kontrollierten Unternehmen, die sich auf den Geschäftsverlauf spürbar auswirken können, zu beraten (, oder; A.d.V.) ... zur Beschlußfassung über die in Artikel 72 genannten Vorgänge"[178] des dort niedergelegten Mindestpflichtkatalogs.

---

[174] Vgl. Gerum, Unternehmensverfassung, Sp. 2144.

[175] Die Trennung der Kontroll- von der Leitungsfunktion im Verwaltungsrat erfolgt in unterschiedlichen Ausprägungen grundsätzlich z.B. in *Japan*, vgl. hierzu Kiuchi, Y./Hommelhoff, P.: Die Gründung einer Tochtergesellschaft in Japan, in: Lutter, M. (Hrsg.), Die Gründung einer Tochtergesellschaft im Ausland, 2. Auflage, Berlin/New York 1988, S. 226-229, fakultativ in der *Schweiz*, wobei hier eine sehr weitreichende Trennung erfolgen kann, vgl. hierzu Windbichler, C.: Zur Trennung von Geschäftsführung und Kontrolle bei amerikanischen Großgesellschaften, in: Zeitschrift für Unternehmens- und Gesellschaftsrecht, 14. Jg. 1985, S. 69, und auch in den *USA*, wo ein erheblicher Strukturwandel zur Trennung von Geschäftsführung und Überwachung stattfindet, vgl. hierzu Windbichler, S. 64 f.

[176] So mit unterschiedlichen Ausprägungen grundsätzlich z.B. in *Belgien*, vgl. hierzu Dabin, L./ Benoit-Moury, A.: Die Errichtung einer Tochtergesellschaft in Belgien, in: Zeitschrift für Unternehmens- und Gesellschaftsrecht, 11. Jg. 1982, S. 312 f. und Dabin, L./Benoit-Moury, A.: Die Gründung einer Tochtergesellschaft in Belgien, in: Lutter, M. (Hrsg.), Die Gründung einer Tochtergesellschaft im Ausland, 2. Auflage, Berlin/New York 1988, S. 53 f., in *Großbritannien*, vgl. hierzu Windbichler, S. 67, und in *Frankreich* nach dem alten, nach wie vor gültigen Recht (§§ 89-117 des Gesetzes Nr. 66-537 über Handelsgesellschaften), vgl. hierzu Gravenstein, S. 11 f. In *Großbritannien* haben sich Vertreter der Großindustrie sogar für die Einführung des Trennungsmodells ausgesprochen, allerdings vor dem Hintergrund einer angemessenen Beteiligung der Arbeitnehmer an der Unternehmung (Mitbestimmung). Vgl. hierzu nur Raiser, S. 206 f. und die dort angegebene Literatur.

[177] Die sich hieraus ergebende Annäherung des Trennungs- und des Vereinigungsmodells wird allerdings bei Aktiengesellschaften nationalen Rechts durch eine *Konvergenz anderer Art* überlagert: "Aufsichtsrat und Board werden vom Management zunehmend in unternehmenspolitische Instrumente umfunktioniert." Gerum, Führungsorganisation, S. 150, im Original fett. Vgl. dazu auch die dort angegebene Literatur.

[178] Art. 67 Abs. 1 und 1a SE-VO.

2. Funktionen und Kompetenzen der Eigentümer der Societas Europaea in der Hauptversammlung

Die Hauptversammlung als oberstes Organ einer Aktiengesellschaft, wozu auch die Europäische Aktiengesellschaft, SE, gehört, ist die für grundlegende Entscheidungen der Unternehmung (s.o.) zuständige Versammlung der Anteilseigner.[179] Sie beschließt über die Angelegenheiten, die die SE-VO bestimmt oder für die die Leitungs- und Verwaltungsorgane nach der SE-VO, der AN-RL, des Rechts des SE-Sitzstaats oder der Satzung nicht alleine zuständig sind[180] (Art. 81 SE-VO).[181] [182] Auf die Organisation und den Ablauf der Hauptversammlung findet nach Art. 81a SE-VO ergänzend[183] zur SE-VO das nationale Recht des SE-Sitzstaats Anwendung.[184] [185]

"Die Hauptversammlung tritt mindestens einmal jährlich binnen sechs Monaten nach Abschluß des Geschäftsjahres zusammen."[186] Die Einberufung der Hauptversammlung kann durch das Leitungs- oder Verwaltungsorgan stets erfolgen, wozu das Leitungsorgan auf Verlangen des Aufsichtsorgans verpflichtet ist (Art. 82 Abs. 2 SE-VO).[187] Von besonderer Bedeutung für die Hauptversammlung ist, ob sie die Kompetenz zur *Feststellung* des *Jahresabschlusses* und/

---

[179] Vgl. Klunzinger, S. 164.

[180] Gegen diese Negativabgrenzung der Zuständigkeiten der Hauptversammlung spricht sich insbesondere Trojan-Limmer aus. Vgl. Trojan-Limmer, S. 1016 f. Sie fordert dagegen "eine abschließende Aufzählung der Kompetenzen der Hauptversammlung". Trojan-Limmer, S. 1017.

[181] Art. 81a SE-VO verweist folglich direkt auf die nach der *AN-RL* dem Leitungs-, Aufsichts- oder Verwaltungsorgan nicht ausschließlich übertragenen Zuständigkeiten, obwohl sich EG-Richtlinien grundsätzlich nur an EG-Mitgliedstaaten richten, vgl. Kapitel B.II.1. Art. 81a SE-VO sollte daher in diesem Fall auf das nationale Recht des jeweiligen SE-Sitzstaats verweisen, das zur Transformation der AN-RL zu erlassen ist, da nach der Zielsetzung der AN-RL die hierin enthaltenen Wahlrechte der Mitgliedstaaten nur durch diese selbst ausgeübt werden sollen.

[182] Der Ausschluß der Hauptversammlung von der Geschäftsführung ergibt sich somit aus Art. 81 Buchst. b i.V.m. Art. 62 Abs. 1 S. 1 SE-VO (für das dualistische System) bzw. i.V.m. Art. 66 Abs. 1 S. 1 SE-VO (für das monistische System). A.A. Chmielewicz, dem ein ausdrückliches Geschäftsführungsverbot der Hauptversammlung fehlt. Vgl. Chmielewicz, Harmonisierung, S. 46.

[183] A.A.: Arbeitsausschuß Unternehmensrecht, S. 20, der die Vorrangigkeit der SE-VO vor nationalem Recht als offen betrachtet.

[184] Die Generalverweisung in Art. 7 Abs. 1 Buchst. b SE-VO schreibt dies aber generell vor (vgl. Kapitel B.II.5.b)bb)), so daß die Regelung des Art. 81a SE-VO nur insofern konstitutiver Natur ist, als sie anzeigt, daß die Regelungen der SE-VO nicht abschließend sind. Merkt sieht in Art. 81a SE-VO dagegen eine (eigenständige) *Generalnorm*. Vgl. Merkt, Aktiengesellschaft, S. 657.

[185] Dagegen richtet sich die Binnenstruktur der Hauptversammlung nach der Satzung der SE (Art. 61 Abs. 1 2. Spiegelstrich SE-VO). Vgl. nur Chmielewicz, Harmonisierung, S. 47.

[186] Art. 82 Abs. 1 SE-VO.

[187] Art. 83 Abs. 4 SE-VO ermöglicht der Hauptversammlung selbst die Einberufung einer weiteren Tagung. Dieser Absatz gehört systematisch aber zu Art. 82 SE-VO, da er mit der Einberufung der Hauptversammlung durch Minderheitsaktionäre, geregelt in Art. 83 Abs. 1-3 SE-VO (vgl. im einzelnen hierzu dort), nicht in direktem Zusammenhang steht.

oder diejenige zur *Verwendung* des *Jahresüberschusses* oder nur des *Bilanzgewinns* besitzt.

Die Tagesordnung der Hauptversammlung muß nach Art. 82 Abs. 3 SE-VO "mindestens einen Beschluß über den Jahresabschluß und (den Lagebericht sowie über; A.d.V.) die Verwendung des Bilanzgewinns"[188] der SE vorsehen. Art. 82 Abs. 4 SE-VO räumt beim Vorliegen von SEs mit einem Leitungs- und einem Aufsichtsorgan (dualistisches System) aber die Möglichkeit ein, daß bei einer entsprechenden Satzungsregelung die obigen Organe der SE den Jahresabschluß in getrennter Abstimmung gemeinsam feststellen.[189] [190] Hiervon kann für SEs mit Sitz in Deutschland grundsätzlich ausgegangen werden (vgl. Kapitel C.IV.1.). Die *Kompetenz* zur *Feststellung* des Jahresabschlusses wird sich daher in Abhängigkeit von der auf die SE anzuwendenden Organstruktur und damit vom jeweiligen Sitzstaat unterscheiden.[191] Dadurch werden die Einheitlichkeit der Rechtsform einer SE sowie die Möglichkeit einer SE, ihren Sitz im EG-Binnenmarkt uneingeschränkt verlegen zu können, aber weiter eingeschränkt.

Der Hauptversammlung oblag nach dem Verordnungsvorschlag über das Statut der SE von 1989 nach dem damaligen Art. 81 Buchst. g die vollständige Verwendung des Jahresüberschusses. Ob auch nach Art. 82 Abs. 3 SE-VO, der in der deutschen Fassung wörtlich von "Bilanzgewinn" spricht, die *Verwendungskompetenz* des Jahresüberschusses ausschließlich bei der Hauptversammlung liegt, kann weder verneint noch bejaht[192] werden. So spricht z.B. die englische

---

[188] Art. 82 Abs. 3 SE-VO.

[189] Für die Einführung dieser Regelung in die SE-VO haben sich insbesondere der Wirtschafts- und Sozialausschuß der EG und das Europäische Parlament im Änderungsantrag Nr. 94 zum SE-Verordnungsvorschlag von 1989 ausgesprochen. Vgl. Wirtschafts- und Sozialausschuß der EG, S. 12 f.; Europäisches Parlament: Bericht des Ausschusses für Recht und Bürgerrechte zum Vorschlag der Kommission an den Rat für eine Verordnung über das Statut einer Europäischen Aktiengesellschaft, Teil A: Änderungsanträge, in: PE 139.411/endg./A, vom 20.12.1990, S. 36.

[190] Nach Merkt bestimmt sich die Feststellungskompetenz des Aufsichts- und des Leitungsorgans dagegen nach bestehendem nationalen Aktienrecht des SE-Sitzstaats. Vgl. Merkt, Aktiengesellschaft, S. 657. Aufgrund der eindeutigen Regelung in Art. 82 Abs. 3 und 4 SE-VO ist dem aber nicht zuzustimmen. Rasner plädiert (auch) bei SEs mit monistischem System dafür, dem Verwaltungsrat die Feststellungskompetenz des Jahresabschlusses per Satzung einzuräumen, vgl. Rasner, S. 321. Diese Möglichkeit räumt Art. 82 Abs. 4 SE-VO aber nur beim Vorliegen des dualistischen Systems ein und ist nach dem Wortlaut dieser Vorschrift folglich abzulehnen, aus Gründen der Einheitlichkeit der Rechtsform aber als Verbesserungsvorschlag positiv zu beurteilen.

[191] Dabei wird von der *Annahme* ausgegangen, daß die EG-Staaten, die bisher das dualistische/monistische System im nationalen Aktienrecht festgeschrieben haben, das jeweilige System auch für die SE nach Art. 61 S. 2 SE-VO im jeweiligen nationalen Ausführungsgesetz verbindlich vorschreiben und daß bei Vorliegen des dualistischen Systems stets dem Leitungs- und Aufsichtsorgan die Feststellungskompetenz per Satzung übertragen wird.

[192] Diese Auffassung zumindest nicht ausschließend Arbeitsausschuß Unternehmensrecht, S. 21.

Fassung von 1989 als auch die von 1991 stets von einer "appropriation of the profit" (Verwendung des *Jahresüberschusses*) durch die Hauptversammlung.[193]

Sofern sich Art. 82 Abs. 3 SE-VO auf den *Jahresüberschuß* bezieht, könnte diese Stärkung der Gewinnverwendungskompetenz der Hauptversammlung einer SE mit Sitz in Deutschland gegenüber derjenigen einer deutschen Aktiengesellschaft zu einer wesentlichen Verbesserung der Kapitalverwendung führen, durch die Inanspruchnahme der Allokationsfunktion des Kapitalmarkts (s.u.).[194] Zusätzlich würde nur dadurch die Verwendungskompetenz des Jahresüberschusses für die Rechtsform einer SE einheitlich und damit völlig unabhängig vom SE-Sitzstaat und der Organstruktur bestimmt werden.

Ist die Hautversammlung der SE allerdings nur zur Verwendung des *Bilanzgewinns* autorisiert, so ist nach Art. 7 Abs. 1 Buchst. b SE-VO zunächst der Bilanzgewinn nach nationalem SE-Sitzstaatsrecht zu bestimmen. Für eine SE mit Sitz in Deutschland ergibt sich der Bilanzgewinn insbesondere durch Subtraktion der - gemeinsamen - Einstellung des Leitungs- und des Aufsichtsorgans von Teilen des Jahresüberschusses (maximal die Hälfte, vgl. § 58 Abs. 2 S. 1 AktG) in andere Gewinnrücklagen.[195]

Die deutsche Regelung wird aber aus ökonomischer Sicht heftig kritisiert: Sofern die *Rendite*[196] aus der Anlage in Aktien (Eigenkapital) einer SE unter der vergleichbarer alternativer Kapitalanlagen liegt, kann die Thesaurierung von Gewinnen zu einer ineffizienten Steuerung von Kapital führen. Dies resultiert daraus, daß die Anteilseigner der SE bei höheren Ausschüttungen in Kapitalanlagen mit höheren Renditen investieren können, die Allokationsfunktion des Kapitalmarkts somit zu einer effizienteren Kapitalverwendung führt.[197] [198] Ge-

---

[193] Die Möglichkeit eines Übersetzungsfehlers in der deutschen Fassung der SE-VO nicht ausschließend insbesondere Chmielewicz, Harmonisierung, S. 50.

[194] Eine entsprechende Regelung enthält z.B. auch Art. 110 c) Abs. 1 des spanischen Gesetzes über die rechtliche Ordnung der Aktiengesellschaften, wonach "die Hauptversammlung .. über die Verwendung des Jahresergebnisses gemäß der genehmigten Bilanz" entscheidet. Art. 110 c) Abs. 1 dieses Gesetzes ist abgedruckt in: Leonhardt, K.-H./Leimbach, C./Keil, W.: Aktiengesellschaften und GmbH in Spanien, Frankfurt am Main 1990, S. 117.

[195] Konstitutive Voraussetzung dazu ist allerdings, daß beide Organe zusammen über die *Kompetenz* zur *Feststellung* des Jahresabschlusses verfügen, was in Deutschland aber stets gegeben sein dürfte (s.o.).

[196] Unter Rendite wird allgemein "der Gesamtertrag (Zinsen plus Kursgewinne bzw. minus -verluste) eines angelegten Kapitals p.a." verstanden. Bank-Lexikon, 9. Auflage, Wiesbaden 1983, Sp. 1580.

[197] Vgl. hierzu ausschließlich die grundlegenden Ausführungen von Wagner, F.W.: Allokative und distributive Wirkungen der Ausschüttungskompetenzen von Hauptversammlungen und Verwaltungen einer Aktiengesellschaft, in: Zeitschrift für Unternehmens- und Gesellschaftsrecht, 17. Jg. 1988, S. 210-229, 238 f. Unter der rein ökonomischen Betrachtungsweise von Unternehmungen als Instrumente der volkswirtschaftlich optimalen, d.h. effizienten Ressourcenallokation kann analog zu den Aussagen Wagners eine Regelung, wonach der Hauptversammlung

gen diese Auffassung wird allerdings eingewendet, daß die in Deutschland bestehende Regelung eine *Kompromißlösung* zwischen der Bestandserhaltung der Unternehmung und der Forderung der Anteilseigner nach Gewinnausschüttungen darstellt.[199] *Hommelhoff* bekräftigt diesen Einwand, sofern ein dualistisches Leitungs- und Überwachungssystem vorliegt, da bei einem Abweichen von obigem Kompromiß "die Unternehmensfinanzierung (hier in Form der offenen Selbstfinanzierung[200]; A.d.V.) ... weg von der Unternehmensleitung hin zu den Aktionären"[201] verschoben wird, was er ausdrücklich ablehnt.[202] [203]

Eine *abschließende Würdigung* der Regelungen der SE-VO einschließlich der ergänzend anzuwendenden nationalen Rechtsvorschriften bezüglich der Ermittlung des Bilanzgewinns sowie der Festlegung der Kompetenzen verschiedener Gesellschaftsorgane zur Verwendung des Jahresüberschusses soll hier *nicht* vorgenommen werden. Sofern sich aber Art. 82 Abs. 3 SE-VO nur auf den Bilanzgewinn bezieht, erfolgt sowohl die Ermittlung des Bilanzgewinns als auch die Festlegung der Kompetenz zur Verwendung des Teils des Jahresüberschusses, der über den Bilanzgewinn hinausgeht, ausschließlich nach nationalem Sitzstaatsrecht der SE. Im Hinblick auf die Internationalität der Kapitalmärkte sollte das auf die SE anzuwendende Recht aber bezüglich derart wesentlichen

---

die Kompetenz über die gesamte Verwendung des Jahresüberschusses zusteht sogar nur als Kompromißlösung angesehen werden. Vgl. hierzu Wagner, S. 238 f.

[198] Natürlich können die Anteilseigner der SE die von dieser ausgeschütteten Beträge auch bei der SE reinvestieren. Die Grundlage dieser Entscheidung besteht aber in einem Vergleich einer Reinvestition in die SE mit einer vergleichbaren, alternativen Kapitalanlage. Dies verstärkt zudem den Druck auf die Unternehmungsführung einer SE, eine am Kapitalmarkt konkurrenzfähige (Eigenkapital-) Rendite zu erwirtschaften, was i.d.R. zu einer Steigerung der Wirtschaftlichkeit in der Unternehmung führt. Vgl. zu diesem grundlegenden Problem der Selbstfinanzierung Perridon, L./Steiner, M.: Finanzwirtschaft der Unternehmung, 5. Auflage, München 1988, S. 309; Wöhe, G./Bilstein, J.: Grundzüge der Unternehmensfinanzierung, 4. Auflage, München 1986, S. 327.

[199] Vgl. hierzu den Bericht des Rechts- und des Wirtschaftsausschusses des Deutschen Bundestags zu § 58 AktG, in: Kropff, B.: Aktiengesetz, Düsseldorf 1965, S. 76 f., und analog zu vergleichbaren Vorschriften des 5. EG-RLV, v.a. Art. 50 5. EG-RLV, Chmielewicz, K.: Der Neuentwurf einer 5. EG-Richtlinie (Struktur der AG) - Darstellung und Kritik, in: Die Betriebswirtschaft, 44. Jg. 1984, S. 404-408, sowie in abgeschwächter Form Kommission Organisation im Verband der Hochschullehrer für Betriebswirtschaft e.V.: Stellungnahme zum Entwurf einer 5. EG-Richtlinie (Struktur der AG), in: Die Betriebswirtschaft, 47. Jg. 1987, S. 550 f.

[200] Vgl. hierzu Wöhe/Bilstein, S. 261-264.

[201] Hommelhoff, SE-Statut, S. 429.

[202] Vgl. Hommelhoff, SE-Statut, S. 429 f.

[203] Dagegen könnte es nach Hommelhoff, vorbehaltlich einer weiteren Klärung, beim Vorliegen eines monistischen Systems bei der alleinigen Kompetenz der Hauptversammlung zur Verwendung des Bilanzgewinns einschließlich der Teile des Jahresüberschusses, die den Bilanzgewinn übersteigen, bestehen bleiben, sofern die nationalen Vorschriften dies vorsehen, um "die ausgeprägte Machtposition des Verwaltungsorgans im monistischen System auszubalancieren." Hommelhoff, SE-Statut, S. 430.

Fragen der Unternehmungsfinanzierung, das zudem noch von der Organstruktur abhängen kann, vereinheitlicht oder zumindest einheitlicher ausgestaltet werden. Darüber hinaus kann durch eine entsprechende Regelung zugunsten der Hauptversammlung die Allokationsfunktion der Kapitalmärkte besser genutzt werden. Gegenüber der bestehenden deutschen Regelung sollte die Möglichkeit des Aufsichts- und Leitungsorgans, Teile des Jahresüberschusses in andere Gewinnrücklagen einstellen zu können, vermindert werden. Die Höhe dieser Kompetenz zur Rücklageneinstellung könnte weiterhin von bereits bestehenden anderen Gewinnrücklagen abhängig gemacht werden.[204]

Sofern dagegen Art. 82 Abs. 3 SE-VO dahingehend eindeutig geändert bzw. übersetzt wird, daß die Hauptversammlung die Kompetenz zur vollständigen Verwendung des Jahresüberschusses erhält, wäre einerseits den ökonomischen Bedürfnissen besser Rechnung getragen, andererseits würden keine Unterschiede in Abhängigkeit des Sitzstaats und folglich auch keine Einschränkungen bei der Verlegung desselben bestehen.

Art. 83 Abs. 1-3 SE-VO regelt die Möglichkeiten und Voraussetzungen der Einberufung einer Hauptversammlung durch die Minderheit der Aktionäre, während Art. 85 SE-VO die Möglichkeiten der Ergänzung der Tagesordnung der Hauptversammlung durch diese Aktionäre beschreibt, vgl. im einzelnen hierzu dort. "Jeder Aktionär kann an der Hauptversammlung teilnehmen"[205], er kann sich aber auch vertreten lassen (Art. 87 Abs. 1 SE-VO). Zu den Informationen, die die Aktionäre nach Art. 81a SE-VO erhalten, haben alle den gleichen Zugang (Art. 89 SE-VO). "Das Stimmrecht des Aktionärs entspricht .. seinem Anteil am gezeichneten Kapital"[206] (Art. 92 Abs. 1 SE-VO) und darf nicht ausgeübt werden, sofern einer der in Art. 92 Abs. 3 SE-VO aufgeführten Fälle zutrifft.

Die Beschlüsse von Hauptversammlungen werden mit *einfacher Mehrheit* gefaßt (so zwingend für die von der Hauptversammlung bestellten und abberufenen Organmitglieder), es sei denn, die SE-VO bestimmt etwas anderes (Art. 94 Abs. 1 und 2 SE-VO).[207] *Satzungsänderungen* benötigen einen Beschluß der Hauptversammlung, der mit einer Mehrheit von mindestens *zwei Dritteln* gefaßt wird, sofern nicht die Satzung einfache Mehrheit bei Anwesenheit der Hälfte des

---

[204] Eine vollständige Analyse zu diesem Problem, unter Berücksichtigung von rechtlichen (Bestandserhaltung) und ökonomischen Aspekten (v.a. Kapitalmarkttheorie), kann hier aber nicht vorgenommen werden. Eine derartige Analyse muß einer selbständigen Arbeit vorbehalten bleiben.

[205] Art. 86 SE-VO.

[206] Jürgens, S. 1148.

[207] Entscheidend hierbei ist jeweils die Zahl der abgegebenen Stimmen, die Art. 93a SE-VO umschreibt.

gezeichneten Kapitals in der Hauptversammlung zuläßt (Art. 97 Abs. 1 und 2 SE-VO).[208] Nach Art. 97 Abs. 3 SE-VO benötigen Beschlüsse der Hauptversammlung zur Erhöhung der Verbindlichkeiten der Aktionäre die Zustimmung dieser, soweit sie hiervon betroffen sind. Sind mehrere Gattungen von Aktien der SE vorhanden, erfolgen gesonderte Abstimmungen nach Art. 98 SE-VO, sofern die dadurch zu fassenden Beschlüsse die Rechte dieser Aktionäre berühren.

V. Die vierte und siebente EG-Richtlinie als Grundlage der externen Rechnungslegung der Societas Europaea

Bei der Analyse der Bestimmungen der externen Rechnungslegung der SE sollen die Besonderheiten der Regelungen für SEs bestimmter Geschäftsbereiche nicht behandelt werden, mit Ausnahme der folgenden Anmerkungen zu SEs, die Kredit- und Finanzinstitute oder Versicherungsunternehmungen sind: Art. 113 SE-VO verweist für Kredit- und Finanzinstitute (Abs. 1) und Versicherungsunternehmungen (Abs. 2) in der Rechtsform einer SE auf *harmonisiertes nationales Recht* bezüglich Aufstellung, Offenlegung und Prüfung der Einzel- und Konzernabschlüsse dieser SEs.

Für in Deutschland ansässige SEs, die Kredit- und Finanzinstitute sind, gelten demnach als Ausfluß der Transformation der Bankbilanzrichtlinie[209] die Vorschriften für große Kapitalgesellschaften (§§ 264-335 HGB), soweit die §§ 340-340o HGB nichts anderes bestimmen (§ 340a Abs. 1 HGB), sowie die materiellen Regelungen für alle Kaufleute (§§ 238-263 HGB).[210]

Für SEs, die Versicherungsunternehmungen sind, ist primär das harmonisierte nationale Recht anzuwenden, das aufgrund der am 19.12.1991 verabschiedeten Versicherungsbilanzrichtlinie[211] noch zu erlassen ist.[212] Sekundär gelten die Rechnungslegungsvorschriften des bisherigen (harmonisierten) nationalen Rechts, sofern hierauf durch die Regelungen, die durch die Transformation der Versicherungsbilanzrichtlinie erlassen werden, explizit verwiesen wird (vgl. Art. 1 VersBiRiLi).[213]

[208] Derartige Beschlüsse sind (ebenso wie Änderungen des Gründungsakts) gem. Art. 9 SE-VO offenzulegen (Art. 97 Abs. 3 SE-VO). Für in Deutschland ansässige SEs erfolgt dies durch Eintragung ins Handelsregister gem. § 181 Abs. 1 AktG und deren Bekanntmachung nach § 10 Abs. 1 HGB.

[209] ABl. EG Nr. L 372 vom 31.12.1986, S. 1-17.

[210] Vgl. Prahl, R.: Die neuen Vorschriften des Handelsgesetzbuches für Kreditinstitute (Teil I), in: Die Wirtschaftsprüfung, 44. Jg. 1991, S. 402.

[211] ABl. EG Nr. L 374, vom 31.12.1991, S. 7-33.

[212] Die Versicherungsbilanzrichtlinie (VersBiRiLi) ist bis spätestens 31.12.1993 in nationales

1. Anwendung und Rangfolge der europäischen und nationalen Rechnungslegungsvorschriften auf den Einzel- und Konzernabschluß der Societas Europaea

Die SE hat einen Jahresabschluß, bestehend aus Bilanz, Gewinn- und Verlustrechnung (GuV) und Anhang, die eine Einheit bilden, zu erstellen (Art. 101 Abs. 1 SE-VO). Zusätzlich muß die SE einen Konzernabschluß aufstellen, falls sie die in Art. 1 Abs. 1 und 2 der Konzernbilanzrichtlinie (7. EG-RL)[214] genannten Voraussetzungen erfüllt (Art. 106 Abs. 1 i.V.m. Art. 109 Abs. 1 SE-VO). Der gegebenenfalls aufzustellende Konzernabschluß muß dann ebenfalls aus Bilanz, GuV und Anhang, die eine Einheit bilden, bestehen.[215]

Art. 101 Abs. 2 SE-VO verweist für die Aufstellung des Jahresabschlusses der SE *direkt* auf die EG-Bilanzrichtlinie (4. EG-RL)[216], vorbehaltlich der in Art. 101 Abs. 3 Buchst. a SE-VO genannten Artikel dieser Richtlinie, die auf den Jahresabschluß der SE keine Anwendung finden. Für den Konzernabschluß der SE verweist Art. 109 Abs. 2 SE-VO *direkt* auf die 7. EG-RL, mit Ausnahme der in Art. 109 Abs. 3 Buchst. a SE-VO genannten Artikel dieser Richtlinie, die für die SE nicht gelten. Die anzuwendenden Vorschriften dieser Richtlinien sind somit für die Erstellung des Einzel- und Konzernabschlusses der SE als *unmittelbar* geltendes Recht maßgebend.[217] Zusätzlich muß die SE einen Lagebericht und gegebenenfalls einen konsolidierten Lagebericht erstellen und hierbei für ersteren die in Art. 46 4. EG-RL und für letzteren die in Art. 36 7. EG-RL vorgesehenen Angaben machen (Art. 102 Abs. 1 und 2, 106 Abs. 1, 110 Abs. 2 S. 1 SE-VO). Auch für den Einzel- und Konzernlagebericht wird also unmittelbar auf die 4. und 7. EG-RL verwiesen.

Die Verweisungen auf die 4. und 7. EG-RL erreichen ihre Grenze, wenn diese bestimmte Sachverhalte nicht regeln (*Richtlinienlücken*) und daher auch durch

Recht zu transformieren, vgl. Art. 70 Abs. 1 VersBiRiLi.

[213] Vgl. hierzu und zu den gesamten Regelungsbereichen der Versicherungsbilanzrichtlinie nur Geib, G./Ellenbürger, F./Kölschbach, J.: Ausgewählte Fragen zur EG-Versicherungsbilanzrichtlinie (VersBiRiLi) (Teil I), in: Die Wirtschaftsprüfung, 45. Jg. 1992, S. 177-186 sowie Geib, G./ Ellenbürger, F./Kölschbach, J.: Ausgewählte Fragen zur EG-Versicherungsbilanzrichtlinie (VersBiRiLi) (Teil II), in: Die Wirtschaftsprüfung, 45. Jg. 1992, S. 221-231.

[214] ABl. EG Nr. L 193, vom 18.7.1983, S. 1-17, geändert durch: Richtlinie 90/604/EWG (Mittelstandsrichtlinie), ABl. EG Nr. L 317, vom 16.11.1990, S. 57-59 und Richtlinie 90/605/EWG, ABl. EG Nr. L 317, vom 16.11.1990, S. 60-62.

[215] Der SE-Statutvorschlag von 1975 schrieb in Art. 148 Abs. 1 und Art. 196 Abs. 1 zusätzlich eine *Kapitalflußrechnung*, als weiteren Bestandteil des Einzel- und Konzernabschlusses der SE, vor.

[216] ABl. EG Nr. L 222, vom 14.8.1978, S. 11-31, geändert durch: Richtlinie 84/569/EWG, ABl. EG Nr. L 314, vom 4.12.1984, S. 28, Richtlinie 90/604/EWG und Richtlinie 90/605/EWG.

[217] Vgl. Haller, Jahresabschlußprüfung, S. 586 f.

Auslegung der Richtlinien, wie z.B. bei unbestimmten Rechtsbegriffen, nicht erschlossen werden können.[218] Richtlinienlücken sind dann zunächst durch die Generalnormen des sog. "true and fair view"[219] (Art. 2 Abs. 3 4. EG-RL, Art. 16 Abs. 3 7. EG-RL) auszufüllen.[220] Helfen die Generalnormen bei der Lückenschließung der Richtlinien nicht weiter, ist durch die Generalverweisung nach Art. 7 Abs. 1 Buchst. b SE-VO das nationale Recht für Aktiengesellschaften des SE-Sitzstaats anzuwenden, in Ermangelung europäischer Grundsätze ordnungsmäßiger Buchführung (GoB)[221].[222]

Für eine SE mit Sitz in Deutschland gelten somit die Regelungen des HGB (§§ 238-315), des AktG (§§ 150-160) und ergänzend die deutschen GoB sowie die Vorschriften der Satzung der SE.[223] Die Rangfolge der auf den Einzel- und Konzernabschluß, jeweils einschließlich Lagebericht, anzuwendenden Vorschriften der Rechnungslegung für eine SE mit Sitz in Deutschland zeigt zusammengefaßt nochmals Abbildung 7[224] auf Seite 90.

[218] Vgl. allgemein zu den verschiedenen juristischen Auslegungsmethoden Larenz, K.: Methodenlehre der Rechtswissenschaft, 6. Auflage, Berlin et al. 1991, S. 312-346.

[219] Hier und im folgenden soll stets von *den* Generalnorm*en* des "true and fair view" gesprochen werden, da sich die Generalnorm des Art. 2 Abs. 3 4. EG-RL auf den Einzelabschluß, die Generalnorm des Art. 16 Abs. 3 7. EG-RL dagegen auf den Konzernabschluß bezieht. Auf die in der deutschen Literatur auch als Generalnorm I bezeichnete Regelung, wonach der Jahresabschluß klar und übersichtlich zu sein hat (vgl. § 243 Abs. 2 HGB, Art. 2 Abs. 2 4. EG-RL), und die auch für den Konzernabschluß besteht (vgl. § 297 Abs. 2 S. 1 HGB, Art. 16 Abs. 2 7. EG-RL), soll hier grundsätzlich nicht eingegangen werden. Vgl. insoweit z.B. Buchner, R.: Rechnungslegung und Prüfung der Kapitalgesellschaft, Stuttgart 1990, S. 83, 346.

[220] Vgl. Biener, H.: Auswirkungen der Vierten Richtlinie der EG auf den Informationsgehalt der Rechnungslegung deutscher Unternehmen, in: Betriebswirtschaftliche Forschung und Praxis, 31. Jg. 1979, S. 3 f. Der Streit, ob die Generalnormen nur der Gesetzesauslegung und v.a. der Lückenschließung dienen oder als übergeordnetes Prinzip zu verstehen sind, soll hier nicht diskutiert werden, da beide Auslegungsvarianten die Lückenschließung enthalten. Vgl. zur Auslegung der Generalnormen des "true and fair view" Kapitel C.V.2.c).

[221] Die GoB umfassen auch die Grundsätze ordnungsmäßiger *Bilanzierung*, vgl. Simon, H.V.: Die Bilanzen der Aktiengesellschaften und der Kommanditgesellschaften auf Aktien, 3. Auflage, Berlin 1899, S. 314.

[222] Vgl. Otte, H.-H.: Harmonisierte Europäische Rechnungslegung, Prüfung und Publizität, in: Wirtschaftsprüferkammer Mitteilungen, 29. Jg. 1990, S. 11; Haller, A.: Die Jahresabschlußerstellung der Europäischen Aktiengesellschaft nach dem Statut-Entwurf der EG-Kommission, in: Der Betrieb, 43. Jg. 1990, S. 1575.

[223] Vgl. Haller, Jahresabschlußprüfung, S. 590.

[224] In Anlehnung an Haller, Jahresabschlußprüfung, S. 590.

Rang-folge	Einzelabschluß der SE einschl. Lagebericht	Konzernabschluß der SE einschl. Konzernlagebericht
I.	Verordnung über das Statut der Societas Europaea	
II.	4. EG-RL	7. EG-RL
III.	Generalnorm des "true & fair view"[225]	Generalnorm des "true & fair view"[226]
IV.	Handelsgesetzbuch und Aktiengesetz	
V.	Grundsätze ordnungsmäßiger Buchführung (GoB)	
VI.	Satzung der Societas Europaea	

Abb. 7: Rangfolge der Rechnungslegungsvorschriften einer SE mit Sitz in Deutschland

2. Probleme der Vergleichbarkeit des Einzel- und Konzernabschlusses einer Societas Europaea und einer Aktiengesellschaft nationalen Rechts

Den unterschiedlichen nationalen Form- und Bewertungsvorschriften in den EG-Staaten liegt keine einheitliche Bilanzauffassung zugrunde. Daher sollen durch die 4. und 7. EG-RL keine völlig einheitlichen Rechnungslegungsvorschriften für nationale Aktiengesellschaften geschaffen werden (Kompromißcharakter der 4. und 7. EG-RL).[227] Das *Ziel* der beiden Richtlinien besteht vielmehr darin, die Informationen des Einzel- und Konzernabschlusses u.a. nationaler Aktiengesellschaften *gleichwertig* und *vergleichbar* zu gestalten (Rechtsangleichung i.e.S.).[228] Insbesondere durch die den Mitgliedstaaten bei der Umsetzung der 4. und 7. EG-RL eingeräumten Wahlrechte, deren Funktionen die Wahrung nationalen Rechts, dessen behutsame Anpassung an die Regelungen der Richtlinien und die Möglichkeit der bruchlosen Einpassung der Richtlinien in nationales Recht sind, wird dieses Ziel aber beeinträchtigt.[229]

---

[225] Den Anwendungsbereich der Generalnorm des "true and fair view" bilden in dieser Situation ausschließlich die Regelungslücken der 4. EG-RL.

[226] Den Anwendungsbereich der Generalnorm des "true and fair view" bilden in dieser Situation ausschließlich die Regelungslücken der 7. EG-RL.

[227] Vgl. Jonas, H.H.: Die EG-Bilanzrichtlinie, Freiburg i.Br. 1980, S. 28; Biener, H./Schatzmann, J.: Konzern-Rechnungslegung, Düsseldorf 1983, S. IX; Coenenberg, A.G.: Jahresabschluß und Jahresabschlußanalyse, 12. Auflage 1991, Landsberg am Lech, S. 18.

[228] Vgl. Präambel der 4. und 7. EG-RL.

[229] Vgl. Kirchner/Schwartze, S. 398, 403; Timmermanns, C.W.A.: Die europäische Rechtsangleichung im Gesellschaftsrecht, in: Rabels Zeitschrift für ausländisches und internationales

Im folgenden und in den Kapiteln C.V.3. und C.V.4. soll dargestellt werden, ob die externe Rechnungslegung einerseits von SEs gleicher oder verschiedener Sitzstaaten und andererseits von SEs und nationalen Aktiengesellschaften gleicher Sitzstaaten gleichwertig und vergleichbar ist, d.h. inwieweit das Ziel beider Richtlinien verwirklicht ist. Die Grundlage der Analyse der externen Rechnungslegung einer SE bilden v.a. die 4. und 7. EG-RL sowie die deutschen Rechnungslegungsvorschriften für Aktiengesellschaften.

a) Wahlrechte der vierten und siebenten EG-Richtlinie

Die Wahlrechte der 4. und 7. EG-RL lassen sich in drei Kategorien systematisieren: *Erstens* in die originären Unternehmenswahlrechte, die von den Unternehmen uneingeschränkt ausgeübt werden können. *Zweitens* in die abgeleiteten Unternehmenswahlrechte, die die EG-Staaten entweder an die Unternehmen weitergeben oder selbst ausüben können. *Drittens* in die originären Wahlrechte der EG-Staaten, die nur durch diese selbst ausgeübt werden können.[230]

Eine SE kann grundsätzlich von allen Wahlrechten[231] beider Richtlinien Gebrauch machen, mit Ausnahme der in Art. 101 Abs. 3 Buchst. a, 106 Abs. 2 Buchst. a, 107 Abs. 2, 108 Abs. 2, 109 Abs. 3 Buchst. a SE-VO genannten Artikel. Ausgenommen sind auch die Artikel der 4. EG-RL, die auf einzelstaatliches Recht verweisen (Art. 101 Abs. 2a SE-VO), sofern Art. 101 Abs. 3 Buchst. b-f SE-VO diese Verweisungen nicht wieder aufhebt.[232] Vgl. zur Systematisierung der Wahlrechte der externen Rechnungslegung einer SE Abbildung 8[233] auf Seite 92.

Die *Funktionen* (vgl. Kapitel C.V.2.) der an die EG-Staaten gerichteten Wahlrechte[234] der 4. und 7. EG-RL bestehen v.a. darin, die Richtlinien schonender in nationales Recht umzusetzen und bestehendes nationales Recht weniger abändern zu müssen. Da das Ziel der beiden Richtlinien (vgl. Kapitel C.V.2.) gegenüber den Wahlrechten der EG-Staaten vorrangig ist, dürfen die EG-Staaten diese Wahlrechte bei der Transformation in nationales Recht, falls sie das Ziel der beiden Richtlinien berühren, aber nur im Hinblick auf deren Funktionen (s.o.) ausüben. Die Änderung von bestehendem nationalen Recht durch die

---

Privatrecht, 48. Jg. 1984, S. 10, 28.

230 Vgl. Haller, Aktiengesellschaft, S. 1574; Kirchner/Schwartze, S. 398 f.

231 Vgl. Kommission der Europäischen Gemeinschaften, Statut, S. 27.

232 Vgl. Arbeitsausschuß Unternehmensrecht, S. 25 f., der die dargestellte Auffassung als wünschenswert aber fraglich einstuft und von der Kommission daher eine Klarstellung fordert.

233 Vgl. ähnlich Haller, Aktiengesellschaft, S. 1574.

234 Einschließlich der an die Unternehmen weitergebbaren abgeleiteten Unternehmenswahlrechte.

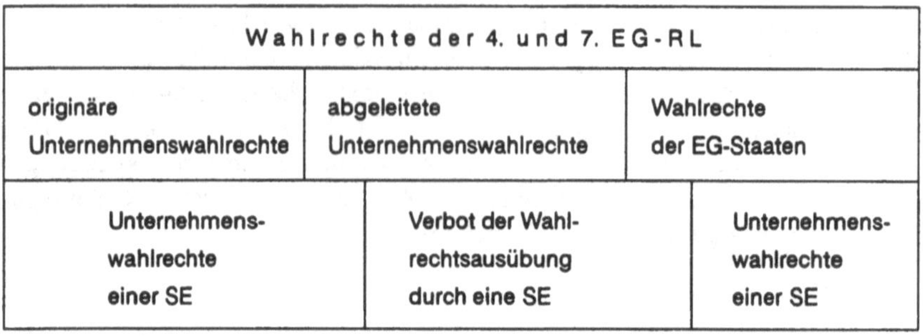

Abb. 8: Systematisierung der Wahlrechte der externen Rechnungslegung einer SE

Ausübung von Wahlrechten, die ausschließlich zugunsten anderer EG-Staaten in die Richtlinien aufgenommen wurden, ist daher nicht möglich.[235] Besonders bedeutsam ist dies bei einer sog. *additiven Harmonisierung*, bei der den EG-Staaten alle bisher im nationalen Recht möglichen, sich voneinander aber stark unterscheidenden Regelungen als Wahlrechte in den Richtlinien eingeräumt werden.[236] Die Ausübung dieser Wahlrechte durch einen EG-Staat darf, sofern das Ziel der jeweiligen Richtlinie einschränkend berührt wird, nur dazu führen, das bisherige nationale Recht beizubehalten.

Aufgrund des gesamteuropäischen Charakters von SEs können diese dagegen *alle* ihnen zur Verfügung stehenden Unternehmenswahlrechte uneingeschränkt wahrnehmen. Die Funktionen der an die EG-Staaten gerichteten Wahlrechte treffen für SEs nicht zu. Die unterschiedliche Ausübung der Wahlrechte durch SEs mit Sitz in gleichen oder verschiedenen EG-Staaten und gegenüber dem transformierten Recht nationaler Aktiengesellschaften desselben Sitzstaats können aber zu *erheblichen Unterschieden* in der externen Rechnungslegung dieser Unternehmen führen.[237] Auf einzelne bedeutsame Unterschiede wird daher in den Kapiteln C.V.3. und C.V.4. konkret eingegangen, vgl. insoweit dort.

b) Unterschiede der externen Rechnungslegung durch Richtlinienlücken

Zur Schließung von Regelungslücken[238] der 4. und 7. EG-RL finden zunächst die Generalnormen des "true and fair view" Anwendung (vgl. Kapitel C.V.1. und

---

[235] Vgl. Kirchner/Schwartze, S. 402-404.

[236] Vgl. hierzu allgemein sowie kritisierend Sahner, F.: Die Bilanzierung von Preisänderungen im handelsrechtlichen Jahresabschluß, Köln 1974, S. 216.

[237] Vgl. Haller, Aktiengesellschaft, S. 1575.

Abbildung 7). Ergänzend hierzu werden dann die nationalen Rechnungslegungsvorschriften des Sitzstaats der SE zur Ausfüllung der Lücken angewendet, da es europäische GoB (noch) nicht gibt.

Unterschiede in der externen Rechnungslegung einer SE und einer nationalen Aktiengesellschaft oder verschiedener SEs, jeweils mit Sitz in Deutschland, könnten sich durch Richtlinienlücken nur aus der unterschiedlichen Auslegung der Generalnormen ergeben. Da die Unterschiede in der Auslegung der Generalnormen für die Schließung der Richtlinienlücken aber unerheblich sind (vgl. Kapitel C.V.1., Fußnote 220), können sich Unterschiede in der externen Rechnungslegung von SEs und/oder nationalen Aktiengesellschaften, mit Sitz in Deutschland, durch Richtlinienlücken nicht ergeben. Für SEs verschiedener Sitzstaaten können Unterschiede in der externen Rechnungslegung durch Richtlinienlücken dagegen aus der Auslegung und den Bestimmungen der ergänzend anzuwendenden unterschiedlichen nationalen Rechnungslegungsvorschriften sowie aus den jeweils geltenden nationalen GoB resultieren.

c) Die Auslegung der Generalnormen des Einzel- und Konzernabschlusses einer SE und einer Aktiengesellschaft nationalen Rechts

Der Einzel- und der Konzernabschluß einer SE und einer nationalen Aktiengesellschaft haben den jeweiligen Generalnormen zu entsprechen, d.h. sie müssen beide "ein den tatsächlichen Verhältnissen entsprechendes Bild der Vermögens-, Finanz- und Ertragslage"[239] darstellen[240]. Diese Verpflichtung entspricht dem angelsächsischen Grundsatz des sog. "true and fair view".[241] Der Inhalt der Generalnormen ist, mit Ausnahme der *Bezugsgröße* (Einzelabschluß: Kapitalgesellschaft, Konzernabschluß: Konzern), identisch, so daß die Auslegung beider gemeinsam erfolgen kann.[242]

---

[238] Wie z.B. der Definition von Vermögensgegenständen und Schulden, vgl. Haller, Aktiengesellschaft, S. 1575.

[239] Art. 2 Abs. 3 4. EG-RL; Art. 16 Abs. 3 7. EG-RL; §§ 264 Abs. 2 S. 1, 297 Abs. 2 S. 2 HGB.

[240] Vgl. Heinen, E.: Handelsbilanzen, 12. Auflage, Wiesbaden 1986, S. 259, 379.

[241] Vgl. Schmitz, R.: Die Bilanzrichtlinie und ihr Beitrag zur Harmonisierung der Rechnungslegung in den EG-Staaten, in: Albach, H./Klein, G. (Hrsg.), Zeitschrift für Betriebswirtschaft, 58. Jg. 1988, Ergänzungsheft 1/88, S. 9 f. Dieser Grundsatz kann mit der Forderung nach *Tatsachenentsprechung* oder *Tatsachentreue* umschrieben werden. Vgl. Strobel. W.: Zum Referentenentwurf des Bilanzrichtlinie-Gesetzes, in: Der Betrieb, 33. Jg. 1980, S. 1231; Ballwieser, W.: Sind mit der neuen Generalklausel zur Rechnungslegung auch neue Prüfungspflichten verbunden?, in: Betriebs-Berater, 40. Jg. 1985, S. 1034.

[242] Vgl. Baetge, J./Kirsch, H.-J.: § 297, in: Küting, K./Weber, C.-P. (Hrsg.), Handbuch der Konzernrechnungslegung, Stuttgart 1989, S. 888, Rdnr. 23.

Die Generalnormen können als übergeordnete Zielnormen der Vorschriften des Einzel- und Konzernabschlusses angesehen werden, wobei die Einzelvorschriften nach den Zielnormen auszulegen sind und die Zielnormen durch die Einzelvorschriften konkretisiert und objektiviert werden. Beide lassen sich also nur *simultan interpretieren*.[243] Zwischen den Generalnormen und den Einzelvorschriften sowie den GoB besteht grundsätzlich ein gleichrangiges Verhältnis, da "es normalerweise ausreicht, die Richtlinie (-n bzw. die durch die Transformation dieser geschaffenen nationalen Rechnungslegungsvorschriften; A.d.V.) anzuwenden, damit das gewünschte, den tatsächlichen Verhältnissen entsprechende Bild entsteht."[244] Kann der Einzel- oder Konzernabschluß dieses Bild durch die Anwendung von Einzelvorschriften und GoB, das Bestehen von Lücken in den Rechnungslegungsvorschriften oder anderen besonderen Umständen nicht vermitteln, so sind nach Art. 2 Abs. 4 4. EG-RL, Art. 16 Abs. 4 7. EG-RL, §§ 264 Abs. 2, 297 Abs. 2 HGB zusätzliche Angaben zu machen (z.B. im Anhang), um dieses Bild zu vermitteln.[245]

Für eine deutsche Aktiengesellschaft und eine SE mit Sitz in Deutschland ist, sofern bei ihr die nationalen Rechnungslegungsvorschriften anzuwenden sind, ein Abweichen von den Einzelvorschriften und den GoB zur Verwirklichung der Generalnormen unzulässig, da es der deutschen Reihenfolge der Auslegung (lex specialis vor lex generalis) widerspricht und Art. 2 Abs. 5 4. EG-RL sowie Art. 16 Abs. 5 7. EG-RL nicht ins HGB transformiert wurden.[246]

Sind dagegen auf die Rechnungslegung *von SEs* die Richtlinien direkt anzuwenden, so muß in Ausnahmefällen, falls zusätzliche Angaben, z.B. im Anhang, nicht ausreichen, von den Einzelvorschriften abgewichen werden, um das gewünschte Bild zu vermitteln (Art. 2 Abs. 5 4. EG-RL, Art. 16 Abs. 5 7. EG-

---

[243] Vgl. Moxter, A.: Die Jahresabschlußaufgaben nach der EG-Bilanzrichtlinie: Zur Auslegung von Art. 2 EG-Bilanzrichtlinie, in: Die Aktiengesellschaft, 24. Jg. 1979, S. 141-143, 146. In den §§ 264 Abs. 2 S. 1, 297 Abs. 2 S. 1 HGB werden die Generalnormen durch die hierin enthaltenen GoB-Vorbehalte im deutschen Recht zusätzlich zu den kodifizierten Einzelvorschriften des HGB *objektiviert*. Vgl. Budde, W.D./Förschle, G.: Das Verhältnis des "True and Fair View" zu den Grundsätzen ordnungsmäßiger Buchführung und zu den Einzelrechnungslegungsvorschriften, in: Mellwig, W./Moxter, A./Ordelheide, D. (Hrsg.), Einzelabschluß und Konzernabschluß, Beiträge zum neuen Bilanzrecht, Bd. 1, Wiesbaden 1988, S. 45.

[244] Protokollerklärung der Kommission und des Rates der EG zu Art. 2 Abs. 4 4. EG-RL, abgedruckt bei: Schruff, L.: Rechnungslegung und Prüfung der AG und der GmbH nach neuem Recht (4. EG-Richtlinie), Düsseldorf 1978, S. II/12, und gleichlautende Protokollerklärung der Kommission und des Rates der EG zu Art. 16 Abs. 4 7. EG-RL, abgedruckt bei: Biener, H./Schatzmann, J.: Konzern-Rechnungslegung, Düsseldorf 1983, S. 30.

[245] Vgl. Baetge, J./Commandeur, D.: § 264, in: Küting, K./Weber, C.-P. (Hrsg.), Handbuch der Rechnungslegung, 3. Auflage, Stuttgart 1990, S. 1121, Rdnr. 37.

[246] Vgl. Baetge/Kirsch, S. 890, Rdnr. 29.

RL).[247] Die Generalnormen sind hierbei als *übergeordnete Prinzipien* zu verstehen, d.h. die Auslegungsregel lex specialis vor lex generalis wird durchbrochen.[248]

Für SEs mit Sitz in Deutschland ergeben sich somit folgende Auslegungen der Generalnormen: Bei direkter Anwendung der Regelungen der Richtlinien sind sie als übergeordnete Prinzipien, bei Anwendung der Generalnormen zur Schließung von Richtlinienlücken als Ergänzung der Richtlinien und bei Anwendung der deutschen Rechnungslegungsvorschriften als übergeordnete Zielnormen, die Einzelvorschriften und GoB auslegen und durch zusätzliche Angaben, z.B. im Anhang, ergänzen aber nicht abändern können, anzusehen.

3. Betrachtung einzelner bedeutsamer Unterschiede im Jahresabschluß und Lagebericht einer Societas Europaea und einer Aktiengesellschaft nationalen Rechts

Im folgenden werden v.a. die sich aus den *Wahlrechten* der 4. und 7. EG-RL ergebenden möglichen Unterschiede im Jahresabschluß und Lagebericht zwischen einer SE und einer nationalen Aktiengesellschaft, jeweils mit Sitz in Deutschland, betrachtet. Auf die Möglichkeit der SE, in ECU zu bilanzieren, wird in Kapitel C.V.5. separat eingegangen.

a) Gliederung und Ausweis

Eine SE kann ihre Bilanz und GuV jeweils in Konto- oder Staffelform gem. Art. 8, 22 4. EG-RL aufstellen, während eine deutsche Aktiengesellschaft ihre Bilanz nur in Kontoform (§ 266 Abs. 1 S. 1 HGB) und ihre GuV nur in Staffelform (§ 275 Abs. 1 S. 1 HGB) aufstellen kann.[249]

"Bezüglich der antizipativen Rechnungsabgrenzungsposten (RAP ...) besitzen SEs ein Wahlrecht, diese unter den RAP .. oder ... den sonstigen Vermögensgegenständen bzw. Verbindlichkeiten"[250] auszuweisen (Art. 18 S. 1, 21 S. 1 4. EG-

[247] So auch Chmielewicz, Harmonisierung, S. 53.

[248] Vgl. Baetge/Commandeur, S. 1106 f., Rdnr. 10. Dies entspricht der Anwendung des *angelsächsischen* Grundsatzes des "true and fair view". Vgl. Tubbesing, G.: "A True and Fair View" im englischen Verständnis nach der 4. EG-Richtlinie, in: Die Aktiengesellschaft, 24. Jg. 1979, S. 92.

[249] Vgl. Rödder, T.: Bilanzierung und Besteuerung der Europäischen Aktiengesellschaft (Teil I) in: Die Wirtschaftsprüfung, 44. Jg. 1991, S. 207.

[250] Vgl. Haller, Aktiengesellschaft, S. 1576.

RL). Für deutsche Aktiengesellschaften besteht dagegen nur die letztere Möglichkeit, mit Ausnahme der in § 250 Abs. 1 S. 2 Nrn. 1, 2 HGB genannten Fälle, für die ein Wahlrecht besteht.[251]

Die Steuern auf das Ergebnis der normalen Geschäftstätigkeit und auf das außerordentliche Ergebnis können von einer SE in der GuV getrennt oder zusammengefaßt, mit getrenntem Ausweis im Anhang, ausgewiesen werden (Art. 23 Nrn. 14 und 19, 24 A Nrn. 8 und 11, 25 Nrn. 12 und 17, 26 A Nrn. 6 und 9, 30 4. EG-RL). Deutsche Aktiengesellschaften haben diese Steuern in der GuV zusammen auszuweisen und im Anhang aufzugliedern (§§ 275 Abs. 2 Nr. 18, Abs. 3 Nr. 17, 285 Nr. 6 HGB).[252]

b) Ansatz und Bewertung

SEs besitzen gem. Art. 9 B., 34 Abs. 1 Buchst. a 4. EG-RL ein Aktivierungswahlrecht bezüglich der Aufwendungen für die Errichtung und Erweiterung des Unternehmens (einschließlich Kapitalbeschaffungs- und Gründungskosten), die in höchstens fünf Jahren abzuschreiben sind. Deutsche Aktiengesellschaften haben ein Wahlrecht, Aufwendungen für die Ingangsetzung und Erweiterung des Geschäftsbetriebs zu aktivieren (§ 269 HGB), wozu aber die Kosten der Gründung und der Kapitalbeschaffung nicht gehören. Die Abschreibung erfolgt jährlich zu mindestens 25 vH (§ 282 HGB). Das Wahlrecht der SEs ist somit weiter gefaßt.[253]

Nach Art. 9 C.I.1., 37 Abs. 1 4. EG-RL kann eine SE Forschungs- und Entwicklungskosten aktivieren. Hierzu gehören Kosten der Grundlagenforschung und der Neuentwicklung von Produkten. Deutschen Aktiengesellschaften ist die Aktivierung dieser Kosten weder als eigene Position noch als selbsterstellte immaterielle Anlagewerte erlaubt (vgl. auch § 248 Abs. 2 HGB).[254] Selbsterstellte immaterielle Vermögensgegenstände, wie z.B. Patente, können von SEs gem. Art. 9 C.I.2.b) 4. EG-RL aktiviert werden, im Gegensatz zu deutschen Aktiengesellschaften, denen § 248 Abs. 2 HGB dies ausdrücklich verbietet.[255]

---

[251] Vgl. Trützschler, K.: § 250, in: Küting, K./Weber, C.-P. (Hrsg.), Handbuch der Rechnungslegung, 3. Auflage, Stuttgart 1990, S. 692-695, 699 f., Rdnrn. 1-8, 20-27.

[252] Vgl. Csik, A./Dörner, D.: §§ 284-288, in: Küting, K./Weber, C.-P. (Hrsg.), Handbuch der Rechnungslegung, 3. Auflage, Stuttgart 1990, S. 1794-1799, Rdnrn. 211-223.

[253] Vgl. Haller, Aktiengesellschaft, S. 1577.

[254] Vgl. Adler, H./Düring, W./Schmaltz, K.: Rechnungslegung und Prüfung der Unternehmen, bearbeitet von Forster, K.-H. et al., 5. Auflage, Stuttgart 1987, § 255, Tz. 179.

[255] Vgl. Rödder, Teil I, S. 205.

Während deutsche Aktiengesellschaften eigene Aktien, die sie erworben haben, gem. §§ 246 Abs. 1, 266 Abs. 2 III.2. HGB im Umlaufvermögen ansetzen müssen, besitzen SEs hierfür ein Ansatzwahlrecht, wonach der Ausweis entweder im Umlauf- oder im Anlagevermögen erfolgen kann (Art. 9 C.III.7., D.III.2. 4. EG-RL).[256]

Bei der Passivierung von Rückstellungen sieht Art. 20 Abs. 2 4. EG-RL für SEs ein Wahlrecht für *alle* Aufwandsrückstellungen vor, im Gegensatz zu § 249 Abs. 1 S. 2 Nrn. 1 und 2 HGB, der deutschen Aktiengesellschaften den Ansatz bestimmter Aufwandsrückstellungen vorschreibt.[257]

SEs *können* alle latenten Steuern nach Art. 43 Abs. 1 Nr. 11 4. EG-RL entweder in der Bilanz ansetzen oder im Anhang ausweisen, während für deutsche Aktiengesellschaften bei passiven latenten Steuern eine Passivierungspflicht besteht (§ 274 Abs. 1 S. 1 HGB).[258]

Die wesentlichsten *Bewertungsgrundsätze*, wie z.B. das Prinzip der Einzelbewertung, das Vorsichts- und das Realisationsprinzip, sind in Art. 31 4. EG-RL festgelegt und gelten sowohl für SEs als auch für deutsche Aktiengesellschaften (in § 252 HGB niedergelegt).[259] Unterschiede können sich aber aus verschiedenen Einzelregelungen ergeben. Eine SE kann Beteiligungen i.S.d. Art. 17 4. EG-RL am Kapital von Unternehmen, bei denen die SE einen maßgeblichen Einfluß auf die Geschäfts- und Finanzpolitik ausübt, nach der "Equity"-Methode[260] bewerten (Art. 59 4. EG-RL i.V.m. Art. 45 RL 7. EG-RL), während eine deutsche Aktiengesellschaft alle Beteiligungen und andere Anteile an Unternehmen mit den Anschaffungskosten, eventuell vermindert um Abschreibungen, anzusetzen hat (§§ 253, 271 Abs. 1, 279 Abs. 1, 255 Abs. 1 HGB).

Für die Wertansätze des Anlage- und Umlaufvermögens einer SE gilt grundsätzlich ein Wertaufholungsgebot beim Wegfall der Gründe einer vorher vorgenommenen Sonderabschreibung (Art. 35 Abs. 1 Buchst. c dd, Art. 39 Abs. 1 Buchst. d 4. EG-RL). Aufgrund der uneingeschränkten Gültigkeit des Grundsatzes der umgekehrten Maßgeblichkeit für eine SE mit Sitz in Deutschland (vgl.

---

[256] Vgl. Maul, K.-H.: Die Wertpapiere des Umlaufvermögens und die flüssigen Mittel, in: Wysocki, K. von/Schulze-Osterloh, J.: Handbuch des Jahresabschlusses in Einzeldarstellungen, Abteilung II/7, Februar 1986, Rdnr. 26. Vgl. zur Zulässigkeit des Erwerbs eigener Aktien durch eine SE Kapitel C.III.1.b)aa).

[257] Vgl. Dörner, D.: Aufwandsrückstellungen - Möglichkeiten und Grenzen der Bilanzpolitik (Teil I), in: Die Wirtschaftsprüfung, 44. Jg. 1991, S. 225 f.

[258] Vgl. Baumann, K.-H.: § 274, in: Küting, K./Weber, C.-P. (Hrsg.), Handbuch der Rechnungslegung, 3. Auflage, Stuttgart 1990, S. 1464-1466, Rdnrn. 1-7.

[259] Vgl. Haller, Aktiengesellschaft, S. 1577.

[260] Vgl. allgemein zur "Equity"-Methode Havermann, H.: Zur Bilanzierung von Beteiligungen in Einzel- und Konzernabschlüssen, in: Die Wirtschaftsprüfung, 28. Jg. 1975, S. 233-242.

Kapitel C.VIII.2.b)) können hieraus negative steuerliche Folgen gem. §§ 5 Abs. 1 S. 2, 6 Abs. 1 Nr. 1 S. 4 und Nr. 2 S. 3 EStG resultieren, so daß von einer Zuschreibung in der Handelsbilanz der SE abgesehen werden kann.[261] Für deutsche Aktiengesellschaften besteht nach § 280 Abs. 1 HGB ein grundsätzliches Wertaufholungsgebot, das aber durch § 280 Abs. 2 HGB i.V.m. §§ 5 Abs. 1 S. 2, 6 Abs. 1 S. 4 EStG in der Regel zu einem Wertaufholungs*wahlrecht* führt.[262]

Die Möglichkeit einer SE nach Art. 33 Abs. 1 4. EG-RL die Posten im Jahresabschluß zu Zeitwerten zu bewerten, durch die Nutzung einer der drei verschiedenen Wertansätze[263] (Wiederbeschaffungswerte, andere der Inflation Rechnung tragende Methoden und Neubewertung[264]), stellt einen bedeutsamen Unterschied zur Bewertung deutscher Aktiengesellschaften dar, die ausschließlich Anschaffungs- oder Herstellungskosten (gegebenenfalls vermindert um Abschreibungen) ansetzen können (§§ 253-255, 279 HGB). Dadurch könnte die externe Rechnungslegung einer SE mit Sitz z.B. in Deutschland auch dem Ziel der *Substanzerhaltung* umfassend Rechnung tragen.[265] Macht eine SE von diesem Bewertungswahlrecht Gebrauch, so hat sie nach Art. 33 Abs. 2-4 4. EG-RL den Unterschiedsbetrag zwischen den (fortgeführten) Anschaffungs- oder Herstellungskosten und dem jeweiligen Zeitwert in der Bilanz oder im Anhang anzugeben und in eine Neubewertungsrücklage einzustellen. Der Unterschiedsbetrag ist für jeden Bilanzposten, mit Ausnahme der Vorräte, einzeln anzugeben, wodurch die ursprünglichen Anschaffungs- oder Herstellungskosten ersichtlich sind. Der Ansatz einer Neubewertungsrücklage ist als Ausfluß des Vorsichtsprinzips anzusehen, wodurch eine Ausschüttung von Buchgewinnen verhindert wird. Eine Erklärung (vgl. Art. 33 Abs. 1 S. 1 4. EG-RL) gegenüber der Kommission, daß die SE zu Zeitwerten bewertet, braucht nicht zu erfolgen.[266]

---

[261] Vgl. Jonas, Bilanzrichtlinie, S. 27 f., 194, 222-225. Vgl. zu einer gegenteiligen Auslegung der 4. EG-RL v.a. Chmielewicz, Harmonisierung, S. 53-55. Da zudem eine Zuschreibung in der Handelsbilanz der SE den deutschen GoB entspricht (vgl. Leffson, U.: Die Grundsätze ordnungsmäßiger Buchführung, 7. Auflage, Düsseldorf 1987, S. 446), ist die Handelsbilanz der SE insoweit für deren deutsche Steuerbilanz maßgeblich (vgl. Kapitel C.VIII.2.a) und C.VIII.2.b)), so daß der Auffassung Hallers, "für die SE (gelte; A.d.V.) ein generelles Wertaufholungsgebot" (Haller, Aktiengesellschaft, S. 1577) nicht gefolgt werden kann.

[262] Vgl. Glanegger, P.: § 6 EStG, in: Schmidt, L. (Hrsg.), Einkommensteuergesetz, 10. Auflage, München 1991, S. 434 f., Rdnr. 15 b).

[263] Art. 33 Abs. 1 S. 1 Buchst. a-c 4. EG-RL gibt dabei an, mit welchem Zeitwert die einzelnen Bilanzpositionen angesetzt werden können.

[264] Nach Art. 101 Abs. 3 Buchst. e S. 5 SE-VO muß die angewandte Methode im Anhang erläutert werden.

[265] Vgl. hierzu allgemein Coenenberg, Jahresabschluß, S. 760 f., 771.

[266] Vgl. zur Bewertung mit Zeitwerten ausführlich Haller, Aktiengesellschaft, S. 1578.

c) Anhang und Lagebericht

Der Inhalt des Anhangs einer SE muß insbesondere die in Art. 43 4.EG-RL vorgeschriebenen Angaben enthalten, wobei die SE von den Wahlrechten der Art. 44 und 45 4. EG-RL Gebrauch machen kann (Art. 101 Abs. 3 Buchst. f SE-VO). Diese Angaben entsprechen weitgehend denen deutscher Aktiengesellschaften gem. §§ 284-288 HGB, 160 AktG. Aus der Auslegung der Generalnorm könnten sich für SEs dagegen noch zusätzliche Angabeverpflichtungen ergeben, sofern diesen im Anhang nachgekommen wird (vgl. Kapitel C.V.2.c)).[267]

Der Inhalt des Lageberichts einer SE (Art. 46 4. EG-RL) entspricht dem einer deutschen Aktiengesellschaft (§ 289 HGB).[268] Allerdings ist der Verweis in Art. 102 Abs. 2 SE-VO auf Art. 46 4. EG-RL so zu verstehen, daß alle Angaben gemacht werden *müssen*. Im Vergleich zu einer deutschen Aktiengesellschaft werden die in § 289 Abs. 2 HGB enthaltenen Soll- also zu Pflichtangaben.

4. Vergleich zwischen dem Konzernabschluß und dem Konzernlagebericht einer Societas Europaea und einer Aktiengesellschaft nationalen Rechts als Muttergesellschaft

Die Verweisungen der Art. 17 Abs. 1, 29 Abs. 1 7. EG-RL auf die Art. 3-10, 13-26, 28-30, 31-42, 60 4. EG-RL und des § 298 Abs. 1 HGB auf die §§ 244-256, 265, 266, 268-275, 277-283 HGB führen dazu, daß die in Kapitel C.V.3. gemachten Ausführungen bezüglich der Unterschiede in Ausweis, Gliederung, Ansatz und Bewertung auch für die Konzernbilanz und -GuV einer SE und einer deutschen Aktiengesellschaft analog gelten. Lediglich die Bewertung von Beteiligungen an assoziierten Unternehmen, die in Art. 33 Abs. 1 S. 1 7. EG-RL bzw. § 311 Abs. 1 S. 1 HGB definiert sind, ist sowohl von einer SE als auch von einer deutschen Aktiengesellschaft nach der "Equity"-Methode durchzuführen (Art. 33 7. EG-RL, §§ 311, 312 HGB).

---

[267] Die Möglichkeit für Beteiligungsholdings, die Angabe der Beteiligungen an Unternehmen nach Art. 43 Abs. 2 i.V.m. Art. 5 Abs. 3 4. EG-RL im Anhang zu unterlassen, ist für SEs ebenso ausgeschlossen (Art. 101 Abs. 3 Buchst. a SE-VO) wie für deutsche Aktiengesellschaften, da das Wahlrecht der EG-Staaten an sie nicht weitergegeben wurde. Insoweit besteht also kein Unterschied.

[268] Vgl. Haller, Aktiengesellschaft, S. 1578. Die Angaben über den *Erwerb eigener Aktien* gem. Art. 22 Abs. 2 2. EG-RL i.V.m. Art. 46 Abs. 2 Buchst. d 4. EG-RL erfolgen für deutsche Aktiengesellschaften gem. § 160 Abs. 1 Nr. 2 AktG im Anhang, vgl. Maul, S. 14, Rdnr. 26 und Fußnote 23, für SEs dagegen im Lagebericht.

Besonders hervorzuheben ist die nahezu identische Abgrenzung des Konsolidierungskreises für deutsche Aktiengesellschaften (§ 290 HGB) und SEs (Art. 106 Abs. 1 SE-VO i.V.m. Art. 1 7. EG-RL) als Mutterunternehmen, wonach beide beim Vorliegen sowohl des sog. Konzepts der einheitlichen Leitung als auch des sog. Konzepts des Control-Verhältnisses einen Konzernabschluß und einen Konzernlagebericht aufstellen müssen.[269]

Die sonstigen Regelungen der 7. EG-RL für Konzernbilanz, -GuV, -Anhang und -Lagebericht unterscheiden sich von denen der §§ 290-315 HGB grundsätzlich nicht, da die 7. EG-RL hier sehr wortgetreu ins deutsche Recht transformiert wurde und zudem viele Wahlrechte der EG-Staaten[270] an die Unternehmen weitergegeben wurden. Einer deutschen Aktiengesellschaft und einer SE stehen nahezu dieselben Wahlrechte zur Verfügung. Daher soll hier nur auf zwei interessante Einzelregelungen der 7. EG-RL eingegangen werden: (1) Von der Befreiung bestimmter Beteiligungsholdings zur Aufstellung eines Konzernabschlusses nach Art. 5 Abs. 1 7. EG-RL i.V.m. Art. 5 Abs. 3 4. EG-RL sind sowohl die SE (Art. 106 Abs. 2 SE-VO) als auch eine deutsche Aktiengesellschaft, mangels Weitergabe dieses Wahlrechts an die Unternehmen, ausgeschlossen.[271] (2) Nach Art. 29 Abs. 2 Buchst. a S. 2 7. EG-RL können SEs als Mutterunternehmen für den Konzernabschluß andere Bewertungsmethoden wählen, als in ihrem eigenen Jahresabschluß, sofern die Bewertungsmethoden (noch) denen der 4. EG-RL entsprechen. Deutschen Aktiengesellschaften steht dieses Wahlrecht nicht zu.[272]

5. Möglichkeit einer Societas Europaea zur Bilanzierung in ECU

Nach Art. 101 Abs. 1a, 106 Abs. 1a SE-VO kann eine SE ihren Einzel- und Konzernabschluß in ECU aufstellen und offenlegen, sofern sie die Grundlagen der Währungsumrechnung der nationalen Währungen in ECU im Anhang angibt. Macht eine SE von diesem Wahlrecht nicht Gebrauch, hat sie ihren Einzel- und Konzernabschluß in der Währung ihres Sitzstaats, in Deutschland in DM, aufzustellen (Art. 7 Abs. 1 Buchst. b 1. HS SE-VO i.V.m. § 244 HGB).

---

[269] Vgl. hierzu Buchner, Rechnungslegung, S. 338 f.

[270] Vgl. z.B. Art. 17 Abs. 2, 19 Abs. 1 Buchst. b, 20 Abs. 1, 26 Abs. 2, 27 Abs. 2, 30 Abs. 2, 33 Abs. 2 Buchst. c und d 7. EG-RL i.V.m. §§ 298 Abs. 2, 301 Abs. 2 S. 1, 302 Abs. 1, 304 Abs. 2, 299 Abs. 1 und 3, 309 Abs. 1 S. 3, 312 Abs. 1 Nrn. 1 und 2, Abs. 3 HGB.

[271] Dieses Wahlrecht wurde auf Drängen Luxemburgs eingeführt, wobei es den Zielen der Gleichwertigkeit und der Vergleichbarkeit der Informationen der 7. EG-RL entgegensteht. Vgl. Timmermanns, S. 24 f.; Präambel der 7. EG-RL.

[272] Vgl. Jonas, H.H.: Der Konzernabschluß, Stuttgart 1986, S. 169.

Deutsche Aktiengesellschaften können dagegen ihren Einzel- und Konzernabschluß nur in DM aufstellen (§§ 244, 298 Abs. 1 HGB), wobei ihnen die Art. 8, 9 Mittelstandsrichtlinie[273] zumindest die zusätzliche Offenlegung der Abschlüsse in ECU ermöglichen, unter Angabe des Umrechnungskurses im Anhang. Bisher steht deutschen Aktiengesellschaften diese Möglichkeit ohne besondere Angaben im Anhang zu, da diese Richtlinie noch nicht in deutsches Recht transformiert wurde.[274]

Die Aufgaben des Einzel- und Konzernabschlusses einer nationalen Aktiengesellschaft und einer SE bestehen u.a. in der Versorgung der Gläubiger, Unternehmensleitung und -überwachung, Gesellschafter, Arbeitnehmer, Finanzbehörden und der am Unternehmen interessierten Öffentlichkeit mit Informationen zum Schutze dieser und als Grundlage von Entscheidungen.[275] Die *Offenlegung* des Einzel- und Konzernabschlusses in ECU durch eine europaweit ausgelegte Unternehmung in der Rechtsform einer SE ermöglicht eine bessere Vergleichbarkeit der Informationen in der EG. Hierbei hat eine Umrechnung der Währung, in denen der Einzel- und Konzernabschluß aufgestellt wurde, in ECU zu erfolgen, sofern die SE und/oder die in den Konzernabschluß der SE einbezogenen Unternehmen in nationalen Währungen bilanzieren. Daraus ergeben sich die i.R.d. Konzernabschlusses bekannten Probleme der Währungsumrechnung, auf die hier nicht weiter eingegangen werden soll.[276] Die Aufgaben des Einzel- und Konzernabschlusses können dann aber besser erreicht werden, da z.B. eine vergleichende Analyse der Einzel- und Konzernabschlüsse von SEs verschiedener Sitzstaaten durch die, ebenfalls in verschiedenen Staaten der EG ansässigen, Anteilseigner ohne eine weitere Währungsumrechnung erfolgen kann.

Erfolgt dagegen neben der Offenlegung auch die *Aufstellung* des Einzel- und Konzernabschlusses einer SE in ECU, so sind die gesamten Bilanzierungs- und v.a. Bewertungsprinzipien stets auf *ECU-Basis* anzuwenden.[277] Probleme aus der Währungsumrechnung können sich dann nur noch für die in nationalen Währungen erfaßten buchungspflichtigen Tatbestände ergeben. Für den Erwerb von Vermögensgegenständen, die Fakturierung, die Aufnahme von Fremdkapital

---

[273] Vgl. hierzu allgemein Hahn, J.: EG-Mittelstandsrichtlinie und EG-Bilanzrichtlinien-Ergänzungsrichtlinie, in: Deutsches Steuerrecht, 29. Jg. 1991, S. 121-124.

[274] Das deutsche Durchführungsgesetz befindet sich derzeit noch in Vorbereitung. Vgl. Wiesner, P.M.: Stand des Europäischen Unternehmensrechts, in: Europäische Zeitschrift für Wirtschaftsrecht, 3. Jg. 1992, S. 272.

[275] Vgl. Wöhe, Einführung, S. 993-996, 1148-1150. Vgl. zu den Aufgaben des Einzel- und Konzernabschlusses allgemein auch Coenenberg, Jahresabschluß, S. 12-14, 402.

[276] Vgl. allgemein zur Währungsumrechnung und den Problemen hierbei Heinen, S. 461-466; Buchner, Rechnungslegung, S. 444-460.

[277] Vgl. hie· .u nur Chmielewicz, Harmonisierung, S. 53.

usw. in ECU[278], können die Probleme der Umrechnung nationaler Währungen in ECU dagegen vermieden werden. Zusätzlich können durch eine Bilanzierung in ECU, für in ECU erfaßte buchungspflichtige Tatbestände, *Fremdwährungsrisiken* aufgrund von *Wechselkursänderungen* zwischen den im Europäischen Währungssystem enthaltenen Währungen vollständig eliminiert werden. Dies ist v.a. dann von Bedeutung, falls z.B. die Verkäufe von Vermögensgegenständen in der Währung des SE-Sitzstaats nicht durchgesetzt werden können. Die SE kann dann auf den für beide Vertragsseiten neutraleren ECU als Fakturierungswährung ausweichen und auch in ECU bilanzieren. Die Bilanzierungsgrundsätze sind dann stets auf ECU-Basis, unabhängig von der Währung des Sitzstaats der SE, anzuwenden. Vgl. zur gesamten Problematik das nachfolgende Beispiel. Für nationale Aktiengesellschaften, die den ECU ebenfalls als Währung von Transaktionen z.B. gegenüber europäischen Unternehmen einsetzen, besteht dadurch die Möglichkeit, die Fremdwährungsrisiken zumindest zu vermindern. Die Probleme der Währungsumrechnung bleiben dabei aber bestehen, da nationale Aktiengesellschaften in der Währung ihres Sitzstaats bilanzieren müssen. Dies gilt für SEs, die in der Währung ihres Sitzstaats bilanzieren, analog.

Beispiel: Das folgende Beispiel soll zeigen, wie das Risiko der Währungsänderung beim Verkauf eines Vermögensgegenstands auf Kredit durch Fakturierung in ECU verringert (Bilanzierung der SE mit Sitz in Deutschland in DM) oder eliminiert (Bilanzierung der SE in ECU) werden kann. Es erfolgt also jeweils eine Fakturierung in ECU anstelle einer nationalen Währung eines EG-Staats (hier Frankreich mit französischem Franc, FF), die sich von der Währung des Sitzstaats der liefernden Unternehmung (hier Deutschland mit DM) unterscheidet.

Konkret wird von einem Verkaufswert des Vermögensgegenstands von 100.000 DM ausgegangen, der entweder in FF oder in ECU von einer SE dem Abnehmer am 1.12.01 in Rechnung gestellt werden kann (Zeitpunkt der Übergabe und damit der Forderungsentstehung). Zum Bilanzstichtag am 31.12.01 muß nun für die in DM bilanzierende SE verglichen werden, welchem DM-Wert diese Forderung bei ECU- bzw. FF-Fakturierung entspricht, wobei von einer Aufwertung der DM innerhalb dieses Zeitraumes (1.12.-31.12.01) von 2 vH ausgegangen wird. Für die in ECU bilanzierende SE erübrigt sich dagegen ein Vergleich. Die Währung der Forderung und die der Bilanzierung sind gleich (ECU). Der Wert der Forderung kann, für sich betrachtet, durch Änderungen der Kurse der im ECU enthaltenen Währungen nicht schwanken. Bei dieser SE liegt also eigentlich überhaupt keine Fremdwährungsforderung vor.

---

[278] Vgl. zur Zulässigkeit der Verwendung von ECU durch Unternehmen Kloten, N./Bofinger, P.: Geldpolitik in der offenen Volkswirtschaft, in: Kloten, N./Stein, J.H. von (Hrsg.), Obst/Hintner, Geld-, Bank- und Börsenwesen, 38. Auflage, Stuttgart 1988, S. 143-145.

Die notwendigen Ausgangsdaten, wie der Wechselkurs des FF zur DM und der Gegenwert eines ECU in DM, enthalten für den 1.12.01 Tabelle 2[279] und für den 31.12.01 Tabelle 3 auf Seite 104. Die jeweiligen DM-Gegenwerte eines ECU lassen sich durch die im ECU-Währungskorb enthaltenen absoluten Beträge der nationalen Währungen mittels der geltenden DM-Mittelkurse errechnen.[280]

(1) Absoluter Betrag der im ECU-Währungskorb enthaltenen nationalen Währungen		(2) DM-Mittelkurs vom 01.12.01	(3) Gegenwert in DM [= (1) x (2)]
0,719	DM	-	0,719
1,31	FF	0,298	0,390
0,0878	£	2,78	0,244
0,256	hfl	0,888	0,227
140	Lit	0,00138	0,193
3,85	bfr und lfr	0,048	0,185
0,219	dkr	0,262	0,057
0,00871	Ir£	2,679	0,023
1,15	Dr	0,0136	0,016
Summe (DM-Gegenwert eines ECU)			2,055

Tab. 2: Angabe der DM-Mittelkurse und des DM-Gegenwerts eines ECU (Stand 1.12.01)

Die Forderung in FF beträgt zum 1.12.01:

$$100.000 \text{ DM} \times (0{,}298 \text{ DM/FF})^{-1} = \underline{335.570 \text{ FF.}}$$

Die Forderung in ECU beträgt zum 1.12.01:

$$100.000 \text{ DM} \times (2{,}055 \text{ DM/ECU})^{-1} = \underline{48.662 \text{ ECU.}}$$

Durch die zwischen dem 1.12.01 und dem 31.12.01 unterstellte Aufwertung der DM gegenüber allen anderen europäischen Währungen um 2 vH ergeben sich folgende modifizierte Daten (Tabelle 3 auf Seite 104):

---

[279] Die Ausgangsdaten der beiden Tabellen sind entnommen aus Kloten/Bofinger, S. 142.
[280] Vgl. Kloten/Bofinger, S. 140.

(1) Absoluter Betrag der im ECU-Währungskorb enthaltenen nationalen Währungen		(2) DM-Mittelkurs vom 31.12.01	(3) Gegenwert in DM [= (1) x (2)]
0,719	DM	-	0,719
1,31	FF	0,29204	0,3825724
0,0878	£	2,7244	0,2392023
0,256	hfl	0,87024	0,2227814
140	Lit	0,0013524	0,189336
3,85	bfr und lfr	0,04704	0,181104
0,219	dkr	0,25676	0,062304
0,00871	Ir£	2,62542	0,0228674
1,15	Dr	0,013328	0,0153272
Summe (DM-Gegenwert eines ECU)			2,0284211

Tab. 3: Angabe der DM-Mittelkurse und des DM-Gegenwerts eines ECU (Stand 31.12.01)

Für die in *DM* bilanzierende SE ergeben sich folgende Ergebnisse:

Der Wert der Forderung in DM beträgt bei Fakturierung in FF zum 31.12.01 (Vergleichswert):335.570 FF x 0,29204 DM/FF = 98.000 DM.

Der Wert der Forderung in DM beträgt bei Fakturierung in ECU zum 31.12.01: 48.662 ECU x 2,0284211 DM/ECU = 98.707 DM.

Bei Fakturierung in FF ist die durch den Verkauf auf Kredit am 1.12.01 entstehende Forderung (335.570 FF = 100.000 DM) durch die Wechselkursänderung am 31.12.01 nur noch 98.000 DM wert. Fakturiert man dagegen in ECU, so verringert sich der Wert der Forderung am 31.12.01 nur auf 98.707 DM. Die Forderung kann bei Fakturierung in ECU in der Bilanz der SE zum 31.12.01 mit 98.707 DM angesetzt werden. Die Veränderungen des DM-Werts der Forderungen in FF bzw. ECU faßt nochmals Tabelle 4 zusammen:

Wert der Forderung in	FF	= DM	ECU	= DM
Forderung am 01.12.01	335.570	100.000	48.662	100.000
Forderung am 31.12.01	335.570	98.000	48.662	98.707

Tab. 4: Veränderung des DM-Werts der Forderungen in FF bzw. ECU

Hieraus folgt, daß das Risiko der Änderung der Wechselkurse, hier das Risiko der Aufwertung der DM gegenüber den anderen europäischen Währungen, bei Fakturierung in ECU statt in einer ausländischen nationalen Währung verringert werden kann.[281] Im Beispiel verringert sich der Wertverlust der Forderung bei Fakturierung in ECU statt in FF um 707 DM oder 707 DM/2.000 DM x 100 vH = 35,35 vH.[282] Der Grund hierfür besteht in der Tatsache, daß sich bei einer Aufwertung der DM gegenüber den anderen Währungen der DM-Wert des ECU nicht so stark ändert, wie der DM-Wert des FF, da der ECU als Währungskorb auch aus der gegenüber den anderen Währungen aufgewerteten Währung (DM) besteht, sich insoweit also gerade nicht ändert.

Für die in *ECU* bilanzierende SE ergeben sich folgende Ergebnisse:

Der Wert der Forderung der SE in ECU beträgt bei Fakturierung in ECU zum 31.12.01 nach wie vor 48.662 ECU.

Für die in ECU fakturierende und bilanzierende SE hat sich die Änderung des Kurses der Währung ihres Sitzstaats (DM) gegenüber der Währung des Staats, in dem der Abnehmer des Vermögensgegenstands ansässig ist (FF), nicht ausgewirkt. Ein Währungsrisiko bestand für diese SE also nicht.

Die SE, die in ECU statt in FF fakturiert, erzielt dadurch einen *Fakturierungseffekt* von 707 DM. Da sich bei der in ECU fakturierenden und bilanzierenden SE keine Wertveränderung der Forderung ergibt[283], erzielt diese SE gegenüber einer Fakturierung in FF und einer Bilanzierung in DM einen zweiteiligen Effekt, der hier zur Vergleichbarkeit in DM ausgedrückt werden soll. Erstens einen *Fakturierungseffekt* (707 DM) und zweitens einen *Bilanzierungseffekt* (2.000 ./. 707 = 1.293 DM), die zusammen den Gesamteffekt in Höhe von 2.000 DM[284] ergeben.

Die durch die Fakturierung und v.a. die Bilanzierung in ECU oben aufgezeigten Möglichkeiten werden auch von einer Umfrage der "Vereinigung für die 'europäische Währungsunion' (Association pour l`Union Monétaire de l`Europe - A.U.M.E.)"[285] bestätigt, bei der sich die Mehrheit der befragten Führungskräfte für die Einführung des ECU als einzige europäische Währung aussprachen, da sich hierdurch Kosten in Höhe von mindestens 0,5 vH der Umsätze einsparen lassen.[286]

---

[281] Natürlich verringert die Fakturierung in ECU gleichermaßen die Chance, aus Wechselkursänderungen Gewinne zu erzielen; dies würde sich im Beispielsfall aus einer Abwertung der DM gegenüber den anderen europäischen Währungen ergeben.

[282] 98.707 DM ./. 98.000 DM = 707 DM; 100.000 DM ./. 98.000 DM = 2.000 DM.

[283] Für diese SE kann daher unterstellt werden, daß die ursprünglichen Wechselkurse nach wie vor Gültigkeit haben.

[284] 100.000 DM ./. 98.000 DM = 2.000 DM.

6. Kritische Würdigung der Regelungen des Einzel- und Konzernabschlusses der Societas Europaea im Hinblick auf das Ziel der vierten und siebenten EG-Richtlinie

Das Ziel der 4. und 7. EG-RL besteht darin, die Informationen der Einzel- und Konzernabschlüsse vergleichbar und gleichwertig zu machen[287], damit die Aufgaben der Einzel- und Konzernabschlüsse (vgl. Kapitel C.V.5.) von Unternehmen nationalen Rechts in der EG gleichermaßen erfüllt werden, was nicht zuletzt der Schaffung eines europäischen Kapitalmarkts dient. Die Erreichung dieses Ziels kann für die Umsetzung der 4. und 7. EG-RL in nationales Recht als mehr oder weniger geglückt angesehen werden.[288]

Bezieht man die Rechtsform der SE in den Anwendungsbereich der 4. und 7. EG-RL ein, können sich bezüglich der Zielerreichung beider Richtlinien Probleme aus folgenden Gegebenheiten ergeben. *Erstens* aus den der SE zur Verfügung stehenden umfangreichen Unternehmenswahlrechten, die fast alle Wahlrechte der beiden Richtlinien umfassen. *Zweitens* aus der unterschiedlichen Auslegung der Generalnormen der Richtlinien und *drittens* aus dem, nach Anwendung der Generalnormen, notwendigen Rückgriff auf nationales Sitzstaatsrecht zur Schließung von Richtlinienlücken, da keine europäischen GoB zur Verfügung stehen.

Dem in der Literatur hieraus teilweise gezogenen Schluß[289], die externe Rechnungslegung von SEs gleicher oder verschiedener Sitzstaaten sowie die externe Rechnungslegung von SEs und Aktiengesellschaften nationalen Rechts desselben Sitzstaats sei weder gleichwertig noch vergleichbar, kann aber zumindest bei Ansässigkeit der SEs und/oder Aktiengesellschaften in *verschiedenen* EG-Staaten nicht gefolgt werden.[290] Dies würde bedeuten, daß das Ziel der 4. und 7. EG-RL nicht erreicht worden wäre, da dies ansonsten für die externe Rechnungslegung von Aktiengesellschaften nationalen Rechts, die in verschiedenen Sitzstaaten ansässig sind, ebenfalls zutreffen würde. Das ist aber, wie oben gezeigt wurde, grundsätzlich nicht der Fall.

Die Unterschiede in der externen Rechnungslegung zwischen SEs oder SEs und Aktiengesellschaften nationalen Rechts, die alle in einem einzigen EG-Staat

---

[285] Stabenow, M.: Unternehmen für Einheitswährung, in: Blick durch die Wirtschaft, Nr. 107, vom 7.6.1991, S. 2.

[286] Vgl. Stabenow, S. 2.

[287] Vgl. Präambel der 4. und 7. EG-RL.

[288] Vgl. Schmitz, S. 32 f.; Niehus, R.J.: Zur Transformation der 4. EG-(Bilanz-) Richtlinie in den Mitgliedstaaten der Europäischen Gemeinschaft - Überblick und erste Würdigung, in: Zeitschrift für Unternehmens- und Gesellschaftsrecht, 14. Jg. 1985, S. 565 f.; Timmermanns, S. 23 f.

[289] Vgl. Rödder, Teil I, S. 207.

[290] Ähnlich, aber nicht differenzierend, auch Rasner, der bemerkt, daß die SE-VO einschließlich der EG-Richtlinien "einigermaßen gleichmäßig ... den Jahresabschluß regeln." Rasner, S. 318.

ansässig sind, müssen dagegen als äußerst bedenklich angesehen werden. Die Harmonisierung der Bedeutung bzw. Auslegung der Generalnormen, die Entwicklung europäischer GoB und einheitlicher europäischer Begriffe der Rechnungslegung werden daher zu Recht als weitere Schritte i.R.d. Harmonisierung der Rechnungslegung in der EG gefordert.[291]

Die Möglichkeit der Anpassung der externen Rechnungslegung einer SE an internationale Grundsätze und Standards, durch Ausübung der Wahlrechte der 4. und 7. EG-RL, ist dagegen als sehr vorteilhaft[292] anzusehen. Hierdurch kann das Ziel der beiden Richtlinien nicht nur auf europäischer, sondern darüber hinaus auch auf internationaler Ebene besser erreicht werden.[293] [294] Daher ist der von Dänemark gemachte Vorschlag, wonach die der SE aufgrund der 4. und 7. EG-RL zur Verfügung stehenden (Mitgliedstaaten-) Wahlrechte durch die SE-Sitzstaaten eingeschränkt werden können, abzulehnen[295] und eine weitere Angleichung der Rechnungslegungsvorschriften in der EG zu befürworten (s.o.).

VI. Prüfung und Offenlegung (Publizität) des Einzel- und Konzernabschlusses der Societas Europaea

Der Einzel- und der Konzernabschluß sowie der Lage- und der Konzernlagebericht einer SE sind von einer oder mehreren Personen zu prüfen (Art. 103 Abs. 1, 111 SE-VO).[296] [297] Der oder die Prüfer müssen im Sitzstaat der SE nach dem dort geltenden harmonisierten nationalen Recht zugelassen sein, das zur Umsetzung der achten gesellschaftsrechtlichen EG-Richtlinie (Prüferbefähigungs-

---

[291] Vgl. Otte, S. 9 f.

[292] Vgl. Kallmeyer, S. 104.

[293] Dies bestätigt auch der Vergleich der 4. EG-RL mit internationalen Rechnungslegungsgrundsätzen von Niehus, R.J.: Die Vierte Gesellschaftsrechtliche Richtlinie - Harmonisierung des Jahresabschlusses vor internationalem Hintergrund, in: Die Wirtschaftsprüfung, 31. Jg. 1978, S. 466-473.

[294] Auf die Notwendigkeit, mit der Harmonisierung der externen Rechnungslegung z.B. von Aktiengesellschaften in Europa durch die 4. EG-RL auch eine weltweite Vergleichbarkeit der Jahresabschlüsse, insbesondere mit denen amerikanischer Unternehmen, anzustreben, hat Busse von Colbe bereits 1973 aufmerksam gemacht. Vgl. Busse von Colbe, W.: Vereinheitlichung des Jahresabschlusses in der EWG, in: Zeitschrift für Unternehmens- und Gesellschaftsrecht, 2. Jg. 1973, S. 122. Diese Forderung gilt analog für den Konzernabschluß.

[295] Vgl. zu diesem Vorschlag Dänemarks nur Merkt, Aktiengesellschaft, S. 658.

[296] SEs, die die Größenmerkmale des Art. 11 4. EG-RL (geändert durch Art. 1 Mittelstandsrichtlinie) nicht überschreiten, brauchen ihren Jahresabschluß nicht prüfen zu lassen (Art. 103 Abs. 2 S. 1 SE-VO).

[297] Der Lage- und der Konzernlagebericht sind dabei insbesondere auf Übereinstimmung mit dem Einzel- und dem Konzernabschluß zu überprüfen.

richtlinie)[298], die im folgenden als 8. EG-RL bezeichnet wird, und der Richtlinie über die gegenseitige Anerkennung von Hochschuldiplomen[299] erlassen wurde.[300] Eine in Deutschland ansässige SE kann daher sowohl von einem deutschen Wirtschaftsprüfer als auch von einem anderen (europäischen) Berufsangehörigen, der in Deutschland zugelassen ist[301], geprüft werden[302], sofern dieser das deutsche Bilanzrecht kennt, das auf die SE ergänzend anzuwenden ist. Zudem muß der Prüfer auch von sämtlichen anderen, in der 4. und 7. EG-RL enthaltenen Bilanzierungsvorschriften die zur Ausübung des Prüferberufs notwendigen Kenntnisse besitzen, da SEs von diesen Bestimmungen unmittelbar Gebrauch machen können.[303]

Aus diesem Anforderungsprofil an einen (Wirtschafts-) Prüfer einer SE folgt zwangsläufig die Forderung nach Schaffung eines europäischen Prüfers (*Euro-Prüfer*). Obwohl aber bereits 1959 einheitliche europäische Berufsgrundsätze von der Union Européenne des Experts Comptables Economiques et Financiers (U.E.C.) verabschiedet wurden,[304] kann vom Bestehen eines Euro-Prüfers mit einem einheitlichen europäischen Berufsrecht bis heute nicht gesprochen werden. Der Grund hierfür besteht einerseits darin, daß die verabschiedeten europäischen Berufsgrundsätze nur *Mindestregelungen* darstellen, und andererseits selbst diese Mindestregelungen für die europäischen Berufsangehörigen *nicht verbindlich* sind.[305]

Auch die Harmonisierung der Rechtsvorschriften in der EG beschränkt sich bislang ausschließlich auf "gemeinsame Regeln für die Prüfung von Gesellschaften, für die theoretische und praktische Ausbildung sowie die erforderliche

[298] ABl. EG Nr. L 126, vom 12.5.1984, S. 20-26.

[299] ABl. EG Nr. L 19, vom 24.1.1989, S. 16-23.

[300] Vgl. zu den Voraussetzungen der Berufsausübung in Deutschland die §§ 5-42 WPO.

[301] Vgl. zur in Deutschland geplanten Eignungsprüfung für Berufsangehörige aus anderen EG-Staaten als Voraussetzung der Zulassung zum Wirtschaftsprüfer Geisendörfer, U.: Die Entwicklung des Wirtschaftsprüferberufs im Hinblick auf den Europäischen Binnenmarkt 92, in: Die Wirtschaftsprüfung, 42. Jg. 1989, S. 699.

[302] Der Grundidee der SE würde es allerdings eher entsprechen, wenn der oder die Prüfer nur in einem beliebigen EG-Staat zugelassen sein müßten. Vgl. Haller, Jahresabschlußprüfung, S. 588.

[303] Vgl. Haller, Jahresabschlußprüfung, S. 588 f.

[304] Vgl. Moine, M.: Geleitwort zu den Europäischen Berufsgrundsätzen der Union Européenne des Experts Comptables Economiques et Financiers, in: Die Wirtschaftsprüfung, 14. Jg. 1961, S. 470. Die gesamten europäischen Berufsgrundsätze sind abgedruckt in: Die Wirtschaftsprüfung, 14. Jg. 1961, S. 470-473.

[305] Art. 46 der europäischen Berufsgrundsätze enthält folgende Regelung: "Die .. unterbreiteten europäischen Berufsgrundsätze sind für jedes Land insoweit verbindlich, als sie nicht von den gesetzlichen Regelungen und Vorschriften bzw. von der inländischen Übung abweichen." Art. 46 der europäischen Berufsgrundsätze. Dadurch sind die europäischen Berufsgrundsätze selbst gegenüber der jeweiligen "inländischen Übung" nur ergänzend anzuwenden. Ihre Allgemeinverbindlichkeit ist somit als sehr gering einzuschätzen.

Qualifikation der Personen oder Gesellschaften .., welche zur Durchführung dieser Prüfungen befugt sind."[306] [307] Sowohl auf der Ebene der Berufsorganisationen als auch in den Regelungen, die durch die nationalen Gesetzgeber bisher erlassen wurden, fehlen folglich einheitliche europäische Regelungen, die einen Euro-Prüfer konstituieren könnten. Die Abschlüsse einer SE sind daher wie die anderer nationaler Kapitalgesellschaften, die prüfungspflichtig sind, von einem oder mehreren *nationalen Prüfern* zu prüfen. Dabei kann aus der Notwendigkeit der Zulassung des Prüfers im SE-Sitzstaat und der Generalverweisung auf Sitzstaatsrecht in Art. 7 Abs. 1 Buchst. b SE-VO gefolgert werden, daß für den Prüfer die Berufsgrundsätze des Sitzstaats der zu prüfenden SE maßgeblich sind.

Den *Gegenstand* der *Prüfung* bestimmt Art. 103 Abs. 1 und Art. 111 Abs. 1 SE-VO. Zu prüfen sind demnach der Einzel- und der Konzernabschluß (einschließlich der Buchführung) sowie der Lage- und der Konzernlagebericht. Der *Umfang* der Prüfung wird dagegen nach nationalem Recht des Sitzstaats der jeweiligen SE festgelegt[308], mit einer Ausnahme: Art. 103 Abs. 1 S. 2 und Art. 111 Abs. 1 S. 2 SE-VO bestimmen, daß die zuständigen Wirtschaftsprüfer zu prüfen haben, ob der Lagebericht mit dem Jahresabschluß und der Konzernlagebericht mit dem Konzernabschluß in Einklang stehen. Die *Prüfungsdurchführung* erfolgt ebenso wie z.B. die von Jahresabschlüssen nationaler Aktiengesellschaften. Hierzu sind erstens aus den Rechnungslegungsvorschriften die Soll-Objekte zu ermitteln[309] und zweitens die dazugehörigen Ist-Objekte, die die zu prüfenden Zustände der Rechnungslegung der SE darstellen. Die jeweils zusammengehörigen Soll- und Ist-Objekte werden anschließend verglichen und beurteilt.[310]

Da es bisher aber keine einheitliche europäische Regelung gibt, wie dieses *Prüfungsurteil* auszusehen hat,[311] ist hierfür ebenfalls das nationale Recht des

---

[306] Nordemann, H.H.J.: Der Europäische Wirtschaftsprüfer - Mythos oder Realität?, in: Die Wirtschaftsprüfung, 42. Jg. 1989, S. 674.

[307] Art. 24 8. EG-RL verweist z.B. für die *Unabhängigkeit* des Prüfers bei Pflichtprüfungen, als Bestandteil des fundamentalen Berufsgrundsatzes der Objektivität (vgl. hierzu Buchner, R.: Der Wirtschaftsprüfer, Herne/Berlin 1985, S. 163), auf die nicht harmonisierten Rechtsvorschriften der EG-Staaten.

Die Art. 53, 54 5. EG-RLV enthalten dagegen erste Mindestregelungen bezüglich des Berufsgrundsatzes der Unabhängigkeit. Die Verabschiedung und Transformation des 5. EG-RLV steht aber noch aus.

[308] Vgl. zum Umfang einer in Deutschland ansässigen SE insbesondere § 317 HGB.

[309] Die Prüfungen der Abschlüsse von SEs stellen daher ausschließlich solche der Ordnungsmäßigkeit ohne Prüfung der Wirtschaftlichkeit und der Geschäftsführung dar. Vgl. allgemein zur Abgrenzung dieser Prüfungsarten voneinander Buchner, Prüfungswesen, S. 221 f.

[310] Vgl. hierzu ausführlich Buchner, Prüfungswesen, S. 218-241.

[311] Art. 47 Abs. 1 4. EG-RL spricht hier einerseits vom zu veröffentlichenden "Bericht der mit der Abschlußprüfung beauftragten Person" (Art. 47 Abs. 1 4. EG-RL), worunter nach Biener und Schatzmann, die sich auf den Konzernabschluß beziehen, der Bestätigungsvermerk zu verstehen ist. Vgl. Biener/Schatzmann, S. 67, und in Bezug auf den Konzernabschluß auch die gleichlautende

Sitzstaats der SE maßgebend. Für in Deutschland ansässige SEs bedeutet dies neben der Abgabe eines Prüfungsberichts an die Überwachungs- oder Verwaltungsorgane der SE die Erteilung und Veröffentlichung eines Bestätigungsvermerks durch den oder die Prüfer der SE. Der Bestätigungsvermerk kann allerdings bezüglich der gesetzlich vorgeschriebenen sog. Kernfassung[312] nicht in der Form des § 322 Abs. 1 HGB beibehalten werden. Die Rechnungslegungsnormen, die der Kernfassung des Bestätigungsvermerks zugrundeliegen, entsprechen nicht den auf die SE anzuwendenden Bestimmungen. Ferner kann die Erfüllung der Generalnormen nicht unter den generellen Vorbehalt der nationalen GoB gestellt werden. Der Wortlaut der Kernfassung des Bestätigungsvermerks könnte für eine SE daher in Anlehnung an § 322 Abs. 1 HGB wie folgt lauten:

"Die Buchführung und der Jahresabschluß entsprechen/Der Konzernabschluß entspricht nach meiner/unserer pflichtgemäßen Prüfung der 4. EG-RL/7. EG-RL und den ergänzend anzuwendenden nationalen Rechnungslegungsvorschriften einschließlich der Grundsätze ordnungsmäßiger Buchführung des Sitzstaats der Societas Europaea. Der Jahresabschluß/Konzernabschluß vermittelt ein den tatsächlichen Verhältnissen entsprechendes Bild der Vermögens-, Finanz- und Ertragslage der Societas Europaea/des Konzerns. Der Lagebericht/Konzernlagebericht steht im Einklang mit dem Jahresabschluß/Konzernabschluß."

Die Vorschriften über die Ergänzung, Einschränkung und Versagung des Bestätigungsvermerks nach § 322 Abs. 2 und 3 HGB können dagegen analog auf die SE angewendet werden.[313]

Die *Vergleichbarkeit* der *Prüfung* des Einzel- und Konzernabschlusses von SEs verschiedener Sitzstaaten ist aufgrund fehlender europäischer Berufsgrundsätze, die Prüfung betreffend, nicht notwendigerweise gegeben. Die Glaubwürdigkeit der Daten des Einzel- und Konzernabschlusses der SE können dadurch in

---

Regelung in Art. 38 Abs. 1 7. EG-RL. Andererseits wird in Art. 48 S. 2 4. EG-RL, der nach Art. 38 Abs. 5 7. EG-RL auch für den Konzernabschluß gilt, explizit von einem Bestätigungsvermerk gesprochen. Vgl. in diesem Zusammenhang auch die Diskussion um die in Deutschland (umstrittene) Zweiteilung des Prüfungsurteils in einen (internen) Prüfungsbericht und einen zu veröffentlichenden Bestätigungsvermerk bei Jonas, Bilanzrichtlinie, S. 256-259. Die Zweiteilung des Prüfungsurteils ist entsprechend den deutschen Vorschriften auch in Art. 58 Abs. 2, 60 S. 1 5. EG-RLV vorgesehen, wobei danach allerdings die Offenlegung *beider* Urteile erfolgen soll. Vgl. hierzu Kaminski, H.: Vorschlag einer 5. Richtlinie der Kommission der Europäischen Gemeinschaften, in: Die Wirtschaftsprüfung, 25. Jg. 1972, S. 638.

[312] Vgl. zur Kernfassung des Bestätigungsvermerks nur Institut der Wirtschaftsprüfer in Deutschland e.V.: Die Fachgutachten 1-3/1988: Anliegen, Neuerungen, Auswirkungen auf die Prüfungspraxis, Düsseldorf 1989, S. 75-78.

[313] Vgl. hierzu nur die Erläuterungen der Fachorganisation des Berufsstands der deutschen Wirtschaftsprüfer, Institut der Wirtschaftsprüfer in Deutschland e.V., S. 80-82, 84-90.

Abhängigkeit des Sitzstaats der SE beeinträchtigt werden.[314] Diese Probleme könnten durch die Schaffung eines Euro-Prüfers (s.o.)[315] verringert werden. Daher soll hier, zumindest für die Prüfung der Abschlüsse von SEs, die Schaffung eines einheitlichen europäischen Berufsrechts und damit eines Euro-Prüfers gefordert werden. Die 1986 gegründete Fédération des Experts Comptables Européens (F.E.E.)[316] könnte als *europäischer* Berufsverband der (Wirtschafts-) Prüfer von der EG-Kommission beauftragt werden, einen Vorschlag eines europäischen Berufsrechts auszuarbeiten. Auf der Grundlage dieses Vorschlags könnte die EG-Kommission dann dem Ministerrat eine Richtlinie zur Schaffung eines einheitlichen europäischen Berufsrechts vorschlagen, das zunächst nur für die Prüfung der Abschlüsse von SEs gelten könnte.[317]

Nach Art. 104 Abs. 1 und 3, 112 Abs. 1 SE-VO sind der Einzel- und der Konzernabschluß, der Lage- und der Konzernlagebericht, die Bestätigungsvermerke der Prüfer hierzu sowie der Vorschlag und der Beschluß zur Verwendung des Ergebnisses nach dem gem. Art. 3 1. EG-RL erlassenen harmonisierten nationalen Recht des Sitzstaats der SE *offenzulegen*.[318] In Deutschland sind diese Unterlagen gem. § 325 Abs. 1-3 HGB im Bundesanzeiger bekanntzumachen und zum Handelsregister einzureichen.[319]

VII. Das Fehlen eines eigenständigen Konzernschutzrechts der Societas Europaea als wesentlicher Mangel des Verordnungsvorschlags über das Statut einer Societas Europaea

Durch die Errichtung einer SE als Holdinggesellschaft nach den Art. 2 Abs. 1a, 3 Abs. 1a SE-VO entsteht bereits bei der Gründung einer SE ein Konzern. Dasselbe gilt, wenn eine nationale Aktiengesellschaft, die als SE-Gründungsvoraussetzung eine Tochtergesellschaft in einem anderen EG-Staat besitzt, sich nach Art. 2 Abs. 3 SE-VO in eine SE umwandelt. Selbst bei der Gründung einer

---

314 Vgl. Haller, Jahresabschlußprüfung, S. 590.

315 Für die Schaffung eines Euro-Prüfers hat sich unabhängig von der SE v.a. Otte ausgesprochen. Vgl. Otte, S. 11.

316 Die F.E.E. wurde als Zusammenschluß der U.E.C und der Groupe d'Etudes des Experts Comptables de la C.E.E. gegründet. Vgl. hierzu Buchner, Prüfungswesen, S. 98.

317 Die verschiedenen nationalen Interessen und historisch bedingten Regelungen könnten dabei durch entsprechende Übergangsvorschriften stufenweise vereinheitlicht werden.

318 Auf die Möglichkeiten der Bilanzierung und damit der Offenlegung des Einzel- und Konzernabschlusses einer SE in ECU wurde bereits in Kapitel C.V.5. eingegangen.

319 Die größenabhängigen Erleichterungen des Art. 47 4. EG-RL können dabei auch von der SE in Anspruch genommen werden, vgl. insoweit dort (Art. 104 Abs. 2 SE-VO).

SE durch Verschmelzung nationaler Aktiengesellschaften entsteht ein Konzern, sofern mindestens eine der sich verschmelzenden Aktiengesellschaften eine Tochtergesellschaft besitzt.[320] Außerdem werden aufgrund der Beschränkungen für die SE-Gründungsgesellschaften und der Gründung der SE (z.B. Mindestkapital von 100.000 ECU) v.a. größere Unternehmen und Konzerne, mit einer Rechtsform nationalen Rechts an der Konzernspitze, eine SE gründen.[321] Im Zusammenhang mit einer SE kann somit i.d.R. vom Vorliegen eines Konzerns ausgegangen werden.[322] Unter einem *Konzern* soll hier allgemein die *Zusammenfassung rechtlich selbständiger Unternehmen unter einheitlicher Leitung* verstanden werden.[323]

1. Systematisierung des Konzernrechts

Für Konzerne hat sich ein eigenes Rechtsgebiet, das sog. Konzernrecht bzw. das "Recht der Unternehmensverbindungen"[324] herausgebildet. Die Aufgabe des Konzernrechts besteht v.a. darin, der wirtschaftlichen, aber nicht rechtlichen Einheit Konzern ein "passendes" Rechtskleid bereitzustellen (*Konzernverfassungsrecht*) und die gesellschaftsrechtlichen Gefahren, die mit einem Konzern verbunden sind, zu mildern oder zu beseitigen (*Konzernschutzrecht*).[325] Das Konzernrecht kann daher in das Konzernrecht im engeren Sinne, das dem Konzernschutzrecht entspricht, und in das Konzernrecht im weiteren Sinne, das dem Konzernverfassungsrecht entspricht, unterteilt werden[326], vgl. Abbildung 9 auf Seite 113.

Das Konzernschutzrecht ist als Mindestregelungsinhalt zum Schutze aller anzusehen, die mit einem Konzernunternehmen in einer rechtlichen und/oder wirtschaftlichen Verbindung stehen. Dagegen umfaßt das Konzernverfassungsrecht Regelungen, die die gesamte Konzernstruktur betreffen, d.h. das aus den

---

[320] Bei der Gründung einer SE als Tochtergesellschaft nach den Art. 2 Abs. 2, 3 Absätze 2 und 3 kann ebenfalls ein Konzern entstehen, sofern die den Konzern konstituierenden Tatbestandsmerkmale (s.u.) erfüllt sind.

[321] Vgl. ähnlich Lutter, Aktiengesellschaft, S. 418.

[322] So auch Hommelhoff, P.: Konzernrecht für den Europäischen Binnenmarkt, in: Zeitschrift für Unternehmens- und Gesellschaftsrecht, 21. Jg. 1992, S. 125 f. Er bezeichnet die SE daher auch als "rechtsqualitativ genuine Konzerngesellschaft". Hommelhoff, Konzernrecht, S. 126. Ebenso Trojan-Limmer, S. 1016.

[323] Vgl. ausführlicher hierzu Kapitel D.I.2.

[324] Emmerich, V./Sonnenschein, J.: Konzernrecht, 3. Auflage 1989, S. 3.

[325] Vgl. ähnlich Emmerich/Sonnenschein, S. 3.

[326] Vgl. zu einer differenzierteren Systematisierung des Konzernrechts nur Theisen, Konzern, S. 115-117.

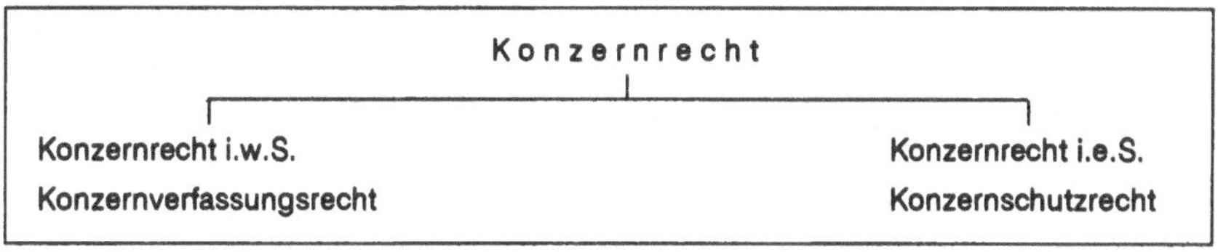

Abb. 9: Systematisierung des Konzernrechts

verschiedenen rechtlich selbständigen Unternehmen bestehende "Gebilde" (Konzern), das wirtschaftlich eine Einheit darstellt. Die Regelungen des Konzernschutzrechts bilden folglich nur einen Teilbereich des wesentlich umfassenderen Konzernverfassungsrechts. Da ein vollständiges Konzernverfassungsrecht de lege lata bisher weder existiert noch Übereinstimmung darüber herrscht, wie ein solches aussehen könnte[327], soll im folgenden nur auf das Konzernschutzrecht für die Rechtsform der Societas Europaea eingegangen werden.

2. Notwendigkeit eines eigenständigen Konzernschutzrechts für die Societas Europaea

In einem Konzern ergeben sich gesellschaftsrechtliche Gefahren oder Risiken v.a. aus der Möglichkeit des Mißbrauchs der Rechte, die der Leitung der Obergesellschaft des Konzerns an den rechtlich selbständigen, wirtschaftlich aber abhängigen und unter einheitlicher Leitung stehenden Untergesellschaften zustehen.[328] Diese Risiken bestehen einerseits insbesondere für die Gesellschafter, Gläubiger und Dritten (Arbeitnehmer, Lieferanten und Kunden) der wirtschaftlich abhängigen Untergesellschaften.[329] Andererseits können sich aber auch für die Gesellschafter, Gläubiger und Dritten der Obergesellschaft des Konzerns Risiken aus dem Machtmißbrauch der Leitung der Obergesellschaft ergeben.

[327] Vgl. zu den Problemen hierbei und den Stand der Diskussion ausführlich Theisen, Konzern, S. 115-132. Vgl. zum Konzernverfassungsrecht auch grundlegend Immenga, U.: Abhängige Unternehmen und Konzerne im europäischen Gemeinschaftsrecht, in: Rabels Zeitschrift für ausländisches und internationales Privatrecht, 48. Jg. 1984, S. 48-80.

[328] Den Vergleichsmaßstab bilden hierbei stets rechtlich und wirtschaftlich unabhängige Unternehmen, bei denen natürlich ebenfalls gesellschaftsrechtliche Risiken bestehen. Unter den gesellschaftsrechtlichen Risiken sind daher hier nur solche zu verstehen, die beim Vorliegen eines Konzerns gegenüber einer auch wirtschaftlich unabhängigen Unternehmung *zusätzlich* bestehen.

[329] Vgl. ähnlich Emmerich/Sonnenschein, S. 17-22.

Zur Verhinderung der sich aus dem möglichen Machtmißbrauch der Leitung der Obergesellschaft ergebenden gesellschaftsrechtlichen Risiken entsteht folgender Regelungsbedarf für ein Konzernschutzrecht, der hier allgemein beschrieben werden soll:

- Schutzbestimmungen bezüglich der Gesellschafter, Gläubiger und Dritten aller Konzernunternehmen vor Benachteiligungen durch die Leitung der Obergesellschaft,
- Regelungen zur Weisungsbefugnis der Leitung der Obergesellschaft gegenüber der Leitung der Untergesellschaft,
- Haftung und Verlustausgleich der Ober- gegenüber der Untergesellschaft.

Dieser Regelungsbedarf ist durch ein Konzernschutzrecht auszufüllen, was aber grundsätzlich für alle Rechtsformen von Unternehmen gilt. Die Notwendigkeit eines eigenständigen *europäischen* Konzernschutzrechts für die SE ergibt sich v.a. aus folgendem Grund: Die SE soll als supranationale europäische Rechtsform in der gesamten EG grundsätzlich denselben Bestimmungen unterliegen. Das Konzernschutzrecht einer SE muß somit einerseits im gesamten Binnenmarkt gelten. Andererseits muß es überall zum selben Schutz führen.

Eine Verweisung bezüglich des Konzernschutzrechts der SE auf nationales Recht kann diese Anforderungen aber nicht erfüllen, da nur in Deutschland (vgl. §§ 291-337 AKtG) und in Portugal[330] ein Konzernschutzrecht kodifiziert ist. Andere EG-Staaten, wie z.B. Spanien, Italien, Frankreich, Belgien und Großbritannien kennen dagegen grundsätzlich keine konzernschutzrechtlichen Regelungen[331], mit Ausnahme weniger Teilbereiche[332], wie etwa dem harmonisierten nationalen Recht über die Konzernrechnungslegung.

Eine Verweisung der SE-VO bezüglich des Konzernschutzrechts einer SE auf nationales Recht würde dazu führen, daß die Schutzbestimmungen in Abhängigkeit vom jeweiligen Sitzstaat mit völlig unterschiedlicher Intensität anzuwenden wären. Im Bereich des Konzernschutzrechts wäre dadurch die Einheitlichkeit der Rechtsform einer SE nicht nur eingeschränkt, sondern *aufgehoben*.[333] Folglich muß für die supranationale europäische Rechtsform ein einheitliches oder zumindest gleichwertiges sowie eigenständiges Konzernschutzrecht geschaffen werden.[334]

---

[330] Vgl. Kommission der Europäischen Gemeinschaften, Statut, S. 28. So auch Hommelhoff, Konzernrecht, S. 123. Vgl. zum portugiesischen Konzernrecht nur Pinto Ribeiro, J.A.: Die verbundenen Gesellschaften im neuen portugiesischen Handelsgesellschaftsgesetzbuch, in: Mestmäcker, E.-J./Behrens, P. (Hrsg.), Das Gesellschaftsrecht der Konzerne im internationalen Vergleich, Baden-Baden 1991, S. 203-215.

[331] Vgl. hierzu Lutter, M.: Stand und Entwicklung des Konzernrechts in Europa, in: Zeitschrift für Unternehmens- und Gesellschaftsrecht, 16. Jg. 1987, S. 339 f.

[332] Vgl. hierzu Hommelhoff, Konzernrecht, S. 124 f.

[333] Mit Ausnahme der Regelungen zur Unternehmensmitbestimmung bestehen die größten

3. Regelungen des Konzernschutzrechts im Statut der Societas Europaea

Die SE-VO enthält mit Ausnahme der Definition des kontrollierten und herrschenden Unternehmens in Art. 6 SE-VO keine Vorschriften eines Konzernschutzrechts. Der Grund hierfür besteht darin, daß die EG-Staaten, die ein Konzernschutzrecht nicht kennen bzw. nicht kodifiziert haben, nicht bereit sind, dieses "Stück deutschen Perfektionismus .. zu übernehmen"[335].[336] Damit wird das Ziel eines einheitlichen europäischen Konzernschutzrechts der SE, durch den Verweis auf die nationalen Rechtsvorschriften gem. Art. 7 Abs. 1 Buchst. b 1. HS und Abs. 4 SE-VO, verfehlt. Dies stellt einen wesentlichen Mangel der SE-VO dar.

Für Unternehmen in der Rechtsform einer SE sind somit folgende Regelungen beim Vorliegen von Konzernstrukturen einschlägig[337]: Für SEs als Konzern-Untergesellschaften sowie deren Gesellschafter, Gläubiger und Dritte gelten die Rechte und Pflichten des Sitzstaats dieser SEs. Für in Deutschland ansässige Untergesellschaften von SEs gelten folglich die §§ 291-337 AktG. Dagegen sind (auch) für SEs als Konzern-Obergesellschaften die jeweiligen Rechtsvorschriften der Sitzstaaten der Untergesellschaften maßgebend.

4. Kritische Würdigung der Regelungen des Konzernschutzrechts für eine Societas Europaea

In Kapitel C.VII.2. ist die Notwendigkeit eines Konzernschutzrechts allgemein und die Notwendigkeit eines einheitlichen europäischen Konzernschutzrechts

---

rechtlichen Unterschiede zwischen den verschiedenen EG-Staaten im Konzern(schutz)recht. Daher wird gerade hier eine mögliche Verweisung auf nationales Recht als besonders kritisch beurteilt.

[334] Vgl. allgemein zur Notwendigkeit eines europäischen Konzernrechts, unabhängig von der Rechtsform einer SE, nur Hommelhoff, Konzernrecht, S. 127-134, der zu folgendem Ergebnis gelangt: "In der Gemeinschaft tut Konzernrecht not." Hommelhoff, Konzernrecht, S. 127. Vgl. zur Notwendigkeit der Schaffung eines europäischen Konzernrechts v.a. auch Lutter, Perspektiven, S. 436 f., mit dem treffenden Hinweis, wonach u.a. durch die SE "Konzernstrukturen .. nachdrücklich angeregt und gefördert werden (und dadurch; A.d.V.) Europa zum Konzern-Eldorado ohne ein auch nur ansatzweise vorgegebenes materielles Konzernrecht" wird. Lutter, Perspektiven, S. 437.

[335] Hauschka, C.E.: Kontinuität und Wandel im Statut für die Europäische Aktiengesellschaft (SE) 1989, in: Europäische Zeitschrift für Wirtschaftsrecht, 1. Jg. 1990, S. 83.

[336] So auch vom Ergebnis Hommelhoff, Konzernrecht, S. 123, 138 f.

[337] Vgl. ähnlich zum SE-Verordnungsvorschlag von 1989 Kommission der Europäischen Gemeinschaften, Statut, S. 28.

für SEs im besonderen aufgezeigt worden. Durch die Verweisung der SE-VO auf das nationale Konzernschutzrecht der EG-Staaten finden in Abhängigkeit des Sitzstaats der Untergesellschaften von SEs oder des Sitzstaats von SEs als Untergesellschaften Vorschriften Anwendung, die in keiner Weise auch nur annähernd gleichwertig sind.

Auch in anderen Teilbereichen, wie z.B. dem Gründungsverfahren, verweist die SE-VO auf das (teilweise harmonisierte) nationale Recht des Sitzstaats der SE. Die Einheitlichkeit der europäischen Rechtsform der SE wird dadurch aber nur eingeschränkt. Aufgrund der erheblichen und grundlegenden Unterschiede zwischen den Regelungen des Konzernschutzrechts in den einzelnen EG-Staaten wird die Einheitlichkeit der Regelungen, die auf die SE auf diesem Rechtsgebiet anzuwenden sind, dagegen nicht nur eingeschränkt, sondern vollständig eliminiert. Die sehr weitreichenden konzernrechtlichen Schutzvorschriften in Deutschland werden folglich die Attraktivität Deutschlands als Standort abhängiger bzw. kontrollierter Unternehmen gegenüber anderen EG-Staaten, die derartige Bestimmungen nicht kennen, tendenziell verschlechtern.

Es ist daher völlig unverständlich[338], wieso die Spitzenverbände der Deutschen Wirtschaft in ihrer Stellungnahme zum SE-Verordnungsvorschlag von 1989 den "Verzicht auf ein eigenständiges Konzernrecht (bzw. Konzernschutzrecht; A.d.V.) im SE-Statut"[339] begrüßen, gleichzeitig aber die nachteiligen Auswirkungen auf den Standort Deutschland durch die Verweisung auf nationales Recht bedauern.[340] Gerade die Schaffung eines eigenständigen, einheitlichen Konzernschutzrechts der SE würde dazu beitragen, daß es für Konzernunternehmen in der Rechtsform einer SE im gesamten Binnenmarkt auf diesem Rechtsgebiet keine standortabhängigen Unterschiede gibt.

Die Grundlage für ein derartiges Konzernschutzrecht der SE könnte der überarbeitete Entwurf für eine neunte gesellschaftsrechtliche Richtlinie (Konzernrechtsrichtlinie)[341] bilden. Die Regelungen dieses Entwurfs entsprechen grundsätzlich den deutschen Vorschriften zum Konzernrecht im Aktiengesetz.[342] Damit geht der Entwurf allerdings über ein reines Konzernschutzrecht hinaus

---

[338] So vom Ergebnis her wohl allgemein auch Hommelhoff, Konzernrecht, S. 130.

[339] Gemeinsamer Arbeitsausschuß des Bundesverbandes der Deutschen Industrie, des Bundesverbandes Deutscher Banken, der Bundesvereinigung der Deutschen Arbeitgeberverbände, des Deutschen Industrie- und Handelstages und des Gesamtverbandes der Deutschen Versicherungswirtschaft für Fragen des Unternehmensrechts: Stellungnahme zum geänderten Verordnungs- und Richtlinienvorschlag für Europäische Aktiengesellschaften (SE), vom 25.8.1989, Köln/Bonn 1989, S. 38. Diese Autoren werden im folgenden als Gemeinsamer Arbeitsausschuß zitiert.

[340] Vgl. Gemeinsamer Arbeitsausschuß, S. 38.

[341] DOK. Nr. III/1639/84.

[342] Vgl. zu diesem Entwurf sowie zu den dennoch bestehenden Unterschieden gegenüber dem deutschen Aktienrecht nur Theisen, Konzern, S. 105-109.

und enthält bereits Teile eines zu schaffenden europäischen Konzernverfassungsrechts.

Die Chancen für die Verabschiedung einer Konzernrechtsrichtlinie sind derzeit aber als nur sehr gering einzuschätzen. So konnte sich nicht einmal die EG-Kommission auf einen Richtlinienvorschlag an den Ministerrat, der dem Entwurf entspricht, einigen. Der Entwurf hat daher eher den Charakter einer allgemeinen Diskussionsgrundlage.[343] Dennoch könnte durch seine auf die SE begrenzte Verabschiedung, die hier gefordert werden soll, im Zusammenhang mit der Schaffung einer SE die Chance genutzt werden, auf diesem Rechtsgebiet erste EG-weite Erfahrungen zu sammeln.[344]

VIII. Steuerliche Behandlung der Societas Europaea

1. Nationales Recht und EG-Richtlinien als Grundlage der steuerlichen Behandlung der Societas Europaea

Nach Art. 7 Abs. 1 Buchst. b 1. HS und Abs. 4 SE-VO unterliegt eine SE dem Steuerrecht ihres Sitzstaats, mit Ausnahme der in Art. 133 SE-VO enthaltenen Vorschrift zur Verlustverrechnung von Betriebsstätten der SE. Im folgenden wird v.a. auf die Besteuerung einer SE mit Sitz in Deutschland eingegangen. Dabei soll insbesondere analysiert werden, ob das nationale Steuerrecht einschließlich der verabschiedeten oder geplanten steuerrechtlichen Richtlinien der EG den Bedürfnissen einer *grenzüberschreitenden* europäischen Rechtsform gerecht wird und welche Unterschiede zur Besteuerung deutscher Aktiengesellschaften bestehen.

---

[343] Vgl. zu dieser Auffassung nur Lutter, Unternehmensrecht, S. 58.

[344] Auch bei einer auf die SE begrenzten Verabschiedung der Konzernrechtsrichtlinie bleiben aber mindestens zwei Probleme beim Vorliegen von (europäischen) Konzernstrukturen bestehen: *Erstens* die Problematik, daß nach wie vor die Einzelabschlüsse der einzelnen Konzernunternehmen die Grundlage der Gewinnermittlung und -verwendung darstellen, obwohl harmonisierte handelsrechtliche Konzernrechnungslegungsvorschriften bestehen. *Zweitens* die Problematik, daß auch bei der Besteuerung, und hierbei insbesondere bei der Ertragsbesteuerung, die bestehenden Konzernstrukturen nicht beachtet werden. Für beide Problembereiche, die allgemein bei allen national wie international operierenden Konzernen/Konzernstrukturen bestehen, sind daher noch normative Verbesserungsvorschläge zu unterbreiten. Im Rahmen dieser Veröffentlichung kann eine Vorlage von (bereits erarbeiteten) Vorschlägen hierzu wegen des begrenzten Umfangs allerdings nicht erfolgen.

a) Ertragsteuerliche Behandlung der SE

Eine SE mit Sitz in Deutschland (Satzungssitz und gleichlautender Ort der effektiven Verwaltung[345]) ist als eine nach in Deutschland unmittelbar gültigem Recht gegründete Kapitalgesellschaft anzusehen, die gem. § 1 Abs. 1 Nr. 1 KStG[346] i.V.m. §§ 10, 11 AO unbeschränkt körperschaftsteuerpflichtig ist und nach § 2 Abs. 2 S. 1 GewStG[347] der Gewerbesteuer unterliegt (ertragsabhängiger Teil).[348] Zudem ist die SE bezüglich der von ihrem Sitzstaat abgeschlossenen Abkommen zur Vermeidung der Doppelbesteuerung (DBA) abkommensberechtigt.[349] Dagegen ist eine SE mit Sitz in einem ausländischen EG-Staat, die sich in Deutschland z.B. in Form einer Betriebsstätte wirtschaftlich betätigt, in Deutschland nach § 2 KStG beschränkt körperschaftsteuerpflichtig.

aa) Steuerliche Fusionsrichtlinie als unabdingbare Voraussetzung der Gründung einer SE

Auch die Gründung einer SE erfolgt nach den Vorschriften des nationalen Steuerrechts der hieran beteiligten SE-Gründungsgesellschaften sowie des Sitzstaats der zu gründenden SE. Durch die 1990 vom EG-Ministerrat verabschiedete steuerliche Fusionsrichtlinie (Fusions-RL)[350], die bisher in unterschiedlichem Umfang in den einzelnen EG-Staaten in (harmonisiertes) nationa-

---

[345] Aus Vereinfachungsgründen soll hier und im folgenden der gesellschaftsrechtlich bedeutsame Ort der *effektiven Verwaltung* stets mit dem steuerlich entscheidenden Ort der *Geschäftsleitung*, d.h. mit dem "Mittelpunkt der geschäftlichen Oberleitung" (§ 10 AO), zusammenfallen. Vgl. zu beiden Termini nur Ebenroth/Auer, S. 14 f.

[346] Körperschaftsteuergesetz (Neufassung) vom 11.3.1991, BGBl. Teil I, vom 20.3.1991, S. 638-658, zuletzt geändert durch Steueränderungsgesetz 1992 vom 25.2.1992, BGBl. Teil I, vom 28.2.1992, S. 297-358.

[347] Gewerbesteuergesetz (Neufassung), in der Bekanntmachung vom 21.3.1991, BGBl. Teil I, vom 6.4.1991, S. 814-825, zuletzt geändert durch Steueränderungsgesetz 1992 vom 25.2.1992, BGBl. Teil I, vom 28.2.1992, S. 297-358.

[348] Vgl. zur Anknüpfung des Begriffs Kapitalgesellschaft in § 1 Abs. 1 Nr. 1 KStG an das Zivilrecht und zur strikten Anbindung von § 1 Abs. 1 Nr. 1 KStG an das Zivilrecht beim Vorliegen des Satzungssitzes und des Ortes der effektiven Verwaltung in Deutschland Ebenroth/Auer, S. 13-16, insbesondere S. 13 und 16; Beschluß des Großen Senats des BFH vom 25.6.1984, BStBl. Teil II, vom 22.11.1984, S. 757 f. Da sich § 1 Abs. 1 Nr. 1 KStG nur auf die dort aufgezählten Rechtsformen bezieht, sollte durch das deutsche SE-Ausführungsgesetz auch die Rechtsform der SE hierin aufgenommen werden, um Unsicherheiten bezüglich der unbeschränkten Körperschaftsteuerpflicht in Deutschland ansässiger SEs zu vermeiden.

[349] Auf die Berechtigung der Inanspruchnahme von DBAs durch eine SE macht die EG-Kommission ausdrücklich aufmerksam. Vgl. Kommission der Europäischen Gemeinschaften, Memorandum, S. 22.

[350] Vgl. zur Quelle Kapitel B.III.

les Recht transformiert wurde, ist die *grenzüberschreitende* Gründung einer SE sowohl auf der Ebene der hieran beteiligten Gesellschaft*en* als auch auf Ebene der Gesellschaft*er* grundsätzlich steuerneutral möglich. In diesem Kapitel soll dennoch auf die verschiedenen SE-Gründungsformen in folgender Reihenfolge eingegangen werden:

(1) Gründung einer SE durch Verschmelzung,
(2) Gründung einer SE durch Errichtung einer übergeordneten Holdinggesellschaft,
(3) Gründung einer SE durch formwechselnde Umwandlung einer nationalen Aktiengesellschaft und
(4) Gründung einer SE als Tochtergesellschaft.

(1) Gründung einer SE durch Verschmelzung: Die Gründung einer SE durch grenzüberschreitende Verschmelzung (Fusion)[351] von Aktiengesellschaften nationalen Rechts, SEs oder beiden Rechtsformen, jeweils mit Sitz in verschiedenen EG-Staaten, würde bisher v.a. zur Auflösung und Besteuerung der im Aktiv- und Passivvermögen enthaltenen stillen Reserven der untergehenden Gesellschaften führen, obwohl ein Realisationsakt nicht vorliegt (sog. Wegzugsbesteuerung[352]). Die Gründung einer SE im Wege der grenzüberschreitenden Verschmelzung wäre somit i.d.R. an den steuerlichen Barrieren - faktisch - gescheitert. Das nationale Steuerrecht behandelte bisher nur die nationale Verschmelzung von Kapitalgesellschaften desselben EG-Staats steuerneutral, in Deutschland gem. §§ 14-16 UmwStG alte Fassung (a.F.)[353].[354]

Durch die Fusions-RL hat sich diese, für grenzüberschreitende Verschmelzungen, unbefriedigende Situation geändert.[355] Für die jetzt mögliche grenzüber-

---

[351] Vgl. zu den einzelnen Möglichkeiten der Gründung einer SE durch Verschmelzung Kapitel C.II.1.

[352] Vgl. Knobbe-Keuk, B.: Die steuerliche Behandlung der Europäischen Aktiengesellschaft, in: Die Aktiengesellschaft, 35. Jg. 1990, S. 436.

[353] Gesetz über steuerliche Maßnahmen bei der Änderung der Unternehmensform 1977 a.F., kurz Umwandlungssteuergesetz a.F., vom 6.9.1976, BGBl. Teil I, vom 9.9.1976, S. 2641-2650, geändert durch Steuerreformgesetz 1990, vom 25.7.1988, BGBl. Teil I, vom 2.8.1988, S. 1093-1184.

[354] Hierunter fällt auch die Gründung einer SE durch nationale Verschmelzung mehrerer SEs oder einer deutschen Aktiengesellschaft mit einer SE, sofern alle Gründungsgesellschaften einschließlich der zu gründenden SE ihren Sitz in Deutschland haben.

[355] Da eine grenzüberschreitende Verschmelzung von Gesellschaften nationalen Rechts bisher aber grundsätzlich unmöglich ist (vgl. Kapitel B.III.), ist die Fusions-RL hierfür noch nicht ins deutsche Steuerrecht transformiert worden. Vgl. Herzig, N./Förster, G.: Steueränderungsgesetz 1992: Die Umsetzung der Fusionsrichtlinie in deutsches Steuerrecht (Teil II), in: Der Betrieb, 45. Jg. 1992, S. 962 f. Die Darstellung der steuerlichen Behandlung der Gründung einer SE im Wege einer grenzüberschreitenden Verschmelzung erfolgt daher *direkt* anhand der Regelungen der Fusions-RL *selbst*. Vgl. zur direkten Anwendung der Regelungen von EG-Richtlinien bei fehlerhafter (z.B. fehlender) Transformation in nationales Recht nur Kapitel B.II.1., Fußnote 64, und die dort angegebene Literatur.

schreitende steuerneutrale Gründung einer SE im Wege der Verschmelzung nationaler Aktiengesellschaften und/oder SEs (Verschmelzung durch Neubildung) müssen allerdings folgende steuerrechtlichen *Voraussetzungen* erfüllt sein:

Erstens muß das Aktiv- und Passivvermögen der übertragenden SE-Gründungsgesellschaften nach der Verschmelzung jeweils einer Betriebsstätte[356] der SE zugerechnet werden. Die Betriebsstätten müssen hierbei jeweils in dem EG-Staat belegen sein, in dem die jeweiligen SE-Gründungsgesellschaften ansässig waren (Art. 4 Abs. 1 S. 2 2. HS Fusions-RL).

Zweitens muß das den jeweiligen Betriebsstätten zugerechnete Aktiv- und Passivvermögen der SE-Gründungsgesellschaften dazu beitragen, die steuerlich zu berücksichtigenden Ergebnisse dieser Betriebsstätten zu erzielen (Art. 4 Abs. 1 S. 2 2. HS Fusions-RL).[357]

Drittens muß nach Art. 4 Abs. 2 Fusions-RL die neugebildete SE die Buchwerte des Aktiv- und Passivvermögens der übertragenden Aktiengesellschaften oder SEs in den Betriebsstätten der neugebildeten SE fortführen.[358] [359]

Beim Vorliegen dieser steuerrechtlichen Voraussetzungen sowie der in Art. 2 Buchst. a 2. HS Fusions-RL genannten gesellschaftsrechtlichen Voraussetzungen, die bei der Gründung einer SE durch Verschmelzung aber generell erfüllt sind[360], erfolgt die SE-Gründung durch Verschmelzung auf *Ebene der Gesellschaft(-en)* grundsätzlich steuerneutral (Art. 4 Abs. 1 S. 1 Fusions-RL). Der Grund hierfür besteht darin, daß auf der Ebene der übertragenden Aktiengesellschaften und/oder SEs sowie der neugegründeten SE grundsätzlich *kein* aus der Verschmelzung resultierender, zu versteuernder Gewinn entstehen kann.[361]

---

[356] Für die Konkretisierung des Betriebsstättenbegriffs gilt ausschließlich nationales Recht sowie die bilateralen DBAs zwischen den einzelnen EG-Staaten. Vgl. hierzu Herzig, N./ Dautzenberg, N./Heyeres, R.: System und Schwächen der Fusionsrichtlinie, in: Der Betrieb, 44. Jg. 1991, Beilage Nr. 12/1991, S. 7.

[357] Diese "Steuerverhaftungsbedingung ist in allen Fällen erfüllt, in denen die Wirtschaftsgüter oder die Betriebsstätte nicht vollkommen steuerbefreit sind" Herzig/Dautzenberg/Heyeres, S. 9. Von einer Steuerbefreiung ist aber grundsätzlich nicht auszugehen.

[358] Vgl. dazu nur Herzig/Dautzenberg/Heyeres, S. 5.

[359] Vgl. hierzu auch den Vergleich der steuerneutralen Einbringung von Betriebsteilen zwischen der Fusions-RL und § 20 UmwStG a.F. bei Kieschke, H.-U.: Aktuelle Fragen des Ertragsteuerrechts, in: Deutsche Steuer-Zeitung, 79. Jg. 1991, S. 292.

[360] Vgl. Art. 17 Abs. 1, 27 Abs. 1 Buchst. a und c SE-VO.

[361] Ausnahmen von der Steuerneutralität der grenzüberschreitenden Verschmelzung können sich allerdings beim Vorliegen von sog. Konfusionsgewinnen - die aus der Vereinigung der berechtigten und verpflichteten Person bei Forderungen, Verbindlichkeiten und Rückstellungen entstehen können -, beim Vorliegen von vor der Verschmelzung entstandenen Verlusten der übertragenden SE-Gründungsgesellschaften sowie in Folge von Übernahmegewinnen ergeben. Vgl. hierzu Saß, G.: Die Fusionsrichtlinie und die Mutter/Tochterrichtlinie, in: Der Betrieb, 43. Jg. 1990, S. 2341 f.; Herzig/Dautzenberg/Heyeres, S. 9-11.

Auf der *Ebene der Gesellschafter* der übertragenden Aktiengesellschaften und/ oder SEs bzw. der neugegründeten SE führt die Verschmelzung zu keiner Realisierung stiller Reserven, falls die Gesellschafter die von der neugebildeten SE erhaltenen Aktien nicht höher bewerten als die hingegebenen Aktien (Art. 8 Abs. 1 und 2 Fusions-RL).[362]

Die dargestellte, grundsätzlich steuerneutrale Möglichkeit der Gründung einer SE im Wege der grenzüberschreitenden Verschmelzung beruht auf der Ebene der beteiligten Gesellschaft*en* insgesamt also darauf, "daß dem Staat der übertragenden (Aktiengesellschaft oder SE; A.d.V.) .. nach der Fusion ... eine inländische Betriebsstätte der (neugegründeten SE; A.d.V.) ... als Zugriffsobjekt für eine spätere Besteuerung (der stillen Reserven; A.d.V.) verbleibt".[363] [364] Ebenso behält der Wohnsitzstaat auf der Ebene der Gesellschaft*er* das Recht, die in den jeweiligen Anteilen enthaltenen stillen Reserven bei deren Realisierung nach den allgemeinen Besteuerungsgrundsätzen zu besteuern (sog. Wohnsitz(staats)prinzip[365]).

(2) Gründung einer SE durch Errichtung einer Holdinggesellschaft: Bei der Darstellung der steuerlichen Behandlung der Gründung einer SE als Holdinggesellschaft (Holding-SE)[366] sind drei Bereiche zu unterscheiden: *Erstens* ist zwischen der Ebene der Gesellschaft*en* (SE-Gründungsgesellschaften und Holding-SE) und derjenigen der Gesellschaft*er* (zunächst der SE-Gründungsgesellschaften, später der Holding-SE) zu trennen. *Zweitens* ist bei der Gründung einer Holding-SE durch nationale Gesellschaften und/oder SEs für *jede* dieser Gründungsgesellschaften zu differenzieren, ob sich ihr EG-Sitzstaat von dem der zu gründenden SE unterscheidet (Fall 1), oder ob sie im selben Staat wie die zu gründende SE ansässig ist (Fall 2[367]). Dabei wird für die Fälle 1 und 2 davon

---

[362] Die Besteuerung barer Zuzahlungen der SE an die Gesellschafter bleibt den EG-Staaten bei der Umsetzung der Fusions-RL überlassen (Art. 8 Abs. 4 Fusions-RL).

[363] Thömmes, O.: Neue steuerliche Maßnahmen zur Förderung der grenzüberschreitenden Unternehmenskooperation in der Europäischen Gemeinschaft, in: Die Wirtschaftsprüfung, 43. Jg. 1990, S. 476.

[364] Das Besteuerungsrecht bezieht sich dabei sowohl auf laufende als auch auf aperiodische, z.B. aus Veräußerungen von Wirtschaftsgütern resultierende Gewinne der jeweiligen Betriebsstätte.

[365] Vgl. hierzu allgemein Jacobs, O.H. et al.: Internationale Unternehmensbesteuerung, hrsg. von Jacobs, O.H., 2. Auflage, München 1991, S. 10 und konkret S. 331 f.

[366] Vgl. zu den Möglichkeiten der Gründung einer SE durch Errichtung einer Holdinggesellschaft Kapitel C.II.2.

[367] Diese Möglichkeit besteht aufgrund der Anwendung des nur eingeschränkten Prinzips der Mehrstaatlichkeit bei der Gründung einer Holding-SE. Danach müssen die die SE gründenden Gesellschaften als Alternative zur Ansässigkeit in verschiedenen EG-Staaten nur Tochtergesellschaften oder Niederlassungen in einem anderen EG-Staat als dem ihrer Hauptverwaltung besitzen. Vgl. dazu Kapitel C.II.2. Ferner können auch bei der Einhaltung des Prinzips der Mehrstaatlichkeit *eine* SE-Gründungsgesellschaft und die SE im selben EG-Staat ansässig sein.

ausgegangen, daß die natürlichen Gesellschafter der SE-Gründungsgesellschaften sowie diese selbst stets in Deutschland unbeschränkt steuerpflichtig sind. *Drittens* ist zwischen der Situation vor Verabschiedung der Fusions-RL einschließlich deren Transformation in nationales Recht und der Situation danach zu unterscheiden.[368] [369]

(2a) Steuerliche Behandlung der Gründung einer Holding-SE vor *Verabschiedung der Fusions-RL:* Sofern *Fall 1* vorliegt (SE hat Sitz im EG-Ausland), kann bisher ein steuerneutraler Anteilstausch in Ermangelung gesetzlicher Regelungen grundsätzlich nicht stattfinden. Bei den Gesellschaftern erfolgt eine Auflösung der in den hingegebenen Anteilen enthaltenen stillen Reserven, als Differenz zwischen dem gemeinen Wert[370] [371] und dem Buchwert[372] der hingegebenen Anteile an den die SE gründenden Gesellschaften.

Diese Realisierung stiller Reserven durch den Anteilstausch tritt bei den Gesellschaftern aber nur dann ein, sofern nicht das sog. Tauschgutachten des Bundesfinanzhofs[373] in der Weise einschlägig ist, daß die getauschten Anteile i.S.d. Gutachtens wert-, art- und funktionsgleich sind (*wirtschaftliche Identität*).[374] [375] Insbesondere bei der Bestimmung der Funktionsgleichheit der getauschten Anteile besteht aber eine hohe Rechtsunsicherheit.[376] So kann "eine

---

[368] Eine derartige Unterscheidung erfolgt deshalb, um die Bedeutung der Fusionsrichtlinie für die Gründung einer Holding-SE zu unterstreichen.

[369] Vgl. zu sämtlichen Fallkonstellationen stets auch Abbildung 10 auf Seite 128.

[370] Nach § 9 Abs. 2 BewG wird der gemeine Wert "durch den Preis bestimmt, der im gewöhnlichen Geschäftsverkehr nach der Beschaffenheit des Wirtschaftsgutes bei einer Veräußerung zu erzielen wäre. Dabei sind alle Umstände, die den Preis beeinflussen, zu berücksichtigen. Ungewöhnliche oder persönliche Verhältnisse sind nicht zu berücksichtigen." § 9 Abs. 2 BewG. Bewertungsgesetz (Neufassung), in der Bekanntmachung vom 1.2.1991, BGBl. Teil I, vom 13.2.1991, S. 230-275, zuletzt geändert durch Steueränderungsgesetz 1992, vom 25.2.1992, BGBl. Teil I, vom 28.2.1992, S. 297-358.

[371] Vgl. Knobbe-Keuk, B.: Bilanz- und Unternehmenssteuerrecht, 8. Auflage, Köln 1991, S. 239.

[372] Für den bisherigen Wert der Anteile der Gesellschafter an den die SE gründenden Gesellschaften soll hier und im folgenden stets der Begriff "Buchwert" verwendet werden, unabhängig davon, ob die Gesellschafter die Anteile in einem Betriebsvermögen halten oder nicht.

[373] BFH-Gutachten vom 16.12.1958 (Tauschgutachten), BStBl. Teil III, vom 21.1.1959, S. 30-39.

[374] Dem Tauschgutachten des BFH wird inzwischen sogar der Rang von Gewohnheitsrecht beigemessen. Vgl. zu dieser Auffassung Schmidt, L.: § 5 EStG, in Schmidt, L. (Hrsg.), Einkommensteuergesetz, 10. Auflage, München 1991, Anm. 62a.

[375] Das Tauschgutachten ist allerdings z.B. dann nicht anzuwenden, wenn die bisherigen, in Deutschland (Wohnsitzstaat) unbeschränkt steuerpflichtigen Gesellschafter der SE-Gründungsgesellschaften eine wesentliche Beteiligung an diesen inne hatten, durch den Anteilstausch aufgrund von Vorschriften in DBAs aber das *Besteuerungsrecht* der übertragenen stillen Reserven vom Wohnsitzstaat auf den ausländischen Sitzstaat der SE übergehen würde. Vgl. hierzu nur Knobbe-Keuk, Unternehmenssteuerrecht, S. 837 f. Dieser Fall ist gegenüber EG-Staaten allerdings unbeachtlich und daher bei der Gründung einer Holding-SE zu vernachlässigen.

[376] Vgl. Thömmes, O.: Auswirkungen der EG-Fusionsrichtlinie auf die steuerliche Behandlung

bedeutende Veränderung der Beteiligungsquote ... zur Verneinung der Funktionsgleichheit"[377] führen.[378] Sind z.B. an der Gründung einer Holding-SE Gesellschaften beteiligt, die sich in ihrer Struktur weitgehend entsprechen, und nehmen die Gesellschafter der die SE gründenden Gesellschaften am Anteilstausch in vergleichbarem Umfang teil, kann dies dazu führen, daß der Anteilstausch nicht steuerneutral durchgeführt werden kann. Dies folgt aus der hiermit verbundenen erheblichen Änderung der Beteiligungsquote des jeweiligen Gesellschafters.[379]

Sofern der Anteilstausch dagegen als wirtschaftlich identisch angesehen werden kann, erfolgt bei den Gesellschaftern die Bewertung der eingetauschten Anteile an der Holding-SE mit dem bisherigen Buchwert der Anteile an den die SE gründenden Gesellschaften.

Auf der Ebene der zu gründenden Holding-SE werden die eingetauschten Anteile mit ihrem Teilwert[380] steuerneutral angesetzt. Dies erfolgt unabhängig davon, ob der Anteilstausch beim Gesellschafter steuerneutral behandelt wird.[381] [382] Übersteigt der Teilwert der erworbenen Anteile an den SE-Gründungsgesellschaften den Nennbetrag der hingegebenen SE-Anteile, erfolgt eine steuerneutrale Einstellung dieses Unterschiedsbetrags in die Kapitalrücklage der SE.[383]

---

des Anteilstausches, in: Internationale Wirtschaftsbriefe, 3. Auflage, Herne/Berlin 1971, Stand 1.4.1991, Fach 5, Gruppe 2, S. 138.

[377] BFH-Tauschgutachten vom 16.12.1958, S. 32 f.

[378] Vgl. dazu nur Knobbe-Keuk, die als Beispiel den Tausch einer im Privatvermögen befindlichen wesentlichen Beteiligung i.S.d. § 17 EStG gegen eine nur unwesentliche Beteiligung, jeweils an einer Kapitalgesellschaft, anführt. Vgl. Knobbe-Keuk, Unternehmenssteuerrecht, S. 837, sowie BFH-Urteil vom 17.10.1974, BStBl. Teil II, vom 7.2.1975, S. 58-60.

[379] Bei der Prüfung der wirtschaftlichen Identität der getauschten Anteile ist jeweils ausschließlich auf den einzelnen, tauschenden Gesellschafter abzustellen, unabhängig von der steuerlichen Behandlung der eingetauschten Anteile auf der Ebene der SE. Vgl. Heuer, G./Raupach, A./ Federmann, R.: § 6 EStG, in: Raupach, A./Herrmann, C. (Hrsg.), Herrmann/Heuer/Raupach, Einkommensteuer- und Körperschaftsteuergesetz mit Nebengesetzen, Kommentar, Bd. 4, 19. Auflage, Köln 1982, Stand 167. Ergänzungslieferung September 1991, § 6 EStG, Anm. 342; BFH-Tauschgutachten, S. 37.

[380] Nach § 10 S. 2 und 3 BewG wird unter dem Teilwert der Betrag verstanden, "den ein Erwerber des ganzen Unternehmens im Rahmen des Gesamtkaufpreises für das einzelne Wirtschaftsgut ansetzen würde. Dabei ist davon auszugehen, daß der Erwerber das Unternehmen fortführt." § 10 S. 2 und 3 BewG.

[381] Vgl. zu dieser nicht unumstrittenen Auffassung Heuer/Raupach/Federmann, § 6 EStG, Anm. 342; BFH-Tauschgutachten, S. 37.

[382] Sofern also auf der Ebene der Gesellschafter eine steuerneutrale Behandlung des Anteilstausches erfolgt, führt dies *nicht* zu einer *Verdoppelung* der *stillen Reserven*, da zwischen dem Ansatz bei den Gesellschaftern und dem bei der Holding-SE keine Buchwertverknüpfung besteht.

[383] Vgl. grundlegend zur Bewertung von Einlagen bei Kapitalgesellschaften zum Teilwert Endres, D.: Die Besteuerung gesellschaftsrechtlicher Vermögensübertragungen, Frankfurt am Main/Bern 1982, S. 23 f., 206.

Beim Vorliegen von *Fall 2* kann nach §§ 20 Abs. 6 i.V.m. 20 Abs. 2 S. 1 UmwStG a.F. die Holding-SE die eingetauschten Anteile an den die SE gründenden Gesellschaften mit dem bisherigen Buchwert ansetzen, sofern diese Anteile jeweils durch die vorherigen *Allein*gesellschafter der die SE gründenden Gesellschaften vollständig eingetauscht werden. Diese Möglichkeit setzt also voraus, daß alle Anteile an den die SE gründenden Gesellschaften von der SE gegen eigene SE-Anteile eingetauscht werden. Zudem müssen sich die Anteile an den die SE gründenden Gesellschaften vor dem Anteilstausch jeweils vollständig in der Hand eines Gesellschafters befinden. Die (Allein-) Gesellschafter setzten die erworbenen Anteile an der SE ebenfalls mit dem bisherigen Buchwert der eingetauschten Anteile an (§§ 20 Abs. 6 i.V.m. 20 Abs. 4 S. 1 UmwStG a.F.).[384]

Sind die Voraussetzungen des § 20 Abs. 6 UmwStG a.F. nicht erfüllt, kann ein steuerneutraler Anteilstausch grundsätzlich nicht stattfinden. Die Gesellschafter müssen die in den hingegebenen Anteilen enthaltenen stillen Reserven als Differenz zwischen dem gemeinen Wert und dem Buchwert dieser Anteile an den die SE gründenden Gesellschaften auflösen.

Diese Realisierung stiller Reserven durch den Anteilstausch tritt bei den Gesellschaftern aber nur dann ein, sofern nicht das sog. Tauschgutachten einschlägig ist (vgl. dazu unter Fall 1, oben). In diesem Fall erfolgt bei den Gesellschaftern die Bewertung der eingetauschten Anteile an der Holding-SE mit dem bisherigen Buchwert der Anteile an den die SE gründenden Gesellschaften.

Auf der Ebene der zu gründenden Holding-SE werden die eingetauschten Anteile mit ihrem Teilwert steuerneutral angesetzt, unabhängig davon, ob die Behandlung des Anteilstausches beim Gesellschafter durch die Anwendung des sog. Tauschgutachtens steuerneutral erfolgt.[385] [386] Übersteigt der Teilwert der von der SE erworbenen Anteile den Nennbetrag ihrer hingegebenen SE-Anteile,

---

[384] Da sowohl die SE-Anteile bei den Gesellschaftern als auch die Anteile der die SE gründenden Gesellschaften bei der Holding-SE zum bisherigen Buchwert der Anteile der Gesellschafter an den die SE gründenden Gesellschaften bewertet werden, erfolgt im Gegensatz zur Anwendung des sog. Tauschgutachtens eine *Verdoppelung* der in den Anteilen an den die SE gründenden Gesellschaften ursprünglich enthaltenen *stillen Reserven*. Vgl. zur nach dem UmwStG a.F. gesetzlich kodifizierten Verdoppelung der stillen Rücklagen z.B. Knobbe-Keuk, Unternehmenssteuerrecht, S. 747 f., und zur Kritik hieran Strobl, J./Kellmann, C.: Umwandlung einer inländischen Betriebsstätte eines ausländischen Unternehmens in eine deutsche Tochtergesellschaft, in: Außenwirtschaftsdienst des Betriebs-Beraters, 13. Jg. 1967, S. 388 f.

[385] Vgl. nochmals zu dieser nicht unumstrittenen Auffassung Heuer/Raupach/Federmann, § 6 EStG, Anm. 342; BFH-Tauschgutachten, S. 37.

[386] Sofern also auf der Ebene der Gesellschafter eine steuerneutrale Behandlung des Anteilstausches aufgrund des sog. Tauschgutachtens erfolgt, führt dies *nicht* zu einer *Verdoppelung* der *stillen Reserven*, da zwischen dem Ansatz bei den Gesellschaftern und dem bei der Holding-SE keine Buchwertverknüpfung besteht.

erfolgt eine ebenfalls steuerneutrale Einstellung dieses Unterschiedsbetrags in die Kapitalrücklage der SE.

(2b) Steuerliche Behandlung der Gründung einer Holding-SE nach *Verabschiedung der Fusions-RL*: Sofern *Fall 1* vorliegt kann nach den Art. 1, 2 Buchst. d, g und h, 3 Buchst. a-c, 8 Abs. 1-4 Fusions-RL (in Deutschland durch Transformation der Fusions-RL nach den §§ 20 Abs. 6 S. 2 i.V.m. 20 Abs. 2 S. 1-4 und 6 sowie 20 Abs. 4 S. 1 UmwStG[387]) der Tausch von Anteilen der die SE gründenden Gesellschaften und der Holding-SE zwischen den Gesellschaftern der die Holding-SE gründenden Gesellschaften und der Holding-SE sowohl auf der Ebene der Gesellschafter als auch auf der Ebene der Holding-SE grundsätzlich *steuerneutral* behandelt werden, wenn folgende *Bedingungen* erfüllt sind:[388] [389]

Die Gesellschafter der SE-Gründungsgesellschaften, die durch den Anteilstausch zu SE-Gesellschaftern werden, können nach Art. 8 Abs. 2 Fusions-RL (in Deutschland nach §§ 20 Abs. 6 S. 2 i.V.m. 20 Abs. 4 S. 1 UmwStG) die eingetauschten Anteile mit dem Buchwert der hingegebenen Anteile ansetzen. Dieser Vorgang ist steuerneutral.

Umstritten ist bezüglich der Wahrung der Steuerneutralität auf Ebene der Gesellschaft*er* in der Literatur dagegen, ob die Holding-SE die von den Gesellschaftern eingetauschten Anteile an den SE-Gründungsgesellschaften mit ihrem Teilwert ansetzen kann[390] oder ob auch sie den Buchwert der eingetauschten Anteile fortführen muß[391] (so für Deutschland §§ 20 Abs. 6 S. 2 i.V.m. 20 Abs. 2 S. 1, 20 Abs. 4 S. 1 UmwStG: *Buchwertverknüpfung*).

Dem Teilwertansatz bei der Holding-SE ist zu folgen. Die Buchwertfortführung auf Ebene der Holding-SE als Voraussetzung für den steuerneutralen

---

[387] Gesetz über steuerliche Maßnahmen bei der Änderung der Unternehmensform 1977, kurz Umwandlungssteuergesetz, vom 6.9.1976, BGBl. Teil I, vom 9.9.1976, S. 2641-2650, zuletzt geändert durch Steueränderungsgesetz 1992, vom 25.2.1992, BGBl. Teil I, vom 28.2.1992, S. 297-358.

[388] Vgl. hierzu allgemein z.B. Krebs, H.-J.: Die Harmonisierung der direkten Steuern für Unternehmen in der EG, in: Betriebs-Berater, 45. Jg. 1990, S. 1947 f.

[389] Die Bedingung des Art. 2 Buchst. d Fusions-RL (in Deutschland des § 20 Abs. 6 UmwStG), wonach die Holding-SE durch den Anteilstausch die Mehrheit der Stimmrechte an den die SE gründenden Gesellschaften besitzen muß, ist nach Art. 31 Abs. 2 S. 4 SE-VO stets erfüllt, da danach mindestens 51 vH der Stimmrechtsaktien der die SE gründenden Gesellschaften in die Holding-SE eingebracht werden müssen. Vgl. zum weiteren Umfang von § 20 Abs. 6 UmwStG im Vergleich zu Art. 2 Buchst. d Fusions-RL nur Herzig/Förster, Teil II, S. 959 f.

[390] Dafür sprechen sich im vorliegenden Falle Herzig/Dautzenberg/Heyeres, S. 13, aus, die sich auf die Fusions-RL selbst beziehen.

[391] Dafür spricht sich insbesondere Wassermeyer aus, da sich Art. 8 Abs. 2 Fusions-RL (auch) auf die Holding-SE bezieht. Vgl. Wassermeyer, F.: Besteuerung des ausländischen Unternehmenserwerbs durch Anteilstausch (unechte Fusion) und Einbringung von Unternehmensteilen, in: Deutsches Steuerrecht, 30. Jg. 1992, S. 60.

Anteilstausch auf Ebene der Gesellschafter der SE-Gründungsgesellschaften nach § 20 Abs. 4 S. 1 UmwStG ist dagegen als nicht-Fusions-RL-konforme Transformation anzusehen, da "eine Verdoppelung stiller Reserven .. im Fall des Anteilstauschs .. sachlich nicht geboten (ist; A.d.V.) und ... daher dem System der Fusionsrichtlinie ... widersprechen"[392] würde. Mißbrauchsfälle werden zudem durch Art. 11 Abs. 1 Buchst a Fusions-RL (in Deutschland § 25 Abs. 4 UmwStG) verhindert:[393] So sieht § 25 Abs. 4 S. 1 UmwStG vor, daß die Anteile an den SE-Gründungsgesellschaften von der SE innerhalb von sieben Jahren grundsätzlich nicht veräußert werden dürfen.[394] Bei einem Ansatz der eingetauschten Anteile zum Teilwert ist, sofern dieser größer als der Nennbetrag der hingegebenen Anteile der SE ist, der Differenzbetrag als Aufgeld (Agio) steuerneutral in die Kapitalrücklage der SE einzustellen.[395]

Da in *Fall 2* ein Tausch von Anteilen an Gesellschaften vorliegt, die im selben EG-Staat ansässig sind, sind die Vorschriften der Fusions-RL nach Art. 1 Fusions-RL bzw. deren Transformation in nationales Recht nicht einschlägig. Die steuerliche Behandlung des Anteilstausches bestimmt sich daher ausschließlich nach - nicht harmonisiertem - nationalem Recht, das sich für Deutschland nach Transformation der Fusions-RL aus § 20 Abs. 6 S. 1 UmwStG ergibt. Auf Ebene der Gesellschafter der die SE gründenden Gesellschaften können die eingetauschten SE-Anteile mit dem bisherigen Buchwert der hingegebenen Anteile an den SE-Gründungsgesellschaften steuerneutral angesetzt werden. Voraussetzung dafür ist, daß die Holding-SE ihrerseits die eingetauschten Anteile an den SE-Gründungsgesellschaften mit dem bisherigen Buchwert der Gesellschafter - steuerneutral - ansetzt (Buchwertverknüpfung), §§ 20 Abs. 6 S. 1 i.V.m. 20 Abs. 2, 20 Abs. 4 S. 1 UmwStG.[396]

Eine *Verdoppelung* der in den Anteilen an den SE-Gründungsgesellschaften ursprünglich enthaltenen stillen Reserven ist beim Fall 2 also stets gegeben, sofern nicht das sog. Tauschgutachten anwendbar ist (vgl. dazu unter (2a) Fall 1, oben).[397]

Resümierend kann somit festgestellt werden, daß bei der Holding-SE die Einlage der Anteile an den die SE gründenden Gesellschaften stets steuerneutral

---

[392] Herzig/Dautzenberg/Heyeres, S. 13.

[393] So insbesondere die Begründung von Herzig/Dautzenberg/Heyeres, S. 13.

[394] Vgl. hierzu einschließlich kritischen Anmerkungen zur Umsetzung von Art. 11 Abs. 1 Buchst. a Fusions-RL ins deutsche Steuerrecht nur Herzig/Förster, Teil II, S. 960.

[395] Vgl. Thömmes, Fusionsrichtlinie, S. 141.

[396] Vgl. hierzu Herzig/Förster, Teil II, S. 961.

[397] Vgl. zur Anwendbarkeit des sog. Tauschgutachtens auch nach der Transformation der Fusions-RL in nationales Recht Herzig/Förster, Teil II, S. 962; Wassermeyer, S. 62; Thömmes, Fusionsrichtlinie, S. 142.

- i.d.R. zum Teilwert, in Ausnahmefällen auch zum Buchwert - erfolgt. Dagegen hängt die steuerliche Behandlung des Anteilstausches bei den natürlichen, in Deutschland unbeschränkt steuerpflichtigen Gesellschaftern der die Holding-SE gründenden Gesellschaften vom jeweils zugrundeliegenden Sachverhalt, insbesondere vom Wertansatz auf Ebene der Holding-SE, ab. Die steuerliche Behandlung der oben behandelten Fälle soll daher bezüglich der Steuerneutralität des Anteilstausches bei den Gesellschaftern der die Holding-SE gründenden Gesellschaften mit Hilfe eines (Programm-) Ablaufplans nach DIN 660001[398] nochmals dargestellt werden (Abbildung 10 auf S. 128).

(3) Gründung einer SE durch formwechselnde Umwandlung einer nationalen Aktiengesellschaft: Bei der Gründung einer SE durch formwechselnde Umwandlung einer nationalen Aktiengesellschaft (Art. 2 Abs. 3, 37a SE-VO) behält das Rechtssubjekt seine Identität bei[399], so daß keine Vermögensübertragung stattfindet. Haben die SE und die nationale Aktiengesellschaft denselben Sitzstaat (*nationale Umwandlung*) ergeben sich hieraus keine steuerlichen Folgen.[400]

Erfolgt die formwechselnde Umwandlung in der Weise, daß sich die Sitzstaaten der umwandelnden nationalen Aktiengesellschaft und der hieraus entstehenden SE voneinander unterscheiden (*grenzüberschreitende Umwandlung*), so ist dies als zweistufiger Vorgang anzusehen: Der Vorgang besteht in der ersten Stufe aus einer nationalen Umwandlung einer nationalen Aktiengesellschaft in eine SE desselben Sitzstaats. In der zweiten Stufe erfolgt dann eine Sitzverlegung der aus der Umwandlung entstandenen SE. Die steuerliche Behandlung erfolgt in der ersten Stufe entsprechend der nationalen Umwandlung steuerneutral. Auf die steuerliche Behandlung der Sitzverlegung (zweite Stufe) wird nachfolgend in Kapitel C.VIII.1.a)bb) separat eingegangen, vgl. hierzu dort.

(4) Gründung einer SE als Tochtergesellschaft: Ertragsteuerliche Folgen aus der - gegebenenfalls grenzüberschreitenden - Gründung einer SE als (gemeinsame) Tochtergesellschaft mit Sitz in Deutschland ergeben sich grundsätzlich nicht, da die Gründung einer Gesellschaft an sich erfolgsneutral ist. Dies gilt generell sowohl für die Ebene der Gesellschafter (hier stets: SE-Gründungsgesellschaften) als auch für die Ebene der zu gründenden Tochter-SE, sofern die Einlageverpflichtungen der Gesellschafter in Form von *Bareinlagen* geleistet werden.[401]

---

[398] Vgl. hierzu die Sinnbilder für Programmablaufpläne des Deutschen Instituts für Normung e.V., abgedruckt in: Budde, W.D. et al.: Wirtschaftsprüfer-Handbuch 1985/86, hrsg. vom Institut der Wirtschaftsprüfer in Deutschland e.V., Bd. 1, 9. Auflage, Düsseldorf 1985, S. 1863.

[399] Vgl. zu den Merkmalen der formwechselnden Umwandlung nochmals Kapitel C.II.4., Abbildung 6.

[400] Vgl. allgemein zur steuerlichen Behandlung der formwechselnden Umwandlung von Kapitalgesellschaften Endres, S. 90.

[401] Vgl. hierzu allgemein zu deutschen Kapitalgesellschaften Jacobs, O.H./Scheffler, W.: Unternehmensbesteuerung und Rechtsform, hrsg. von Jacobs, O.H., München 1988, S. 158.

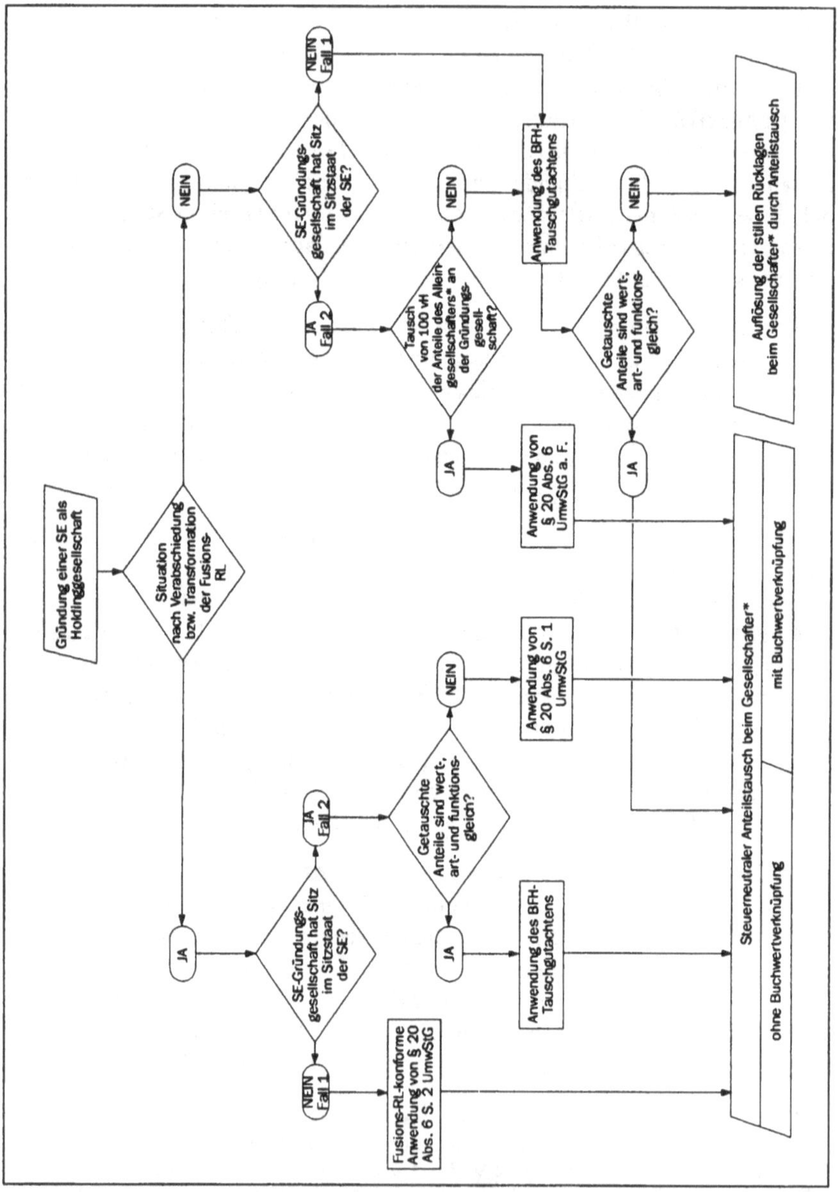

*** Unter einem Gesellschafter ist hier stets derjenige zu verstehen, der vor dem Anteilstausch an einer SE-Gründungsgesellschaft und nach diesem an der Holding-SE beteiligt war bzw. ist**

Abb. 10: Ablaufplan der steuerlichen Behandlung des Anteilstausches bei der Gründung einer Holding-SE bei den Gesellschaftern vor und nach Verabschiedung der Fusions-RL

Bei der Erfüllung der Einlageverpflichtungen der Gesellschafter gegenüber der Tochter-SE durch die Übertragung von Wirtschaftsgütern (*Sacheinlagen*), die sich bisher im Betriebsvermögen der Gesellschafter befunden haben, werden dagegen auf der Ebene der Gesellschafter die in diesen übertragenen Wirtschaftsgütern enthaltenen stillen Reserven, als Differenz zwischen dem gemeinen Wert der Sacheinlagen und deren bisherigen Buchwert, grundsätzlich aufgelöst.[402] Bei den Gründungsgesellschaften der Tochter-SE werden daher die von diesen erworbenen SE-Anteile mit dem gemeinen Wert der Sacheinlagen bei der SE bewertet, während die Tochter-SE die bei ihr eingelegten Wirtschaftsgüter mit deren Teilwert steuerneutral ansetzt.

Sofern die einzubringenden Wirtschaftsgüter allerdings einen Betrieb oder Teilbetrieb darstellen kann die Einbringung sowohl national (Fall 1) als auch grenzüberschreitend (Fall 2) unter bestimmten Voraussetzungen steuerneutral erfolgen:

Beim Vorliegen von Fall 1 (Tochter-SE und einbringende SE-Gründungsgesellschaft sind in Deutschland unbeschränkt steuerpflichtig[403]) ermöglicht § 20 Abs. 1-4 UmwStG (nicht harmonisiertes nationales Recht) die steuerneutrale Einbringung von Betrieben oder Teilbetrieben sowie darüber hinaus auch die Einbringung von Mitunternehmeranteilen, sofern die Tochter-SE das eingebrachte Vermögen ebenso wie die einbringende SE-Gründungsgesellschaft die von der Tochter-SE für die Einbringung erhaltenen Anteile mit dem bisherigen *Buchwert* des einzubringenden Vermögens bei der einbringenden SE-Gründungsgesellschaft ansetzen. Erforderlich für die steuerneutrale Behandlung ist folglich sowohl auf Ebene des Gesellschafters als auch auf Ebene der Tochter-SE die *Buchwertfortführung*. Dadurch erfolgt allerdings eine Verdoppelung derjenigen stillen Reserven, die in den bei der Tochter-SE eingelegten Wirtschaftsgütern enthaltenen sind (Buchwertverknüpfung).[404]

Nach Verabschiedung und Transformation der Fusions-RL ermöglichen die Art. 9 i.V.m. Art. 2 Buchst. c, e, f und i, 4 Abs. 1 und 2 Fusions-RL (in Deutschland die §§ 20 Abs. 8 i.V.m. 20 Abs. 2 S. 1-4 und 6, 20 Abs. 4 S. 1 sowie 20 Abs. 5 S. 2 UmwStG), daß auch Fall 2 (grenzüberschreitende Einbringung von Betrieben oder Teilbetrieben) steuerneutral abgewickelt werden kann, sofern die einbringende Gesellschaft eine in einem anderen EG-Staat als dem der Tochter-SE unbeschränkt steuerpflichtige Kapitalgesellschaft[405] ist.[406] Danach bestehen aus deutscher Sicht *vier* steuerneutrale Einbringungsmöglichkeiten[407]:

---

[402] Vgl. hierzu allgemein zu deutschen Kapitalgesellschaften nur Jacobs/Scheffler, S. 158 f.

[403] Dies gilt allerdings nur für Kapitalgesellschaften; bei Personenhandelsgesellschaften müssen natürlich deren Gesellschafter in Deutschland unbeschränkt steuerpflichtig sein.

[404] Vgl. zum Fall 1 nur Knobbe-Keuk, Unternehmenssteuerrecht, S. 747-749.

[405] Die Einbringung durch Personengesellschaften oder natürliche Personen ist somit weder in

Erstens kann eine in Deutschland unbeschränkt steuerpflichtige Kapitalgesellschaft (SE-Gründungsgesellschaft) einen inländischen Betrieb/Teilbetrieb in eine inländische Betriebsstätte einer im EG-Ausland unbeschränkt, in Deutschland beschränkt steuerpflichtigen Tochter-SE steuerneutral einbringen, §§ 20 Abs. 8 S. 1 und 2 i.V.m. 20 Abs. 2 S. 1-4 und 6 sowie 20 Abs. 4 S. 1 UmwStG.

Zweitens kann eine im EG-Ausland unbeschränkt, in Deutschland beschränkt steuerpflichtige Kapitalgesellschaft (SE-Gründungsgesellschaft) eine inländische Betriebsstätte in eine im EG-Ausland unbeschränkt, in Deutschland beschränkt steuerpflichtige Tochter-SE steuerneutral einbringen (in Form einer inländischen Betriebsstätte), §§ 20 Abs. 8 S. 3 i.V.m. 20 Abs. 2 S. 1-4 und 6 sowie 20 Abs. 4 S. 1 UmwStG.[408]

Drittens kann eine im EG-Ausland unbeschränkt, in Deutschland beschränkt steuerpflichtige Kapitalgesellschaft (SE-Gründungsgesellschaft) eine inländische Betriebsstätte i.R.d. Einbringung eines Betriebs oder Teilbetriebs in eine in Deutschland unbeschränkt steuerpflichtige Tochter-SE steuerneutral einbringen ("'Umwandlung' der Betriebstätte in Tochtergesellschaft"[409]), §§ 20 Abs. 8 S. 3 i.V.m. 20 Abs. 2 S. 1-4 und 6 sowie 20 Abs. 4 S. 1 UmwStG.

Viertens kann eine in Deutschland unbeschränkt steuerpflichtige Kapitalgesellschaft (SE-Gründungsgesellschaft) eine im EG-Ausland belegene Betriebsstätte (Betrieb/Teilbetrieb) in eine im EG-Ausland unbeschränkt steuerpflichtige Tochter-SE steuerneutral einbringen, §§ 20 Abs. 8 S. 4 i.V.m. 20 Abs. 4 S. 1 UmwStG.

Voraussetzung für die Steuerneutralität ist jeweils, daß sowohl die einbringende Kapitalgesellschaft (SE-Gründungsgesellschaft) die SE-Anteile als auch die Tochter-SE den eingebrachten Betrieb/Teilbetrieb jeweils mit dem ursprünglichen *Buchwert* dieses Betriebs/Teilbetriebs ansetzen (*Buchwertverknüpfung*), wodurch eine Verdoppelung der im Betrieb/Teilbetrieb enthaltenen stillen Reserven erfolgt. Sofern der Buchwert den Nennbetrag der für den Betrieb/ Teilbetrieb gewährten SE-Anteile übersteigt, ist der Differenzbetrag bei der Tochter-SE erfolgsneutral in die Kapitalrücklage einzustellen.

---

der Fusions-RL (vgl. dazu nur Art. 1 Fusions-RL) noch in § 20 Abs. 8 UmwStG vorgesehen. Vgl. Herzig, N./Förster, G.: Steueränderungsgesetz 1992: Die Umsetzung der Fusionsrichtlinie in deutsches Steuerrecht (Teil I), in: Der Betrieb, 45. Jg. 1992, S. 912.

[406] Eine steuerneutrale Einbringung von Mitunternehmeranteilen ist grenzüberschreitend weder nach der Fusions-RL (Art. 2 Buchst. c Fusions-RL) noch nach harmonisiertem deutschen Steuerrecht (§ 20 Abs. 8 UmwStG) möglich. Vgl. hierzu nur Herzig/Förster, Teil I, S. 912.

[407] Vgl. hierzu ausschließlich Herzig/Förster, Teil I, S. 912, 914 f.

[408] "Dabei wird nicht vorausgesetzt, daß die beteiligten (Kapital-; A.d.V.) Gesellschaften aus unterschiedlichen Mitgliedstaaten der EG stammen. Herzig/Förster, Teil I, S. 912. Das deutsche Steuerrecht geht somit in § 20 Abs. 8 S. 3 UmwStG über die Regelungen der Fusions-RL hinaus.

[409] Knobbe-Keuk, Unternehmenssteuerrecht, S. 757.

bb) Steuerliche Probleme der grenzüberschreitenden Sitzverlegung einer SE im EG-Binnenmarkt

Eines der Ziele der Schaffung einer SE ist die hiermit verbundene Möglichkeit der grundsätzlich uneingeschränkten grenzüberschreitenden Sitzverlegung der SE innerhalb des EG-Binnenmarkts ohne Liquidation und Neugründung (Vgl. Kapitel B.III.). Diese *gesellschaftsrechtlich* nach Art. 5a Abs. 1 SE-VO grundsätzlich uneingeschränkt mögliche grenzüberschreitende Sitzverlegung (Satzungssitz und gleichlautender Ort der effektiven Verwaltung) einer SE im Binnenmarkt[410] ist aber nur dann als realistisch anzusehen, wenn ihr keine steuerlichen Nachteile durch die Auflösung von stillen Reserven in den Wirtschaftsgütern der SE entgegenstehen.[411] Nachfolgend soll auf diese Problematik beispielhaft anhand der in Deutschland auf die SE anzuwendenden Vorschriften eingegangen werden, da die SE-VO selbst keine steuerlichen Vorschriften zur Sitzverlegung enthält. Unterschieden werden der *Wegzug* (Fall 1) einer in Deutschland ansässigen SE in einen anderen EG-Staat sowie der *Zuzug* (Fall 2) einer bisher in einem anderen EG-Staat ansässigen SE nach Deutschland.[412]

Die grenzüberschreitende identitätswahrende Sitzverlegung einer SE *von* Deutschland in einen anderen EG-Staat (Fall 1) führt in Deutschland grundsätzlich zu einer Auflösung der in den Wirtschaftsgütern enthaltenen stillen Reserven nach deutschem Steuerrecht (§§ 12 Abs. 1 i.V.m. 11 Abs. 1 KStG).[413] Nach herrschender Meinung ist die Auflösung der in den Wirtschaftsgütern enthaltenen stillen Reserven selbst dann vorzunehmen, wenn die in Deutschland verbleibenden Wirtschaftsgüter eine beschränkt körperschaftsteuerpflichtige Betriebsstätte der SE bilden (§§ 2 Abs. 1 KStG, 49 Abs. 1 Nr. 2 EStG[414], 12 AO), obwohl dadurch die steuerliche Erfassung der in diesen Wirtschaftsgütern enthaltenen stillen Reserven in Deutschland nach § 12 Abs. 2 KStG[415] weiterhin gesichert wäre.[416]

---

[410] Vgl. zu nicht-steuerlichen Einschränkungen, Behinderungen und Auflagen, die an eine grenzüberschreitende Sitzverlegung einer SE gemacht werden v.a. Kapitel C.I., C.II., C.IV. und C.X.

[411] Anders ausgedrückt: Die grenzüberschreitende Sitzverlegung einer SE im EG-Binnenmarkt muß steuerneutral erfolgen.

[412] Auf die deutsche steuerliche Behandlung sowohl einer grenzüberschreitenden Sitzverlegung einer SE von Deutschland in einen Nicht-EG-Staat (hieraus resultiert gesellschaftsrechtlich zwingend die Auflösung dieser SE) als auch zwischen zwei ausländischen EG-Staaten soll hier dagegen nicht eingegangen werden.

[413] Weitnauer macht hierzu darauf aufmerksam, daß der Eintritt dieser sog. Wegzugsbesteuerung von der zivilrechtlichen Auflösung bzw. dem Fortbestand der Rechtspersönlichkeit der SE unabhängig ist, da § 12 Abs. 1 KStG bestimmt, daß § 11 KStG entsprechend anzuwenden ist. Vgl. Weitnauer, S. 170.

[414] Einkommensteuergesetz 1990, in der Fassung der Bekanntmachung vom 7.9.1990, BGBl.

Art. 277 des SE-Verordnungsvorschlags von 1975 hatte dagegen noch den Ausschluß der Realisierung stiller Reserven bei der grenzüberschreitenden Sitzverlegung einer SE für *die* Wirtschaftsgüter beinhaltet, die im ursprünglichen SE-Sitzstaat einer dort belegenen Betriebsstätte zugerechnet werden können und in dieser zur Erzielung des steuerlichen Ergebnisses beitragen. Auch die Art. 4 Abs. 1 und 2, 5, 6 Fusions-RL entsprechen grundsätzlich der Regelung des Art. 277 des SE-Verordnungsvorschlags von 1975, wenn sie auf die Sitzverlegung einer SE bezogen werden würden. Aufgrund "der 'Ähnlichkeit' der (geregelten und ungeregelten) Tatbestände"[417] könnte durch *Analogie* gem. Art. 4 Abs. 1 und 2, 5, 6 Fusions-RL-analog die in der SE-VO bzw. in der Fusions-RL fehlende Regelung (Lücke) geschlossen werden.

Es kann natürlich auch die Auffassung vertreten werden, daß das Fehlen von Art. 277 des Verordnungsvorschlags von 1975 in der SE-VO von 1991 bzw. in der Fusions-RL zum Ausdruck bringt, daß gerade auf diese Regelung verzichtet werden sollte. Ist dies der Fall, so wird hier nachdrücklich gefordert, eine solche Regelung wieder in die SE-VO aufzunehmen bzw. in die für alle Kapitalgesellschaften der EG geltende Fusions-RL mit einzubeziehen. Eine Auflösung der in den Wirtschaftsgütern der sitzverlegenden SE enthaltenen stillen Reserven könnte also unterbleiben, sofern diese Wirtschaftsgüter in einer Betriebsstätte des ursprünglichen SE-Sitzstaats verbleiben.

Eine andere Lösung schlägt *Knobbe-Keuk* vor, unabhängig von der Rechtsform einer SE. Sie will den Wortlaut von § 12 Abs. 1 KStG im Falle der Beibehaltung einer beschränkt körperschaftsteuerpflichtigen Betriebsstätte im Inland mittels einer *teleologischen Reduktion* dahingehend eingeschränkt auslegen, daß eine *Buchwertfortführung* bei der Betriebsstätte zu erfolgen hat, da "die Schlußbesteuerung in diesen Fällen nach Sinn und Zweck des § 12 Abs. 1 KStG nicht geboten ist"[418].[419] Für die in den neuen Sitzstaat der SE überführten Wirtschaftsgüter

Teil I, vom 15.9.1990, S. 1898-1988, berichtigt in BGBl. Teil I, vom 28.3.1991, S. 808, zuletzt geändert durch Steueränderungsgesetz 1992, vom 25.2.1992, BGBl. Teil I, vom 28.2.1992, S. 297-358.

[415] Vgl. Knobbe-Keuk, B.: Wegzug und Einbringung von Unternehmen zwischen Niederlassungsfreiheit, Fusionsrichtlinie und nationalem Steuerrecht, in: Der Betrieb, 44. Jg. 1991, S. 300.

[416] Diese dem Wortlaut des § 12 Abs. 1 S. 1 KStG eindeutig entsprechende Auffassung ist nicht unumstritten, vgl. Zenthofer, W.: § 12 KStG, in: Kläschen, K.D. (Hrsg.), Körperschaftsteuer, Kommentar, Bonn 1976, Stand 18. Ergänzungslieferung Februar 1991, S. 4, Rdnr. 14. Der herrschenden Auffassung könnte aber nur durch eine Gesetzesänderung abgeholfen werden, vgl. Janzen, W./Dötsch, E.: § 12 KStG, in: Dötsch, E. et al. (Hrsg.), Die Körperschaftsteuer, Bd. 1, Stuttgart 1983, Stand 15. Ergänzungslieferung, Mai 1991, S. 263, Rdnr. 8. Vgl. zur gesamten Problematik auch Ebenroth/Auer, S. 19.

[417] Arndt, H.-W.: Grundzüge des Allgemeinen Steuerrechts, München 1988, S. 37.

[418] Knobbe-Keuk, Niederlassungsfreiheit, S. 300.

[419] Vgl. hierzu nur Knobbe-Keuk, Niederlassungsfreiheit, S. 300.

würde dagegen auch dann die Auflösung und Besteuerung der in diesen Wirtschaftsgütern enthaltenen stillen Reserven als Differenz zwischen dem gemeinen Wert und dem bisherigen Buchwert dieser erfolgen (§§ 12 Abs. 1 i.V.m. 11 Abs. 1 KStG).

Bei einer - grenzüberschreitenden identitätswahrenden - Sitzverlegung (Satzungssitz und gleichlautender Ort der effektiven Verwaltung[420]) einer SE von einem anderen EG-Staat *nach* Deutschland (Fall 2) wird die SE zu einem deutschen unbeschränkt körperschaftsteuerpflichtigen Steuersubjekt (§ 1 Abs. 1 Nr. 1 KStG). Dies folgt daraus, daß die Rechtspersönlichkeit der SE durch die Sitzverlegung nicht untergeht und ein um die SE erweiterter § 1 Abs. 1 Nr. 1 KStG an diese zivilrechtliche Wertung anknüpft, da sowohl der Satzungssitz als auch der Ort der effektiven Verwaltung nach Deutschland verlegt werden.[421] Die SE hat entsprechend den Vorschriften der Besteuerung von Kapitalgesellschaften in Deutschland ihr überführtes Aktiv- und Passivvermögen nach den allgemeinen Bewertungsvorschriften mit dem gemeinen Wert[422] ohne steuerliche Folgen (steuerneutral) anzusetzen.[423]

Sofern sich die SE bereits vor ihrer Sitzverlegung nach Deutschland in Form einer inländischen Betriebsstätte wirtschaftlich betätigte und dadurch beschränkt körperschaftsteuerpflichtig war, tritt durch den Zuzug der SE nach Deutschland keine Betriebsstättenschlußbesteuerung im Wege der Auflösung der stillen Rücklagen nach §§ 12 Abs. 2 i.V.m. 12 Abs. 1 und 11 KStG ein, da die SE ihren Sitz unter Wahrung ihrer Rechtspersönlichkeit verlegt, folglich *kein Rechtsträgerwechsel* stattfindet.[424]

Nach der oben dargestellten Behandlung der grenzüberschreitenden Sitzverlegung einer SE im EG-Binnenmarkt ergeben sich insbesondere Probleme im Wegzugsstaat der SE (Fall 1). Das in Deutschland geltende Steuerrecht, auf das hier ausschließlich eingegangen wird, ermöglicht nur für die im Inland (ursprünglicher SE-Sitzstaat) in einer Betriebsstätte verbleibenden Wirtschaftsgüter eine steuerneutrale Sitzverlegung, obwohl ein Realisationsakt zu keiner Zeit vorliegt. Dies gilt letztendlich auch nur dann, wenn sich die Rechtsprechung den oben

---

[420] Hier (wiederum) gleichbedeutend mit dem Ort der Geschäftsleitung, § 10 AO.

[421] Vgl. hierzu nur Ebenroth/Auer, S. 16; Beschluß des Großen Senats des BFH vom 25.6.1984, S. 757 f.

[422] Eine Bewertung mit dem Teilwert ist nicht möglich, da die SE durch die Sitzverlegung nicht neu gegründet, eine Einlage ihrer nach Deutschland überführten Wirtschaftsgüter also nicht vorgenommen wird.

[423] Dem steuerneutralen Ansatz der nach Deutschland überführten Wirtschaftsgüter geht möglicherweise natürlich die Auflösung und Besteuerung der in diesen Wirtschaftsgütern enthaltenen stillen Reserven im alten Sitzstaat der SE voraus.

[424] Vgl. Ebenroth/Auer, S. 20 f.; Knobbe-Keuk, Niederlassungfreiheit, S. 301, und die jeweils angegebene Literatur.

dargelegten Auffassungen anschließt und entweder die Vorschriften der Fusions-RL analog anwendet oder die Auslegung von § 12 Abs. 1 KStG teleologisch reduziert vornimmt. Dagegen erfolgt für die in den neuen Sitzstaat der SE überführten Wirtschaftsgüter stets eine Auflösung der stillen Rücklagen im Inland als dem ursprünglichen Sitzstaat der SE.

Eine vollständige steuerneutrale Verlegung des Sitzes einer SE könnte dagegen durch die Übernahme des *Grundgedankens* der Fusions-RL verwirklicht werden, der in der Steuerneutralität grenzüberschreitender Umstrukturierungsvorgänge von Unternehmen besteht[425], wozu auch die Sitzverlegung gehört. Für die Sitzverlegung einer SE wäre demnach auch für die in den neuen Sitzstaat der SE überführten Wirtschaftsgüter von einer Auflösung der stillen Reserven abzusehen. Hierbei könnten die - gerechtfertigten - steuerlichen Ansprüche des ursprünglichen Sitzstaats in der Weise aufrecht erhalten werden, daß das Besteuerungsrecht der in den überführten Wirtschaftsgütern enthaltenen stillen Reserven bei deren *Realisierung* nach wie vor dem ursprünglichen SE-Sitzstaat zugestanden wird.[426] Dadurch könnte auch eine grenzüberschreitende formwechselnde Umwandlung einer nationalen Aktiengesellschaft in eine SE (vgl. Kapitel C.VIII.1.a)aa)) vollständig steuerneutral vorgenommen werden.

Warum eine derartige Vorschrift nicht in die Fusions-RL oder zumindest in die SE-VO aufgenommen wurde, die exakt dem Grundgedanken dieser Richtlinie entspricht, erscheint daher unverständlich. Die Fusions-RL zumindest aber die SE-VO sollte daher um die Möglichkeit einer vollständigen steuerneutralen Sitzverlegung einer SE innerhalb des EG-Binnenmarkts ergänzt bzw. erweitert werden.[427]

cc) Laufende Besteuerung des Ertrags einer SE

Das Ziel der laufenden Besteuerung des Ertrags einer SE besteht darin, diese, durch die Anrechnung von Gewinnen und Verlusten von in den EG-Staaten befindlichen Niederlassungen und Tochtergesellschaften, global mit dem *konsolidierten Geschäftsergebnis* des Konzerns der SE nach nationalem Sitzstaatsrecht zu besteuern.[428]

---

[425] Vgl. dazu die Präambel der Fusions-RL.

[426] Vgl. zu ersten Gedanken diesbezüglich nur Sanders, Vorentwurf, S. 121.

[427] Ebenso in allgemeiner Form Herzig/Dautzenberg/Heyeres, S. 4, 15.

[428] Vgl. Kommission der Europäischen Gemeinschaften: Zusammenfassung des Memorandums der Kommission vom 8. Juni 1988, KOM(88) 320 endg., in: Bulletin der Europäischen Gemeinschaften, Beilage 3/88, S. 7.

Eine SE mit Sitz in Deutschland unterliegt, wie eine deutsche Aktiengesellschaft auch, nach den §§1 Abs. 1 und 2, 7 Abs. 1 und 2, 8 Abs. 1 KStG mit ihrem zu versteuernden (Welt-) Einkommen der Körperschaftsteuer von 50 vH (bei Thesaurierung, § 23 Abs. 1 KStG) oder 36 vH (bei Ausschüttung an die Gesellschafter, § 27 Abs. 1 KStG). Das zu versteuernde Einkommen wird ausgehend von der Steuerbilanz der SE ermittelt.[429] [430]

Der Gewerbeertrag einer in Deutschland ansässigen SE wird gem. §§ 7-10a GewStG ebenso wie bei einer deutschen Aktiengesellschaft ermittelt, indem vom körperschaftsteuerlichen Einkommen vor Verlustabzug ausgegangen wird. Der Gewerbeertrag der SE bildet zusammen mit deren Gewerbekapital die Grundlage zur Ermittlung der Steuermeßbeträge vom Ertrag und vom Kapital und damit auch des einheitlichen Gewerbesteuermeßbetrags. Auf diesen ist dann der jeweilige Hebesatz der Gemeinde, in der die SE ihren Sitz hat, anzuwenden, um die Gewerbesteuer zu ermitteln (§§ 4, 11-14, 16 GewStG).[431]

Die SE wird also grundsätzlich genauso wie eine deutsche Kapitalgesellschaft (z.B. Aktiengesellschaft) bei der laufenden Besteuerung behandelt, was für den nationalen und den internationalen Bereich gilt.[432] Auch für die Gesellschafter einer SE ergeben sich im Verhältnis zu einer deutschen Kapitalgesellschaft keine steuerlichen Abweichungen. Im folgenden soll daher nur auf zwei spezielle grenzüberschreitende Problembereiche bei der laufenden Ertragsbesteuerung der SE eingegangen werden.

(1) Verfahren der Gewinn- und Verlustverrechnung beim Vorliegen von ausländischen Betriebsstätten oder Tochtergesellschaften einer SE: Die einzige steuerliche Vorschrift der SE-VO, Art. 133, schreibt für SEs verbindlich vor, daß Verluste ausländischer Betriebsstätten der SE vom SE-Gewinn abgezogen und bei späteren Gewinnen der Betriebsstätten dem Gewinn der SE wieder zugerechnet werden müssen (sog. *Nachversteuerungsmethode* gem. Art. 133 Abs. 1 und 2 SE-VO).

Die Ermittlung der Gewinne und Verluste erfolgt für in der EG befindliche Betriebsstätten der SE nach dem Steuerrecht des EG-Staats, in dem sie belegen sind (Art. 133 Abs. 3 SE-VO). Befinden sich die Betriebsstätten der SE in Staaten, die mit dem Sitzstaat der SE kein DBA abgeschlossen haben, so daß die

---

[429] Vgl. hierzu die Übersicht bei Wöhe, G.: Betriebswirtschaftliche Steuerlehre, Bd. I/1, 6. Auflage, München 1988, S. 223 f.

[430] Vgl. zu den Besonderheiten des Bilanzsteuerrechts der SE Kapitel C.VIII.2.

[431] Vgl. ausführlich zur Ermittlung der Gewerbesteuer, Wöhe, Bd. I/1, S. 321-348.

[432] Vgl. allgemein zur steuerlichen Behandlung deutscher Kapitalgesellschaften im nationalen Bereich Jacobs/Scheffler, S. 114-158, und im internationalen Bereich Jacobs et al., S. 69-75, 302-415.

sog. Anrechnungsmethode[433] (§§ 34c Abs. 1 EStG, 26 Abs. 1 KStG in Deutschland) anzuwenden ist, bzw. ist diese Methode in den DBAs festgeschrieben, so gehen diese Verfahren der Gewinn- und Verlustverrechnung zwischen der SE und ihren Betriebsstätten nach Art. 133 Abs. 4 SE-VO der Nachversteuerungsmethode nach Art. 133 Abs. 1 und 2 SE-VO vor. Die Nachversteuerungsmethode ist damit nur anzuwenden, wenn in den DBAs die sog. Freistellungsmethode[434] (so z.B. im Doppelbesteuerungsrecht von Deutschland[435], Großbritannien, Irland und Dänemark) vereinbart wurde.[436] Die Nachversteuerungsmethode umfaßt folglich zunächst stets die Anwendung der Freistellungsmethode.

Die drei verschiedenen Verfahren der Gewinn- und Verlustverrechnung - Freistellungs-, Anrechnungs- und Nachversteuerungsmethode - sollen anhand des folgenden Beispiels grundsätzlich erläutert und gegenübergestellt werden.[437]

Beispiel: In den Jahren 01 und 02 erzielt die SE jeweils einen Gewinn von 100, während das Ergebnis der ausländischen Betriebsstätte in 01 ./. 50 und in 02 + 80 beträgt. Die Steuersätze betragen für die in Deutschland ansässige SE 50 vH, unter der Annahme der vollständigen Gewinnthesaurierung, und für die in einem anderen EG-Staat belegene ausländische Betriebsstätte 20 vH.

Bei der *Freistellungsmethode* wird das Ergebnis der Betriebsstätte bei der SE grundsätzlich nicht berücksichtigt. In 01 hat die SE danach eine Steuer von 100 x 50 vH = 50 zu entrichten, während bei der Betriebsstätte aufgrund des Verlusts keine Steuer anfällt. In 02 beträgt die Steuer der SE wiederum 100 x 50 vH = 50, die der Betriebsstätte unter Berücksichtigung des Verlustvortrags aus 01 in Höhe von ./. 50 insgesamt nur (80 ./. 50) x 20 vH = 6.

Die *Anrechnungsmethode* und die *Nachversteuerungsmethode* verrechnen dagegen den Betriebsstätten-Verlust von 50 (in 01) mit dem eigenen Gewinn der SE in Höhe von 100. Für 01 ergibt sich daher bei beiden Verfahren für die SE ein steuerpflichtiger Gewinn von 100 ./. 50 = 50 und damit eine zu entrichtende Steuer von 50 x 50 vH = 25, während bei der Betriebsstätte aufgrund des Verlusts keine Steuer anfällt. Beide Verfahren rechnen weiterhin in 02 den Betriebsstätten-Gewinn von 80 dem SE-Gewinn voll (Anrechnungsmethode, Welteinkommensprinzip) bzw. in Höhe des Verlusts (50) von 01 (Nachversteuerungsmethode) zu.

---

[433] Vgl. hierzu Mössner, J.: Die Methoden zur Verminderung der Doppelbesteuerung - Vorzüge, Nachteile, aktuelle Probleme, in: Vogel, K. (Hrsg.), Grundfragen des Internationalen Steuerrechts, Köln 1985, S. 159-166.

[434] Vgl. Jacobs et al., S. 17-24; Mössner, S. 146-158.

[435] Vgl. Jacobs et al., S. 247.

[436] Vgl. Knobbe-Keuk, Aktiengesellschaft, S. 437 f.

[437] Vgl. zu den Berechnungen dieses Beispiels stets auch Tabelle 5 auf Seite 138.

Der von der SE nach der *Anrechnungsmethode* in 02 zu versteuernde Gewinn ergibt sich aus der Summe der Ergebnisse der SE und der Betriebsstätte, 100 + 80 = 180, worauf der Steuersatz der SE zur Ermittlung deren Steuer angewendet wird: 180 x 50 vH = 90. Folglich unterliegt hier der Gewinn der SE einschließlich dem Ergebnis der Betriebsstätte dem für die SE geltenden Steuersatz (50 vH). Auf die Steuer der SE wird in 02 noch die von der Betriebsstätte im Ausland entrichtete Steuer angerechnet. Diese ergibt sich durch die Anwendung des ausländischen Steuersatzes von 20 vH auf den Betriebsstätten-Gewinn abzüglich des Verlustvortrags der Betriebsstätte aus 01 in Höhe von (80 ./. 50) x 20 vH = 6. Die SE hat demnach in 02 insgesamt eine Steuer in Höhe von 90 ./. 6 = 84 zu entrichten.

Die *Nachversteuerungsmethode* rechnet dem SE-Gewinn in 02 den in 01 berücksichtigten Betriebsstätten-Verlust in Höhe von 50 wieder zu, was einen von der SE zu versteuernden Gewinn in Höhe von 100 + 50 = 150 ergibt. Die SE hat nach dieser Methode in 02 folglich eine Steuer von 150 x 50 vH = 75 zu entrichten. Die Steuer der im Ausland belegenen Betriebsstätte beträgt wie bei der Anrechnungs- und bei der Freistellungsmethode 6.

Während in 02 die Anrechnungsmethode die von der Betriebsstätte entrichtete Steuer auf die Steuer der SE anrechnet, erfolgt diese Vorgehensweise für die Nachversteuerungsmethode und die Freistellungsmethode nicht. Die Nachversteuerungsmethode erzielt gegenüber der Freistellungsmethode zusätzlich noch einen Liquiditätsvorteil von 25 in 01, der zudem zu einem Zinsvorteil führt. Der Grund hierfür besteht darin, daß bei der Nachversteuerungsmethode der Betriebsstätten-Verlust in 01 in derselben Periode bei der SE berücksichtigt wird. Bei der Freistellungsmethode wird der Betriebsstätten-Verlust aus 01 dagegen nur bei der Betriebsstätte selbst i.R.d. interperiodischen Verlustausgleichs in 02 berücksichtigt.

Tabelle 5 auf Seite 138 stellt zusammengefaßt nochmals sämtliche Beträge der verschiedenen Verfahren der Gewinn- und Verlustverrechnung für das obige Beispiel dar.

Anwendungs- und Auslegungsprobleme von Art. 133 Abs. 1 und 2 SE-VO können sich dann ergeben, wenn eine SE über Betriebsstätten in verschiedenen ausländischen Staaten verfügt. Da nach Art. 133 Abs. 2 SE-VO die Nachversteuerung der bei der SE berücksichtigten Betriebsstätten-Verluste für die Gesamtheit der in jedem ausländischen Staat belegenen Betriebsstätten separat vorzunehmen ist, ist auch die zeitlich vorgelagerte Verlustberücksichtigung selbst jeweils für die Gesamtheit der in einem ausländischen Staat belegenen Betriebsstätten separat vorzunehmen.[438]

---

[438] Vgl. zu dieser Auffassung ausschließlich Knobbe-Keuk, Aktiengesellschaft, S. 438. A.A. wohl

Daten	Freistellungs-methode	Anrechnungs-methode	Nachversteue-rungsmethode
Jahr 01			
SE-Gewinn (100)*	100	100	100
BS-Verlust (./.50)	---	./. 50	./. 50
SE-Ergebnis**	100	50	50
Steuer der SE	50	25	25
Jahr 02			
SE-Gewinn (100)*	100	100	100
BS-Gewinn (80)	---	+ 80	+ 50
SE-Ergebnis**	100	180	150
		90 ./. 6	
Steuer der SE	50	= 84	75
Steuer der ausländischen BS	6	6	6
Steuer der SE (01 + 02)	100	109	100
Steuer der SE und der BS (01 + 02)	106	115	106

BS = Betriebsstätte

* Gewinn der SE ohne Betriebsstättenergebnis

** Betrag, auf den der Steuersatz der SE (50 vH) angewendet wird

Tab. 5: Vergleich der verschiedenen Verfahren der Gewinn- und Verlustverrechnung zwischen einer SE und ihren ausländischen Betriebsstätten

Im deutschen Steuerrecht ist in § 2a Abs. 3 EStG eine Art. 133 Abs. 1-3 SE-VO entsprechende Vorschrift enthalten, die aber nur für aktive Betriebsstätten i.S.d. § 2a Abs. 2 EStG gilt[439] und wonach die Ergebnisse auch der in EG-Staaten belegenen Betriebsstätten nach deutschem Recht zu ermitteln sind. Insoweit können sich bei der Berücksichtigung von Verlusten einer Betriebsstätte Unter-

Merkt, Aktiengesellschaft, S. 658.

[439] Vgl. Jacobs et al., S. 250.

schiede zwischen einer SE mit Sitz in Deutschland und einer deutschen Aktiengesellschaft ergeben. Da die Regelungen in Art. 133 Abs. 1-3 SE-VO (Nachversteuerungsmethode) im wesentlichen aber denen des Vorschlags einer EG-Verlustrichtlinie[440] entsprechen, könnten die oben dargestellten Unterschiede durch die Verabschiedung und Transformation dieses Richtlinienvorschlags beseitigt werden.

Die SE-VO enthält für die Verrechnung von Gewinnen der SE mit Verlusten ausländischer Tochter-Kapitalgesellschaften, an denen die SE beteiligt ist, aber ebensowenig eine Vorschrift wie das deutsche Steuerrecht.[441] "Dies ergibt sich zwingend aus der eigenständigen Steuersubjekteigenschaft der Auslandstochter (Trennungsprinzip) und ... der Nichtanerkennung der internationalen Organschaft."[442] [443] Der Vorschlag einer EG-Verlustrichtlinie enthält daher für Verluste von in der EG ansässigen Tochter-Kapitalgesellschaften von Unternehmen, die an diesen mindestens eine Beteiligung von 75 vH halten, ebenfalls die Möglichkeit der Anwendung der oben dargestellten *Nachversteuerungsmethode* bereit.[444] Nach dem Richtlinienvorschlag soll die in nationales Recht transformierte Richtlinie sowohl für nationale Kapitalgesellschaften als auch für SEs anwendbar sein, Unterschiede zwischen beiden sind daher ausgeschlossen.[445] [446]

---

[440] Vorschlag der Kommission für eine Richtlinie über den Abzug von Verlusten ausländischer Betriebsstätten und Tochtergesellschaften, S. 30-34.

[441] Im deutschen Steuerrecht ist nach dem Steueränderungsgesetz 1992 allerdings auch die Berücksichtigung von Verlusten aus Teilwertabschreibungen auf Anteile an (passiven) ausländischen Kapitalgesellschaften beschränkt, vgl. § 2a Abs. 1 Nr. 3 a) i.V.m. Abs. 2 S. 2 EStG. Vgl. hierzu nur Sarrazin, V.: Änderungen des Einkommensteuergesetzes durch das Steueränderungsgesetz 1992 im Bereich der Unternehmensbesteuerung, in: Neue Wirtschaftsbriefe, 27. Auflage, Herne/Berlin, Stand 9.3.1992, Fach 3b, S. 3959.

[442] Jacobs et al., S. 351, im Original teilweise fett.

[443] Bei der nationalen *Organschaft* werden dem Organträger (hier SE) die Gewinne und Verluste der Organgesellschaft (hier Tochtergesellschaft) zugerechnet (§ 14 S. 1 KStG) und damit die zivilrechtliche Trennung beider Gesellschaften aufgehoben. Vgl. hierzu und zu den Voraussetzungen der Organschaft Wöhe, G.: Betriebswirtschaftliche Steuerlehre, Bd. II/2, 3. Auflage, München 1982, S. 91-157.

[444] Die Verabschiedung dieses Richtlinienvorschlags bis spätestens Ende 1994 empfiehlt u.a. auch der sog. Ruding-Ausschuß. Vgl. Committee of Independent Experts on Company Taxation: Conclusions and Recommendations (deutsch: Die Schlußfolgerungen und Empfehlungen des Ruding-Ausschusses), in: Der Betrieb, Beilage Nr. 5, 45. Jg. 1992, S. 8.

[445] Vgl. ausführlich zu den Regelungen des Vorschlags einer EG-Verlustrichtlinie Saß, G.: Zum EG-Richtlinienvorschlag vom 28.11.1990 über den Abzug von Verlusten ausländischer Betriebsstätten und Tochtergesellschaften, in: Betriebs-Berater, 46. Jg. 1991, S. 1161-1165, sowie Carl, D.: Neue Vorschläge der Kommission zur Unternehmensbesteuerung, in: Europäische Zeitschrift für Wirtschaftsrecht, 2. Jg. 1991, S. 369-371.

[446] Mitte des Jahres 1992 hat die EG-Kommission ihren Vorschlag einer EG-Verlustrichtlinie dahingehend modifiziert, daß *nur* noch Verluste von in ausländischen EG-Staaten belegenen *Betriebsstätten* nach der sog. Anrechnungs- oder der sog. Nachversteuerungsmethode berücksichtigt werden sollen. Tochterkapitalgesellschaften wurden folglich aus dem Anwendungsbereich des

(2) Problem der wirtschaftlichen Doppelbesteuerung von Gewinnausschüttungen ausländischer Tochtergesellschaften an eine SE als Muttergesellschaft: Der zweite, hier zu behandelnde Problembereich besteht in der wirtschaftlichen Doppelbesteuerung von Gewinnausschüttungen ausländischer Tochtergesellschaften an eine inländische SE-Muttergesellschaft. Hierauf soll im folgenden anhand einer SE mit Sitz in Deutschland, die über eine ausländische Tochtergesellschaft (Kapitalgesellschaft) in einem anderen EG-Staat verfügt, eingegangen werden. Da Deutschland mit allen EG-Staaten ein DBA abgeschlossen hat[447], wird im folgenden auch nur hierauf Bezug genommen, der Fall ohne Vorliegen eines DBAs bleibt also unbeachtet.

Die Gewinne der ausländischen Tochtergesellschaft führen zu einer Besteuerung dieser mit dem hierfür vorgesehenen Körperschaftsteuersatz. Gewinnausschüttungen, also die Verwendung des erwirtschafteten Gewinns, sind bei der Tochtergesellschaft dagegen grundsätzlich nicht steuerbar, da sie einen erfolgsneutralen Vorgang darstellen.[448] Auf der Ebene der Tochtergesellschaft fallen daher bei Gewinnausschüttungen keine weiteren Ertragsteuern an.

Die SE, die im Sitzstaat der Tochtergesellschaft als beschränkt steuerpflichtiger Gesellschafter dieser einzustufen ist, muß von der bei einer Gewinnausschüttung der Tochtergesellschaft erhaltenen Dividende durch die Tochtergesellschaft eine Quellensteuer von i.d.R. 5 vH[449] an den Sitzstaat der Tochtergesellschaft abführen (lassen). Im Sitzstaat der SE sind die Dividenden dagegen von der Steuer freigestellt (*internationales Schachtelprivileg*[450]).

Richtlinienvorschlags herausgenommen. Vgl. zu diesen neuen Entwicklungen nur Eggers, W.: Neuer Vorschlag der EG zur Verlustrichtlinie, in: Internationale Wirtschaftsbriefe, 3. Auflage, Herne/Berlin 1971, Stand 25.9.1992, IWB Aktuell Nr. 18/1992, S. 712 f. Diese Entwicklung ist allerdings höchstens aufgrund von Akzeptanzproblemen des bisherigen Vorschlags einer Verlustrichtlinie zu verstehen, vom Ergebnis allerdings strikt abzulehnen. Sowohl der Ruding-Ausschuß als auch ihm folgend die EG-Kommission haben sich (Mitte März 1992 bzw. Ende Juni 1992) für die Annahme des bisherigen Vorschlags ausgesprochen. Vgl. hierzu nur Committee of Independent Experts on Company Taxation, S. 8; Förster, J.: Reaktion der EG-Kommission auf den Ruding-Bericht, in: Internationale Wirtschaftsbriefe, 3. Auflage, Herne/Berlin 1971, Stand 10.8.1992, Fach 5, Gruppe 2, S. 213.

[447] Vgl. Thömmes, Unternehmenskooperation, S. 475.

[448] Für in Deutschland ansässige Tochtergesellschaften erfolgt bei der Gewinnausschüttung dieser an deren Gesellschafter (u.a. Muttergesellschaft) sogar eine Senkung der Körperschaftsteuer auf die ausgeschütteten Gewinne von 50 vH auf 36 vH (§§ 23 Abs. 1, 27 Abs. 1 KStG).

[449] Diese Regelung ergibt sich nach Art. 10 Abs. 2 Buchst. a des Musters eines Abkommens zur Vermeidung der Doppelbesteuerung auf dem Gebiet der Steuern vom Einkommen und Vermögen der OECD, das im folgenden als OECD-Musterabkommen (OECD-MA) bezeichnet wird. Die vorgeschlagenen Regelungen des OECD-MA können hier deshalb allgemein zugrundegelegt werden, da sich fast alle DBAs zwischen Industriestaaten an diesem Modell orientieren. Vgl. Jacobs et al., S. 42. Die 30 Artikel des gesamten OECD-MAs sind vollständig abgedruckt in Jacobs et al., S. 715-729.

[450] Dies folgt aus Art. 23A Abs. 1 OECD-MA unter der Voraussetzung, daß die SE nach Art. 10

Insgesamt werden die von der Tochtergesellschaft an die SE ausgeschütteten Gewinne somit zweimal besteuert: *Erstens* bei der Gewinnentstehung bei der Tochtergesellschaft und *zweitens* bei der Ausschüttung an die SE-Muttergesellschaft, wenngleich der hierbei maßgebende Quellensteuersatz relativ gering ist.

Die vom EG-Ministerrat 1990 verabschiedete sog. steuerliche Mutter-Tochter-Richtlinie (Mu-To-RL)[451] [452] verbietet dagegen die Erhebung einer Quellensteuer auf Gewinne, die von einer Tochter- an ihre Muttergesellschaft grenzüberschreitend ausgeschüttet werden (Art. 1 Abs. 1, 5 Abs. 1 Mu-To-RL).[453] Die wirtschaftliche Doppelbesteuerung von Gewinnen, die von einer in einem anderen EG-Staat als Deutschland ansässigen Tochtergesellschaft an eine in Deutschland ansässige Mutter-SE ausgeschüttet werden, wird durch die Mu-To-RL in Zukunft also beseitigt.[454] Die Beteiligung der Mutter-SE an der Tochtergesellschaft muß dabei mindestens 25 vH oder einen von den einzelnen EG-Staaten festgelegten niedrigeren Prozentsatz betragen (Art. 3 Abs. 1 Mu-To-RL).[455] [456]

Abs. 2 Buchst. a OECD-MA zu mindestens 25 vH (nach § 26 Abs. 7 KStG genügen sogar nur 10 vH) an der Tochtergesellschaft beteiligt ist. Diese Anforderung ist z.B. bei Tochtergesellschaften von Holding-SEs stets erfüllt, vgl. Art. 31 Abs. 2 S. 3 SE-VO.

[451] Vgl. zur Quelle dieser Richtlinie Kapitel B.III. Vgl. allgemein zur Richtlinie auch Voß, R.: Steuern in Europa, in: Deutsches Steuerrecht, 29. Jg. 1991, S. 928; Manke, K.: Unternehmensbesteuerung in der EG, 1. Teil, in: Zeitschrift für Unternehmens- und Gesellschaftsrecht, 21. Jg. 1992, S. 336 f.; Goergen, R.: Unternehmensbesteuerung aus europäischer Sicht, in: Mitglieder des Zentrums für Europäisches Wirtschaftsrecht (Hrsg.), Vorträge und Berichte, Nr. 3, Bonn 1990, S. 2-5.

[452] Vgl. zur Umsetzung der Mu-To-RL in das Steuerrecht der EG-Staaten, insbesondere ins deutsche Steuerrecht grundlegend Manke, S. 337 f.; Müller, T.: Beschränkte Steuerpflicht und einige Aspekte des EG-Rechts, in: Steuer und Wirtschaft, 69. (22.) Jg. 1992, S. 159; Esser, R.: Quellensteuerbefreiung, Schachtelprivileg und Staatshaftung, in: Recht der Internationalen Wirtschaft, 38. Jg. 1992, S. 293-297.

[453] Vgl. zu den für Deutschland und Portugal geltenden *Übergangsbestimmungen* Art. 5 Abs. 3 und 4 Mu-To-RL, sowie für Deutschland § 44d Abs. 1 S. 1 EStG, der die Quellensteuer auf von in Deutschland ansässigen Tochtergesellschaften, die Dividenden an im EG-Ausland ansässige Muttergesellschaften ausschütten, auf 5 vH bzw. 5,26 vH reduziert. Dies gilt aber maximal bis zum 30. Juni 1996. Danach darf keine Quellensteuer auf Gewinnausschüttungen mehr erhoben werden, vgl. § 44d Abs. 1 S. 3 EStG.

[454] Dabei wird davon ausgegangen, daß der in Deutschland ansässigen Mutter-SE nur durch DBAs freigestellte Dividenden von in der EG ansässigen ausländischen Tochtergesellschaften zufließen. Sofern keine Freistellung bei der Mutter-SE in Deutschland durch entsprechende - bilaterale - DBA-Regelungen vorgesehen ist, erfolgt bei dieser nach § 26 Abs. 2a KStG (Umsetzung von Art. 4 Abs. 1 Mu-To-RL) eine indirekte Anrechnung der ausländischen Körperschaftsteuer, die auf die von der Tochter- an die Muttergesellschaft ausgeschütteten Gewinne erhoben wird, sowie der eventuell noch aufgrund der Ausnahmeregelungen des Art. 5 Abs. 2-4 Mu-To-RL erhobenen ausländischen Quellensteuer.

[455] In Deutschland muß die Beteiligung grundsätzlich 25 vH (§ 44d Abs. 2 EStG), bei Gegenseitigkeit zu anderen EG-Staaten sogar nur 10 vH betragen (§ 44d Abs. 3 EStG). Darüber hinaus hat Deutschland vom Wahlrecht in Art. 3 Abs. 2 Mu-To-RL derart Gebrauch gemacht, daß die

Da die Anwendung der Mu-To-RL für alle Kapitalgesellschaften gilt, die Mutter- und Tochtergesellschaften mit verschiedenen Sitzstaaten in der EG sind, ergeben sich hieraus allerdings keine steuerlichen Unterschiede zwischen nationalen Aktiengesellschaften und SEs.

b) Substanz- und verkehrsteuerliche Behandlung der SE

Die nationale und internationale substanz- und verkehrsteuerliche Behandlung von nationalen deutschen Kapitalgesellschaften stimmt mit der von in Deutschland ansässigen SEs überein.[457] Hier soll daher ausschließlich auf die möglichen substanz- und verkehrsteuerlichen Beeinträchtigungen der *grenzüberschreitenden Betätigung* einer SE mit Sitz in Deutschland und Betriebsstätten sowie Tochtergesellschaften in anderen EG-Staaten eingegangen werden.

Sowohl das Vermögen ausländischer Betriebsstätten der SE als auch die Beteiligungen der SE an Tochtergesellschaften von über 10 vH bleiben bei der SE aufgrund von DBAs unberücksichtigt (Art. 22 Abs. 1 und 2, 23 A Abs. 1 OECD-MA).[458] Die SE ist mit diesem Vermögen also weder vermögen- noch gewerbekapitalsteuerpflichtig. Für SEs bestehen insofern keine grenzüberschreitenden substanzsteuerlichen Beeinträchtigungen.

Die *Gesellschafter* einer SE unterliegen als natürliche Personen mit ihren Anteilen an der SE der Vermögensteuer, sofern sie insgesamt jeweils ein steuerpflichtiges Vermögen gem. § 9 Nr. 1 Buchst. a VStG besitzen. Erfolgt die Bewertung der SE-Anteile durch eine Schätzung nach dem sog. Stuttgarter Verfahren, da weder ein Börsenkurs vorliegt noch Verkäufe von SE-Anteilen vorgenommen wurden, werden auch die Anteile der SE an deren Tochtergesellschaften miteinbezogen (vgl. § 11 Abs. 1 und 2 BewG, Abschnitt 77 Abs. 1 S. 6 VStR[459]). Daher bleibt die, aus der Besteuerung von nationalen Kapitalgesell-

---

ausländischen Muttergesellschaften mindestens zwölf Monate ohne Unterbrechung an deutschen Tochtergesellschaften beteiligt sein müssen.

[456] Vgl. zur darüber hinaus geplanten Abschaffung der Quellensteuern auf Zinsen und Lizenzgebühren den Vorschlag der Kommission der Europäischen Gemeinschaften: Vorschlag für eine Richtlinie des Rates über die gemeinsame Steuerregelung für Zahlungen von Zinsen und Lizenzgebühren zwischen Mutter- und Tochtergesellschaften verschiedener Mitgliedstaaten, in: ABl. EG Nr. C 53, vom 28.2.1991, S. 26-29. Die rasche Verabschiedung dieses Richtlinienvorschlags wird v.a. vom sog. Ruding-Ausschuß gefordert, vgl. Committee of Independent Experts on Company Taxation, S. 7 f.

[457] Vgl. analog für eine SE mit Sitz in Deutschland im nationalen Bereich Jacobs/Scheffler, S. 145-158, und im internationalen Bereich Jacobs et al., S. 71-75, 327 f., 355-360, 367 f., 414 f.

[458] Vgl. Jacobs et al., S. 65, 68, 71 f., 74 f.

[459] Vermögensteuer-Richtlinien für die Vermögensteuer-Hauptveranlagung 1989, in der Fas-

schaften bekannte, *wirtschaftliche Doppelbesteuerung* des Vermögens einer SE und deren Tochtergesellschaften bei diesen Kapitalgesellschaften einerseits und bei den natürlichen Gesellschaftern andererseits bestehen.

Die Grunderwerbsteuer kann die grenzüberschreitende Betätigung einer SE grundsätzlich nicht beeinflussen, da sie sich nur auf die Übertragung inländischen Grundbesitzes bezieht (in Deutschland gem. § 1 Abs. 1 S. 1, Abs. 2, Abs. 3 S. 1 GrEStG[460]).

Die Umsetzung der ersten[461], zweiten[462] und sechsten[463] umsatzsteuerlichen Richtlinie der EG[464] in nationales Recht zur Harmonisierung des Umsatzsteuerrechts der EG-Staaten verhindert grundsätzlich eine doppelte Besteuerung von grenzüberschreitenden Umsätzen sowohl im Binnenmarkt als auch gegenüber Nicht-EG-Staaten. Lieferungen werden demnach nur im *Bestimmungsland* besteuert. Bei sonstigen Leistungen verhindert eine übereinstimmende Festlegung des Leistungsorts grundsätzlich eine Doppelbesteuerung.[465] An der Vermeidung der Doppelbesteuerung durch Umsatzsteuer, insbesondere von Lieferungen im EG-Binnenmarkt, wird sich durch die verabschiedete EG-Richtlinie zur Ergänzung des gemeinsamen Mehrwertsteuersystems und zur Änderung der sechsten EG-Umsatzsteuerrichtlinie[466] (sog. Binnenmarkt-Übergangslösung) bzw. deren Transformation in nationales Recht nichts ändern. Von Ausnahmen und allerdings weitreichenden abrechnungstechnischen Besonderheiten abgesehen ändert sich lediglich die Besteuerung von grenzüberschreitenden Lieferungen an private Endverbraucher, die ab 1993 grundsätzlich im Ursprungsland erfolgt.[467]

---

sung der Bekanntmachung vom 9.3. 1989, BStBl. Teil I, Sondernummer 1.

[460] Grunderwerbsteuergesetz 1983, vom 17.12.1982, BGBl. Teil I, vom 21.12.1982, S. 1777-1789, zuletzt geändert durch Steueränderungsgesetz 1992, vom 25.2.1992, BGBl. Teil I, vom 28.2.1992, S. 297-358.

[461] Erste EG-Richtlinie zur Harmonisierung der Rechtsvorschriften der Umsatzsteuer, in: ABl. EG Nr. 71, vom 14.4.1967, S. 1301-1303.

[462] Zweite EG-Richtlinie zur Harmonisierung der Rechtsvorschriften der Umsatzsteuer, in: ABl. EG Nr. 71, vom 14.4.1967, S. 1303-1312.

[463] Sechste EG-Richtlinie zur Harmonisierung der Rechtsvorschriften der Umsatzsteuer, in: ABl. EG Nr. L 145, vom 13.6.1977, S. 1-40.

[464] Vgl. hierzu auch o.V.: Beschlüsse des Rats der EG vom 24.6.1991 zur Umsatzsteuerharmonisierung, in: Der Betrieb, 44. Jg. 1991, S. 1705.

[465] Vgl. grundlegend hierzu und zu den immer noch bestehenden Problemen hierbei Jacobs et al., S. 193-203.

[466] ABl. EG Nr. L 376, vom 31.12.1991, S. 1-19.

[467] Vgl. ausführlich zur Binnenmarkt-Übergangslösung Langer, M.: Umsatzsteuer im Binnenmarkt - Übergangslösung ab 1.1.1993 (Teil I), in: Der Betrieb, 45. Jg. 1992, S. 340-349; Langer, M.: Umsatzsteuer im Binnenmarkt - Übergangslösung ab 1.1.1993 (Teil II), in: Der Betrieb, 45. Jg. 1992, S. 395-404; Rokos, V.: Die Übergangsregelung bei der Umsatzsteuer für grenzüberschreitende Umsätze im Europäischen Binnenmarkt ab 1993 - Änderung der 6. EG-Richtlinie, in: Umsatzsteuer-Rundschau, 41. Jg. 1992, S. 89-107; Springsguth, U.: Die Grundzüge des neuen

Die Substanz- und Verkehrsteuern beeinträchtigen, wie gezeigt, die grenzüberschreitende Betätigung einer SE mit Sitz in Deutschland nicht bzw. nicht mehr als dies bei nationalen Kapitalgesellschaften auch erfolgt.

2. Besonderheiten des Bilanzsteuerrechts der Societas Europaea

In den meisten EG-Staaten gilt der Grundsatz der Maßgeblichkeit der Handelsbilanz für die Steuerbilanz[468] einschließlich dessen Umkehrung[469], allerdings in unterschiedlichen Ausprägungen.[470] Nachfolgend soll untersucht werden, ob die primär nach supranationalem europäischen Recht erstellte Handelsbilanz der SE als Bindeglied zwischen europäischem Handelsbilanzrecht und nationalem Bilanzsteuerrecht dient, das gem. Art. 7 Abs. 1 Buchst. b und Abs. 4 SE-VO relevant ist, oder ob harmonisiertes nationales Handelsbilanzrecht dessen Grundlage ist. Die Untersuchung erfolgt ausschließlich für eine in Deutschland ansässige SE.

a) Analyse des Grundsatzes der Maßgeblichkeit

Auf eine SE mit Sitz in Deutschland finden die Gewinnermittlungsvorschriften der §§ 4-7k EStG Anwendung. Die SE muß also eine Steuerbilanz i.S.d. EStG erstellen, sofern nicht speziellere Vorschriften des KStG gelten (§ 8 Abs. 1 KStG). Eine SE bezieht nach § 8 Abs. 2 KStG ausschließlich Einkünfte aus Gewerbebetrieb. Zudem hat sie gem. Art. 101 Abs. 1 SE-VO handelsrechtliche Jahresab-

---

Mehrwertsteuerrechts in der Europäischen Gemeinschaft, in: Betriebs-Berater, 47. Jg. 1992, S. 747-755, sowie grundlegend zur gesamten Problematik Theisen, M.R.: Das Umsatzsteuersystem im europäischen Binnenmarkt - Systematische Grundlagen und Harmonisierungsnotwendigkeit, in: Wirtschaftswissenschaftliches Studium, 22. Jg. 1993, Heft 1, und Theisen, M.R.: Das Umsatzsteuersystem im europäischen Binnenmarkt - Vorschläge zur Harmonisierung der Umsatzsteuer, in: Wirtschaftswissenschaftliches Studium, 22. Jg. 1993, Heft 2.

[468] Die Aufgabe der Steuerbilanz besteht allgemein in der steuerlichen Gewinnermittlung eines Unternehmens, hier einer SE.

[469] So z.B. grundsätzlich in Deutschland, Belgien, Frankreich, Italien, Luxemburg, Portugal, Spanien und Griechenland. Vgl. Gail, W./Greth, M./Schumann, R.: Die Maßgeblichkeit der Handelsbilanz für die Steuerbilanz in den Mitgliedstaaten der Europäischen Gemeinschaft, in: Der Betrieb, 44. Jg. 1991, S. 1399; Schmitz, S. 10.

[470] Vgl. hierzu auch die differenzierte Analyse über den Umfang des Grundsatzes der Maßgeblichkeit bezüglich der Bilanzierung und der Bewertung für die EG-Staaten, die diesen Grundsatz, wenn auch in unterschiedlicher Form, regelmäßig anwenden, Gail/Greth/Schumann, S. 1389-1399 sowie v.a. die Zusammenfassung auf S. 1400.

schlüsse zu erstellen, was die Verpflichtung zur Buchführung mit einschließt.[471] Die Voraussetzungen zur Anwendung von § 5 Abs. 1 S. 1 EStG, der den Grundsatz der Maßgeblichkeit der Handelsbilanz für die Steuerbilanz im deutschen Bilanzsteuerrecht begründet[472], und der stets gilt, sofern keine steuerlichen Vorschriften entgegenstehen, sind somit erfüllt.

Unterschiedliche Auffassungen bestehen allerdings darüber, was unter den für die Steuerbilanz der SE *maßgeblichen* handelsrechtlichen GoB i.S.v. § 5 Abs. 1 S. 1 EStG zu verstehen ist:

Nach der *ersten Auffassung* werden hierunter ausschließlich die *deutschen* GoB, einschließlich derjenigen, die im HGB kodifiziert sind, verstanden. Dagegen sind Rechnungslegungsvorschriften, die ausschließlich für die SE gelten, rechtsformabhängig. Sie können daher keine deutschen GoB sein.[473] Daraus folgt, daß neben der primär nach supranationalem Recht (SE-VO i.V.m. der 4. EG-RL) erstellten Handelsbilanz der SE, die nur ergänzend nach nationalem Sitzstaatsrecht der SE erstellt wird, noch eine weitere Handelsbilanz der SE aufgestellt werden muß, die für die - nationale - Steuerbilanz der SE maßgeblich ist. Die Aufstellung dieser *zusätzlichen Handelsbilanz* der SE muß dann nach denselben Vorschriften, wie sie für deutsche Aktiengesellschaften gelten, erfolgen, also insbesondere nach dem 3. Buch des HGB und den deutschen GoB (Auffassung I). Auf diese zusätzliche Handelsbilanz der SE könnte nur dann verzichtet werden, wenn die primär nach supranationalem Recht erstellte Handelsbilanz der SE durch die Ausübung von Wahlrechten derart aufgestellt wird, daß sie einer nach deutschem Handelsrecht und deutschen GoB aufgestellten Handelsbilanz vollständig entspricht.

Nach der *zweiten Auffassung* wird aus der Pflicht zur Aufstellung von Abschlüssen und zur Führung von Büchern nach Art. 101 Abs. 1 SE-VO gefolgert, daß die nach Art. 101 Abs. 1 SE-VO zu erstellende Handelsbilanz der SE auch für die Steuerbilanz der SE nach § 5 Abs. 1 S. 1 EStG maßgeblich ist, da diese nach supranationalem Recht erstellte Handelsbilanz der SE nach in Deutschland unmittelbar geltendem Recht erstellt wird (Auffassung II).[474] [475]

---

[471] Vgl. analog hierzu Mathiak, W.: § 5 EStG, in: Kirchhof, P./Söhn, H. (Hrsg.), Einkommensteuergesetz, Bd. 2, Heidelberg 1991, 27. Ergänzungslieferung, S. 90, Rdnr. A 213.

[472] Vgl. hierzu ausführlich Wöhe, G.: Betriebswirtschaftliche Steuerlehre, Bd. I/2, 6. Auflage, München 1986, S. 55-73; Lause, B./Sievers, H.: Maßgeblichkeitsprinzip und Steuerreform 1990, in: Betriebs-Berater, 45. Jg. 1990, S. 24-32.

[473] Vgl. Leffson, S. 152-154; Haller, Aktiengesellschaft, 1578 f.

[474] Vgl. ähnlich Rödder, T.: Bilanzierung und Besteuerung der Europäischen Aktiengesellschaft (Teil II), in: Die Wirtschaftsprüfung, 44. Jg. 1991, S. 232. Vgl. zu weiteren, ergänzenden Gründen zu dieser Auffassung nur Rödder, Teil II, S. 232.

[475] Vgl. zustimmend zur Auffassung II v.a. auch Chmielewicz, Harmonisierung, S. 54 f.

Die grundsätzlichen Unterschiede beider Auffassungen werden allerdings durch die Auslegung des Grundsatzes der Maßgeblichkeit, wonach insbesondere die zwingenden steuerlichen Vorschriften denen der maßgeblichen Handelsbilanz stets vorgehen, eingeschränkt.[476] Die beiden Auffassungen über die Ausgestaltung des Grundsatzes der Maßgeblichkeit der Handelsbilanz für die Steuerbilanz einer in Deutschland ansässigen SE werden nochmals in Abbildung 11 dargestellt:

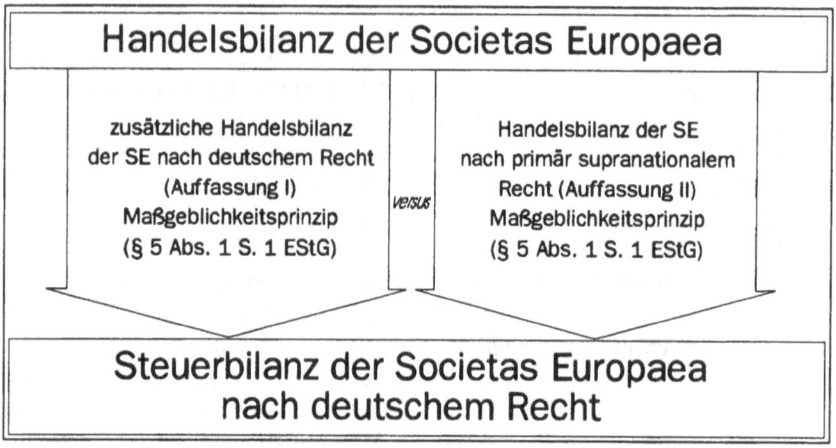

Abb. 11: Auffassungen über den Grundsatz der Maßgeblichkeit der Handelsbilanz für die Steuerbilanz einer SE mit Sitz in Deutschland

Aus folgenden Gründen soll hier der Auffassung I gefolgt werden: § 5 Abs. 1 S. 1 EStG verweist auf die GoB, worunter nur die deutschen GoB bzw. deutsches Handelsrecht verstanden werden können[477], da es unmittelbar geltende europäische GoB (noch) nicht gibt (vgl. Kapitel C.V.1., C.V.2.b) und C.V.6.). Die speziellen Rechnungslegungsvorschriften der SE können auch nicht als deutsche GoB angesehen werden, da sie nicht rechtsformunabhängig sind. Die Folge davon ist, daß die primär nach supranationalem Recht erstellte Handelsbilanz der SE für deren Steuerbilanz nur maßgeblich ist, sofern sie den deutschen GoB bzw. deutschem Handelsrecht entspricht. Andernfalls muß eine in Deutschland ansässige SE eine zusätzliche Handelsbilanz nach deutschem Handelsrecht und deutschen GoB aufstellen und von dieser die Steuerbilanz nach § 5 Abs. 1 S. 1 EStG ableiten.

---

[476] Vgl. zur Auslegung des Grundsatzes der Maßgeblichkeit in Deutschland allgemein Biergans, E.: Einkommensteuer und Steuerbilanz, 5. Auflage, München/Wien 1990, S. 169-173.

[477] Vgl. hierzu auch das BFH-Urteil vom 13.9.1989, BStBl. Teil II, vom 12.2.1990, S. 59.

b) Analyse des Grundsatzes der umgekehrten Maßgeblichkeit

§ 5 Abs. 1 S. 2 EStG begründet den sog. Grundsatz der umgekehrten Maßgeblichkeit[478], wonach steuerliche Wahlrechte in der Steuerbilanz nur in Übereinstimmung mit der Handelsbilanz ausgeübt werden dürfen. Unter der handelsrechtlichen Jahresbilanz i.S.d. § 5 Abs. 1 S. 2 EStG ist die nach Art. 101 Abs. 1 SE-VO zu erstellende - supranationale - Handelsbilanz der SE zu verstehen[479], da nur diese die nach unmittelbar geltendem - supranationalem - Handelsrecht in Deutschland aufzustellende Handelsbilanz darstellt. Die von der SE aufgrund des Grundsatzes der Maßgeblichkeit gegebenenfalls zusätzlich zu erstellende Handelsbilanz stellt dagegen eine Bilanz dar, die zwar nach den Regeln des deutschen Handelsrechts aufgestellt wird, deren Pflicht zur Aufstellung sich aber ausschließlich dann - implizit aus § 5 Abs. 1 S. 1 EStG - ergibt, wenn die primär nach supranationalem Recht erstellte Handelsbilanz der SE vom deutschen Handelsrecht und den deutschen GoB abweicht (vgl. Kapitel C.VIII.2.a)). Sie kann somit nicht als *handelsrechtlich aufzustellende* Jahresbilanz i.S.d. § 5 Abs. 1 S. 2 EStG angesehen werden.

Zur Anwendung des Grundsatzes der umgekehrten Maßgeblichkeit muß zusätzlich der nur aufgrund steuerlicher Vorschriften mögliche Wertansatz "in der Handelsbilanz ausdrücklich erlaubt"[480] sein. Die nach Art. 101 Abs. 1 SE-VO aufzustellende Handelsbilanz der SE kann diese Anforderung stets erfüllen, was anhand von zwei Fällen gezeigt werden soll: Die Inanspruchnahme von Sonderabschreibungen auf das Anlage- oder Umlaufvermögen gem. §§ 7a-k EStG (Fall 1) ist nach Art. 35 Abs. 1 Buchst. d, 39 Abs. 1 Buchst. e 4. EG-RL möglich. Für die Bildung von sog. steuerfreien Rücklagen[481] in der Steuerbilanz der SE, z.B. nach § 6b Abs. 3 EStG (Fall 2), besteht dagegen in der 4. EG-RL keine explizite Vorschrift. Aus Art. 43 Abs. 1 Nr. 10 4. EG-RL sowie dem Kompromißcharakter der 4. EG-RL folgt aber, daß steuerliche Erleichterungen i.R.d. umgekehrten Maßgeblichkeit stets voll in Anspruch genommen werden können.[482] Daraus folgt, daß die Wahlrechte in der Steuerbilanz der SE nur in

---

[478] Vgl. hierzu nur Lause/Sievers, S. 27, 29-32.

[479] So implizit wohl auch Haller, Aktiengesellschaft, S. 1579, der diese Ansicht aber nicht begründet.

[480] Wöhe, G.: Bilanzierung und Bilanzpolitik, 7. Auflage, München 1987, S. 208.

[481] Vgl. ausführlich hierzu Wöhe, Bd. I/2, S. 329-351.

[482] Vgl. zu dieser Auslegung der 4. EG-RL Jonas, Bilanzrichtlinie, S. 27 f., 222-225. Die Generalnorm (Art. 2 Abs. 3 4. EG-RL) wird zu einer möglichen Lückenschließung nicht benötigt, da gar keine Lücke besteht (a.A. Haller, Aktiengesellschaft, S. 1579), so daß Fall 2 also ausschließlich durch die Auslegung der 4. EG-RL gelöst werden kann. Der Generalnorm wird darüber hinaus durch die Angaben im Anhang nach Art. 43 Abs. 1 Nr. 10 4. EG-RL Rechnung getragen.

Übereinstimmung mit der nach Art. 101 Abs. 1 SE-VO aufzustellenden Handelsbilanz der SE ausgeübt werden können.

Während die nach supranationalem *europäischen* Recht aufzustellende Handelsbilanz der SE (Handelsbilanz nach Art. 101 Abs. 1 SE-VO) nur dann für die Steuerbilanz der SE maßgeblich ist, sofern sie den *deutschen* GoB entspricht, wird diese Handelsbilanz durch die steuerlichen Vorschriften aufgrund des Grundsatzes der umgekehrten Maßgeblichkeit dagegen grundsätzlich immer beeinflußt.[483]

c) Mögliche Änderungen im Bilanzsteuerrecht der SE durch die geplante EG-Richtlinie zur Harmonisierung der steuerlichen Vorschriften über die Gewinnermittlung

Das Steuerbilanzrecht der SE ist innerhalb der EG zersplittert, da die SE-VO hierzu keine Vorschriften enthält, so daß die unterschiedlichen nationalen Vorschriften[484] maßgebend sind.[485] Diesem unbefriedigenden Zustand könnte allerdings der 1988 von der EG-Kommission vorgelegte Vorentwurf einer *Gewinnermittlungsrichtlinie*[486] zumindest teilweise abhelfen. Die *Ziele* dieses Vorentwurfs bestehen einerseits darin, zwischen den EG-Staaten Steuerneutralität derart zu erzielen, daß z.B. Entscheidungen über Investitionen von Unternehmen nicht durch steuerliche Regelungen beeinflußt werden. Andererseits sollen die Unternehmensbesteuerung transparenter, das Steuerrecht weniger kompliziert und die Lage der Gemeinschaftsunternehmen verbessert werden.[487] Zur Erreichung dieser Ziele sieht der Vorentwurf vor, die Bemessungsgrundlage für die Ertragsteuern von Unternehmen (Unternehmensgewinn) zu harmonisieren. Der Vorentwurf enthält daher Regelungen über Abschreibungen, Veräußerungsgewinne und -verluste von Wirtschaftsgütern des Anlagevermögens einschließlich der Übertragung stiller Reserven, Rückstellungen, die Bewertung

[483] Sofern die nach Art. 101 Abs. 1 SE-VO zu erstellende Handelsbilanz der SE von den deutschen GoB abweicht, sollten in der dann nach den deutschen GoB zu erstellenden zusätzlichen Handelsbilanz auch die Änderungen durch die steuerlichen Vorschriften aufgrund des Grundsatzes der umgekehrten Maßgeblichkeit vorgenommen werden, um damit dem Zusammenhang zwischen dieser zusätzlichen Handelsbilanz der SE und deren Steuerbilanz Rechnung zu tragen.

[484] Vgl. Goergen, S. 20.

[485] Vgl. Rödder, Teil II, S. 234.

[486] Kommission der Europäischen Gemeinschaften - DE Generaldirektion Finanzinstitutionen und Steuerfragen: Vorentwurf über die Harmonisierung der Gewinnermittlungsvorschriften, in: DOK. Nr. XV/27/88-DE.

[487] Vgl. zu den Zielen des Vorentwurfs einer Gewinnermittlungsrichtlinie die Ziffern 1-3 dessen Präambel.

bestimmter Wirtschaftsgüter des Anlage- und Umlaufvermögens, wie z.B. des Vorratsvermögens, sowie über die Abzugsfähigkeit von Kosten.[488]

Das Bilanzsteuerrecht der SEs, nationaler Aktiengesellschaften und anderer Unternehmen, die in Art. 1 des Vorentwurfs implizit aufgelistet sind, würde bei einer Verabschiedung dieses Vorentwurfs in wesentlichen Bereichen harmonisiert werden. Die EG-Staaten würden dadurch aber auch das Recht verlieren, Vorschriften im Bereich der Bemessungsgrundlagen zu erlassen[489], wie z.B. Sonderabschreibungen.

Die Belastung der Unternehmensgewinne durch Ertragsteuern ergibt sich allerdings stets sowohl aus der Bemessungsgrundlage als auch aus dem Steuertarif hierauf. Die Erzielung einer *Steuerneutralität* zwischen den einzelnen EG-Staaten im obigen Sinne kann daher erst erreicht werden, wenn auch die nationalen Steuertarife angeglichen werden, da sich diese zwischen den EG-Staaten teilweise erheblich voneinander unterscheiden.[490] Davon kann aber zumindest kurz- und mittelfristig nicht ausgegangen werden.

Zudem wird auch der oben angesprochene Vorentwurf über die Harmonisierung der Gewinnermittlungsvorschriften von der EG-Kommission zur Zeit nicht weiter verfolgt, da zunächst die Ergebnisse des sog. Ruding-Ausschusses abgewartet werden sollen.[491] Dieser Ausschuß war 1990 mit dem Ziel eingesetzt worden, darzulegen, "welche Maßnahmen im Bereich der Unternehmenssteuern nach Vollendung des Binnenmarkts Anfang 1993 ergriffen werden sollen."[492] In seinen 1992 vorgelegten Schlußfolgerungen und Empfehlungen kommt der Ruding-Ausschuß zu dem Ergebnis, daß eine Angleichung der Gewinnermittlungsvorschriften bis Ende 1994 zur Vermeidung von Wettbewerbsverzerrungen anzustreben ist.[493] Dafür sieht die EG-Kommission allerdings noch zusätzlichen

---

[488] Vgl. umfassend hierzu Kreile, R.: Zum Vorentwurf einer EG-Richtlinie über die Harmonisierung der steuerlichen Gewinnermittlungsvorschriften, in: Der Betrieb, 41. Jg. 1988, Beilage Nr. 18, S. 1-19; Anders, J.: Vorentwurf der EG-Richtlinie über die Harmonisierung der Gewinnermittlungsvorschriften, in: Betriebs-Berater, 44. Jg. 1989, S. 1384 f.; Zeitler, F.-C./Jüptner, R.: Europäische Steuerharmonisierung und direkte Steuern, in: Betriebs-Berater, 43. Jg. 1988, Beilage Nr. 17, S. 1-16, die als *milderes* Harmonisierungsmittel gegenüber dem Vorentwurf die stärkere Verankerung des Grundsatzes der Maßgeblichkeit vorschlagen.

[489] Vgl. Ziffer 4 der Präambel des Vorentwurfs einer Gewinnermittlungsrichtlinie sowie Kreile, S. 2.

[490] Vgl. hierzu die Übersicht über die Körperschaftsteuersätze für einbehaltene Gewinne in den EG-Staaten bei Krebs, S. 1950, die zwischen 34 vH in Luxemburg und 50 vH in Dänemark und Deutschland schwanken. Für den sog. Ruding-Ausschuß schwanken die Körperschaftsteuersätze in der EG sogar zwischen 10 vH in Irland (für bestimmte Betätigungen) und 50 vH in Deutschland. Vgl. Committee of Independent Experts on Company Taxation, S. 2.

[491] Vgl. Krebs, S. 1951; Manke, S. 344, sowie insbesondere die Auffassung des Direktors der Generaldirektion Finanzen und Steuern der EG-Kommission: Goergen, S. 23.

[492] Committee of Independent Experts on Company Taxation, S. 2.

[493] Vgl. Committee of Independent Experts on Company Taxation, S. 6, 11-13.

Beratungsbedarf[494], so daß in den nächsten Jahren nicht mit der Vorlage eines Richtlinienvorschlags zur Harmonisierung der Gewinnermittlungsvorschriften zu rechnen ist. Daher sollte von der EG-Kommission zumindest geprüft werden, ob für die zu schaffende SE die Gewinnermittlungsvorschriften angepaßt werden können. Dadurch könnten erste Erfahrungen einer EG-weiten Harmonisierung auf diesem Gebiet erzielt werden, ohne dadurch den EG-Staaten gleichzeitig die Höhe der Besteuerung von SEs vorzuschreiben, da die EG-Staaten bei der Festlegung der Steuertarife nach wie vor autonom wären.[495] Die jetzige, sehr unbefriedigende Situation könnte zumindest durch eine Harmonisierung der Gewinnermittlungsvorschriften gemildert und das Bilanzsteuerrecht der SE angeglichen werden.

3. Kritische Würdigung der steuerlichen Behandlung der Rechtsform einer Societas Europaea und Notwendigkeit eines Konzepts der Binnenmarktbesteuerung

Durch die 1990 erfolgte Verabschiedung der steuerlichen Fusionsrichtlinie - einschließlich Transformation in nationales Recht - ist die grenzüberschreitende *Gründung* einer SE steuerneutral möglich. Die Fusionsrichtlinie stellt daher gerade für die zu schaffende supranationale europäische Rechtsform der SE eine der wichtigsten Regelungen dar, die die SE-VO ergänzen.

Unverständlich erscheint es daher, warum die in Art. 277 des SE-Verordnungsvorschlags von 1975 enthaltene, den Regelungen der Fusionsrichtlinie grundsätzlich entsprechende Vorschrift über die steuerneutrale grenzüberschreitende *Sitzverlegung* von SEs nicht in die Fusionsrichtlinie aufgenommen wurde bzw. warum diese Vorschrift in der SE-VO nicht mehr enthalten ist. In Kapitel C.VIII.1.a)bb) ist daher die analoge Anwendung der Vorschriften der Fusionsrichtlinie auf die Sitzverlegung von SEs aufgezeigt worden, die aber letztlich nur durch die Rechtsprechung gesichert erfolgen kann. Hierbei wurde allerdings den Regelungen der Fusionsrichtlinie entsprechend vorausgesetzt,

---

[494] Vgl. hierzu nur Förster, S. 215.

[495] Der sog. Ruding-Ausschuß vertritt allerdings die Auffassung, daß auch die Körperschaftsteuersätze anzugleichen sind. Er hat daher vorgeschlagen, einen Mindestsatz von minimal 30 vH bis Ende 1994 und einen Höchstsatz von maximal 40 vH zusammen mit der Vollendung der Wirtschafts- und Währungsunion Ende 1997 spätestens aber Anfang 1999 einzuführen. Vgl. Committee of Independent Experts on Company Taxation, S. 10. Diesen Vorschlägen steht die EG-Kommission, insbesondere bezüglich des Körperschaftsteuerhöchstsatzes, aber kritisch gegenüber. Vgl. hierzu nur Förster, S. 214.

daß die SE, die ihren Sitz in einen anderen EG-Staat verlegt, ihr bisheriges Vermögen in einer Betriebsstätte beläßt, die im Wegzugsstaat der SE belegen ist.

Dagegen ist eine vollständige steuerneutrale grenzüberschreitende Sitzverlegung der SE, unter Einbezug ihres gesamten Vermögens, allerdings auch durch die analoge Anwendung der Vorschriften der Fusionsrichtlinie nicht möglich. Aus diesem Grund wurde in Kapitel C.VIII.1.a)bb) eine auf den *Grundgedanken* der Fusionsrichtlinie basierende Möglichkeit der vollständigen steuerneutralen Sitzverlegung einer SE, unter Wahrung der steuerlichen Ansprüche des ursprünglichen SE-Sitzstaats auf die bei ihm gebildeten stillen Reserven, vorgeschlagen. Insofern besteht also noch Handlungsbedarf, um die durch die SE-VO gesellschaftsrechtlich mögliche grenzüberschreitende Sitzverlegung nicht durch das Fehlen von steuerrechtlichen Vorschriften faktisch unmöglich zu machen.

Die *laufende Besteuerung* einer SE erfolgt weitgehend nach *nicht*-harmonisiertem nationalen Recht des Sitzstaats dieser. Zu nationalen Aktiengesellschaften desselben EG-Staats ergeben sich daher mit Ausnahme der in Art. 133 SE-VO enthaltenen Vorschrift, die die steuerliche Verlustverrechnung ausländischer Betriebsstätten mit dem Ergebnis der SE enthält, keinerlei Unterschiede in der Besteuerung von SEs. Der durch Art. 133 SE-VO bestehende Unterschied ist zudem nur temporär, da einerseits die SE-VO noch verabschiedet werden muß und andererseits die bisher nur als Entwurf bestehende EG-Verlustrichtlinie dieselben Vorschriften wie Art. 133 SE-VO enthält. Bei einer Verabschiedung der Verlustrichtlinie würden also auch nationale Rechtsformen die zu Art. 133 SE-VO gleichlautenden Regelungen nutzen können.

Sehr viel problematischer als der Vergleich einer SE und einer nationalen Aktiengesellschaft desselben Sitzstaats bei der laufenden Besteuerung ist *erstens* die Tatsache, daß das mit der Schaffung einer SE verfolgte Ziel, der Besteuerung des *konsolidierten Gewinns* des Konzerns einer SE, in keiner Weise erreicht werden kann.[496] Für die supranationale europäische Rechtsform der SE ist dies besonders problematisch, da sie i.d.R. nur im Zusammenhang mit einem Konzern besteht, vgl. Kapitel C.VII.

---

[496] Die Nachversteuerungsmethode von Verlusten ausländischer Betriebsstätten und (gegebenenfalls) Tochtergesellschaften der SE stellt für die Ermittlung des konsolidierten Ergebnisses des Konzerns einer SE ein völlig unzulängliches Instrument dar, da z.B. keine Zwischengewinne aus Lieferungen und Leistungen der SE an eine ihrer Tochtergesellschaften bei der SE eliminiert werden. Zudem ist eine Verrechnung von Verlusten der SE im Sitzstaat dieser mit Gewinnen ausländischer Betriebsstätten oder Tochtergesellschaften nicht vorgesehen. Vgl. Knobbe-Keuk, Aktiengesellschaft, S. 438. Dies widerspricht aber der Idee des Binnenmarkts, da die Besteuerung z.B. davon abhängen kann, ob eine in Deutschland ansässige SE sich wirtschaftlich stärker in Deutschland betätigt oder aber z.B. über Betriebsstätten in verschiedenen EG-Staaten verfügt. Vgl. ähnlich Kohlhepp, S. 90.

Zweitens können die Unterschiede zwischen den verschiedenen nationalen Steuerrechtsordnungen zu sehr unterschiedlichen Steuerbelastungen nationaler Aktiengesellschaften und SEs verschiedener Sitzstaaten in der EG führen. Die Folge ist, daß es steuerlich günstigere und weniger günstige Standorte im EG-Binnenmarkt gibt.[497] Damit ist aber keine Wettbewerbsgleichheit innerhalb der EG gewährleistet, was als unabdingbar zur Verwirklichung des Binnenmarkts angesehen wird.[498]

Zur *Lösung* dieser beiden Problembereiche, die für den zu vollendenden Binnenmarkt und der hierfür zu schaffenden europäischen Rechtsform der SE besonders wichtig sind, kann grundsätzlich eine zweiteilige Vorgehensweise eingeschlagen werden: *Erstens* sollten die verschiedenen nationalen Steuersysteme angeglichen werden. Hierzu gehören v.a. die Ermittlung der Bemessungsgrundlagen, die Steuertarife und eine umfassende sowie gegenseitige Gewinn- und Verlustverrechnungsmöglichkeit zwischen Betriebsstätten, Mutter-, Tochter- und Schwestergesellschaften.[499] Dadurch könnten die steuerlichen Unterschiede zwischen den einzelnen EG-Staaten stufenweise abgebaut werden. Das hiermit verbundene Ziel eines einheitlichen Steuersystems mit einem einheitlichen Steuertarif in allen EG-Staaten, was aus Wettbewerbsgründen angestrebt und zu einer identischen Steuerbelastung der verschiedenen Unternehmen im Binnenmarkt führen würde, erscheint zur Zeit - wenn überhaupt - aber nur sehr langfristig möglich.

Die vollständige Angleichung der nationalen Steuersysteme kann insgesamt auch nur dazu führen, daß keine steuerlichen Unterschiede *zwischen* den einzelnen EG-Staaten mehr bestehen. Für die Vollendung eines einheitlichen Binnenmarkts und die hieraus abgeleitete Schaffung einer einheitlichen europäischen Rechtsform der SE reicht diese Angleichung daher nicht aus. Die *grenzüberschreitende* Betätigung von Unternehmen, insbesondere in Form von Konzernen, erfordert auch die Schaffung eines *grenzüberschreitenden* Steuersystems des gesamten Binnenmarkts. Dies erscheint gerade für Konzerne mit der europäischen Rechtsform einer SE als Obergesellschaft die notwendige Ergänzung zur Anpassung der steuerlichen Rechtsstrukturen an die Verhältnisse eines europäischen Binnenmarkts. *Zweitens* ist daher die Entwicklung eines umfassen-

---

[497] Knobbe-Keuk folgert aus diesem Wettbewerb der Steuersysteme in der EG, daß durch die Marktkräfte die wichtigsten steuerlichen Eckdaten automatisch harmonisiert werden. Vgl. Knobbe-Keuk, Aktiengesellschaft, S. 441.

[498] Vgl. Oppermann, S. 407.

[499] Ein Anfang hierzu ist durch die oben dargestellten, verabschiedeten Fusions- und Mutter-/Tochterrichtlinien sowie die Vorentwürfe bzw. Vorschläge einer Gewinnermittlungs- und Verlustrichtlinie gemacht. Vgl. zu weiteren Vorschlägen der Angleichung der nationalen Steuersysteme der EG-Staaten nur Committee of Independent Experts on Company Taxation, S. 6-15.

den Konzepts der Binnenmarktbesteuerung vorzunehmen, das zu einer Besteuerung des von Konzernen im Binnenmarkt erwirtschafteten konsolidierten Ergebnisses führt.[500] Hierbei ist der jeweilige Stand der Angleichung der nationalen Steuersysteme, v.a. bezüglich der unterschiedlichen Steuertarife der einzelnen EG-Staaten, stets zu berücksichtigen. Die beiden Teile der hier dargestellten Vorgehensweise stehen folglich nicht zusammenhanglos nebeneinander, sondern bilden letztendlich eine Einheit.[501]

IX. Sondertatbestände des Statuts der Societas Europaea

1. Auflösung der Societas Europaea

Die Auflösung der SE kann durch das Gericht des Sitzstaats der SE[502] verfügt werden, sofern die SE ihren Sitz in einen Staat außerhalb der EG verlegt (Art. 117a SE-VO, vgl. Kapitel C.I.). Weiterhin ist eine Auflösung der SE nur durch einen Beschluß ihrer Hauptversammlung erreichbar. Neben der grundsätzlichen Möglichkeit der Hauptversammlung, die Auflösung nach Art. 97 SE-VO zu beschließen (Art. 115 S. 1 SE-VO), ist sie hierzu verpflichtet, wenn sie vom Leitungs- oder Verwaltungsorgan einberufen wird[503] (Beschlußfassung gem. Art. 94 SE-VO), es sei denn, die Hauptversammlung beschließt gem. Art. 97 SE-VO die Tätigkeit der SE fortzusetzen (Art. 116 SE-VO).[504]

---

[500] Dies entspricht zudem uneingeschränkt der Zielsetzung der laufenden Besteuerung des Ertrags einer SE.

[501] Die Vorlage von zwei bereits erarbeiteten Vorschlägen für ein Konzept der Binnenmarktbesteuerung des konsolidierten Gewinns kann im Rahmen dieser Veröffentlichung wegen des begrenzten Umfangs allerdings nicht erfolgen. Die Feststellung bezüglich der Notwendigkeit ein Konzept der Binnenmarktbesteuerung zu erarbeiten geht auf die einschlägige Literatur zurück. Zu nennen ist dabei insbesondere Kohlhepp, S. 90, der "eine .. Binnenmarktbesteuerung (mit; A.d.V.) ... einer Gesamtkonsolidierung der Ergebnisse ... und einer... Steueraufteilung zwischen den Mitgliedstaaten" vorschlägt, ohne dies jedoch zu konkretisieren. Ähnlich äußert sich auch Saß, Richtlinienvorschlag, S. 1164 f., der die derzeitige Situation "aus der Sicht der europaweit ... operierenden Konzerne (als; A.d.V.) ... unzureichend" bezeichnet. Saß, Richtlinienvorschlag, S. 1164.

[502] In Deutschland ist hierfür das Landgericht zuständig, in dessen Bezirk die SE ihren Sitz hat (Art. 7 Abs. 1 Buchst. b SE-VO i.V.m. § 396 Abs. 1 S. 2 AktG).

[503] Hierzu ist das Leitungs- oder Verwaltungsorgan bei Eintritt eines in der Satzung enthaltenen Auflösungsgrunds, wie z.B. dem Ablauf der Dauer der SE, oder bei Eintritt eines im nationalen Aktienrecht des Sitzstaats der SE enthaltenen Auflösungsgrunds verpflichtet (Art. 116 Abs. 1 S. 1 und Abs. 2 S. 1 SE-VO).

[504] Vgl. zu den Beschlußfassungen der Hauptversammlung der SE gem. Art. 94, 97 SE-VO Kapitel C.IV.2.

Die Auflösung oder der Beschluß, die Tätigkeit der SE fortzusetzen, werden gem. Art. 118 i.V.m. Art. 9 SE-VO, also nach dem harmonisierten nationalen Recht des Sitzstaats der SE, offengelegt. Für in Deutschland ansässige SEs erfolgt hierzu eine Eintragung ins Handelsregister nach den §§ 263 S. 1 oder 274 Abs. 3 S. 1 AktG sowie die Bekanntmachung der jeweiligen Eintragung im Bundesanzeiger gem. § 10 Abs. 1 HGB.

2. *Liquidation der Societas Europaea*

Die nach der Auflösung der SE erfolgende Liquidation und der Schluß der Liquidation der SE unterliegen dem einzelstaatlichen Recht.[505] [506] Dabei besteht die Rechtspersönlichkeit der SE bis zum Ende der Liquidation fort (Art. 120 SE-VO). Dennoch enthält die SE-VO in Art. 126 Abs. 1 und 4 zwei den Gläubigerschutz betreffende Vorschriften zur Liquidation: *Erstens* darf erst nach der Befriedigung aller Gläubiger die Verteilung des Vermögens der SE an die Aktionäre erfolgen. *Zweitens* ist, sofern "eine Forderung gegenüber der SE nicht fällig, .. sie streitig oder .. der Gläubiger nicht bekannt (ist; A.d.V.), die Verteilung des Reinvermögens nur (vorzunehmen; A.d.V.), wenn dem Gläubiger Sicherheit geleistet wird oder wenn bei einer teilweisen Verteilung das verbleibende Vermögen ... genügend Sicherheit bietet."[507]

Nach Art. 128 Abs. 3 i.V.m. Art. 8, 9 SE-VO findet eine Offenlegung des Abschlusses der Liquidation und der Löschung der Eintragung der SE in dem nach dem nationalen Recht des Sitzstaats der SE bestimmten Register[508] statt. Für SEs mit Sitz in Deutschland führt der Abschluß der Liquidation zu einer Eintragung ins Handelsregister, wo die Eintragung der SE zudem gelöscht wird (§ 273 Abs. 1 AktG). Die Eintragung ins Handelsregister und die Löschung der SE aus diesem werden nach § 10 Abs. 1 HGB im Bundesanzeiger bekanntgemacht.

---

[505] Vgl. zu den Bestimmungen im deutschen Recht für nationale Aktiengesellschaften (§§ 262-274 AktG) Hoffmann-Becking, M.: § 66 Abwicklung, in: Hoffmann-Becking, M. (Hrsg.), Münchener Handbuch des Gesellschaftsrechts, Bd. 4 Aktiengesellschaft, München 1988, S. 697-701.

[506] Das nationale Recht der einzelnen EG-Staaten zur Auflösung und Liquidation soll durch eine EG-Richtlinie harmonisiert werden. Hierzu liegt bisher aber nur ein Richtlinienentwurf der EG-Kommission vor. Überarbeiteter Vorentwurf einer Richtlinie über die Auflösung und Liquidation von Gesellschaften von 1987, in: Lutter, Unternehmensrecht, S. 321-325. Vgl. hierzu nur Lutter, Unternehmensrecht, S. 72 f.

[507] Art. 126 Abs. 4 SE-VO.

[508] Hier können von allen Interessenten die Bücher und schriftlichen Unterlagen, die mit der Liquidation zusammenhängen, eingesehen werden (Art. 128 Abs. 4 SE-VO).

3. Insolvenz der Societas Europaea

Nach Art. 129 SE-VO sind auf die SE die "einzelstaatlichen Rechtsvorschriften über die Zahlungsunfähigkeit und die Zahlungseinstellung anzuwenden."[509] Für eine SE gilt demnach zur Feststellung ihrer Insolvenz in Deutschland das deutsche Konkurs- und Vergleichsrecht (Insolvenzrecht[510]).[511]

Die Eröffnung des Insolvenzverfahrens wird von der hierfür beauftragten Person beim Register gem. Art. 130 Abs. 1 SE-VO mit den in den Buchst. a-d dieses Absatzes enthaltenen Angaben zur Eintragung angemeldet. Nach deutschem Insolvenzrecht ist unter der beauftragten Person der Konkursverwalter[512] oder der Vergleichsverwalter[513] der insolventen SE zu verstehen. Die Eröffnung des Insolvenzverfahrens oder die gerichtliche Entscheidung über deren Einstellung mangels Masse sind nach Art. 130 Abs. 3 i.V.m. Art. 9 SE-VO offenzulegen. In Deutschland erfolgt dies durch Eintragung ins Handelsregister und Bekanntmachung im Bundesanzeiger (§§ 112 KO[514], 23 Abs. 1 VerglO[515], 10 Abs. 1 HGB).

Sofern deutsches Insolvenzrecht anzuwenden ist, ergeben sich aus dem oben beschriebenen Ablauf des Insolvenzverfahrens allerdings unlösbare Schwierigkeiten: Nach deutschem Recht erfolgt die Eröffnung des Insolvenzverfahrens vom Konkurs- oder Vergleichsgericht und wird von dessen Geschäftsstelle zur Eintragung ins Handelsregister an das hierfür zuständige Gericht mitgeteilt (§§ 112 KO, 2 Abs. 1, 23 Abs. 1 VerglO). Zum Zeitpunkt der Eröffnung des Konkurs- oder Vergleichsverfahrens ist der Konkurs- oder Vergleichsverwalter aber noch nicht endgültig bestellt, so daß er auch die Eröffnung des Insolvenzverfahrens zur Eintragung ins Handelsregister nach Art. 130 Abs. 1 SE-VO nicht anmelden kann.[516]

---

[509] Art. 129 SE-VO.

[510] Vgl. Bauer, F./Stürner, R.: Zwangsvollstreckungs-, Konkurs- und Vergleichsrecht, 11. Auflage, Heidelberg 1983, S. 381.

[511] Da auf das einzelstaatliche Recht und nicht auf das Recht des SE-Sitzstaats verwiesen wird, finden z.B. auch die Vorschriften des internationalen deutschen Konkursrechts Anwendung. Vgl. hierzu Kropshofer, B.: §§ 237, 238, in: Hess, H./Kropshofer, B.: Kommentar zur Konkursordnung, 3. Auflage, Neuwied/Frankfurt am Main 1989, S. 866-873.

[512] Vgl. hierzu Jauernig, O.: Zwangsvollstreckungs- und Konkursrecht, 18. Auflage, München 1987, S. 181.

[513] Vgl. hierzu Bauer/Stürner, S. 515.

[514] Konkursordnung vom 10.2.1877, RGBl. vom 5.3.1877, S. 351-389, zuletzt geändert durch Rechtspflege-Vereinfachungsgesetz vom 17.12.1990, BGBl. Teil I, vom 22.12.1990, S. 2847-2863.

[515] Vergleichsordnung vom 26.2.1935, RGBl. Teil I, vom 4.3.1935, S. 321-340, zuletzt geändert durch Rechtspflege-Vereinfachungsgesetz vom 17.12.1990, BGBl. Teil I, vom 22.12.1990, S. 2847-2863.

[516] Vgl. ähnlich hierzu Arbeitsausschuß Unternehmensrecht, S. 30.

Da die SE-VO bei der Feststellung über die Insolvenz der SE auf einzelstaatliches Recht verweist, sollte diese Verweisung auch für die Durchführung des Insolvenzverfahrens gelten. Die Spitzenverbände der Deutschen Wirtschaft schlagen deshalb vor, daß sich die SE-VO auf die Festschreibung der *Angaben* beschränkt, die mit der Eröffnung des Konkursverfahrens offenzulegen sind.[517]

Durch Verweisungen auf einzelstaatliches Recht können die derzeit bestehenden grenzüberschreitenden Probleme von Insolvenzen (z.B. von SEs) allerdings nicht gelöst werden. Der Ministerrat sollte daher auf der Grundlage des Vorentwurfs der EG-Kommission bezüglich eines Übereinkommens den Konkurs, Vergleiche und ähnliche Verfahren[518] betreffend ein Abkommen hierüber gem. Art. 220 EWGV verabschieden.[519] Dadurch könnten auch auf diesem Rechtsgebiet die rechtlichen Schranken und Probleme im EG-Binnenmarkt beseitigt oder zumindest verringert werden.[520]

4. Sonstige Bestimmungen des Statuts der Societas Europaea

Art. 134 SE-VO schreibt den Mitgliedstaaten der EG vor, bei Verstößen gegen die SE-VO geeignete Strafvorschriften zu erlassen. Welche Verstöße durch Strafen geahndet werden sollen, bleibt aber offen.[521] Sie können daher vom Sitzstaat der SE im nationalen Ausführungsgesetz zur SE-VO selbst festgelegt werden.

Nach Art. 137 SE-VO soll die in den EG-Staaten unmittelbar anzuwendende SE-VO am 1.1.1993, also mit dem Beginn der Vollendung des Binnenmarkts, in Kraft treten. Hierzu ist allerdings noch die Verabschiedung der SE-VO und der AN-RL durch den Ministerrat sowie die Transformation der AN-RL und der jeweilige Erlaß eines Ausführungsgesetzes zur SE-VO durch die verschiedenen EG-Staaten notwendig.[522]

---

[517] Vgl. Arbeitsausschuß Unternehmensrecht, S. 30.

[518] Kommission der Europäischen Wirtschaftsgemeinschaft: Vorentwurf eines Übereinkommens über den Konkurs, Vergleiche und ähnliche Verfahren vom 16.2.1970, in: Rabels Zeitschrift für ausländisches und internationales Privatrecht, 36. Jg. 1972, S. 734-767.

[519] Vgl. zu diesem Vorschlag ausführlich nur die kritische Würdigung von Jahr, G.: Vereinheitlichtes internationales Konkursrecht in der Europäischen Wirtschaftsgemeinschaft, in: Rabels Zeitschrift für ausländisches und internationales Privatrecht, 36. Jg. 1972, S. 620-652.

[520] Bereits 1973 hatten Regierungsvertreter der EG-Staaten die Absicht erklärt, die Arbeit an diesem Übereinkommen unverzüglich abzuschließen, was allerdings bis heute nicht geschehen ist. Vgl. (Absichtserklärung) ABl. EG Nr. C 117, vom 31.12.1973, S. 15.

[521] Vgl. Arbeitsausschuß Unternehmensrecht, S. 32.

[522] Hiermit wird allerdings nicht vor Anfang/Mitte 1993 gerechnet. Vgl. dazu v.a. Kapitel B.I.

X. Regelungsinhalt des Richtlinienvorschlags hinsichtlich der Stellung der Arbeitnehmer (AN-RL) als Ergänzung des Vorschlags über das Statut der Societas Europaea

Der Regelungsinhalt des Vorschlags einer Richtlinie zur Ergänzung des Verordnungsvorschlags über das Statut einer SE (AN-RL) enthält im wesentlichen nur Vorschriften zur *Mitbestimmung* der *Arbeitnehmer*. Diese kann allgemein in die *betriebliche* und in die *unternehmerische* Mitbestimmung unterteilt werden.[523] Für die betriebliche Mitbestimmung, deren Zweck das Bedürfnis der Arbeitnehmer nach Schutz und "Teilhabe an den sie essentiell berührenden Entscheidungen im Arbeitsleben"[524] ist, verweist die AN-RL in Art. 10 auf das nationale Recht der EG-Staaten.[525] [526]

Die AN-RL bezieht sich folglich nur auf die unternehmerische Mitbestimmung, deren Ziel die Mitentscheidung der Arbeitnehmer im Unternehmen ist.[527] Nach Auffassung der EG-Kommission muß die unternehmerische Mitbestimmung für SEs geregelt werden, da sie einen "Bestandteil der sozialen Rechte (der Arbeitnehmer darstellt, und zur; A.d.V.) ... Gestaltung stabiler Beziehungen zwischen Arbeitgebern und Arbeitnehmern"[528] beiträgt. Daher sind "die Arbeitnehmer der SE nach Maßgabe dieser Richtlinie an der Aufsicht und der Entwicklung der Unternehmensstrategie der SE zu beteiligen."[529]

---

[523] Vgl. Lieb, M.: Arbeitsrecht, 4. Auflage, Heidelberg 1989, S. 210.

[524] Wiese, G.: § 87, in: Fabricius, F. et al. (Hrsg.), Betriebsverfassungsgesetz: Gemeinschaftskommentar, Bd. II, 4. Auflage, Neuwied/Berlin 1990, S. 615, Rdnr. 73.

[525] In Deutschland ist die betriebliche Mitbestimmung im Betriebsverfassungsgesetz 1972 (BetrVG) vom 15.1.1972, BGBl. Teil I, vom 18.1.1972, S. 13-43, in der Fassung der Bekanntmachung vom 23.12.1988, BGBl. Teil I, vom 2.1.1989, S. 1-31, zuletzt geändert durch Rentenreformgesetz 1992 vom 18.12.1989, BGBl Teil I, vom 28.12.1989, S. 2261-2395. Vgl. hierzu grundlegend Lieb, S. 219-255. Regelungen über Sprecherausschüsse von leitenden Angestellten - die ebenfalls der betrieblichen Mitbestimmung zuzurechnen sind (vgl. Lieb, S. 215) - enthält die AN-RL ebenfalls nicht. Hierauf macht Chmielewicz, Harmonisierung, S. 34, aufmerksam. In Deutschland sind diese durch das Gesetz über Sprecherausschüsse der leitenden Angestellten (Sprecherausschußgesetz) vom 20.12.1988, BGBl. Teil I, vom 23.12.1988, S. 2312-2329, geregelt.

[526] Das nationale Recht der EG-Staaten über die betriebliche Mitbestimmung soll nach dem Willen der EG-Kommission für alle EG-weit operierenden Unternehmen auf europäischer Ebene angeglichen bzw. ergänzt werden. Vgl. hierzu nochmals Kapitel B.II.5., den Richtlinienvorschlag der EG-Kommission über die Einsetzung *Europäischer Betriebsräte* zur Information und Konsultation der Arbeitnehmer in gemeinschaftsweit operierenden Unternehmen und Unternehmensgruppen sowie insbesondere Bersch, S. 26-28.

[527] Vgl. Wöhe, Einführung, S. 103. Eine Regelung über einen sog. Arbeitsdirektor - als Teilbereich der unternehmerischen Mitbestimmung (vgl. Lieb, S. 260) - enthält die AN-RL allerdings nicht.

[528] Kommission der Europäischen Gemeinschaften, Memorandum, S. 17.

[529] Art. 2 AN-RL.

Die Behandlung der AN-RL erfolgt in diesem Kapitel aufgrund der grundlegenden Bedeutung der in der AN-RL enthaltenen Regelungen für die Verabschiedung der SE-VO: Die Bestimmungen über die Mitbestimmung der Arbeitnehmer einer SE stellen nach wie vor *den* Haupthinderungsgrund für die bisher nicht erfolgte Verabschiedung der SE-VO und deren vorangegangenen Vorschläge dar.[530] Die geltenden Regelungen zur Mitbestimmung der Arbeitnehmer in Unternehmen unterscheiden sich in den EG-Staaten so erheblich voneinander, daß eine Einigung bezüglich einheitlicher Mitbestimmungsvorschriften für die SE bis heute nicht zustandegekommen ist. Die EG-Kommission versucht daher, durch die verschiedenen Modelle der Mitbestimmung der Arbeitnehmer einer SE, die in der AN-RL enthalten sind, zumindest *Gleichwertigkeit* in diesem Regelungsbereich herzustellen.[531] [532] Der Wahlrechts*zweck* bezüglich verschiedener Mitbestimmungsmodelle besteht somit insbesondere darin, die Rechtsform der SE nicht an der Mitbestimmung scheitern zu lassen.[533]

In diesem Kapitel sollen insbesondere die verschiedenen Mitbestimmungsmodelle, das Wahlverfahren, die Gleichwertigkeit sowie die Probleme der Kontinuität der Modelle bei einer grenzüberschreitenden Sitzverlegung von SEs untersucht werden. Dabei wird ausschließlich auf die in der AN-RL enthaltenen Vorschriften zur unternehmerischen Mitbestimmung der Arbeitnehmer einer SE eingegangen. Auf die sonstigen Bestimmungen der Art. 9, 11 und 11a AN-RL, die die Mitbestimmungsregelungen ergänzen, soll hier dagegen nicht weiter eingegangen werden.[534]

---

[530] Vgl. hierzu die völlig übereinstimmenden Einschätzungen z.B. von Dreher, M.: Sockellösung statt Optionsmodell für die Mitbestimmung in der Europäischen Aktiengesellschaft?, in: Europäische Zeitschrift für Wirtschaftsrecht, 1. Jg. 1990, S. 476; Bundesverband der Deutschen Industrie e.V., S. 291; Wiesner, Vorschläge, S. R 308 f.; Wiesner, Mitbestimmung, S. 8; Langguth, S. 7; Abeltshauser, Grundfragen, S. 62. Abeltshauser schlägt daher vor, auf eine Regelung der unternehmerischen Mitbestimmung ausschließlich für die Rechtsform einer SE zu verzichten und auf die (allgemeine) Rechtsangleichung auf diesem Gebiet zu warten. Ähnlich auch Raiser, der der EG-Kommission zustimmt, wonach "die Annahme des Statuts (über die Schaffung einer SE selbst dann; A.d.V.) einen Fortschritt bedeutet, .. wenn die Mitbestimmung auf der Verlustliste bleibt". Raiser, S. 213.

[531] Kommission der Europäischen Gemeinschaften, Richtlinie, S. 2 f.

[532] Auch dieser Versuch, zumindest zu einer *Annäherung* in den Mitbestimmungsregelungen der SE zu gelangen, könnte allerdings dazu führen, daß die Verabschiedung der SE-VO und der AN-RL nicht erfolgt, vgl. Kapitel C.X.4.

[533] Vgl. Chmielewicz, Harmonisierung, S. 37.

[534] Bezüglich Art. 7 AN-RL, der sich auf die Wahl der Arbeitnehmervertreter bezieht, die die Rechte und Pflichten aus der unternehmerischen Mitbestimmung der Arbeitnehmer für diese stellvertretend ausüben, ist folgendes zu bemerken: Das konkrete Wahlverfahren erfolgt durch die Arbeitnehmer jeweils nach nationalem Recht all der Staaten, in denen die SE (zumindest) Betriebe unterhält. A.A. Merkt, der dies als in der AN-RL nicht gelöstes Problem ansieht und daher drei interessante, m.E. aber nicht nötige Lösungsvorschläge unterbreitet. Vgl. Merkt, Aktiengesellschaft, S. 659.

1. Mitbestimmungsmodelle der AN-RL als abgeleitetes Unternehmenswahlrecht

Die drei in Art. 4-6 AN-RL enthaltenen Modelle der Mitbestimmung der Arbeitnehmer einer SE können grundsätzlich alle wahlweise angewendet werden[535], es sei denn, die EG-Staaten sehen für die bei ihnen ansässigen SEs vor, daß nur eines der Mitbestimmungsmodelle angewendet werden darf[536], oder sie beschränken die Wahlmöglichkeiten (Art. 3 Abs. 1 S. 1 und Abs. 5 AN-RL).[537] Art. 3 Abs. 5 AN-RL enthält also ein sog. abgeleitetes Unternehmenswahlrecht.[538]

Nach Art. 4 S. 1 AN-RL stellen beim *ersten Mitbestimmungsmodell* die Arbeitnehmer mindestens ein Drittel und höchstens die Hälfte der Mitglieder des Aufsichts- (dualistisches System) oder Verwaltungsorgans (monistisches System) der SE. Die Bestellung und Abberufung der Arbeitnehmervertreter des Aufsichts- oder Verwaltungsorgans erfolgt entweder durch die Arbeitnehmer oder deren Vertreter (deutsches oder Repräsentationsmodell[539]) oder durch die Mitglieder des Aufsichts- oder Verwaltungsorgans, sog. Kooptationsmodell[540]

---

[535] Die verbindliche Vorgabe eines einzigen Modells der unternehmerischen Mitbestimmung ist aufgrund der unterschiedlichen Auffassungen der EG-Staaten hierzu unmöglich. Vgl. Präambel der AN-RL.

[536] In Deutschland ansässige SEs könnten daher verpflichtet werden, die deutschen Regelungen zur unternehmerischen Mitbestimmung i.V.m. Modell 1 anzuwenden (Art. 3 Absätze 4 und 5 AN-RL). Die Regelungen der unternehmerischen Mitbestimmung in Deutschland sind in folgenden Gesetzen geregelt: Montan-Mitbestimmungsgesetz vom 21.5.1951, BGBl. Teil I, vom 23.5.1951, S. 347-350, zuletzt geändert durch Bilanzrichtlinie-Gesetz vom 19.12.1985, BGBl. Teil I, vom 24.12.1985, S. 2355-2433, Betriebsverfassungsgesetz 1952 vom 11.10.1952, BGBl. Teil I, vom 14.10.1952, S. 681-694, zuletzt geändert durch Arbeitsgerichts-Änderungsgesetz vom 26.6.1990, BGBl. Teil I, vom 29.6.1990, S. 1206-1210, Mitbestimmungsergänzungsgesetz vom 7.8.1956, BGBl. Teil I, vom 8.8.1956, S. 707-711, zuletzt geändert durch Sprecherausschußgesetz vom 20.12.1988, BGBl. Teil I, vom 23.12.1988, S. 2312-2329 und Mitbestimmungsgesetz vom 4.5.1976, BGBl. Teil I, vom 8.5.1976, S. 1153-1165, zuletzt geändert durch Arbeitsgerichts-Änderungsgesetz vom 26.6.1990, BGBl. Teil I, vom 29.6.1990, S. 1206-1210.

[537] Diesen von der EG-Kommission eingeschlagenen Weg, einerseits verschiedene Mitbestimmungsmodelle zur Wahl zu stellen, andererseits diese Wahl unter den Vorbehalt des nationalen Gesetzgebers zu stellen, besitzt die größte politische Durchsetzbarkeit. Vgl. Chmielewicz, Harmonisierung, S. 34 f.

[538] Die EG-Staaten können das Wahlrecht einerseits selbst ausüben (Festlegung eines Mitbestimmungsmodells) oder es an die Arbeitnehmervertreter und die Mitglieder der Leitungs- oder Verwaltungsorgane weiterleiten. Dies stellt dann ein Wahlrecht der Arbeitnehmer und der Unternehmensleitungen der die SE gründenden Gesellschaften oder deren Hauptversammlungen dar (vgl. Kapitel C.X.2.), das systematisch als abgeleitetes Unternehmenswahlrecht einzustufen ist. Vgl. Kirchner/Schwartze, S. 398 f.; Haller, Aktiengesellschaft, S. 1574.

[539] Vgl. Gerum, Führungsorganisation, S. 150.

[540] Vgl. Maydell, B. von: Die vorgeschlagenen Regeln zur Mitbestimmung für eine Europäische

(niederländisches Modell[541]).[542] Nach Art. 74 Abs. 1 SE-VO besitzen alle Mitglieder des Aufsichts- oder Verwaltungsorgans einer SE dieselben Rechte und Pflichten bei der Wahrnehmung ihrer Aufgaben. Dies gilt uneingeschränkt auch für die Arbeitnehmervertreter in diesen Organen (vgl. Kapitel C.IV.1.).

Beim *zweiten Mitbestimmungsmodell* werden die Arbeitnehmer nach Art. 5 Abs. 1 AN-RL in einem separaten Organ der SE vertreten (französisch-belgisches Modell[543]).[544] Das Leitungs- oder Verwaltungsorgan hat gegenüber dem separaten Organ mindestens alle drei Monate bestimmte in Art. 5 Absätze 2-2c AN-RL festgelegte Informationspflichten zu erfüllen, die den Informationsrechten des Aufsichts- gegenüber dem Leitungsorgan (Art. 64 SE-VO) und innerhalb des Verwaltungsorgans (Art. 67 SE-VO) grundsätzlich entsprechen. Die Zustimmung des Aufsichtsorgans oder ein Beschluß des Verwaltungsorgans für die in Art. 72 Abs. 1 SE-VO festgelegten Vorgänge kann außerdem erst erfolgen, nachdem "das separate Organ vom Leitungs- oder Verwaltungsorgan der SE unterrichtet und gehört worden ist."[545]

Das *dritte Mitbestimmungsmodell* der Arbeitnehmer einer SE (sog. Tarif- oder Vereinbarungsmodell[546]) wird nach Art. 6 Abs. 1 AN-RL zwischen dem Leitungs- oder Verwaltungsorgan und den Vertretern der Arbeitnehmer der SE vereinbart (italienisches oder schwedisches Modell[547]). Das Leitungs- oder Verwaltungsorgan der SE muß sich in dieser Vereinbarung mindestens dazu verpflichten, die im zweiten Mitbestimmungsmodell vorgesehenen Informationen den Vertretern der Arbeitnehmer zukommen zu lassen und diese bei den Vorgängen gem. Art. 72 Abs. 1 SE-VO zu unterrichten und anzuhören (Art. 6 Abs. 2 i.V.m. Art. 5 Absätze 2-2d AN-RL). Kommt eine Vereinbarung nicht

---

Aktiengesellschaft, in: Die Aktiengesellschaft, 35. Jg. 1990, S. 445.

[541] Vgl. Dreher, S. 476.

[542] Vgl. zu den Möglichkeiten, Arbeitnehmervertreter für das Aufsichts- oder Verwaltungsorgan vorzuschlagen und gegen die Bestellung dieser Widerspruch einzulegen v.a. Art. 4 Buchst. a-d AN-RL.

[543] Vgl. Werres, T.: Ende der wilden Ehen - Die Europäische Aktiengesellschaft auf dem Vormarsch, in: Die Zeit, 46. Jg., Nr. 25, vom 14.6.1991, S. 30; Gerum, Führungsorganisation, S. 150; Nagel, B.: Erosion der Mitbestimmung und EG-Kommissionsentwürfe zur Europa-AG, in: Arbeit und Recht, 38. Jg. 1990, S. 208.

[544] Die Anzahl der Arbeitnehmervertreter im separaten Organ bestimmt sich in Ermangelung einer Vorschrift in der AN-RL nach dem nationalen Sitzstaatsrecht der SE. Anders noch Art. 5 Abs. 1 S. 2 der 1989 vorgeschlagenen AN-RL, wonach die Anzahl durch die Satzung festzulegen war (vgl. Raiser, S. 211).

[545] Art. 5 Abs. 2d AN-RL.

[546] Vgl. Maydell, S. 445; Wiesner, Europa-AG, S. R 276. Merkt weist zu Recht darauf hin, daß der Begriff *Tarifmodell* irreführend ist, da stets eine Vereinbarung bezüglich nur einer einzelnen SE erfolgt, die keine branchenweite Wirkung entfaltet. Merkt, Aktiengesellschaft, S. 658, Fußnote 63.

[547] Vgl. Werres, S. 30; Gerum, Führungsorganisation, S. 150.

zustande, ist das *Standardmodell* der Mitbestimmung des Sitzstaats der SE anzuwenden, das "mindestens die in (Art. 6 Abs. 2 i.V.m. Art. 5 Absätze 2-2d AN-RL; A.d.V.) ... genannten Informations- und Konsultationsrechte .. gewährleisten"[548] muß.[549]

Insgesamt stehen unter Berücksichtigung aller Ausprägungen der drei Mitbestimmungsmodelle und der verschiedenen Organstrukturen - insbesondere die beiden unterschiedlichen Führungs- und Überwachungsstrukturen, die den *Rahmen* sowie den *Bezugspunkt* der unternehmerischen Mitbestimmung bilden[550] - zehn Mitbestimmungsalternativen[551] (vgl. Abbildung 12) unter folgender Voraussetzung zur Wahl: Die Sitzstaaten der jeweiligen SE beschränken weder die optionale Festlegung der Organstruktur noch die auf die SE anwendbaren Mitbestimmungsmodelle.

Mitbestimmungsmodelle									
Modell 1				Modell 2		Modell 3			
Repräsentation		Kooptation		Selbständiges Organ		Vereinbarung		Nationales Standardmodell	
Anzahl der Mitbestimmungsalternativen									
1	2	3	4	5	6	7	8	9	10
dual.	mon.	dual.	mon.	dual.	mon.	dual.	mon.	dual.	mon.
System		System		System		System		System	
Organstruktur, insbesondere Führungs- und Überwachungsstruktur									

dual. = dualistisch, mon. = monistisch

Abb. 12: Übersicht der Mitbestimmungsalternativen einer SE nach der AN-RL

[548] Art. 6 Abs. 8 AN-RL.

[549] Die Anwendung des nationalen Standardmodells der unternehmerischen Mitbestimmung kann auch vereinbart werden.

[550] Vgl. Gerum, Führungsorganisation, S. 148.

[551] In der Literatur werden i.d.R. acht verschiedene Alternativen der unternehmerischen Mitbestimmung unterschieden, da das nationale Standardmodell unberücksichtigt bleibt. Der Grund hierfür besteht wohl darin, daß sich dieses in Abhängigkeit vom jeweiligen EG-Staat mit einem der in den drei Mitbestimmungsmodellen sonst enthaltenen Alternativen deckt. Vgl. zur Unterscheidung von acht Alternativen sowie zu diesen selbst nur Chmielewicz, Harmonisierung, S. 37-46, sowie sich darauf beziehend Gerum, Führungsorganisation, S. 150 f. Dagegen kann sich

Die oben beschriebenen Mitbestimmungsmodelle sind auf die SE unabhängig von deren Anzahl an beschäftigten Arbeitnehmern anzuwenden. Die Spitzenverbände der Deutschen Industrie fordern daher, daß die Anwendung der Mitbestimmungsmodelle in Abhängigkeit von der Beschäftigtenzahl abgestuft wird. Andernfalls würde z.B. die Anwendung des Modells 1 in Form des deutschen Modells über die in Deutschland bestehende und sehr weitreichende Mitbestimmung hinausgehen.[552]

2. *Wahlverfahren der Mitbestimmungsmodelle*

Sofern die einzelnen EG-Staaten den bei ihnen ansässigen SEs gem. Art. 3 Abs. 5 AN-RL nicht ein bestimmtes Mitbestimmungsmodell vorschreiben, erfolgt dessen Wahl durch eine *Vereinbarung* zwischen den Vertretern der Arbeitnehmer und den Leitungs- oder Verwaltungsorganen der die SE gründenden Gesellschaften (Art. 3 Abs. 1 S. 1 AN-RL).[553] Dabei werden "die rechtlichen, wirtschaftlichen und sozialen Auswirkungen, die sich aus der Gründung der SE ergeben, sowie die gegebenenfalls im Hinblick auf die Arbeitnehmer zu treffenden Maßnahmen mit dem Ziel (geprüft; A.d.V.), zu einer Vereinbarung über das in der SE anzuwendende Modell zu gelangen"[554] (Art. 3 Abs. 1 S. 2 AN-RL).[555]

Die schriftlich niederzulegende Vereinbarung ist von den zur Gründung der SE stellungnehmenden Hauptversammlungen der die SE gründenden Gesellschaften zu bestätigen (Art. 3 Abs. 1 S. 4 und Abs. 2 S. 1 AN-RL). Hierzu erstellen die

---

Wiesner sogar deutlich mehr als zehn Mitbestimmungsalternativen vorstellen, vgl. Wiesner, Neue Vorschläge zur Europa-AG, in: Die Aktiengesellschaft, 34. Jg. 1989, S. R 308, sowie darauf berufend Nagel, S. 211. Mehr als zehn Mitbestimmungsalternativen können insbesondere durch die verschiedenen nationalen Standardmodelle unterschieden werden.

[552] Vgl. Arbeitsausschuß Unternehmensrecht, S. 33. Vgl. dazu auch Wiesner, Kommissionsvorschläge, S. R 35.

[553] Kritisch zu dieser Möglichkeit, aus verschiedenen Mitbestimmungsmodellen ein einziges im Verhandlungswege zwischen den Herrschafts- und den Mitbestimmungsinteressen zu bestimmen, insbesondere Nagel. Er hält eine letztlich auf den *Transaktionskostenansatz* gestützte Verhandlungslösung zur Bestimmung des optimalen Mitbestimmungsmodells für nicht angebracht bzw. für einen Zirkelschluß, da die Festlegung der Unternehmensverfassung einschließlich Mitbestimmung erst die Grundlage zur Anwendung des Transaktionskostenansatzes liefert. Vgl. Nagel, S. 210 f. sowie die dort angegebene Literatur.

[554] Wiesner, Europa-AG, S. R 276.

[555] Die einzelstaatlichen Rechtsvorschriften, die der Richtlinie über die Wahrung von Ansprüchen der Arbeitnehmer beim Übergang von Unternehmen, Betrieben oder Betriebsteilen (77/187/EWG), ABl. EG Nr. L 61, vom 5.3.1977, S. 26-28, entsprechen (in Deutschland v.a. § 613a BGB, §§ 111-113 BetrVG), dürfen durch die in nationales Recht transformierten Regelungen der AN-RL nicht verdrängt werden (Art. 3 Abs. 1 S. 2 AN-RL).

Leitungs- oder Verwaltungsorgane der Gründungsgesellschaften nach Art. 3 Abs. 1b AN-RL einen an die Hauptversammlungen gerichteten *Bericht*, dem die Vereinbarung über das Mitbestimmungsmodell beigefügt ist. Sofern allerdings nicht alle Hauptversammlungen das vereinbarte Mitbestimmungsmodell gem. Art. 3 Abs. 2 S. 1 AN-RL bestätigen, kann der Beschluß zur Gründung einer SE nicht getroffen und die SE nicht gegründet werden (vgl. Art. 3 Abs. 1 S. 3 AN-RL).[556]

Falls bereits die Verhandlungen nicht zu einer Vereinbarung eines auf die SE anzuwendenden Mitbestimmungsmodells führen, "können die Arbeitnehmervertreter in einer schriftlichen Stellungnahme darlegen, warum die Gründung der SE ... geeignet ist, die Interessen der Arbeitnehmer zu schädigen, und welche Maßnahmen ihnen gegenüber getroffen werden sollten."[557] Die zur Gründung der SE stellungnehmenden Hauptversammlungen der die SE gründenden Gesellschaften wählen dann das auf die SE anzuwendende Mitbestimmungsmodell.[558] Die Grundlage hierfür ist der Bericht der Leitungs- oder Verwaltungsorgane der Gründungsgesellschaften, der die Stellungnahme der Vertreter der Arbeitnehmer dieser Gesellschaften enthalten muß (Art. 3 Absätze 1a, 1b und 2 S. 1 AN-RL). Die zur Gründung der SE stellungnehmenden Hauptversammlungen der die SE gründenden Gesellschaften müssen dabei alle dasselbe Mitbestimmungsmodell wählen, da sonst über die Gründung einer SE nicht wirksam beschlossen werden kann (vgl. Art. 3 Abs. 1 S. 3 AN-RL).[559]

Der *Schutz* der *Arbeitnehmer* vor einer *Aushöhlung* der unternehmerischen Mitbestimmung in der SE ist insgesamt also v.a. dadurch abgesichert, daß sowohl der Gründungsbeschluß als auch die Registereintragung der SE erst dann erfolgen können, wenn das auf die SE anzuwendende Mitbestimmungsmodell durch eine Vereinbarung festgelegt und diese beschlossen ist oder, wenn die Hauptversammlungen der die SE gründenden Gesellschaften ein Mitbestimmungsmodell gewählt haben (Art. 3 Abs. 1 S. 3 und Abs. 2 S. 2 AN-RL, Art. 8 Abs. 3 SE-VO). Ein einmal gewähltes Mitbestimmungsmodell kann zudem grund-

---

[556] A.A. Merkt, der diese Frage als offen betrachtet. Vgl. Merkt, Aktiengesellschaft, S. 659.

[557] Art. 3 Abs. 1a AN-RL.

[558] Dadurch soll "das Letztentscheidungsrecht der Anteilseigner (einer SE; A.d.V.) .. EG-rechtlich abgesichert werden." Wiesner, Kommissionsvorschläge, S. R 35. So auch Weitnauer, S. 171.

[559] Wird eine AG nationalen Rechts gem. Art. 2 Abs. 3 SE-VO in eine SE umgewandelt sind die oben dargestellten Vorschriften über das Wahlverfahren des Mitbestimmungsmodells nach Art. 3 Abs. 6 AN-RL analog anzuwenden. Dasselbe gilt, wenn bei einer Sitzverlegung der SE zwischen zwei EG-Staaten auch das Mitbestimmungsmodell geändert werden soll. Dabei verhandeln hier dann die Vertreter der Arbeitnehmer und das Leitungs- oder Verwaltungsorgan der SE (vgl. Art. 3 Abs. 7 AN-RL).

sätzlich nur im Wege von Verhandlungen durch ein anderes ersetzt werden (Art. 3 Abs. 3 AN-RL).[560]

Die bisherigen Ausführungen in den Kapiteln C.X.1 und C.X.2. werden zusammengefaßt nochmals durch Abbildung 13[561] dargestellt:

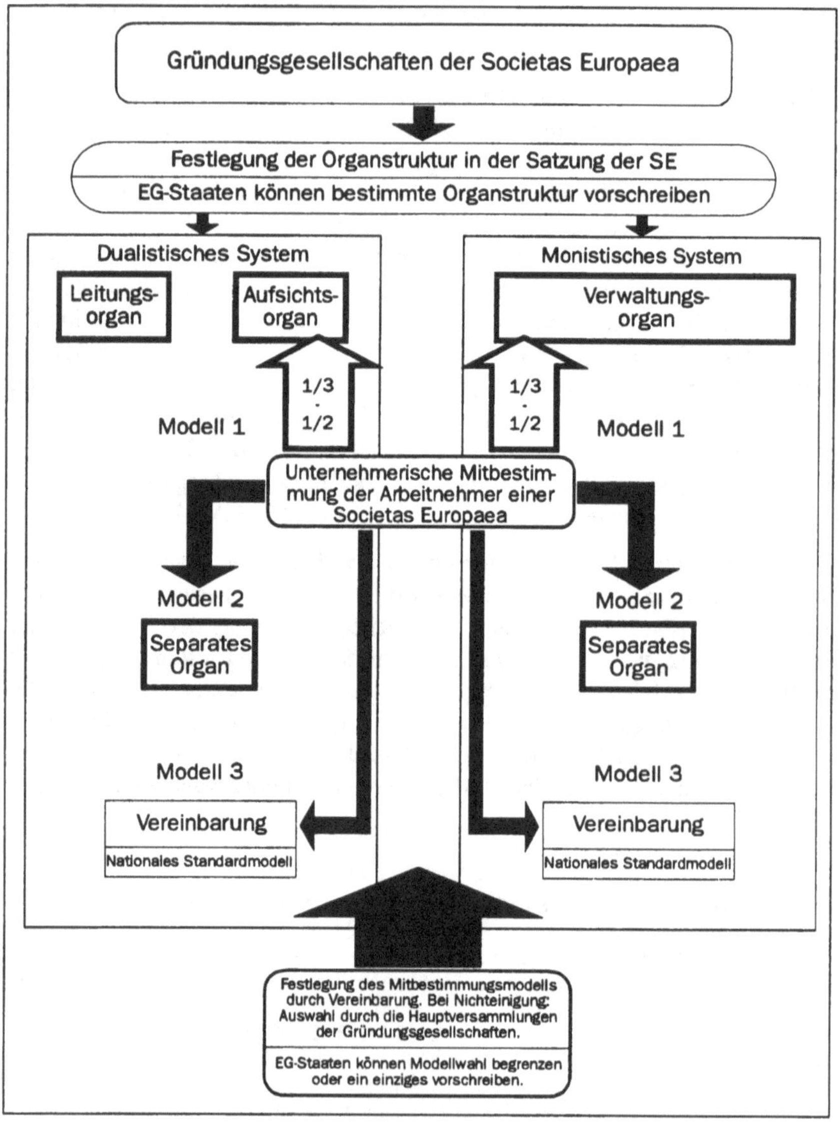

Abb. 13: System der unternehmerischen Mitbestimmung der Arbeitnehmer einer SE

3. Probleme der Gleichwertigkeit der Mitbestimmungsmodelle

Das Ziel der AN-RL ist es, *gleichwertige* Regelungen für die Mitbestimmung der Arbeitnehmer von SEs vorzuschreiben, "um ein reibungsloses Funktionieren des Binnenmarkts sicherzustellen und ungleiche Wettbewerbsbedingungen zu vermeiden"[562].[563] Die Gleichwertigkeit der Mitbestimmungsregelungen wird zudem von der Rechtsgrundlage der AN-RL gefordert.[564]

Bevor ein abschließendes Urteil darüber abgegeben werden kann, ob die Mitbestimmungsmodelle gleichwertig sind, ist zunächst auf ihre Grundkonzeption, insbesondere aus organisationstheoretischer Sicht, näher einzugehen.[565] Danach unterscheiden sich die in der AN-RL enthaltenen Mitbestimmungsmodelle grundlegend: *Modell 1* versucht die Arbeitnehmer in den Unternehmensentscheidungs- bzw. -überwachungsprozeß und damit in die daran beteiligten Gremien einzubeziehen, um "den Einfluß der Arbeitnehmer ... zu internalisieren"[566] (Mitbestimmung durch Integration, sog. Konfliktpartnerschaft[567]). Dagegen orientieren sich die *Modelle 2 und 3*, bei denen die Arbeitnehmer i.d.R. in externen, nicht am Unternehmensentscheidungs- bzw. -überwachungsprozeß beteiligten Gremien vertreten werden, an einer Gegenmacht- und Kontrollstrategie der Arbeitnehmer zur Unternehmensleitung und -überwachung[568] und halten so an "den damit verbundenen kollektiven Verhandlungsprozessen fest"[569].

Im einzelnen unterscheiden sich die verschiedenen Modelle der Mitbestimmung - ohne Anspruch auf Vollständigkeit - wie folgt: *Erstens* werden beim Modell 1 die Arbeitnehmervertreter direkt am Aufsichts- oder Verwaltungsorgan der SE beteiligt. Dadurch sind bei Anwendung der dualistischen Führungs-

---

[560] Vgl. zu einer Ausnahme hiervon Kapitel C.X.4.

[561] Mit Veränderungen u.a. zur Anpassung an den Stand der AN-RL von 1991 entnommen aus Köstler, R.: Europäische Aktionärsrechte - Nationale "Mitbestimmung"?, Veröffentlichung der Hans-Böckler-Stiftung, Düsseldorf 1991, S. 15.

[562] Präambel der AN-RL.

[563] Das Wettbewerbsargument einer umfassenden Mitbestimmung anhand der deutschen Bestimmungen relativierend Raiser, der der gesamten Mitbestimmungsproblematik eher politische und symbolische denn wirtschaftliche Relevanz beimißt. Vgl. Raiser, S. 214. Für einen Wettbewerb der Mitbestimmungsalternativen Lutter, Perspektiven, S. 440, und wohl auch Chmielewicz, Harmonisierung, S. 37. Dagegen Nagel, S. 210 f., sowie Gerum, Führungsorganisation, S. 152.

[564] Vgl. zur allerdings umstrittenen Rechtsgrundlage der AN-RL Kapitel B.II.3. und B.II.4.

[565] Vgl. hierzu insbesondere Raiser, S. 213 f.; Gerum, Führungsorganisation, S. 151 f.

[566] Raiser, S. 213.

[567] Vgl. Gerum, Führungsorganisation, S. 151, sowie die dort angegebene Literatur.

[568] Vgl. Gerum, Führungsorganisation, S. 151, sowie die dort angegebene Literatur.

[569] Raiser, S. 213 f.

struktur z.B. auch die Arbeitnehmervertreter im Aufsichtsorgan bezüglich zustimmungspflichtiger Tätigkeiten stimmberechtigt und in den Entscheidungsprozeß eingebunden. Bei den Modellen 2 und 3 haben die Arbeitnehmervertreter dagegen lediglich ein Recht auf Konsultation und Information.[570] Dieser Mindeststandard aller Modelle der AN-RL wird aber als zu gering angesehen und ist daher abzulehnen.[571]

Zweitens sind auch die Informations- und Konsultationsrechte des separaten Organs (Modell 2) und der Arbeitnehmervertreter (Modell 3) gem. Art. 5 Absätze 2-2d, 6 Abs. 2 AN-RL nicht mit denen des Modells 1 gem. Art. 64, 67 SE-VO identisch. So kann z.B. bei Anwendung des dualistischen Systems das Aufsichtsorgan und damit auch die Arbeitnehmervertreter in diesem alle Überprüfungen vornehmen, die erforderlich sind, um seine Aufgaben zu erfüllen. Diese Möglichkeit steht den Arbeitnehmervertretern in den Modellen 2 und 3 nicht zu.

Drittens führt eine Beteiligung der Arbeitnehmervertreter am Aufsichts- oder Verwaltungsorgan (Modell 1) gegenüber einem separaten Organ (Modell 2) oder den Arbeitnehmervertretern im Modell 3 generell zu einer besseren Information der zuerst genannten Arbeitnehmervertreter. Dies folgt aus der Tatsache, daß die Vertreter der Arbeitnehmer im Aufsichts- oder Verwaltungsorgan (Modell 1) nicht nochmals unterrichtet werden müssen, wobei Informationen verloren gehen oder zurückgehalten werden können. Zudem werden die Arbeitnehmervertreter im Aufsichts- oder Verwaltungsorgan zeitnaher über die zu unterrichtenden Tatsachen informiert. Als Ergebnis ist somit festzuhalten, daß zwischen den verschiedenen Mitbestimmungsmodellen *keine Gleichwertigkeit* besteht, obwohl diese durch die Überarbeitung des Vorschlags für eine AN-RL zwischen 1989 einander weiter angenähert worden sind.[572] [573]

---

[570] Vgl. hierzu ähnlich Merkt, Aktiengesellschaft, S. 659, sowie auch Nagel, S. 208, 210.

[571] Vgl. Raiser, S. 212 f., der sogar davon spricht, daß die AN-RL "die Harmonisierung des Mitbestimmungsrechts eher (verhindert; A.d.V.) als ... voranbringt. Raiser, S. 213.

[572] Vgl. z.B. Wiesner, Europa-AG, S. R 276, der von einer Verbesserung der Gleichwertigkeit der Modelle spricht. Dagegen bemerkt Weitnauer, daß das Ziel der Gleichwertigkeit aufgegeben und die AN-RL auf den "größten („alle bisherigen nationalen Mitbestimmungsformen umfassenden„; A.d.V.) gemeinsamen Nenner" gebracht worden sei. Weitnauer, S. 171, sowie die dort angegebene Literatur. Dies bestätigt auch Gerum, für den die gesamte Palette der nicht konvergierenden Beteiligungen der Arbeitnehmer in den verschiedenen europäischen Unternehmensverfassungen in der AN-RL optional enthalten ist. Vgl. Gerum, Führungsorganisation, S. 150, 152. Nagel hält die verschiedenen Mitbestimmungsmodelle v.a. für nicht vergleichbar. Vgl. Nagel, S. 209 f. Für Trojan-Limmer, die die Frage der Gleichwertigkeit als nach wie vor ungelöst ansieht, fehlt darüber hinaus insbesondere der "Konzernbezug bei den Mitbestimmungsregeln." Trojan-Limmer, S. 1017.

[573] Vgl. zur Kritik an der fehlenden Gleichwertigkeit der Mitbestimmungsmodelle insbesondere auch Bundesvorstand des Deutschen Gewerkschaftsbundes: Stellungnahme zum Vorschlag vom 25.08.1989 für eine Verordnung (EWG) über das Statut einer Europäischen Aktiengesellschaft

4. Probleme in der Kontinuität der Mitbestimmungsmodelle bei der grenzüberschreitenden Sitzverlegung einer Societas Europaea

In der Begründung zur AN-RL macht die Kommission ausdrücklich darauf aufmerksam, daß durch die Regelungen der AN-RL das auf die SE bisher angewendete Mitbestimmungsmodell nur durch die Vornahme einer grenzüberschreitenden Sitzverlegung nicht automatisch geändert werden kann.[574] Für die Änderung des Mitbestimmungsmodells bei einer grenzüberschreitenden Sitzverlegung ist daher nach Art. 3 Abs. 7 AN-RL ein *Verhandlungsverfahren* notwendig. Der Ablauf dieses Verfahrens erfolgt analog zu dem in Kapitel C.X.2. beschriebenen Verhandlungsverfahren bei der Gründung einer SE, wobei an die Stelle der Arbeitnehmervertreter und der Leitungs- oder Verwaltungsorgane der die SE gründenden Gesellschaften diejenigen der SE selbst treten.

Allerdings steht dieses Verhandlungsverfahren zur Änderung des bisher angewendeten Mitbestimmungsmodells nicht unter dem Vorbehalt der Zustimmung der Hauptversammlung (hier der SE selbst). Der Vorbehalt nach Art. 3 Abs. 2 S. 1 AN-RL ist nur für den Fall der *Gründung* einer SE, bei der sich die Arbeitnehmervertreter und die Leitungs- oder Verwaltungsorgane der die SE gründenden Gesellschaften nicht auf ein bestimmtes Mitbestimmungsmodell einigen können, vorgesehen. Bei einer Verhandlung über die *Änderung* des auf die SE anzuwendenden Modells besteht dagegen erstens bereits ein Mitbestimmungsmodell; zweitens befindet sich die SE nicht mehr in der Gründungsphase. Beides sind aber konstitutive Voraussetzungen für die Anwendung des Vorbehalts nach Art. 3 Abs. 2 S. 1 AN-RL.

Die Regelung über das Verhandlungsverfahren kann aber nur dann ohne Probleme angewendet werden, wenn der EG-Staat, in den die SE ihren Sitz verlegt (Zuzugsstaat), für SEs kein bestimmtes Mitbestimmungsmodell vorschreibt. Sofern allerdings der Zuzugsstaat der SE ein Mitbestimmungsmodell nach Art. 3 Abs. 5 AN-RL *verbindlich festschreibt*, das von dem auf die SE bisher angewendeten Modell abweicht, treten erhebliche Probleme auf. In diesem Fall sind grundsätzlich zwei Lösungsmöglichkeiten vorstellbar:

(1) Die SE behält ihr bisher angewendetes Mitbestimmungsmodell bei. Dieses kann dann nur aufgrund von Verhandlungen nach dem oben beschriebenen Verfahren zwischen dem Leitungs- oder Verwaltungsorgan und den Vertretern der Arbeitnehmer der SE in das vom Zuzugsstaat vorgeschriebene Modell geändert werden (*Lösungsvorschlag I*).

---

und für eine Richtlinie des Rates zur Ergänzung des SE-Statuts hinsichtlich der Stellung der Arbeitnehmer, Düsseldorf 1989, S. 4.

[574] Vgl. Kommission der Europäischen Gemeinschaften, Richtlinie, S. 2.

(2) Die SE muß durch die Sitzverlegung das im Zuzugsstaat vorgeschriebene Mitbestimmungsmodell anwenden. Verhandlungen über die Änderung des bisherigen Modells zugunsten eines anderen Modells, z.B. des im neuen Sitzstaat vorgeschriebenen Modells, sind weder möglich noch notwendig, da der Zuzugsstaat die Wahlmöglichkeit des Modells generell ausgeschlossesn hat (*Lösungsvorschlag II*).

Bezüglich des Lösungsvorschlags I verweist Art. 3 Abs. 7 AN-RL zur Änderung des bisherigen Modells auf das Verhandlungsverfahren gem. Art. 3 Abs. 1-2 AN-RL. Dieses Verfahren steht aber unter dem *Vorbehalt* von Art. 3 Abs. 5 AN-RL, wonach die EG-Staaten den in ihrem Hoheitsgebiet ansässigen SEs ein Mitbestimmungsmodell verbindlich vorschreiben können (Lösungsvorschlag II). Daraus folgt, daß im oben beschriebenen Fall mit dem Wechsel des Sitzes der SE das im neuen Sitzstaat vorgeschriebene Mitbestimmungsmodell zwingend anzuwenden ist (Lösungsvorschlag II).[575]

Eine SE könnte sich damit gegebenenfalls durch eine Sitzverlegung der Mitbestimmung insofern entziehen, als die auf die SE anzuwendenden Mitbestimmungsmodelle nicht gleichwertig[576] sind und ein möglicher EG-Zuzugsstaat ein weniger anspruchsvolles Mitbestimmungsmodell vorschreibt.

Aufgrund der großen Unterschiede in den bisher bestehenden nationalen Mitbestimmungsregelungen der einzelnen EG-Staaten ist davon auszugehen, daß viele EG-Staaten von ihrem Wahlrecht nach Art. 3 Abs. 5 AN-RL Gebrauch machen und SEs mit Sitz in ihrem Hoheitsgebiet ein Mitbestimmungsmodell verbindlich vorschreiben werden. Dadurch könnte der in den USA als "*Delaware-Effekt*"[577] bezeichnete Sachverhalt für SEs in analoger Form, bezogen auf eine sitzstaatsabhängige Mitbestimmung, auch in der EG eintreten: Sofern einzelne EG-Staaten das Mitbestimmungsmodell 3 festschreiben, das insgesamt die

---

[575] So auch Weitnauer, S. 172, und wohl auch Merkt, Aktiengesellschaft, S. 655. Ob durch eine teleologisch reduzierte Auslegung (vgl. hierzu allgemein Larenz, S. 328-339, 391-397) von Art. 3 Abs. 1 S. 1 AN-RL der Vorbehalt, daß das Mitbestimmungsmodell vom (zukünftigen) Sitzstaat der SE gem. Art. 3 Abs. 5 AN-RL bestimmt werden kann, bei einer Sitzverlegung der SE eingeschränkt wird, was dem Sinn und Zweck von Art. 3 Abs. 7 AN-RL entsprechen würde, erscheint unwahrscheinlich, kann aber letztlich nur von der Rechtsprechung, insbesondere der des Europäischen Gerichtshofs, beantwortet werden. Diese Möglichkeit soll hier aber nicht weiterverfolgt werden.

[576] Auf die nicht vorhandene Gleichwertigkeit der verschiedenen Mitbestimmungsmodelle wurde bereits in Kapitel C.X.3. eingegangen, vgl. insoweit dort.

[577] Darunter wird der Sachverhalt verstanden, wonach der US-Bundesstaat Delaware ein gegenüber den anderen Bundesstaaten besonders liberales Gesellschaftsrecht hat. Das hat in den USA dazu geführt, daß sich ca. 40 vH aller an der New Yorker Stock Exchange (Börse) notierten Gesellschaften nach dem Recht von Delaware gegründet haben. Vgl. hierzu ausführlich Merkt, H.: US-amerikanisches Gesellschaftsrecht, Heidelberg 1991, S. 135-151, v.a. S. 147, Rdnr. 168 und die dort angegebene Literatur.

schwächste Form der Mitbestimmung darstellt, könnten SEs mit Sitz in den EG-Staaten, die Mitbestimmungsmodell 1 vorschreiben[578], zur Verlegung ihres Sitzes in die zuerst genannten Staaten verleitet werden. Hierdurch würden wiederum für andere EG-Staaten Anreize entstehen, Mitbestimmungsmodell 3 vorzuschreiben, um möglichst viele SEs zur Sitzverlegung in ihr Hoheitsgebiet zu bewegen[579] oder um bereits ansässige SEs nicht durch Sitzverlegungen in andere EG-Staaten mit einem niedrigeren Mitbestimmungsniveau zu verlieren.

Dieser Sachverhalt könnte den gesamten Prozeß der Schaffung einer supranationalen europäischen Rechtsform der SE scheitern lassen. EG-Staaten, wie z.B. Deutschland, werden der AN-RL, die grenzüberschreitend betrachtet zu einer Aushöhlung ihres strengen Mitbestimmungsrechts führen kann, nicht zustimmen. Die Angleichung der Mitbestimmungsmodelle i.S. einer vollständigen Gleichwertigkeit erscheint daher als einzige Möglichkeit, die oben beschriebenen Probleme zu lösen.

[578] Hiervon ist bezüglich der EG-Staaten auszugehen, die in ihrem Hoheitsgebiet das bestehende, hohe Mitbestimmungsniveau sichern wollen, wie z.B. Deutschland. Vgl. Raiser, S. 213.

[579] Nach Nagel rechtfertigt "die Legitimationswirkung des supranationalen Statuts einer Europa-AG ... (eine derartige; A.d.V.) Flucht aus der Mitbestimmung" durch grenzüberschreitende Sitzverlegung. Nagel, S. 210.

D. Einsatzmöglichkeiten der Rechtsform einer Societas Europaea für eine europäische Konzernunternehmung

I. Die europäische Konzernunternehmung

In Kapitel C.VII. wurde dargelegt, daß die Rechtsform einer SE i.d.R. im Zusammenhang mit einem Konzern vorliegt. Da Konzerne zudem die typische Organisationsform von Kapitalgesellschaften darstellen[1], soll im folgenden nur auf die Nutzungsmöglichkeiten der Rechtsform einer SE für Konzerne eingegangen werden.

1. Abgrenzung von Konzernunternehmungen gegenüber anderen Formen der Verbindung von Unternehmen

Unternehmen, die rechtlich selbständig sind, also eine eigene Rechtsform besitzen, stehen grundsätzlich drei unterschiedliche Formen der Verbindung zur Verfügung.[2] Als Unterscheidungskriterium wird hierbei auf die wirtschaftliche und rechtliche Intensität der Verbundenheit der Unternehmen abgestellt.

Die intensivste Form der Unternehmensverbindung stellt die *Verschmelzung* (*Fusion*) von vorher rechtlich selbständigen Unternehmen zu einer einzigen Unternehmung, der sog. Einheitsunternehmung[3], dar. Einheitsunternehmun-

---

[1] Der *Konzernierungsgrad*, d.h. die Konzernverbundenheit von deutschen Aktiengesellschaften beträgt, gemessen am Grundkapital, mehr als 90 vH. Vgl. hierzu die Untersuchung von Ordelheide, D.: Der Konzern als Gegenstand betriebswirtschaftlicher Forschung, in: Betriebswirtschaftliche Forschung und Praxis, 38. Jg. 1986, S. 294 f. Vgl. zur Konzernverbundenheit von deutschen Gesellschaften mit beschränkter Haftung Ordelheide, Konzern, S. 294 f.

[2] Vgl. Pausenberger, E.: Konzerne, in: Grochla, E./Wittemann, W. (Hrsg.), Handwörterbuch der Betriebswirtschaft, Bd. I/2, 4. Auflage, Stuttgart 1975, Sp. 2235 f.

[3] Vgl. zu diesem Begriff Küting, K.: Zur Systematisierung von Konzernstrukturen, in: Wirtschaftswissenschaftliches Studium, 9. Jg. 1980, S. 6.

gen werden insbesondere durch die vollständige Übereinstimmung der rechtlichen und der wirtschaftlichen Organisationsstruktur[4] gekennzeichnet.

Die schwächste Form der Unternehmensverbindung stellt die *Kooperation*, also die "Zusammenarbeit zwischen rechtlich selbständigen und in den von der Kooperation nicht betroffenen Bereichen auch wirtschaftlich nicht voneinander abhängigen Unternehmungen"[5] oder Konzernen dar. Die betriebswirtschaftlichen Merkmale von Kooperationen bestehen insbesondere in der Zusammenarbeit zwischen Unternehmungen oder Konzernen, die voneinander rechtlich und wirtschaftlich unabhängig sind, um bestimmte gemeinsame Aufgaben durch Kooperationen koordiniert, also gemeinsam zu lösen. Die Zusammenarbeit kann bei Kooperationen auf stillschweigenden oder vertraglichen Vereinbarungen oder im Rahmen eines gemeinsamen Unternehmens erfolgen.[6]

Zwischen der Verschmelzung und der Kooperation als Eckpunkte der Formen der Verbindung von Unternehmen steht die *Konzentration* als Zusammenschluß rechtlich selbständiger Unternehmen unter einheitlicher Leitung zu einem Konzern bzw. zu einer Konzernunternehmung. Die rechtliche Organisationsstruktur, die auf die einzelnen rechtlich selbständigen, aber wirtschaftlich unselbständigen Konzernunternehmen mit eigener Rechtsform abstellt, und die wirtschaftliche Organisationsstruktur, die auf die wirtschaftlichen Verhältnisse und damit auf die Konzernunternehmung als Ganzes abstellt, fallen bei Konzernen generell auseinander. Die eindeutige Abgrenzung von Kooperationen und Konzentrationen ist im Einzelfall nur schwer möglich, da erstens "in den Bereichen der Zusammenarbeit die wirtschaftliche Selbständigkeit (der kooperierenden Unternehmungen oder Konzerne; A.d.V.) verlorengeht."[7] Zweitens können Kooperationen selbst in Form von wirtschaftlich selbständigen Unternehmungen oder Konzernen durchgeführt werden. Diese Form der *Kooperation* durch *Konzentration* besteht z.B. dann, wenn die kooperierenden Unternehmungen oder Konzerne an dem die Kooperation ausführenden Konzern nur zusammen mehrheitlich beteiligt sind, die einzelnen Beteiligungen alleine aber nicht ausreichen, um den ausführenden Konzern zu beherrschen. Diese Form der Konzentration, die auch als Teil- oder Unterkonzern bezeichnet werden kann, wird im folgenden ebenfalls in die Betrachtung einbezogen (Kapitel D.IV.).

---

[4] Die rechtliche Organisationsstruktur eines Unternehmens wird durch die rechtlichen Grenzen und damit durch die Rechtsform bestimmt. Die wirtschaftliche Organisationsstruktur eines Unternehmens orientiert sich dagegen ausschließlich an den wirtschaftlichen oder tatsächlichen Grenzen. Vgl. hierzu ähnlich Lehmann, H.: Konzernorganisation, in: Grochla, E. (Hrsg.), Handwörterbuch der Organisation, 2. Auflage, Stuttgart 1980, Sp. 1107-1110.

[5] Blohm, H.: Kooperation, in: Grochla, E. (Hrsg.), Handwörterbuch der Organisation, 2. Auflage, Stuttgart 1980, Sp. 1112.

[6] Vgl. hierzu Blohm, Sp. 1112 f.

[7] Blohm, Sp. 1113.

2. *Begriff der Konzernunternehmung*

Konzerne bzw. Konzernunternehmungen, beide Begriffe werden hier synonym verwendet, werden allgemein als Zusammenschluß rechtlich selbständiger Unternehmen unter einheitlicher Leitung bezeichnet (vgl. § 18 AktG). Bei der Begriffsbestimmung sowie allgemein bei der Charakterisierung von Konzernen bzw. Konzernunternehmungen muß damit insbesondere auf das bedeutendste Merkmal von Konzernen, die rechtliche und wirtschaftliche Doppelnatur dieser, abgestellt werden:

Die *rechtlich-formale Natur* des Konzerns stellt auf die rechtliche Selbständigkeit[8] der einzelnen Unternehmen (Konzernunternehmen) ab, die zum Konzern gehören. Insofern besteht ein Konzern aus einer Vielzahl rechtlich selbständiger Unternehmen (rechtliche Vielheit).

Die *wirtschaftlich-materielle Natur* des Konzerns stellt auf die einheitliche Leitung[9] und damit auf die wirtschaftliche Einheit der Konzernunternehmung als Ganzes ab. "Diese Einheitlichkeit ist dann gegeben, wenn .. ein einheitlicher Wille die verschiedenen Konzernfirmen nach einem einheitlichen Plane leitet."[10]

Ein Konzern wird daher auch als "eine Art Chamäleon"[11] oder als "Organisationsform zwischen Unternehmung und Markt"[12] bezeichnet, da er die rechtliche Vielheit (Markt) der einzelnen Konzernunternehmen und die wirtschaftliche Einheit der Konzernunternehmung als Ganzes (einheitliche Unternehmung) in sich vereint. Die exakte Begriffsbestimmung eines Konzerns soll hier in Anlehnung an die im Jahre 1957 von *Pausenberger* vorgeschlagene Definition wie folgt vorgenommen werden:

"Unter (einem; A.d.V.) Konzern versteht man die Zusammenfassung mehrerer rechtlich selbständiger Unternehmungen zu einer wirtschaftsorganischen Einheit im Sinne eines einheitlich geleiteten Gesamtunternehmens, in dessen vielgestaltigem Aufbau der Schwerpunkt auf einem durch Kapitalbeteiligung hervorgerufenen Subordinationsverhältnis zwischen den in organischem Zusammenhang stehenden Gliedunternehmen liegt."[13] [14]

---

[8] Vgl. Pausenberger, Konzerne, Sp. 2234.

[9] Vgl. Pausenberger, Konzerne, Sp. 2234.

[10] Passow, R.: Betrieb, Unternehmung, Konzern, Jena 1925, S. 105, im Original teilweise gesperrt.

[11] Arndt, H.: Wirtschaftliche Macht, Tatsachen und Theorien, 3. Auflage, München 1980, S. 34.

[12] Ordelheide, Konzern, S. 295.

[13] Pausenberger, E.: Der Konzernaufbau, Diss. München 1957, S. 26, im Original vollständig großgeschrieben.

[14] Unter einem Subordinationsverhältnis ist ein Unterordnungsverhältnis zwischen der Kon-

3. Systematisierung der verschiedenen Arten von Konzernunternehmungen

Konzernunternehmungen werden in der Literatur nach den verschiedensten Kriterien systematisiert.[15] Hier soll dagegen nur auf die Konzernarten eingegangen werden, die für die folgenden Abschnitte dieser Arbeit besonders wichtig sind. Rechtliche Abgrenzungen werden ausschließlich auf der Grundlage des im deutschen Aktiengesetz enthaltenen Konzernrechts vorgenommen.

Nach dem *Mittel der Beherrschung*[16] werden folgende Formen der Konzernverbindung unterschieden: Eingliederungen, Vertragskonzerne und faktische Konzerne.

Eingliederungen bilden die intensivste Form der Verbindung von rechtlich selbständigen Unternehmen im Konzern, die vom Ergebnis der Verschmelzung und damit dem Untergang der rechtlichen Selbständigkeit der einzelnen Konzernunternehmen sehr nahe kommt.[17] Der Eingliederungsbeschluß der Hauptversammlung der sich eingliedernden Aktiengesellschaft oder SE mit Sitz in Deutschland ist als die zentrale Maßnahme anzusehen, die die einheitliche Leitung i.R.d. Eingliederung begründet.[18] Im deutschen Aktienrecht ist die Eingliederung in den §§ 319-327 AktG geregelt.[19] [20]

Bei Vertragskonzernen wird die einheitliche Leitung durch den Abschluß eines Beherrschungsvertrags und/oder eines Gewinnabführungsvertrags (vgl. § 291 Abs. 1 AktG) begründet, wobei ausschließlich diese speziellen Vertragsarten zu einem Vertragskonzern führen. Die Bestimmungen zu Vertragskonzernen sind in den §§ 293-310 AktG enthalten.[21]

Faktische Konzerne bestehen stets dann, wenn eine einheitliche Leitung im Konzern ausgeübt wird, diese aber nicht auf einem Vertrag beruht, der einen Vertragskonzern begründet. Bei faktischen Konzernen wird nochmals zwischen sog. qualifiziert faktischen und einfach faktischen Konzernen unterschieden. "Ein qualifiziert faktischer Konzern liegt vor, wenn eine Gesamtbetrachtung

---

zernspitze (Mutterunternehmen), die den Konzern führt, und den anderen Konzernunternehmen, die von diesem Konzernunternehmen wirtschaftlich abhängig sind, zu verstehen.

[15] Vgl. hierzu umfassend nur Küting, Systematisierung, S. 7-10.

[16] Vgl. hierzu Küting, Systematisierung, S. 7.

[17] Vgl. Theisen, Konzern, S. 77.

[18] Vgl. ähnlich Theisen, Konzern, S. 78.

[19] Vgl. zu den Vor- und Nachteilen der Eingliederung gegenüber anderen Konzernarten nur Sigle, H.: Konzerngestaltungspolitik, in: Betriebswirtschaftliche Forschung und Praxis, 38. Jg. 1986, S. 321 f.

[20] Vgl. hierzu auch die Gegenüberstellung zwischen der Verschmelzung und der Eingliederung bei Schubert, W./Küting, K.: Unternehmungszusammenschlüsse, München 1981, S. 325-331.

[21] Vgl. allgemein zum Vertragskonzern Theisen, Konzern, S. 80-86.

ergibt, daß die Geschäftsführung der abhängigen Gesellschaft in ihrem Kern auf die Muttergesellschaft übergegangen ist."[22] Auf qualifiziert faktische Konzerne werden die Vorschriften über den Vertragskonzern analog angewendet.[23] Einfach faktische Konzerne stellen demgegenüber Konzerne dar, bei denen die einheitliche Leitung weder auf einem Vertrag beruht noch die Voraussetzungen des qualifiziert faktischen Konzerns (s.o.) vorliegen. Auf einfach faktische Konzerne finden die Vorschriften der §§ 311-318 AktG Anwendung.

Nach der *Anzahl der Stufen eines Konzerns* werden ein- und mehrstufige Konzernunternehmungen unterschieden.[24] Einstufige Konzerne liegen vor, wenn die Konzernspitze (Mutterunternehmen) den beherrschenden Einfluß auf die anderen, abhängigen Konzernunternehmen direkt ausübt. Sofern das Mutterunternehmen die einheitliche Leitung auf Konzernunternehmen dagegen nur über andere, zwischengeschaltete Konzernunternehmen ausüben kann, liegen mehrstufige Konzerne vor.[25]

Nach den *grundlegenden Alternativen in der Struktur der Konzernorganisation* wird zwischen dem Stammhaus- und dem Holding-Konzept[26] unterschieden. Beim Stammhaus-Konzept steht an der Spitze des Konzerns ein rechtlich selbständiges Mutterunternehmen, das selbst unternehmerische Aufgaben in einem für den Konzern erheblichen Umfang wahrnimmt, so daß der "Hauptzweck nicht das Halten von Beteiligungen oder das Führen des Konzerns ist."[27] Die Tochtergesellschaften des Stamm- oder Mutterunternehmens unterscheiden sich daher von rechtlich unselbständigen Betriebsabteilungen nur unwesentlich.[28] Dagegen besteht beim Holding-Konzept die Hauptaufgabe der Gesellschaft an der Konzernspitze (Holding) im Halten der Beteiligungen an den untergeordneten Konzernunternehmen sowie in der übergeordneten Führung des gesamten Konzerns.[29] [30]

Nach dem *Umfang der Auslandsaktivitäten*[31] kann *wirtschaftlich*, in Anlehnung an die Unterteilung von Unternehmungen, in nationale, internationale und

---

[22] Lutter, M.: Der qualifiziert faktische Konzern, in: Die Aktiengesellschaft, 35. Jg. 1990, S. 183.

[23] Vgl. zu dieser Auffassung z.B. Emmerich/Sonnenschein, S. 344, 346 f., sowie auch Theisen, Konzern, S. 92 f. und die dort angegebene Literatur, die eine analoge Anwendung der Vorschriften des Vertragskonzerns teilweise ablehnt.

[24] Vgl. hierzu Küting, Systematisierung, S. 8 f.

[25] Vgl. allgemein hierzu Küting, Systematisierung, S. 9.

[26] Vgl. hierzu grundlegend Bleicher, K./Hahn, D.: Konzernplanung, in: Szyperski, N. (Hrsg.), Handwörterbuch der Planung, Stuttgart 1989, Sp. 906.

[27] Everling, Holdinggesellschaft, S. 2549.

[28] Vgl. Everling, Holdinggesellschaft, S. 2549.

[29] Vgl. ähnlich Bleicher/Hahn, Sp. 906.

[30] Vgl. ausführlich zur Führung einer Konzernunternehmung durch eine Holdinggesellschaft Everling, Holdinggesellschaft, S. 2549-2554.

[31] Vgl. Küting, Systematisierung, S. 8.

multinationale Konzernunternehmungen unterschieden werden. Nationale Konzernunternehmungen produzieren ausschließlich in einer Volkswirtschaft eines bestimmten Landes, unabhängig davon, ob ein großer Teil der Produktion in andere Länder exportiert wird.[32] Demgegenüber produzieren internationale Konzernunternehmungen sowohl in dem Land, in dem das Mutterunternehmen (Konzernspitze) ansässig ist, als auch in anderen Ländern, in Form von Tochterunternehmen.[33]

Für die Bestimmung von multinationalen Konzernunternehmungen gelten die Merkmale von internationalen Konzernunternehmungen analog, wobei erstere einen noch stärkeren internationalen Bezug haben. Multinationale Konzernunternehmungen können daher als Sonderform der internationalen Konzernunternehmungen angesehen werden. Die Abgrenzung von internationalen und multinationalen (Konzern-) Unternehmungen ist fließend und in der Literatur zudem umstritten.[34] Nach der Auffassung von *Harms*, der hier grundsätzlich gefolgt werden soll, lassen sich multinationale von internationalen (Konzern-) Unternehmungen wie folgt abgrenzen: Sofern nach dem gewogenen Mittel der Kriterien

- Standorte des Sachanlagevermögens,
- Anteile an der gesamten Produktion,
- Nationalität der Anteilseigner des Mutterunternehmens oder der Tochterunternehmen, die nicht selbst Konzernunternehmen sind, und
- Sitz der Konzernhauptverwaltung (Hauptverwaltung des Mutterunternehmens)

sich die Konzernunternehmung zu weniger als der Hälfte in einem einzigen Land befindet, ist von einer multinationalen Konzernunternehmung zu sprechen.[35] Andernfalls liegt dagegen nur eine internationale Konzernunternehmung vor.

Diesen Unterscheidungen ist für die vorliegende Arbeit die Konzernart der *wirtschaftlich europäischen* Konzernunternehmung hinzuzufügen. Eine europäische Konzernunternehmung liegt danach vor, wenn eine internationale oder multinationale Konzernunternehmung die Eigenschaft der Inter- oder Multinationalität aufgrund der oben angesprochenen Kriterien erfüllt, die sich in

---

[32] Vgl. in Bezug auf eine Einheitsunternehmung Sieber, E.H.: Die multinationale Unternehmung, der Unternehmenstyp der Zukunft?, in: Zeitschrift für betriebswirtschaftliche Forschung, 22. Jg. 1970, Neue Folge der Zeitschrift für handelswissenschaftliche Forschung, S. 417.

[33] Vgl. ähnlich Born, K.E.: Unternehmen, multinationale, in: Albers, W. et al. (Hrsg.), Handwörterbuch der Wirtschaftswissenschaften, Bd. 2, Stuttgart et al. 1980, S. 83 sowie Albach/Albach, S. 18 f.

[34] Vgl. hierzu nur den Überblick bei Hederer, G./Kumar, B./Müller-Heumann, G.: Begriff und Wesensinhalt der internationalen Unternehmung, in: Betriebswirtschaftliche Forschung und Praxis, 22. Jg. 1970, S. 510-521.

[35] Vgl. in Bezug auf eine Einheitsunternehmung Harms, W.: Rechtsprobleme inter- und multinationaler Unternehmen, in: Betriebs-Berater, 24. Jg. 1969, S. 604.

verschiedenen Ländern des EG-Binnenmarkts befinden müssen. Europäische Konzernunternehmungen betätigen sich demnach wirtschaftlich ausschließlich oder überwiegend im EG-Binnenmarkt, der mit dem Zeitpunkt seiner Vollendung am 1.1.1993 grundsätzlich einen einheitlichen Markt ohne rechtliche Grenzen darstellt. Der Binnenmarkt ist ab diesem Zeitpunkt also eher einem nationalen als einem internationalen Markt vergleichbar, da die Marktordnung bzw. die Marktrechtsordnung des gesamten Binnenmarkts grundsätzlich nicht mehr inter- oder multinational und damit verschieden, sondern supranational (übernational) und somit einheitlich ist.[36] Nur die wirtschaftlich europäischen Konzernunternehmungen bilden im folgenden den Gegenstand der Betrachtung, da insbesondere sie die Elemente des zu vollendenden Binnenmarkts darstellen, für den die Rechtsform der SE geschaffen werden soll.

II. Die Societas Europaea als zusätzliche Rechtsform für die strategische Planung der Rechtsstruktur einer wirtschaftlich europäischen Konzernunternehmung

Die strategische Planung in einer Konzernunternehmung umfaßt einerseits die Geschäftsfeldplanung und andererseits die Organisations- und Rechtsstruktur- sowie die Führungskräfteplanung.[37]

Bei der *strategischen Geschäftsfeldplanung* wird insbesondere "das langfristige Produktprogramm und die damit verbundenen Angaben über Sachmittel und evtl. Personaleinsätze und Standorte für die (einzelnen Konzern-; A.d.V.) Gesellschaften und damit für die"[38] gesamte Konzernunternehmung festgelegt. Die strategische Geschäftsfeldplanung erfolgt bei dezentraler Organisation der Konzernführung in den einzelnen Konzernunternehmen, während diese bei einer zentralen Organisation der Führung im Konzern von der obersten Konzernleitung durchgeführt wird.[39]

Durch die *strategische Planung der Konzernorganisation* erfolgt insbesondere eine Festlegung der Struktur der Konzernorganisation nach dem Stammhaus- oder nach dem Holding-Konzept, vgl. Kapitel D.I.3.[40]

---

[36] Dennoch ist für die Abgrenzung der wirtschaftlich europäischen gegenüber der nationalen Konzernunternehmung weiterhin auf die Kriterien der Inter- oder Multinationalität abzustellen.

[37] Vgl. Hahn, D.: Planungs- und Kontrollrechnung - PuK, 3. Auflage, Wiesbaden 1985, S. 542.

[38] Bleicher/Hahn, Sp. 904.

[39] Vgl. Bleicher/Hahn, Sp. 903 f.

[40] Vgl. zur Konzernorganisation nach dem Holding-Konzept ausführlich nochmals Everling, Holdinggesellschaft S. 2550-2554.

Die *strategische Führungskräfteplanung* befaßt sich mit der strategisch ausgerichteten "Planung von Personalbedarf, -einsatz, -entwicklung und ggf. -freisetzung"[41], v.a. bezüglich der Führungskräfte in der Konzernunternehmung.[42] [43]

Bei der *Planung der Rechtsstruktur* einer Konzernunternehmung wird einerseits das Mittel der Beherrschung (Eingliederung, Vertrags- oder faktischer Konzern, vgl. Kapitel D.I.3.) und andererseits die Rechtsform der einzelnen Konzernunternehmen festgelegt.[44]

Die SE als zusätzliche supranationale Rechtsform ist somit insbesondere bei der strategischen Festlegung der Rechtsformen der einzelnen Konzernunternehmen in einem europäischen Konzern von Bedeutung. Die Vorteile, die sich für eine europäische Konzernunternehmung durch den Einsatz der SE als Rechtsform der einzelnen Konzernunternehmen ergeben können, lassen sich allgemein aus den verschiedenen *Zielen*, die mit der Schaffung einer SE verbunden sind, sowie aus der Beurteilung, ob diese Ziele durch die Schaffung einer SE nach der SE-VO erreicht werden können, herleiten.[45]

Die Schaffung einer SE soll v.a. dazu beitragen, die nationalen rechtlichen Grenzen, die auch im EG-Binnenmarkt zunächst weiterbestehen werden, zu beseitigen. Die Aufgabe der *einheitlichen* supranationalen europäischen Rechtsform der SE besteht somit darin, einem gemeinsamen Markt ohne rechtliche Grenzen näher zu kommen. Die Einheitlichkeit der Rechtsform einer SE wird durch die vielen Verweisungen der SE-VO auf das nationale Recht des Sitzstaats der SE allerdings stark eingeschränkt. Insofern bestehen die nationalen Grenzen auch beim Einsatz einer SE als Rechtsform für die einzelnen Konzernunternehmen eines wirtschaftlich europäischen Konzerns weiter.

Zusätzlich zum Abbau der nationalen rechtlichen Grenzen sollen mit der Schaffung einer SE die psychologischen Schwierigkeiten beseitigt werden, die sich z.B. bei einer EG-weiten Konzentration dadurch ergeben können, daß sich ein rechtlich nationales Unternehmen einem anderen Unternehmen fremden nationalen Rechts unterordnet. Ein Unternehmen in der Rechtsform einer SE kann dagegen stets als von nationalem Recht grundsätzlich unabhängiges, einheitliches europäisches Unternehmen angesehen werden. Psychologische Widerstände gegen grenzüberschreitende europäische Konzentrationen können

---

[41] Bleicher/Hahn, Sp. 909.

[42] Vgl. Bleicher/Hahn, Sp. 909.

[43] Vgl. zu den einzelnen Teilaufgaben der Personalplanung allgemein Gaugler, E.: Personalplanung, in Szyperski, N. (Hrsg.), Handwörterbuch der Planung, Stuttgart 1989, Sp. 1352-1359.

[44] Vgl. Bleicher/Hahn, Sp. 906 f.

[45] Vgl. zu den mit der Schaffung einer SE nach der SE-VO verbundenen Zielen und der Erreichung dieser grundlegend Kapitel B.III. und bezüglich der einzelnen Regelungen der SE-VO ausführlich Kapitel C.

durch den Einsatz einer SE als Rechtsform also vermieden oder zumindest gemildert werden. Auch der Abbau der psychologischen Schwierigkeiten und Widerstände basiert allerdings insbesondere auf der Einheitlichkeit der Rechtsform einer SE, die aber durch die vielfältigen Verweisungen der SE-VO auf nationales Recht des SE-Sitzstaats stark eingeschränkt wird, s.o.

Mit dem Einsatz von SEs als Tochterunternehmen können folglich keine bedeutenden Vorteile gegenüber nationalen Rechtsformen erzielt werden, da gerade für SEs als Tochterunternehmen in besonderer Weise auf die Einheitlichkeit der Rechtsform einer SE abgestellt wird, vgl. Kapitel B.III.

Im folgenden soll daher ausschließlich auf die Einsatzmöglichkeiten von SEs als *Mutterunternehmen* von wirtschaftlich europäischen Konzernen einschließlich Teilkonzernen eingegangen werden. Für die Beurteilung der Vorteilhaftigkeit der SE als Rechtsform des Mutterunternehmens eines wirtschaftlich europäischen Konzerns ist insbesondere von den vom übergeordneten Ziel der Schaffung einer einheitlichen supranationalen europäischen Rechtsform abgeleiteten Zielsetzungen der Niederlassungsfreiheit und der Freizügigkeit sowie der Zusammenfassung von Produktionsfaktoren auszugehen.

Bezüglich der Einschätzung, ob die abgeleiteten Ziele einer SE als Mutterunternehmen eines wirtschaftlich europäischen Konzerns erreicht werden können, ist auf die konkreten Ziele abzustellen, die mit der Schaffung einer SE verwirklicht werden sollen und die von den abgeleiteten Zielen wiederum abgeleitet werden. Diese konkreten Ziele bestehen in diesem Zusammenhang in der generellen Anerkennung der Rechtsform einer SE, in der uneingeschränkten Möglichkeit der Sitzverlegung und in der Bildung übergeordneter Holdingstrukturen im gesamten Binnenmarkt. Da die Rechtsform einer SE diese Ziele grundsätzlich vollständig und uneingeschränkt erfüllt, eignet sie sich in besonderer Weise zur Führung von wirtschaftlich europäischen Konzernunternehmungen als Mutterunternehmen.

Die Rechtsform der SE[46] ermöglicht der Konzernspitze und insofern der gesamten Konzernunternehmung dieselbe Freizügigkeit und Niederlassungsfreiheit sowie dieselbe Möglichkeit der Zusammenführung von Produktionsfaktoren im Binnenmarkt, wie dies nationale Rechtsformen der Konzernspitze im nationalen Markt ermöglichen.[47] [48] Zudem kann durch die Festlegung der SE als

---

[46] Auf die i.d.R. durch Staatsvertrag begründeten, internationalen Gesellschaften, wie z.B. die Bank für Internationalen Zahlungsausgleich oder die Eurofima, auf die bereits in Kapitel B.I. hingewiesen wurde, soll in diesem Zusammenhang nicht weiter eingegangen werden, da sie nicht allgemein als Rechtsform, sondern nur in dem durch den jeweiligen Staatsvertrag begründeten speziellen Fall einsetzbar sind.

[47] Vgl. zu dieser Wertung der Rechtsform einer SE grundsätzlich Kapitel B.III. und ausführlich Kapitel C.

Rechtsform des Mutterunternehmens eines wirtschaftlich europäischen Konzerns i.R.d. strategischen Planung der Konzernrechtsstruktur die Einheitlichkeit der *Unternehmensrechtsordnung* und der *Marktrechtsordnung*[49] auch nach der Vollendung des Binnenmarkts am 1.1.1993 aufrecht erhalten werden.

Dagegen wird diese Einheitlichkeit der Unternehmens- und der Marktrechtsordnung durch die Vollendung des EG-Binnenmarkts aufgehoben, sofern die wirtschaftlich europäische Konzernunternehmung nach wie vor durch ein Mutterunternehmen an der Konzernspitze geleitet wird, das sich einer Rechtsform nationalen Rechts bedient.

Die wirtschaftliche[50] Abgrenzung einer europäischen Konzernunternehmung nach dem Umfang der Auslandsaktivitäten im EG-Binnenmarkt ist daher um eine weitere, rein *rechtliche* Abgrenzung zu ergänzen. Danach betätigen sich auch *rechtlich europäische* Konzernunternehmungen wirtschaftlich überwiegend im EG-Binnenmarkt. Zusätzlich muß ihre Konzernspitze von einem Mutterunternehmen, das sich einer supranationalen europäischen Rechtsform bedient, geleitet werden. Der Grund für diese zusätzliche, rein rechtliche Abgrenzung besteht darin, daß nur dann, wenn eine europäische Konzernunternehmung auch rechtlich europäisch ausgerichtet ist, die Unternehmens- und die Marktrechtsordnung im Binnenmarkt (wieder) übereinstimmen.

Durch die Schaffung einer SE, z.B. als Rechtsform für Mutterunternehmen einer rechtlich und wirtschaftlich europäischen Konzernunternehmung, kann die bereits in Kapitel A. angesprochene *Lücke* zwischen der wirtschaftlichen Realität des EG-Binnenmarkts (Marktgrenzen) einerseits und den vorhandenen rechtlichen Gegebenheiten (nationale rechtliche Grenzen) andererseits zumindest bei den Rechtsformen wieder geschlossen werden.

Im folgenden soll bei der konkreten Prüfung der Einsatzmöglichkeiten der Rechtsform einer SE stets von einer wirtschaftlich europäischen (Teil-) Konzernunternehmung ausgegangen werden, die durch den Einsatz einer SE auch *rechtlich* europäisch ausgerichtet werden soll. Die Grundlage hierfür bilden zwei real existierende Beispiele, vgl. dazu die Kapitel D.III. und D.IV.

---

[48] *Harms* spricht davon, daß durch die SE "ein Maximalprogramm für die EWG (und damit; A.d.V.) ... fast schon das letzte Ideal des Organisationsrechts auf Erden" verwirklicht werden könnte. Harms, S. 607.

[49] Vgl. zu den Begriffen der Unternehmens- und der Marktrechtsordnung nur Lutter, M.: Empfehlen sich für die Zusammenfassung europäischer Unternehmen neben oder statt der europäischen Handelsgesellschaft und der internationalen Fusion weitere Möglichkeiten der Gestaltung auf dem Gebiete des Gesellschaftsrechts?, in: Ständige Deputation des Deutschen Juristentages (Hrsg.), Verhandlungen des 48. Deutschen Juristentages in Mainz 1970, Bd. I (Gutachten), Teil H, München 1970, S. H 78.

[50] So auch Harms bezüglich inter- und multinationalen Einheitsunternehmen, der davon spricht, daß "inter- und multinational Attribute des Unternehmens, also der Wirtschaftseinheit

III. Die Zusammenführung von Unternehmungen und Konzernunternehmungen zu einer europäischen Konzernunternehmung durch die Errichtung einer Societas Europaea als Holdinggesellschaft

Die Einsatzmöglichkeiten der Rechtsform einer SE bei der Zusammenführung von ganzen Unternehmungen oder Konzernen zu einer wirtschaftlich und auch rechtlich europäischen Konzernunternehmung sollen anhand des zwischen 1972 und 1982 bestehenden Unternehmensverbundes zwischen der Hoesch Aktiengesellschaft, Dortmund (kurz Hoesch AG), und der Koninklijke Nederlandsche Hoogovens en Staalfabrieken Naamloze Vennootschap[51], IJmuiden (kurz Hoogovens NV), dargestellt werden. Dieser Unternehmensverbund stellte einen Versuch dar, auch ohne ein supranationales europäisches Gesellschaftsrecht und damit ohne eine supranationale europäische Rechtsform eine wirtschaftlich europäische oder zumindest binationale Konzernunternehmung zu errichten. Der Versuch scheiterte 1982 endgültig, so daß der Unternehmensverbund noch im selben Jahr aufgelöst wurde.

1. Der gescheiterte europäische Zusammenschluß von Hoesch und Hoogovens

a) Gründe für die Errichtung des europäischen Unternehmensverbundes

Für die Errichtung eines europäischen Unternehmensverbundes zwischen der Hoesch AG und der Hoogovens NV waren im wesentlichen fünf Gründe ausschlaggebend, die auch als Ziele des Unternehmenszusammenschlusses angesehen werden können:

Erstens sollten die Investitionen beider Unternehmen aufeinander abgestimmt werden, um Doppelinvestitionen vermeiden, Investitionsschwerpunkte besser bilden und um bestehende und neue Kapazitäten durch beide Unternehmen insgesamt besser ausnutzen zu können.[52] [53]

(hier des Konzerns; A.d.V.), und nicht der Rechtsform", hier v.a. der des Mutterunternehmens (Konzernspitze) sind. Harms, S. 606.

[51] Unter einer Naamlozen Vennootschap ist eine Aktiengesellschaft nationalen niederländischen Rechts zu verstehen.

[52] Vgl. Hoesch Aktiengesellschaft: Geschäftsbericht 1970/71, Dortmund 1972, S. 21.

[53] Vgl. hierzu auch Hoesch Aktiengesellschaft: Geschäftsbericht 1969/70, Dortmund 1971, S. 22.

Zweitens sollten die Forschungs- und Entwicklungsarbeiten besser koordiniert werden, um die hierbei entstehenden Aufwendungen besser auszunutzen.[54]

Drittens wurden durch die Zusammenführung der beiden Unternehmungen erhebliche Rationalisierungserfolge erwartet, da dadurch die Produktprogramme bereinigt und ausgetauscht, die bestehenden und neuen Produktionsanlagen stärker spezialisiert und die Warenströme neu geordnet werden könnten.[55]

Viertens wurde erwartet, daß sich beide Unternehmungen langfristig nur durch einen Zusammenschluß und die damit verbundene Schaffung neuer Größenordnungen aufgrund des zunehmenden nationalen und v.a. internationalen Wettbewerbs auf den Stahlmärkten behaupten könnten.[56] Als Beispiel wurde hierbei von der Hoesch AG die Stärkung der Position durch einen gemeinsamen Einkauf genannt.[57]

Fünftens erhofften sich die Unternehmensleitungen durch den Unternehmenszusammenschluß die Standorte der beiden Unternehmen zu optimieren und die Vorteile gegenseitig nutzen zu können, da sich die Standorte grundsätzlich voneinander unterschieden. Hoogovens NV erhoffte sich, den deutschen Binnenmarkt vom Standort der Hoesch AG in Dortmund leichter erschließen zu können, während die Hoesch AG von der Küstenlage der Hoogovens NV beim Stahlexport profitieren wollte.[58] [59]

Die grundlegende *Voraussetzung* für die Erreichung der oben genannten Ziele des Zusammenschlusses der Hoesch AG und der Hoogovens NV wurde darin gesehen, daß "die Unternehmensgrenzen fallen"[60], beide Unternehmen also grenzüberschreitend zu einer *Einheit verwachsen* müssen.

b) Durchführung und Funktionsweise des europäischen Unternehmensverbundes

Um die oben genannte Voraussetzung zu erfüllen und damit auch die Ziele des Unternehmenszusammenschlusses zwischen der Hoesch AG und der Hoogo-

---

[54] Vgl. Hoesch Aktiengesellschaft, Geschäftsbericht 1970/71, S. 21.

[55] Vgl. Hoesch Aktiengesellschaft, Geschäftsbericht 1970/71, S. 21.

[56] Vgl. Hoesch Aktiengesellschaft, Geschäftsbericht 1969/70, S. 22.

[57] Vgl. Hoesch Aktiengesellschaft, Geschäftsbericht 1970/71, S. 21.

[58] Vgl. ähnlich Hoesch Aktiengesellschaft, Geschäftsbericht 1969/70, S. 22, sowie Hoesch Aktiengesellschaft, Geschäftsbericht 1970/71, S. 21.

[59] Vgl. zu den Gründen für die Errichtung des europäischen Unternehmensverbundes zwischen der Hoesch AG und der Hoogovens NV insbesondere auch Hoesch Aktiengesellschaft/Koninklijke Nederlandsche Hoogovens en Staalfabrieken Naamloze Vennootschap: Hoesch/Hoogovens, Bericht über den Zusammenschluß, Dortmund 1972, S. 5, 7.

vens NV erreichen zu können, wurde der Unternehmensverbund folgendermaßen durchgeführt[61]:

Die Hoesch AG gründete 1972 die Hoesch Werke Aktiengesellschaft (kurz Hoesch Werke AG) und übertrug dieser ihr gesamtes Vermögen. Von der Hoogovens NV wurde ebenfalls eine Tochtergesellschaft, die Hoogovens IJmuiden Beslotenen Vennootschap met beperkte Aansprakelijkheid[62] (kurz Hoogovens BV), gegründet, auf die die Hoogovens NV ihr gesamtes Vermögen mit Ausnahme der Beteiligung an der Hoesch AG in Höhe von 14,5 vH übertrug. Sowohl die Hoesch AG als auch die Hoogovens NV blieben als reine Holdinggesellschaften bestehen, die ausschließlich jeweils 100 vH der Anteile an den sog. *Arbeitsgesellschaften*, der Hoesch Werke AG und der Hoogovens BV, behielten; die Hoogovens NV zusätzlich ihre Anteile an der Hoesch AG.[63]

Weiterhin erfolgte 1972 die Gründung der Estel Naamloze Vennootschap (kurz Estel NV) als *Zentralgesellschaft*, in die die Hoesch AG ihre Anteile an der Hoesch Werke AG und die Hoogovens NV ihre Anteile an der Hoogovens BV gegen Gewährung von jeweils 50 vH der Anteile an der Estel NV einbrachten.[64] Dadurch sollte u.a. die paritätische Partnerschaft zwischen dem Konzern der Hoesch AG und dem der Hoogovens NV gesichert werden, da keine der beiden Holdinggesellschaften einen beherrschenden Einfluß auf die Estel NV ausüben konnte.[65] Darüber hinaus hatte die Estel NV mit der Hoesch Werke AG einen Beherrschungsvertrag und mit der Hoogovens BV einen diesem entsprechenden Vertrag abgeschlossen.[66]

Die nach diesen Umstrukturierungen und Neugründungen entstehende sog. *statutarische Organisationsstruktur*[67] des europäischen Unternehmenszusammenschlusses ist in Abbildung 14[68] auf Seite 183 graphisch dargestellt.

---

[60] Hoesch Aktiengesellschaft, Geschäftsbericht 1970/71, S. 21.

[61] Vgl. dazu stets auch Abbildung 14 auf Seite 183.

[62] Unter einer Beslotenen Vennootschap met beperkte Aansprakelijkheid (BV) ist eine niederländische Gesellschaft mit beschränkter Haftung zu verstehen. Vgl. zur Abgrenzung gegenüber einer Naamlozen Vennootschap nur Bühner, R.: Rechtsform und Organisationsstruktur, in: Macharzina, K./Welge, M.K. (Hrsg.), Handwörterbuch Export und Internationale Unternehmung, Stuttgart 1989, Sp. 1851.

[63] Vgl. hierzu Hoesch Aktiengesellschaft: Geschäftsbericht 1971/72, Dortmund 1973, S. XV.

[64] Vgl. Estel Naamloze Vennootschap: Geschäftsbericht 1972, Nimwegen 1973, S. 6.

[65] Vgl. ähnlich Hoesch Aktiengesellschaft, Geschäftsbericht 1971/72, S. XVII.

[66] Vgl. Hoesch Aktiengesellschaft: Geschäftsbericht 1981, Dortmund 1982, S. 5.

[67] Die *statutarische Gestaltung* hat v.a. die Aufgabe, die "Rechtsform des Entscheidungszentrums und die Ausgestaltung der rechtlichen und kapitalmäßigen Bindung der Teileinheiten an die Zentraleinheit und" zwischen den Teileinheiten zu bestimmen. Albrecht, K.-H.: Die Organisationsstruktur multinationaler Unternehmungen, in: Der Betrieb, 23. Jg. 1970, S. 2085. Vgl. auch Tilly, H.: Die Aufbauorganisation der multinationalen Unternehmung - Zur Gestaltung der

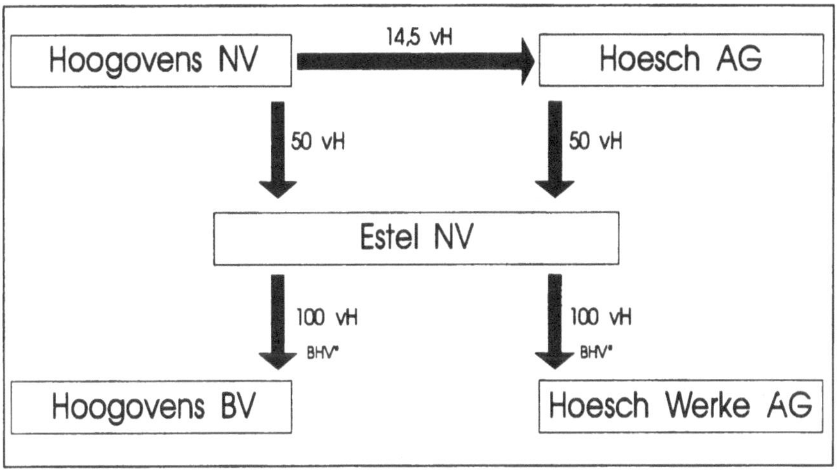

* BHV = Beherrschungsvertrag

Abb. 14: Statutarische Organisationsstruktur des Unternehmenszusammenschlusses zwischen der Hoesch AG und der Hoogovens NV

Die Estel NV als zentrale Führungsgesellschaft des gesamten Unternehmensverbundes stellte damit selbst wiederum eine (Zwischen-) Holdinggesellschaft dar, die die Arbeitsgesellschaften der Hoesch Werke AG und der Hoogovens BV als Einheit führen sollte. Die rechtliche Struktur und die unterschiedliche nationale Personal- und Sozialpolitik beider Arbeitsgesellschaften wurde dennoch beibehalten.[69]

Aus der Grundaufgabe der einheitlichen Führung des Unternehmensverbundes wurden für die Estel NV drei von dieser zu erfüllende *zentrale Aufgaben* abgeleitet:

- Festlegung der grundsätzlichen Geschäftspolitik bei der Ausarbeitung der Strategie des Unternehmensverbundes,
- Bestimmung der Gesamtentwicklung aller Gesellschaften, die zum Konzern

Teilsysteme von Organisation und Führung, Diss. Freiburg i.Br., S. 119 f. Die *statutarische Organisationsstruktur* stellt folglich die Rechtsform der einzelnen Konzernunternehmen sowie die kapitalmäßigen und sonstigen rechtlichen Beziehungen, z.B. vertraglicher Art, zwischen den einzelnen Konzernunternehmen dar. Sie beinhaltet letztendlich "den rechtlichen Aufbau des Gesamtsystems." Albrecht, S. 2085.

[68] Vgl. ähnlich Hoesch Aktiengesellschaft/Koninklijke Nederlandsche Hoogovens en Staalfabrieken Naamloze Vennootschap, S. 22.

[69] Vgl. Estel Naamloze Vennootschap, Geschäftsbericht 1972, S. 17.

der Estel NV und damit zum Unternehmensverbund gehören und
- Koordination der Tätigkeiten der Arbeitsgesellschaften, der Hoesch Werke AG und der Hoogovens BV.[70]

Die einheitliche Leitung des Unternehmensverbundes sollte durch die Estel NV erfolgen und *dreifach abgesichert* werden. *Erstens* durch die nicht nur auf vertraglicher Basis sondern institutionell, in Form einer rechtlich selbständigen Gesellschaft (Estel NV), bestehenden Führung.[71] *Zweitens* durch die in der Estel NV und den Arbeitsgesellschaften bestehende weitgehende Personalunion der Vorstände und der Aufsichtsräte, und *drittens* im organisatorischen Aufbau der Führung der Estel NV und damit des gesamten Unternehmensverbundes. Hierfür wurden vier funktionale Vorstandsbereiche, vier diese unterstützende Komitees und eine allgemeine Stabsabteilung auf Vorstandsebene gebildet. Weiterhin wurden drei Koordinationsgruppen und ein Sonderbereich für den Handel unterhalb der Vorstandsebene geschaffen[72], vgl. Abbildung 15.

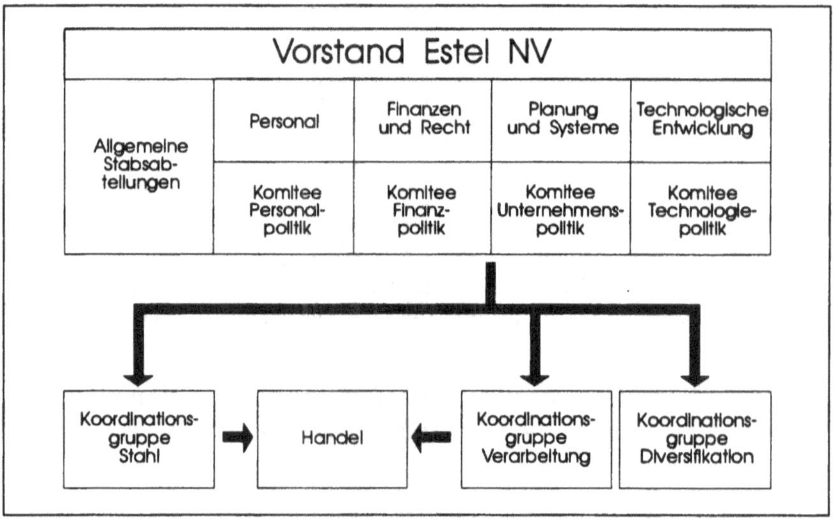

Abb. 15: Organisatorischer Aufbau der Führung der Estel NV für die zentrale Leitung des Unternehmensverbundes

[70] Vgl. Estel Naamloze Vennootschap, Geschäftsbericht 1972, S. 17.

[71] Vgl. hierzu auch Abeltshauser, T.E.: Europäische GmbH-Fusion und Unternehmungsverfassung, Frankfurt am Main/Bern 1983, S. 13.

[72] Vgl. Estel Naamloze Vennootschap, Geschäftsbericht 1972, S. 6, 17.

Bei der Lösung der unternehmerischen Mitbestimmungsprobleme im Unternehmensverbund und hierbei v.a. bei der Estel NV, die den Unternehmensverbund einheitlich leitete, einigten sich die deutschen und die niederländischen Unternehmen sowie die Gewerkschaften auf eine Zusammensetzung des Aufsichtsrats der Estel NV[73] mit 33 vH Vertreter der Anteilseigner, 33 vH Vertreter der Arbeitnehmer und 33 vH neutrale Vertreter, jeweils paritätisch aus beiden Ländern besetzt.

Die auf die Hoesch AG und die Hoogovens NV angewendeten Bilanzierungs- und Bewertungsgrundsätze wurden für die Erstellung des Jahres- und des Konzernabschlusses der Estel NV angeglichen, soweit dies aufgrund der zwingenden niederländischen Rechnungslegungsvorschriften möglich war.[74]

c) Gründe für das Scheitern des europäischen Unternehmensverbundes

Als Auslöser für das Scheitern des Unternehmensverbundes zwischen der Hoesch AG und der Hoogovens NV kann die Krise der europäischen Stahlindustrie angesehen werden. Durch diese wurden die Mängel der komplizierten statutarischen Organisationsstruktur (vgl. Kapitel D.III.1.b), Abb. 14) sichtbar, die aufgrund der fehlenden europäischen Rechtsvorschriften des Gesellschaftsrechts derart gestaltet wurde.

Bei der Begründung des Unternehmenszusammenschlusses "glaubte man, diesen Mangel durch entsprechende Gestaltung neutralisieren zu können."[75] "Hoesch und Hoogovens verband (allerdings; A.d.V.) mehr die Hoffnung auf die Zukunft als die (gesellschaftsrechtlichen; A.d.V.) Gestaltungsmöglichkeiten der Gegenwart."[76]

Die gesellschaftsrechtlichen Vorschriften in der EG änderten sich aber auch in der Zeit des Bestehens des Unternehmensverbundes nicht, so daß die zu Beginn gewählte statutarische Organisationsstruktur beibehalten werden mußte, obwohl sich diese als integrationshemmend erwiesen hatte.[77]

Hinzu kam die stärker werdende nationale Orientierung der Stahlpolitik in Europa, die sich auch auf den Unternehmensverbund negativ auswirkte. Die am

---

[73] Vgl. hierzu Hoesch Aktiengesellschaft, Geschäftsbericht 1970/71, S. 20.

[74] Vgl. grundlegend Estel Naamloze Vennootschap, Geschäftsbericht 1972, S. 9 sowie Hoesch Aktiengesellschaft/Koninklijke Nederlandsche Hoogovens en Staalfabrieken Naamloze Vennootschap, S. 25.

[75] Hoesch Aktiengesellschaft, Geschäftsbericht 1981, S. 5.

[76] Hoesch Aktiengesellschaft, Geschäftsbericht 1981, S. 5.

[77] Vgl. Estel Naamloze Vennootschap: Geschäftsbericht 1981, Nimwegen 1982, S. 6.

Unternehmensverbund beteiligten nationalen Unternehmen, die Hoesch AG und insbesondere die Hoogovens NV, neigten eher dazu, vorhandene Besitzstände aufrecht zu erhalten als eine i.S.d. Unternehmensverbundes integrierende Unternehmenspolitik zu betreiben.[78] Daher konnten strategische Entscheidungen, die für den Unternehmensverbund notwendig gewesen wären, wie z.B. die Entscheidung über die Schließung unrentabler Standorte, nicht vorgenommen werden bzw. es wurde hierüber keine Einigung erzielt. Hierzu trugen auch die Beteiligungen[79] des niederländischen Staats in Höhe von 28,5 vH und der Stadt Amsterdam in Höhe von 8,5 vH an der Hoogovens NV bei.[80] Beide Gesellschafter verfügten dadurch zumindest über eine Sperrminorität bei der Hoogovens NV und besaßen damit indirekt einen erheblichen Einfluß auf die Estel NV. Auch die Niederlande und Deutschland wollten der Unternehmensverbindung als solcher nicht helfen, so daß ein konzertiertes Vorgehen dieser Staaten, denen im Jahre 1981 von der Estel NV ein Restrukturierungsplan vorgelegt wurde, nicht zustande gekommen ist.[81]

Der im Jahre 1972 von der Hoesch AG und der Hoogovens NV unternommene "Aufbruch nach Europa"[82] wurde durch das Scheitern des Unternehmensverbundes letztlich wieder auf seinen "nationalen Ausgangspunkt zurückgedrängt"[83], "nicht zuletzt deshalb, weil in Europa (keine gesellschaftsrechtlichen; A.d.V.) Normen .. bereitgestellt worden sind, die große Unternehmen zu gemeinsamem Handeln benötigen."[84] [85]

2. Einsatzmöglichkeiten der Rechtsform einer Societas Europaea als Holdinggesellschaft zur Herstellung einer wirtschaftlich und rechtlich europäischen Konzernunternehmung

Den Anknüpfungspunkt für die Einsatzmöglichkeiten der Rechtsform einer SE bildet die komplizierte statutarische Organisationsstruktur des gescheiterten Unternehmensverbundes zwischen der Hoesch AG und der Hoogovens NV.

---

[78] Hoesch Aktiengesellschaft, Geschäftsbericht 1981, S. 5.

[79] Vgl. Hoesch Aktiengesellschaft/Koninklijke Nederlandsche Hoogovens en Staalfabrieken Naamloze Vennootschap, S. 9.

[80] Die Beteiligungsprozentsätze sind entnommen aus Hoesch Aktiengesellschaft/Koninklijke Nederlandsche Hoogovens en Staalfabrieken Naamloze Vennootschap, S. 9.

[81] Vgl. Estel Naamloze Vennootschap: Geschäftsbericht 1981, S. 6 f.

[82] Hoesch Aktiengesellschaft, Geschäftsbericht 1981, S. 5.

[83] Estel Naamloze Vennootschap, Geschäftsbericht 1981, S. 6.

[84] Hoesch Aktiengesellschaft, Geschäftsbericht 1981, S. 5.

[85] Vgl. zum bestehenden Bedarf einer supranationalen Rechtsform der SE gerade z.B. wegen

Diese sollte die Voraussetzungen dafür schaffen, daß die nationalen Unternehmen zu einer Einheit zusammenwachsen und die Leitung der Estel NV den Unternehmensverbund einheitlich und zentral führen kann.

In Kapitel D.III.1.c) wurde allerdings aufgezeigt, daß der Unternehmensverbund nicht zu einer Einheit zusammengeschmolzen ist und die Estel NV den Unternehmensverbund als (Zwischen-) Holdinggesellschaft weder einheitlich noch letztlich zentral leitete. Dadurch konnte die Unzulänglichkeit der Hilfskonstruktion, die aufgrund einer fehlenden supranationalen europäischen Rechtsform getroffen wurde, deutlich gemacht werden.

Im folgenden sollen daher zwei Lösungsvorschläge unterbreitet werden, die darstellen, wie die Rechtsform einer SE für den Unternehmensverbund zwischen der Hoesch AG und der Hoogovens NV hätte genutzt werden können, wenn diese damals zur Verfügung gestanden hätte. Auf die Vorteile dieser Lösungsvorschläge gegenüber der tatsächlichen Konstruktion des gescheiterten Unternehmensverbundes wird in Kapitel D.III.3. für beide Lösungsvorschläge gemeinsam eingegangen.

a) Lösungsvorschlag I

Zur Durchführung des Lösungsvorschlags I gründen die Hoesch AG und die Hoogovens NV für die Errichtung einer rechtlich und wirtschaftlich europäischen Konzernunternehmung eine SE als gemeinsame, übergeordnete *Holdinggesellschaft* nach Art. 2 Abs. 1a i.V.m. Art. 31, 31a SE-VO (Hoesch-Hoogovens SE). Dadurch hält die Holdinggesellschaft, die Hoesch-Hoogovens-SE, mindestens 51 vH der Anteile an der Hoesch AG und der Hoogovens NV, die folglich als kontrollierte Unternehmen von der Holding-SE wirtschaftlich abhängig sind. Die einheitliche Leitung wird im Konzern somit durch die Holding-SE ausgeübt. Außerdem werden dadurch mindestens die Mehrheit der ursprünglichen Anteilseigner der Hoesch AG und der Hoogovens NV zu solchen der Hoesch-Hoogovens SE, so daß diese Anteilseigner beim Lösungsvorschlag I an der Gesellschaft, die die einheitliche Leitung im Konzern ausübt, direkt beteiligt sind.[86] Die durch die Umstrukturierungsmaßnahmen entstehende statutarische Organisationsstruktur stellt Abbildung 16 auf Seite 188 dar.

---

des gescheiterten Unternehmensverbundes zwischen der Hoogovens NV und der Hoesch AG auch Ebenroth/Wilken, S. 1015; Großfeld, Unternehmensrecht, S. 75-77.

[86] Beim tatsächlichen Unternehmensverbund zwischen der Hoesch AG und der Hoogovens NV waren die Anteilseigner dagegen nicht an der (Zwischen-) Holdinggesellschaft beteiligt, die die einheitliche Leitung ausüben sollte (Estel NV), sondern an den beiden nationalen (Ober-) Holdinggesellschaften (Hoesch AG und Hoogovens NV).

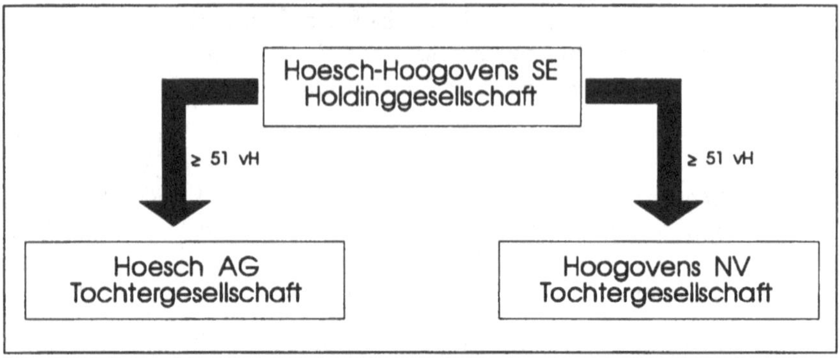

Abb. 16: Statutarische Organisationsstruktur des Unternehmensverbundes zwischen der Hoesch AG und der Hoogovens NV bei der Errichtung einer SE als gemeinsame Holdinggesellschaft

b) Lösungsvorschlag II

Nach dem Lösungsvorschlag II werden zunächst, entsprechend der tatsächlichen Gestaltung des Unternehmensverbundes zwischen der Hoesch AG und der Hoogovens NV, die Hoesch Werke AG und die Hoogovens BV gegründet, auf die jeweils das gesamte Aktiv- und Passivvermögen der Hoesch AG und der Hoogovens NV übergeht. Die SE wird dann im Wege der *Verschmelzung* der Hoesch AG und der Hoogovens NV durch Neugründung nach Art. 2 Abs. 1 i.V.m. Art. 17-30a SE-VO errichtet (Hoesch-Hoogovens SE).[87]

Die Anteilseigner der untergehenden Hoesch AG und der untergehenden Hoogovens NV werden dadurch vollständig zu solchen der Hoesch-Hoogovens SE, die jeweils 100 vH der Anteile an der Hoesch Werke AG und der Hoogovens BV hält. Auch bei dieser statutarischen Organisationsstruktur des Unternehmensverbundes zwischen der Hoesch AG und der Hoogovens NV, die graphisch in Abbildung 17 auf Seite 189 dargestellt ist, wird die Hoesch-Hoogovens SE zur Holdinggesellschaft, die die Hoesch Werke AG und die Hoogovens BV kontrolliert und v.a. einheitlich leitet. Um die einheitliche Leitung durch die SE zu bekräftigen, kann zwischen der SE und der Hoesch Werke AG einerseits sowie der SE und der Hoogovens BV andererseits jeweils ein Beherrschungsvertrag abgeschlossen werden.[88]

---

[87] Auf die mögliche Gestaltung des Unternehmensverbundes durch Verschmelzung der Hoesch AG und der Hoogovens NV zu einer rechtlichen und wirtschaftlichen Einheitsunternehmung in der Rechtsform einer SE soll hier nicht eingegangen werden, da die *Konzernstruktur* generell beibehalten werden soll.

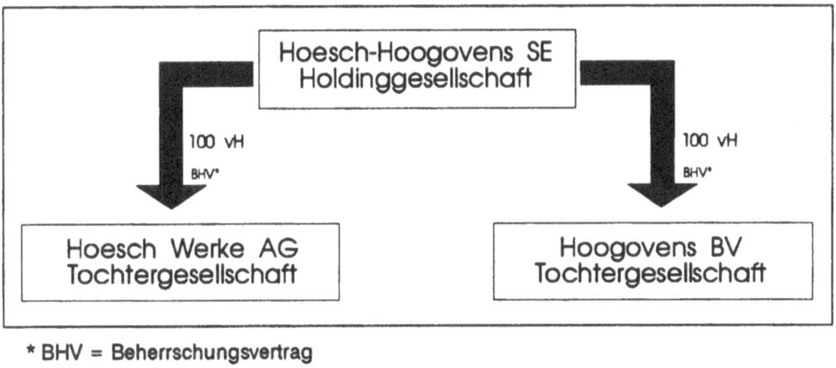

Abb. 17: Statutarische Organisationsstruktur des Unternehmensverbundes zwischen der Hoesch AG und der Hoogovens NV bei der Errichtung einer SE als Holdinggesellschaft im Wege der Fusion

3. Vorteile des Einsatzes der Rechtsform einer Societas Europaea bei der Errichtung einer europäischen Konzernunternehmung

Der grundlegende Unterschied der Lösungsvorschläge I und II gegenüber der tatsächlichen Konstruktion des gescheiterten Unternehmensverbundes besteht darin, daß die ursprünglichen Anteilseigner der Hoesch AG und der Hoogovens NV zumindest mehrheitlich (Lösungsvorschlag I) oder vollständig (Lösungsvorschlag II) an der Hoesch-Hoogovens SE unmittelbar beteiligt sind.[89] Dadurch sind zumindest die Mehrheit dieser Anteilseigner an *der* Gesellschaft (Hoesch-Hoogovens SE) direkt beteiligt, die den gesamten Unternehmensverbund einheitlich führen soll. Diese Lösung ist nach nationalem Gesellschaftsrecht nicht möglich, da weder die Errichtung einer übergeordneten Holdinggesellschaft durch einen Mehrheitsbeschluß der Hauptversammlungen der sich dadurch unterordnenden Gesellschaften noch eine grenzüberschreitende internationale Verschmelzung zulässig sind.[90]

---

[88] Vgl. zur Zulässigkeit internationaler Unternehmensverträge grundlegend Emmerich/ Sonnenschein, S. 149-152, sowie auch Lutter, Zusammenfassung europäischer Unternehmen, S. H 41-H 44 und H 48 f.

[89] Der (mögliche) Unterschied zwischen den beiden Lösungsvorschlägen besteht also nur in der Beteiligungshöhe der ursprünglichen Anteilseigner der Hoesch AG und der Hoogovens NV an der Hoesch-Hoogovens SE.

[90] Die Errichtung einer übergeordneten Holdinggesellschaft kann bisher nur durch einen

Die Bildung *nationaler Interessenblöcke* in der Führung der Hoesch-Hoogovens SE, die sich und damit den gesamten Unternehmensverbund gegenseitig behinderten, wird im Gegensatz zur Estel NV stark erschwert, da die Anteilseigner sowie die Führung der Hoesch-Hoogovens SE nur am Erfolg des gesamten Unternehmensverbundes interessiert sein können, unabhängig davon, in welchem Staat dieser erzielt wird. Die Lösungsvorschläge I und II stellen also sicher, daß der Unternehmensverbund ausschließlich durch die übergeordnete Holding-SE zusammengefaßt und damit dessen Einheitlichkeit rechtlich institutionell abgesichert wird.

Der Einsatz der Rechtsform einer SE als Holdinggesellschaft dieses wirtschaftlich und damit auch rechtlich europäischen Konzerns, durch den die Übereinstimmung der Markt- und der Unternehmensrechtsordnung wieder hergestellt wird, kann somit als Grundlage zur *Sicherung* der *einheitlichen Leitung* angesehen werden.

Die Anteile des niederländischen Staats einschließlich derjenigen der Stadt Amsterdam reichen zudem selbst bei einer ausschließlichen Beteiligung an der Hoesch-Hoogovens SE für eine Sperrminorität bei dieser nicht mehr aus. Die ursprünglich an der Hoogovens NV bestehende Beteiligung halbiert sich bei einer ausschließlichen Beteiligung an der Hoesch-Hoogovens SE auf einen Wert von unter 25 vH. Hierbei wird von der Annahme ausgegangen, daß die Anteile der Hoesch AG und die der Hoogovens NV gegen solche der SE gleichgewichtig und in gleichem Umfang umgetauscht werden.[91]

Beim gescheiterten Unternehmensverbund zwischen der Hoesch AG und der Hoogovens NV sollte die einheitliche Leitung durch die Errichtung einer (Zwischen-) Holdinggesellschaft verwirklicht werden. Im Ergebnis beabsichtigte man damit, eine europäische Holdinggesellschaft entsprechend den hier dargestellten Lösungsvorschlägen I und II zu errichten. Die einheitliche Leitung des gesamten Unternehmensverbundes konnte aufgrund der fehlenden supranationalen Rechtsform einer SE aber nicht erreicht werden, da die Lösungsvorschläge I und II in ihrer rechtlichen und wirtschaftlichen Wirkung (unmittelbare Beteiligung der Anteilseigner an der den Unternehmensverbund führenden Gesellschaft) durch die Hilfskonstruktion nicht entsprechend verwirklicht werden konnten. Die dreifache Absicherung der einheitlichen Leitung bei der Estel NV war im gescheiterten Unternehmensverbund letztlich also nicht ausreichend.

---

individuellen, nicht auf einem Hauptversammlungsbeschluß beruhenden Umtausch der Aktien der Holdinggesellschaft gegen Aktien der sich unterordnenden Gesellschaft verwirklicht werden. Vgl. hierzu nur Lutter, Zusammenfassung europäischer Unternehmen, S. H 71 f.

[91] Dieser Annahme liegt die Vorgehensweise bei der Gründung der Estel NV zugrunde, bei der die Hoesch AG und die Hoogovens NV jeweils 50 vH der Anteile an der Estel NV gegen Gewährung der Anteile an der Hoesch Werke AG bzw. der Hoogovens BV erhalten haben, vgl. Kapitel D.III.1.b).

Sofern der Sitzstaat der zu errichtenden Hoesch-Hoogovens SE kein bestimmtes Modell der unternehmerischen *Mitbestimmung* vorschreibt, kann eines der drei auf die SE anwendbaren Mitbestimmungsmodelle von den Arbeitnehmern und der Leitung der Hoesch AG und der Hoogovens NV durch Verhandlungen nach Art. 3 Abs. 1-2 AN-RL festgelegt werden.[92] Ändern sich die wirtschaftlichen Verhältnisse im Unternehmensverbund derart, daß sowohl die Unternehmensleitung als auch die Arbeitnehmer der Hoesch-Hoogovens SE der Auffassung sind, daß das bestehende Mitbestimmungsmodell zu ändern ist, so kann dies ebenfalls durch Verhandlungen nach Art. 3 Abs. 3 i.V.m. Art. 3 Abs. 1-2 AN-RL mit dem Ergebnis der Festlegung eines anderen Mitbestimmungsmodells erfolgen. Die Hoesch-Hoogovens SE, die grundsätzlich unabhängig vom nationalen Recht ihres Sitzstaats ist, besitzt somit bei der Festlegung des Modells der unternehmerischen Mitbestimmung gegebenenfalls wesentlich mehr Flexibilität als eine Rechtsform nationalen Rechts.

Auch bei der *Rechnungslegung* besitzt die Hoesch-Hoogovens SE gegenüber der Estel NV eine größere Flexibilität. Die Rechnungslegung der SE richtet sich für den Einzel- und den Konzernabschluß grundsätzlich nur nach den Vorschriften der 4. und 7. EG-RL, deren Wahlrechte nach den Bedürfnissen der SE unabhängig vom nationalen Recht ihres Sitzstaats ausgeübt werden können. Die Hoesch-Hoogovens SE ist folglich nur für die in der 4. und 7. EG-RL nicht geregelten Sachverhalte vom nationalen Recht ihres jeweiligen Sitzstaats abhängig.[93]

IV. Die Zusammenführung von kooperierenden Unternehmungen und Konzernunternehmungen zu einer europäischen Teilkonzernunternehmung durch die Errichtung einer Societas Europaea

Die Einsatzmöglichkeiten der Rechtsform einer SE bei der Zusammenführung von kooperierenden Unternehmungen oder Konzernen zu einer wirtschaftlich und rechtlich europäischen *Teil*konzernunternehmung sollen anhand der

---

[92] Vgl. zu den Modellen der Mitbestimmung der Arbeitnehmer einer SE nach der AN-RL und zum Verfahren der Auswahl von diesen grundlegend die Kapitel C.X.1. und C.X.2.

[93] Auf die Probleme der Unterschiedlichkeit und der nur bedingt möglichen Anpassungsfähigkeit der niederländischen und der deutschen Rechnungslegungsvorschriften wurde bereits im Bericht über den Zusammenschluß der Hoesch AG und der Hoogovens NV aufmerksam gemacht, da z.B. das niederländische Recht eine Bewertung im Jahresabschluß zu Wiederbeschaffungspreisen vorsieht, während das deutsche Recht dem Anschaffungswertprinzip folgt. Vgl. Hoesch Aktiengesellschaft/Koninklijke Nederlandsche Hoogovens en Staalfabrieken Naamloze Vennootschap, S. 23-25.

europäischen Airbus-Kooperation dargestellt werden. Auf die generelle Einbeziehung von wirtschaftlich europäischen Kooperationen in Form von Teilkonzernen bei der Prüfung der Einsatzmöglichkeiten von SEs wurde bereits in Kapitel D.I.1. i.R.d. nicht immer exakt möglichen Abgrenzung von Kooperationen und Konzernen aufmerksam gemacht.

Teilkonzerne sind insbesondere dadurch gekennzeichnet (s.o.), daß sie für sich alleine betrachtet eine Konzernunternehmung darstellen, an der andere Unternehmungen und/oder Konzernunternehmungen nur zusammen mehrheitlich beteiligt sind. Die einzelnen Beteiligungen an der Teilkonzernunternehmung reichen, jede für sich betrachtet, somit nicht aus, um den die Kooperation ausführenden Teilkonzern zu beherrschen.

1. Die europäische Airbus-Kooperation

Die Airbus-Kooperation "entwickelt, produziert und vermarktet ... leistungsfähige und technisch fortschrittliche Flugzeuge"[94] auf europäischer Ebene. Das Ziel der Airbus-Kooperation besteht u.a. darin, "langfristig ... ein Drittel des Weltmarktes (an zivilen Transport- und Verkehrsflugzeugen; A.d.V.) durch das Angebot eines vollständigen Familienprogramms"[95] zu bedienen.

Die Airbus-Kooperation setzt sich unmittelbar aus fünf Unternehmungen und/oder Konzernunternehmungen, die in vier verschiedenen EG-Staaten ansässig sind, zusammen. Für die Entwicklung und die Produktion der Airbus-Flugzeuge sind die Deutsche Airbus GmbH, Hamburg (kurz Deutsche Airbus), die Aérospatiale Société Nationale Industrielle (SNI)[96], Paris (kurz Aérospatiale), die British Aerospace Public Limited Company (PLC)[97], London (kurz British Aerospace), und die Construcciones Aeronauticas Sociedad Anónima[98], Madrid (kurz CASA), im Verhältnis von 37,9 : 37,9 : 20 : 4,2 zuständig.[99] An der Deutschen Airbus ist die Messerschmitt-Bölkow-Blohm GmbH, München (kurz

---

[94] Messerschmidt-Bölkow-Blohm Gesellschaft mit beschränkter Haftung: Geschäftsbericht 1986, München 1987, S. 29.

[95] Messerschmidt-Bölkow-Blohm Gesellschaft mit beschränkter Haftung: Geschäftsbericht 1988, München 1989, S. 29.

[96] Eine Société Nationale Industrielle ist eine Gesellschaft nationalen französischen Rechts, die sich in Staatseigentum befindet.

[97] Unter einer Public Limited Company ist eine nationale englische Aktiengesellschaft zu verstehen.

[98] Eine Sociedad Anónima ist eine Aktiengesellschaft nationalen spanischen Rechts.

[99] Vgl. hierzu u.a. o.V.: Airbus Industrie (Stichwort), in: Der Knaur, Universallexikon in 15 Bänden, Bd. 1, München 1990, S. 114.

MBB), mit 80 vH, an der MBB ist die Deutsche Aerospace Aktiengesellschaft, München (kurz DASA), mit 82,4 vH und an der DASA ist die Daimler-Benz Aktiengesellschaft, Stuttgart (kurz Daimler-Benz), mit 83 vH beteiligt. Die MBB ist darüber hinaus an der CASA mit 3,6 vH beteiligt.[100]

Der Vertrieb der Airbus-Flugzeuge erfolgt gemeinsam über die Airbus Industrie Groupement d'intérêt économique[101], Toulouse (kurz Airbus Industrie GIE), die eine reine Vertriebsgesellschaft darstellt. An der Airbus Industrie GIE sind die Deutsche Airbus mit 37,9 vH, die Aérospatiale mit ebenfalls 37,9 vH, die British Aerospace mit 20 vH und die CASA mit 4,2 vH beteiligt.[102] Die Beteiligungsquoten der Deutschen Airbus, der Aérospatiale, der British Aerospace und der CASA an der Airbus Industrie GIE stimmen folglich mit den Anteilen dieser vier Unternehmungen/Konzernunternehmungen an der Produktion und der Entwicklung der Airbus-Flugzeuge überein. Die statutarische Organisationsstruktur der Airbus-Kooperation ist in Abbildung 18 graphisch dargestellt.

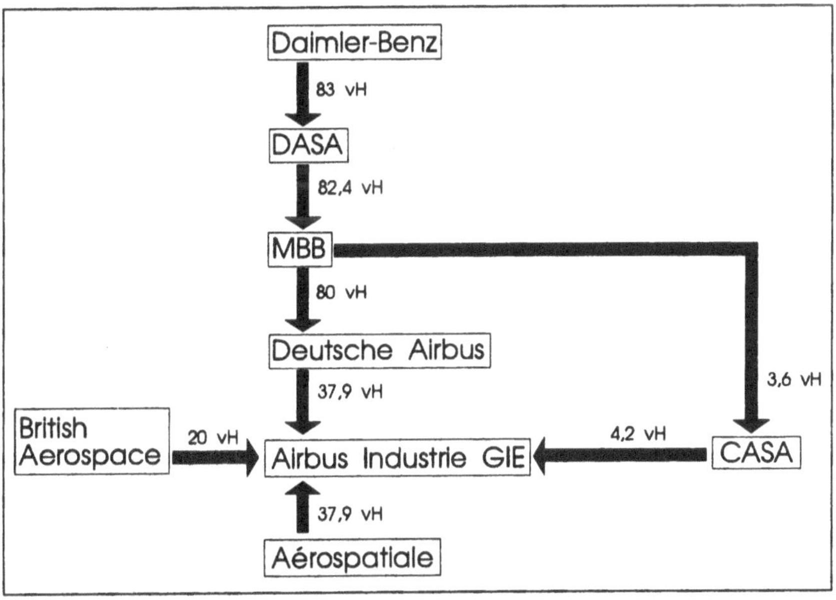

Abb. 18: Statutarische Organisationsstruktur der Airbus-Kooperation

[100] Vgl. zu den Beteiligungsverhältnissen im deutschen Teil der Airbus-Kooperation (Stand 1.1.1992): Daimler Benz Aktiengesellschaft: Das Geschäftsjahr 1991, Stuttgart 1992, S. 107; Deutsche Aerospace Aktiengesellschaft: Das Geschäftsjahr 1991, München 1992, S. 44; Messerschmidt-Bölkow-Blohm Gesellschaft mit beschränkter Haftung: Das Geschäftsjahr 1991, München 1992, S. 24; o.V., Airbus Industrie, S. 114.

[101] Die Groupement d'intérêt économique (GIE) stellt eine besondere Rechtsform des französischen nationalen Rechts für Unternehmenskooperationen dar, die einerseits juristische

Die Airbus-Kooperation stellt in ihrer gegenwärtigen statutarischen Organisationsstruktur keine Teilkonzernunternehmung dar, weshalb auch keine einheitliche Leitung der Kooperation vorliegt. Der Entscheidungsprozeß insbesondere bezüglich der strategischen Entscheidungen i.R.d. Airbus-Kooperation, wie z.B. die Entwicklung und die Produktion eines neuen Flugzeugtyps oder Fragen der Standortverlegung, -erweiterung und -schließung, vollzieht sich daher ausschließlich durch die Aushandlung von Kompromissen zwischen den an der Airbus-Kooperation beteiligten Unternehmungen. Die Kompromisse müssen regelmäßig einstimmig erzielt werden.

Sowohl die Geschäftsverteilung bei der Entwicklung und der Produktion neuer Flugzeugtypen als auch die Anpassungen in den einzelnen Produktionsstandorten bei einem Beschluß, einen bestimmten Flugzeugtyp nicht mehr herzustellen, müssen von den einzelnen an der Airbus-Kooperation beteiligten Unternehmen entsprechend ihrem Anteil an der Kooperation (s.o.) getragen werden.

2. Einsatzmöglichkeiten der Rechtsform einer Societas Europaea zur Umstrukturierung der Airbus-Kooperation in eine rechtlich und wirtschaftlich europäische Teilkonzernunternehmung

Die Einsatzmöglichkeiten der Rechtsform einer Societas Europaea bestehen für europäische Kooperationen, wie z.B. die Airbus-Kooperation, insbesondere in der Möglichkeit, die Kooperation zu einer wirtschaftlich und insbesondere auch rechtlich europäischen Teilkonzernunternehmung weiter zu entwickeln. Im folgenden soll daher nur hierauf eingegangen werden.

Die Umstrukturierung der Airbus-Kooperation in eine europäische Teilkonzernunternehmung könnte folgendermaßen vorgenommen werden:

Erstens müssen die Entwicklung und die Produktion der Airbus-Flugzeuge bei allen an der Kooperation beteiligten Unternehmen in rechtlich selbständige Unternehmen ausgegliedert werden, was durch die Deutsche Airbus für den deutschen Anteil an der Kooperation bereits geschehen ist. Diese Unternehmen müssen in der Rechtsform der Aktiengesellschaft oder der Gesellschaft mit beschränkter Haftung, jeweils nationalen Rechts, geführt werden, da nur dann

---

Person ist, bei der andererseits aber die Gesellschafter für die Verbindlichkeiten der GIE gesamtschuldnerisch haften. Vgl. hierzu den Überblick über die Rechtsform der Groupement d'intérêt économique (GIE) bei Meyer-Landrut, S. 1 f.

[102] Vgl. zu den Beteiligungsverhältnissen an der Airbus Industrie GIE: Deutsche Aerospace Aktiengesellschaft: Das Geschäftsjahr 1990, München 1991, S. 44; o.V., Airbus Industrie, S. 114.

die im folgenden noch zu beschreibenden Maßnahmen durchgeführt werden können. Das entstehende französische Airbus-Unternehmen, das hier als Airbus France bezeichnet werden soll, muß also entweder in der Rechtsform der Société Anonyme oder der Société à Responsabilité Limitée, das entstehende britische Airbus-Unternehmen, das hier als British Airbus bezeichnet werden soll, in der Rechtsform der Public Limited Company oder der Private Limited Company und das entstehende spanische Airbus-Unternehmen, das hier als Airbus España bezeichnet werden soll, in der Rechtsform der Sociedad Anónima oder der Sociedad de Responsabilidad Limitada geführt werden.[103]

Zweitens errichten diese rechtlich selbständigen Airbus-Unternehmen nach Art. 2 Abs. 1a i.V.m. Art. 31, 31a SE-VO eine SE als grenzüberschreitende übergeordnete Holdinggesellschaft. Dadurch kontrolliert diese gemeinsame Holding-SE, die hier als *Airbus Industrie SE* bezeichnet werden soll, *die* Airbus-Unternehmen, die die Airbus-Flugzeuge entwickeln und herstellen.

Die Airbus Industrie SE hält durch die dargestellten Umstrukturierungen zwischen 51 vH und 100 vH der Anteile an den einzelnen Airbus-Unternehmen. Die bisherigen Anteilseigner der Airbus-Unternehmen, die MBB[104], die Aérospatiale, die British Aerospace und die CASA werden demgegenüber zu Anteilseignern der Airbus Industrie SE, an der diese zusammen zwischen 51 vH und 100 vH der Anteile halten. Die rechtlich selbständigen Airbus-Unternehmen bleiben (Deutsche Airbus) oder werden (Airbus France, British Airbus, Airbus España) zu Anteilseignern der Airbus Industrie GIE, die nach wie vor die Vertriebsgesellschaft der Airbus-Flugzeuge darstellt.

Die Weiterentwicklung der europäischen Airbus-Kooperation zu einer wirtschaftlich und insbesondere auch rechtlich europäischen Teilkonzernunternehmung durch die oben beschriebenen Umstrukturierungsmaßnahmen führt zu der in Abbildung 19 auf Seite 195 dargestellten statutarischen Organisationsstruktur. Hierbei wird von der *Annahme* ausgegangen, daß die bisherigen Anteile der Airbus-Unternehmen an der Airbus-Kooperation auch die Wertverhältnisse der Airbus-Unternehmen untereinander darstellen und daß die bisherigen Anteilseigner der Airbus-Unternehmen die Anteile an diesen Unternehmen vollständig gegen Anteile der Airbus Industrie SE eintauschen. Dadurch werden die bisherigen Anteilseigner der Airbus-Unternehmen an der Airbus Industrie SE im Verhältnis der bisherigen Anteile an der Airbus-Kooperation beteiligt,

---

[103] Vgl. zu den hier aufgeführten Rechtsformen französischen, englischen und spanischen nationalen Rechts, die Aktiengesellschaften oder Gesellschaften mit beschränkter Haftung nationalen deutschen Rechts entsprechen, nur Bühner, Sp. 1849-1851.

[104] Auf die Berücksichtigung der weiteren Beteiligungen an der Deutschen Airbus, die neben der Beteiligung der MBB bestehen, soll hier verzichtet werden, da sich hieraus keine grundsätzlich andere statutarische Organisationsstruktur ergibt.

während die Airbus Industrie SE 100 vH der Anteile an den einzelnen nationalen Airbus-Unternehmen hält.

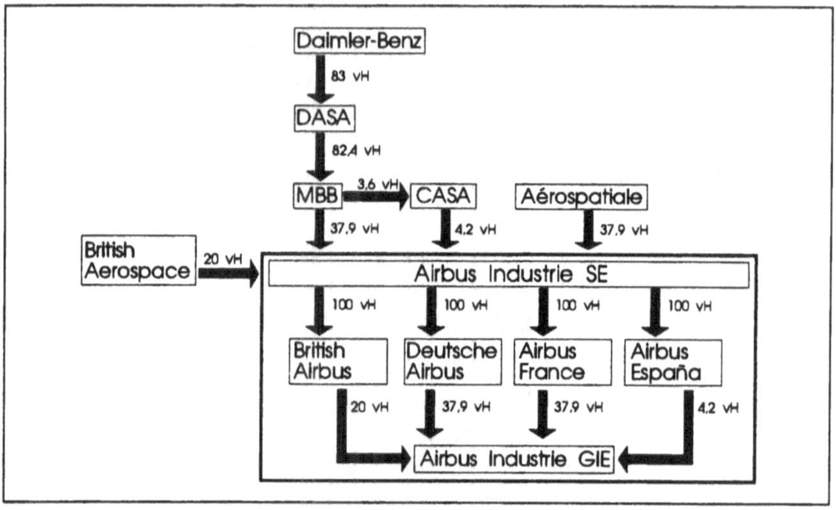

Abb. 19: Statutarische Organisationsstruktur der Airbus-Kooperation als wirtschaftlich und rechtlich europäische Teilkonzernunternehmung

3. *Vorteile und Probleme des Einsatzes der Rechtsform einer Societas Europaea bei der Weiterentwicklung der europäischen Airbus-Kooperation zu einer europäischen Teilkonzernunternehmung*

Durch die Weiterentwicklung der europäischen Airbus-Kooperation zu einer wirtschaftlich und rechtlich europäischen Teilkonzernunternehmung hält die Airbus Industrie SE zumindest die Mehrheit der Anteile an den Airbus-Unternehmen. Die Airbus-Unternehmen werden folglich von der Airbus Industrie SE beherrscht, so daß diese den Teilkonzern *einheitlich leiten* kann. Der Airbus-Teilkonzern besteht insgesamt aus der Airbus Industrie SE, den nationalen Airbus-Unternehmen sowie der Airbus Industrie GIE als Vertriebsgesellschaft.

Strategische Entscheidungen werden im Airbus-Teilkonzern grundsätzlich von der Leitung der Airbus Industrie SE getroffen, es sei denn, ihre Hauptversammlung muß nach der SE-VO oder dem ergänzend anzuwendenden nationalen

Recht des SE-Sitzstaats diese Entscheidungen treffen.[105] Dadurch wird die wirtschaftliche Unabhängigkeit der gesamten Airbus-Kooperation gestärkt, was gegenüber der bisher bestehenden Situation zu wesentlichen Vorteilen führen kann.

Kompromisse zwischen den verschiedenen nationalen Partnern der Airbus-Kooperation (MBB, Aérospatiale, British Aerospace, CASA) müssen nur noch erzielt werden, wenn die Hauptversammlung der Airbus Industrie SE über bestimmte strategische Entscheidungen zu befinden hat. Selbst in diesem Fall werden in der Hauptversammlung aber stets (eventuell wechselnde) Mehrheiten vorhanden sein. Eine Pattsituation kann in der Hauptversammlung also ebensowenig eintreten, wie es erforderlich ist, daß dort Einstimmigkeit erzielt wird.[106] Für alle anderen Entscheidungen, was als Regelfall angesehen werden kann, muß sich die Leitung der SE dagegen grundsätzlich nur an den wirtschaftlichen Notwendigkeiten ausrichten. Insbesondere in Krisensituationen können dadurch die wirtschaftlich richtigen Entscheidungen getroffen werden, da auf nationale Besitzstände weniger oder überhaupt keine Rücksicht genommen zu werden braucht.

Die Umsetzung von Entscheidungen über die zukünftige *Geschäftsverteilung* bei der Erweiterung, der Schließung oder der Verlegung von Produktionsstandorten, der Entwicklung und der Produktion eines neuen Flugzeugtyps sowie der Einstellung der Produktion von anderen Flugzeugtypen ist zudem nicht mehr von einem starren Verhältnis zwischen den Airbus-Unternehmen abhängig. Insofern kann durch die Errichtung der Airbus Industrie SE als gemeinsame Holdinggesellschaft eine wesentlich größere wirtschaftliche Flexibilität erreicht werden.

Weiterhin wird durch die Umstrukturierung der Airbus-Kooperation zu einem europäischen Teilkonzern mit einer SE an der Teilkonzernspitze die *europäische Identität* der gesamten Airbus-Kooperation gestärkt. Die Rechtsform der SE ermöglicht als Aktiengesellschaft zudem den Gang an die europäischen Börsen, wodurch Liquiditäts- und/oder Kapitalengpässe vermindert werden können.[107]

---

[105] Vgl. zu den Zuständigkeiten der Hauptversammlung einer SE mit Sitz in Deutschland nach der SE-VO Kapitel C.IV.2. und nach dem ergänzend anzuwendenden nationalen deutschen Aktienrecht, sofern die Airbus Industrie SE in Deutschland ansässig und deutsches Aktienrecht anzuwenden (vgl. dazu Kapital C.IV.2.) ist, Semler, F.-J.: § 34 Zuständigkeit der Hauptversammlung, in: Hoffmann-Becking, M. (Hrsg.), Münchener Handbuch des Gesellschaftsrechts, Bd. 4 Aktiengesellschaft, München 1988, S. 327-339.

[106] Darüber hinaus verfügen nach den in Kapitel D.IV.2. getroffenen Annahmen nur die MBB und die Aérospatiale über eine Sperrminorität in der Hauptversammlung der Airbus Industrie SE, während die British Aerospace und die CASA zusammen nur 24,4 vH der Anteile an dieser Gesellschaft halten.

[107] Sofern die (stimmberechtigenden) Beteiligungsquoten der nationalen Airbus-Kooperationspartner, wie z.B. der MBB oder der CASA, an der Airbus Industrie SE nicht verändert werden

Die hohen Entwicklungskosten von neuen Airbus-Flugzeugen könnten dadurch ebenfalls besser finanziert werden.

Die Weiterentwicklung der Airbus-Kooperation zu einer Teilkonzernunternehmung vereinfacht darüber hinaus die Aufnahme, den Wechsel oder das Ausscheiden von *Kooperationspartnern* erheblich. Diese Vorgänge wirken sich ausschließlich auf die Kapitalbeteiligungen an der Airbus Industrie SE aus, berühren den Teilkonzern als solchen aber grundsätzlich nicht.

Durch die Errichtung der Airbus Industrie SE als übergeordnete Holdinggesellschaft der Airbus-Kooperation wird die dadurch entstehende Teilkonzernunternehmung auch *rechtlich* europäisch ausgerichtet. Dadurch stehen zumindest der Teilkonzernspitze (Airbus Industrie SE) keine nationalen rechtlichen Grenzen im EG-Binnenmarkt entgegen. Die Teilkonzernspitze kann sich daher im Binnenmarkt grundsätzlich ebenso frei von rechtlichen Beschränkungen entfalten wie eine (Teil-) Konzernspitze nationalen Rechts im nationalen Markt. Hierzu gehört z.B. die Möglichkeit der grenzüberschreitenden Sitzverlegung der Airbus Industrie SE aus wirtschaftlichen oder rechtlichen Gründen im gesamten Binnenmarkt.

Die oben dargestellten Vorteile der Weiterentwicklung der Airbus-Kooperation zu einem europäischen Teilkonzern, die insbesondere aus dem Einsatz der SE als Rechtsform der Teilkonzernspitze resultieren, die den Konzern einheitlich führt, können allerdings nur dann erreicht werden, wenn die nationalen Partner der Airbus-Kooperation sowie die EG-Staaten, in denen diese Unternehmen ansässig sind, zu *Kompetenzverlusten* bereit sind. Die Kompetenzverluste ergeben sich einerseits daraus, daß die einzelnen Airbus-Kooperationspartner nicht mehr ein bestimmtes Airbus-Unternehmen beherrschen, sondern nur noch an der gesamten Airbus-Kooperation über die Anteile an der Airbus Industrie SE beteiligt sind.[108] So beherrscht z.B. die MBB die Deutsche Airbus nicht mehr, sondern besitzt nur noch eine Sperrminorität in Höhe von 37,9 vH an der Airbus Industrie SE. Andererseits resultieren die Kompetenzverluste daraus, daß die staatlichen finanziellen Vorleistungen der EG-Staaten, die an die in den jeweiligen EG-Staaten ansässigen Airbus-Kooperationspartner bisher geleistet worden sind, zur Entwicklung und Produktion von Airbus-Flugzeugen in Airbus-Unternehmen eingesetzt werden können, die in anderen EG-Staaten ansässig sind.

---

sollen, ermöglicht Art. 52 Abs. 2 SE-VO unter der Einhaltung der dort genannten Voraussetzungen die Ausgabe von sog. stimmrechtslosen Vorzugsaktien. Vgl. hierzu Kapitel C.III.2. sowie zum Begriff und den Möglichkeiten der Ausgestaltung von Vorteilen der Vorzugsaktien gegenüber den nach Art. 53 Abs. 1 SE-VO üblichen Namens- oder Inhaberaktien allgemein Perridon/Steiner, S. 209 f.

[108] Dieser Kompetenzverlust ergibt sich für die EG-Staaten, die an den Airbus-Kooperationspartnern beteiligt sind, wie z.B. Frankreich an der Aérospatiale, analog.

E. Schlußbetrachtung und Ausblick

Durch die Vollendung des EG-Binnenmarkts zum 31.12.1992 entsteht im Bereich der Rechtsformen von Unternehmungen eine *Lücke* zwischen dem einheitlichen europäischen Markt ohne rechtliche und wirtschaftliche Grenzen einerseits und den v.a. rechtlich auf die nationalen Hoheitsgebiete beschränkten Rechtsformen andererseits (vgl. Kapitel A.II.).[1] Um ein abschließendes Urteil darüber abgeben zu können, ob die zu schaffende supranationale europäische Rechtsform der Societas Europaea diese Lücke zu schließen vermag, sind die wichtigsten Ergebnisse ihrer in der vorliegenden Arbeit in Kapitel C. vorgenommenen Analyse im Hinblick auf die mit ihr verbundenen Ziele (vgl. Kapitel B.III.) zusammenzufassen:

Die aus der Niederlassungsfreiheit und der Freizügigkeit sowie der Zusammenführung von Produktionsfaktoren im Binnenmarkt abgeleiteten konkreten Ziele, die uneingeschränkte Anerkennung in allen EG-Staaten, die uneingeschränkte Möglichkeit der grenzüberschreitenden Sitzverlegung im EG-Binnenmarkt, die internationale Verschmelzung von Unternehmungen sowie die Errichtung grenzüberschreitender übergeordneter Holdingstrukturen, können durch die Rechtsform der SE für Unternehmungen im EG-Binnenmarkt grundsätzlich *vollständig erreicht* werden. *Probleme* und damit verbundene Einschränkungen des Zielerreichungsgrades können für die SE nur im steuerlichen Bereich sowie im Bereich der unternehmerischen Mitbestimmung der Arbeitnehmer bei grenzüberschreitenden Sitzverlegungen auftreten. Diese werden aber als lösbar angesehen, vgl. Kapitel C.VIII.1.a)bb) und C.X.4.

Dagegen sind diejenigen konkreten Ziele, die insbesondere auf die *Einheitlichkeit* der *Rechtsform* einer SE im gesamten Binnenmarkt abstellen, die Erleichterung der Gründung von einheitlichen Tochtergesellschaften und die Gründung

---

[1] Unverständlich insoweit die neueren Ausführungen des zuständigen EG-Kommissars Bangemann, der sich gegenüber der Frankfurter Allgemeinen Zeitung dahingehend geäußert hat, daß sich der EG-Binnenmarkt als Raum ohne Binnengrenzen auch ohne eine SE verwirklichen lasse, obwohl die Schaffung der Rechtsform einer SE im Weißbuch der EG-Kommission aufgeführt wurde und damit zu den für den Binnenmarkt konstitutiven Elementen gehört. Vgl. zu den Äußerungen Bangemanns nur o.V.: Noch viele Hürden bis zum schrankenlosen Binnenmarkt, in: Frankfurter Allgemeine Zeitung, Nr. 4, vom 6.1.1992, S. 9.

von gemeinsamen Tochtergesellschaften, aufgrund der vielen und umfassenden Verweisungen auf das nationale Recht der Sitzstaaten von SEs nahezu *unerreicht*, vgl. Kapitel C.II.5. und D.II.[2] Die Rechtsform der SE nach der SE-VO wird daher vielfach kritisiert und u.a. nur noch als "Torso"[3] bzw. Gerippe[4] einer eigenständigen, einheitlichen supranationalen Europäischen Aktiengesellschaft oder als "nationale (Aktien-; A.d.V.) Gesellschaft europäischen Zuschnitts"[5] bezeichnet. Sie wird zudem als "den nationalen Aktiengesellschaften in ihrem jeweiligen Sitzland ähnlicher als ihrem ursprünglichen Ausgangspunkt"[6] bzw. ihrem übergreifenden Ziel, der Schaffung einer einheitlichen europäischen Rechtsform, angesehen. *Lutter* spricht sogar davon, daß "in Wirklichkeit ... nicht eine ... sondern 12 oder 24 oder 48 verschiedene SEs (vorgeschlagen worden sind, die nur; A.d.V.) zu einem Teil gleichen gesetzlichen Regeln unterliegen"[7].[8]

Die Verweisungen der SE-VO auf das für nationale Aktiengesellschaften geltende Recht (SE-Sitzstaatsrecht)[9] sind insbesondere aber eine Reaktion der EG-Kommission auf die zwischen den einzelnen EG-Mitgliedstaaten (derzeit noch) bestehenden, in erheblichem Umfang divergierenden Rechtsauffassungen, um die *Akzeptanz* und damit die Realisierungschancen der Rechtsform einer SE zu erhöhen.[10] [11] Die EG-Mitgliedstaaten, die sich einerseits nach wie vor darum bemühen, die SE als möglichst einheitliche Rechtsform zu schaffen - u.a. um dadurch eine Flucht von inländischen Unternehmungen in andere EG-Staaten zu verhindern -, sind andererseits aber nicht dazu bereit, auf bestehende/

[2] Allerdings könnte durch eine extensive Rechtsprechung des EuGH, der letztendlich den Umfang und damit die Reichweite der SE-VO bestimmt, die Einheitlichkeit der Rechtsform einer SE erhöht werden. Der EuGH würde dadurch zum eigentlichen Gesetzgeber bezüglich sitzstaatsunabhängiger einheitlicher SE-Vorschriften werden. Vgl. zu dieser sehr interessanten Möglichkeit, die einen neuen Aspekt in der Diskussion um die fehlende Einheitlichkeit der Rechtsform einer SE darstellt, ausschließlich Lutter, Perspektiven, S. 446.

[3] Lutter, Aktiengesellschaft, S. 414.

[4] Rasner, S. 325.

[5] Weitnauer, S. 173.

[6] Hauschka, Entwurf, S. 149.

[7] Lutter, Aktiengesellschaft, S. 420, im Original teilweise kursiv.

[8] Vgl. dazu zuletzt auch Rasner, der in verschiedenen Sitzstaaten ansässige SEs sogar als *nicht vergleichbar* ansieht. Vgl. Rasner, S. 319.

[9] Vgl. dazu zuletzt Hauschka, der davon spricht, daß die EG-Kommission 1991 bezüglich der SE-VO "von der ursprünglichen Intention, eine von nationalem Recht unabhängige, nur den Rechtsvorschriften der EG unterstellte, eigenständige Rechtsform zu schaffen ... weiter abgegangen" ist. Hauschka, Entwurf, S. 147.

[10] Dadurch "hat die Nationalisierung des Statuts der SE (allerdings 1991; A.d.V.) einen neuen Höhepunkt erreicht". Hauschka, Entwurf, S. 149.

[11] So waren insbesondere die Vorschläge über das Statut einer SE von 1970 und 1975 noch weitaus umfangreicher und stellten ein nahezu in sich geschlossenes Aktienrecht auf supranationaler europäischer Ebene dar. Diese Vorschläge waren politisch jedoch nicht durchsetzbar. Vgl. hierzu zuletzt Hauschka, Entwurf, S. 149.

fehlende nationale Regelungen zu verzichten/einzuführen. Der *nationalstaatliche Protektionismus* dominiert also nach wie vor den zur Einheitlichkeit der SE führenden Kompromißwillen.[12]

Die *Nutzungsmöglichkeiten* der Rechtsform einer SE beziehen sich aufgrund der fehlenden Einheitlichkeit v.a. auf Mutterunternehmen von europäischen (Teil-) Konzernen. Diese können sich durch eine SE auch *rechtlich europäisch* konstituieren, wodurch die Unternehmens- und die Marktrechtsordnung im EG-Binnenmarkt (wieder) übereinstimmt, vgl. hierzu und zu den dadurch möglichen Vorteilen Kapitel D.II. bis D.IV.

Folglich kann die *Lücke* bei den Rechtsformen durch die SE, insbesondere als Rechtsform von Mutterunternehmen europäischer Konzerne, grundsätzlich geschlossen werden, obwohl sie von ihrem übergeordneten Ziel, der Schaffung einer *einheitlichen* europäischen Rechtsform noch weit entfernt ist (vgl. Kapitel C.II.5.).[13]

Die SE-VO sollte daher nach ihrer Verabschiedung durch den EG-Ministerrat[14] zusammen mit der fortschreitenden Integration der EG-Staaten derart weiterentwickelt werden, daß die Einheitlichkeit der Rechtsform erhöht und die Verweisungen auf nationales Recht dadurch vermindert werden.[15] Die Verabschiedung der SE-VO kann somit erst als *Ausgangspunkt* zur Schaffung einer *einheitlichen* Europäischen Aktiengesellschaft und damit zur Verwirklichung des letzten Ideals des Organisationsrechts auf EG-Ebene[16] angesehen werden.

Bei der weiteren schrittweisen (*vollständigen*) Vereinheitlichung der Rechtsform einer SE muß stets ein rechtlicher *Dreiklang* beachtet werden, dem die SE derzeit und wohl auch noch in weiterer Zukunft unterliegt.[17] Dieser besteht *erstens* aus den - formell und materiell - einheitlichen Regelungen der SE-VO, *zweitens* aus den - nur funktional gleichwertigen - Regelungen der EG-Richtli-

---

[12] Vgl. hierzu insbesondere Merkt, Aktiengesellschaft, S. 660 f.

[13] Die Idee, die Schaffung der Rechtsform einer SE nicht weiter zu verfolgen und statt dessen sämtlichen Aktiengesellschaften nationalen Rechts zu gestatten sich als SE zu bezeichnen, sofern sie eine bestimmte Anzahl von Mitarbeitern in mindestens zwei EG-Staaten beschäftigen oder statutarisch ein bestimmtes Verhalten in der EG festschreiben, ist daher abzulehnen. Vgl. hierzu nur Rasner, S. 325 f., sowie Frey, K.: Bericht über die Diskussion, in: Zeitschrift für Unternehmens- und Gesellschaftsrecht, 21. Jg. 1992, S. 331 f.

[14] Mit der Verabschiedung der SE-VO ist allerdings nicht vor Anfang/Mitte 1993 zu rechnen. Vgl. hierzu nochmals Kapitel B.I.

[15] Für eine derartige zweistufige Schaffung einer *einheitlichen* supranationalen europäischen Rechtsform der SE auch Hauschka, der diese Hoffnungsstrategie als die "wichtigste Rechtfertigung (ansieht; A.d.V.), sich .. für die baldige Verabschiedung des Statuts der SE einzusetzen." Hauschka, Entwurf, S. 149.

[16] Vgl. zu dieser Einschätzung nur Harms, S. 607.

[17] Vgl. hierzu insbesondere Trojan-Limmer, S. 1013.

nien, auf die die SE-VO entweder direkt[18] oder indirekt[19] verweist und *drittens* aus den nicht-harmonisierten nationalen Rechtsvorschriften, insbesondere für Aktiengesellschaften nationalen Rechts.

Durch die SE-VO müssen v.a. grenzüberschreitende Sachverhalte geregelt werden, wobei die SE-VO diese Forderung bereits in erheblichem Umfang erfüllt.[20] Alle weiteren Sachverhalte können *zunächst* durch nicht-harmonisiertes nationales Recht des jeweiligen SE-Sitzstaats geregelt werden, es sei denn, daß aufgrund der dadurch fehlenden Vergleichbarkeit, Gleichwertigkeit und/oder Einheitlichkeit der Rechtsvorschriften diese zu einem standortbestimmenden Faktor des Sitzes einer SE werden oder zu unannehmbaren Wettbewerbsverzerrungen führen. In diesem Fall sind die nicht-harmonisierten nationalen Rechtsvorschriften zumindest im Wege von EG-Richtlinien anzugleichen, sofern sie nicht durch die SE-VO selbst - einheitlich - geregelt werden. Sofern sich hierüber allerdings zwischen den verschiedenen EG-Staaten keine Übereinstimmung erzielen läßt, besteht noch die Möglichkeit, daß, als Ausfluß des Wettbewerbs der verschiedenen nationalen (Gesellschafts-) Rechtsordnungen, die einzelnen EG-Staaten ihre nationalen Rechtsvorschriften *autonom* angleichen und damit materiell gleichwertig gestalten[21].[22]

Darüber hinaus ist bei der weiteren Vereinheitlichung der Rechtsform einer SE die sorgfältige *Abstimmung* des Zusammenspiels von sekundärem europäischem Gemeinschaftsrecht und - teilweise harmonisiertem - nationalem Recht der einzelnen EG-Staaten stärker als bisher zu beachten. Bestehende und neue Unsicherheiten bei der Rechtsanwendung können dadurch beseitigt und vermieden werden.[23]

Neben der fehlenden Einheitlichkeit der Rechtsform einer SE an sich bereiten insbesondere (grenzüberschreitende) *konzernspezifische Sachverhalte* Probleme, da einerseits die SE-VO hierzu keinerlei Regelungen enthält. Andererseits sind SEs i.d.R. konzernverbunden (vgl. Kapitel C.VII. und D.I.). Um z.B. das Ziel der laufenden Ertragsbesteuerung einer SE (Besteuerung des konsolidierten

---

[18] Bei einer *direkten* Verweisung der SE-VO auf EG-Richtlinien sind die Bestimmungen dieser grundsätzlich unmittelbar für die einzelnen SEs anzuwenden.

[19] Bei einer *indirekten* Verweisung der SE-VO auf EG-Richtlinien sind die Bestimmungen dieser nur in Form des nationalen Transformationsgesetzes des jeweiligen SE-Sitzstaats anzuwenden (harmonisiertes nationales Recht).

[20] Allerdings bestehen hierbei z.B. noch Defizite bezüglich der Frage der steuerneutralen grenzüberschreitenden Sitzverlegung einer SE im EG-Binnenmarkt.

[21] Vgl. hierzu nur Merkt, Aktiengesellschaft, S. 661.

[22] Diese Möglichkeit stellt folglich eine Markt-orientierte Vereinheitlichung der Rechtsform der SE dar (Rechtsvereinheitlichung durch Liberalisierung bzw. durch die Marktkräfte des EG-Binnenmarkts).

[23] Vgl. dazu Trojan-Limmer, S. 1013, sowie v.a. Kapitel B.II.5.c).

Gewinns des Konzerns einer SE) zu erreichen, ist ein Konzept der Binnenmarktbesteuerung für SEs zu erarbeiten und umzusetzen.[24] Darüber hinaus sind auch Vorschläge zur Lösung der materiellen Probleme, die im Bereich der konzerndimensionalen Gewinnermittlung und -verwendung bestehen, zu erarbeiten und umzusetzen.[25] Bei der Weiterentwicklung und Ergänzung der SE-VO sollte daher speziell auch auf (grenzüberschreitende) konzernspezifische Problembereiche eingegangen werden.

Abschließend ist davon auszugehen, daß die SE, "mit welchen rechtlichen Mängeln sie auch immer eines Tages verabschiedet werden möge, im Gegensatz zur EWIV auch ein praktischer Erfolg wird."[26] [27] Hierzu tragen insbesondere auch der Abbau psychologischer Schranken und Hemmnisse und die damit verbundenen Integrations-, Image- und Prestigewirkungen, den EG-Binnenmarkt betreffend, bei, aufgrund der europäischen Dimension der Rechtsform der SE als Element des EG-Binnenmarkts (vgl. Kapitel B.III.).[28]

Aus der Analyse der Rechtsform einer SE kann für die ebenfalls noch zu schaffenden Rechtsformen der Europäischen Genossenschaft, der Europäischen Gesellschaft mit beschränkter Haftung, des Europäischen Vereins und der Europäischen Gegenseitigkeitsgesellschaft (vgl. Kapitel A.II.) die Erkenntnis gewonnen werden, daß die Aufnahme bzw. der Abschluß der Arbeiten an diesen Rechtsformen beschleunigt werden sollten. Der Grund hierfür besteht darin, daß sich durch die fakultative Bereitstellung von supranationalen europäischen Rechtsformen im EG-Binnenmarkt bereits dann erhebliche Vorteile[29] gegenüber der geltenden Rechtslage erzielen lassen, wenn die Einheitlichkeit dieser Rechtsformen durch vielfältige Verweisungen auf das nationale Sitzstaatsrecht der entsprechenden Rechtsformen nationalen Rechts zunächst noch nicht erreicht ist.[30]

---

[24] Eine Vorlage von bereits erarbeiteten Vorschlägen kann in dieser Veröffentlichung aufgrund des begrenzten Umfangs allerdings nicht erfolgen.

[25] Auch eine Vorlage von hierzu bereits erarbeiteten Vorschlägen kann in dieser Veröffentlichung aufgrund des begrenzten Umfangs nicht erfolgen.

[26] Lutter, Perspektiven, S. 447. Lutter begründet diese Auffassung insbesondere mit der Nähe der SE zur Rechtsform der Aktiengesellschaft nationalen Rechts und durch einen großen Werbeerfolg, der mit der Auslobung der SE als *Europäische* Aktiengesellschaft erzielt werden kann. Vgl. hierzu nur Lutter, Perspektiven, S. 447. A.A. zuletzt Mundorf, S. 17.

[27] Die Verabschiedung der SE wird von Raiser darüber hinaus als *gewaltiger Fortschritt* bezeichnet, der insbesondere auch für die Angleichung des Rechts der nationalen Aktiengesellschaften Vorbildcharakter haben wird. Vgl. Raiser, S. 202.

[28] Vgl. hierzu Kallmeyer, S. 105; Langguth, S. 7; Weitnauer, S. 173, sowie zuletzt v.a. Lutter, Perspektiven, S. 447.

[29] Diese bestehen auch für die weiteren supranationalen europäischen Rechtsformen insbesondere in der Überwindung der nationalen rechtlichen Hoheitsgrenzen der einzelnen EG-Mitgliedstaaten.

[30] Ablehnend bezüglich weiterer supranationaler Rechtsformen dagegen Lutter, nach dessen

Aufgrund der nach der SE-VO für die Rechtsform der SE bestehenden erheblichen *Zugangsbeschränkungen* für Unternehmen, die sich bisher nicht der Rechtsform einer Aktiengesellschaft sondern anderer Rechtsformen nationalen Rechts[31] bedienen[32], sollte bei den weiteren supranationalen europäischen Rechtsformen darauf geachtet werden, daß sich auch diese kleineren und mittleren Unternehmen - alleine oder zusammen - der neuen Rechtsformen bedienen können.[33] Zusätzlich sollte überlegt werden, die Möglichkeit der (völligen Neu-) Gründung von supranationalen europäischen Rechtsformen auch natürlichen Personen zu eröffnen.[34]

Auffassung das Projekt der SE "gefördert und abgeschlossen, aber nicht durch Inflation desavouiert werden" sollte. Lutter, Perspektiven, S. 447. Nach seiner Auffassung sollte zuerst die Rechtsform der SE eingeführt und nach Erfahrungen hierbei über die Einführung weiterer supranationaler europäischer Rechtsformen entschieden werden. Vgl. Lutter, Perspektiven, S. 447. Dieser Auffassung muß zugestimmt werden. Sofern der Zeitraum, in dem Erfahrungen mit der Rechtsform einer SE gewonnen werden sollen, nicht all zu lang ist, entspricht die vom Verfasser dargelegte Auffassung zudem derjenigen von Lutter.

[31] Hierzu gehören insbesondere die Gesellschaft mit beschränkter Haftung sowie Personenhandelsgesellschaften, jeweils nationalen Rechts.

[32] Vgl. zu dieser Einschätzung Kapitel C.II.5.

[33] Vgl. dahingehend, daß die Rechtsform der SE nach der SE-VO für kleinere und mittlere Unternehmen keine realisierbare Alternative zu ihrer bisher gewählten Rechtsform darstellt, übereinstimmend z.B. Weitnauer, S. 173; Hommelhoff, SE-Statut, S. 433 f.; Merkt, Aktiengesellschaft, S. 655.

[34] Vgl. zur Forderung bezüglich einer Erweiterung der Gründungsmöglichkeiten einer SE in diesem Sinne nur Kapitel C.II.5.

Literatur

Abeltshauser, T.E.: Der neue Statutvorschlag für eine Europäische Aktiengesellschaft, in: Die Aktiengesellschaft, 35. Jg. 1990, S. 289-297

Abeltshauser, T.E.: Europäische GmbH-Fusion und Unternehmungsverfassung, Frankfurt am Main/Bern 1983

Abeltshauser, T.E.: Grundfragen der Europäischen Aktiengesellschaft, in: Europäisches Wirtschafts- und Steuerrecht, 2. Jg. 1991, S. 58-63

Adler, H./*Düring*, W./*Schmaltz*, K.: Rechnungslegung und Prüfung der Unternehmen, bearbeitet von *Forster*, K.-H. et al., 5. Auflage, Stuttgart 1987, § 255

Albach, H./*Albach*, R.: Das Unternehmen als Institution, Wiesbaden 1989

Albrecht, K.-H.: Die Organisationsstruktur multinationaler Unternehmungen, in: Der Betrieb, 23. Jg. 1970, S. 2085-2089

Albrechtskirchinger, G.: 1993 - Der erweiterte Binnenmarkt, in: Europäische Zeitschrift für Wirtschaftsrecht, 3. Jg. 1992, Heft 12, S. I

Anders, J.: Vorentwurf der EG-Richtlinie über die Harmonisierung der Gewinnermittlungsvorschriften, in: Betriebs-Berater, 44. Jg. 1989, S. 1384-1385

Arbeitsausschuß Unternehmensrecht, vgl. *Gemeinsamer Arbeitsausschuß des Bundesverbandes der Deutschen Industrie* et al., von 1991

Arndt, H.: Wirtschaftliche Macht, Tatsachen und Theorien, 3. Auflage, München 1980

Arndt, H.-W.: Grundzüge des Allgemeinen Steuerrechts, München 1988

Arndt, H.-W./*Rudolf*, W.: Öffentliches Recht, 8. Auflage, München 1991

Baetge, J./*Commandeur*, D.: § 264, in: *Küting*, K./*Weber*, C.-P. (Hrsg.), Handbuch der Rechnungslegung, 3. Auflage, Stuttgart 1990, S. 1101-1123

Baetge, J./*Kirsch*, H.-J.: § 297, in: *Küting*, K./*Weber*, C.-P. (Hrsg.), Handbuch der Konzernrechnungslegung, Stuttgart 1989, S. 879-906

Ballwieser, W.: Sind mit der neuen Generalklausel zur Rechnungslegung auch neue Prüfungspflichten verbunden?, in: Betriebs-Berater, 40. Jg. 1985, S. 1034-1044

Balser, H./*Bockelmann*, G./*Piorreck*, K.F.: Die Aktiengesellschaft, Freiburg i.Br. 1984

Bank-Lexikon, 9. Auflage, Wiesbaden 1983

Bärmann, J.: Einheitliche Gesellschaftsform für die Europäische Wirtschaftsgemeinschaft, in: Archiv für die civilistische Rechtspraxis, Band 160, ohne Jg., 1961, S. 97-134

Barz, C.H.: § 42 AktG, in: Großkommentar zum Aktiengesetz, 3. Auflage, Bd. 1, 1. Halbband, Berlin/New York 1973, S. 307-314

Bauer, F./*Stürner*, R.: Zwangsvollstreckungs-, Konkurs- und Vergleichsrecht, 11. Auflage, Heidelberg 1983

Baumann, K.-H.: § 274, in: *Küting*, K./*Weber*, C.-P. (Hrsg.), Handbuch der Rechnungslegung, 3. Auflage, Stuttgart 1990, S. 1463-1482

Becker, F.: Grundzüge des Öffentlichen Rechts, 3. Auflage, München 1986

Behrens, P.: Das Gesellschaftsrecht im Europäischen Binnenmarkt, in: Europäische Zeitschrift für Wirtschaftsrecht, 1. Jg. 1990, S. 13-17

Behrens, P.: Sind Gesellschaften Niederlassungsberechtigte minderen Rechts?, in: Europäische Zeitschrift für Wirtschaftsrecht, 2. Jg. 1991, Heft 4, S. I

Berg, H.: Außenwirtschaftspolitik, in: Vahlens Kompendium der Wirtschaftstheorie und Wirtschaftspolitik, 3. Auflage, München 1988, Bd. 2, S. 451-493

Bersch, A.: EG-Kommission schlägt europäischen Betriebsrat vor, in: Europäisches Wirtschafts- und Steuerrecht, 2. Jg. 1991, S. 26-28

Beutler, B. et al.: Die Europäische Gemeinschaft - Rechtsordnung und Politik -, 3. Auflage, Baden-Baden 1987

Biener, H.: Auswirkungen der Vierten Richtlinie der EG auf den Informationsgehalt der Rechnungslegung deutscher Unternehmen, in: Betriebswirtschaftliche Forschung und Praxis, 31. Jg. 1979, S. 1-16

Biener, H./*Schatzmann*, J.: Konzern-Rechnungslegung, Düsseldorf 1983

Biergans, E.: Einkommensteuer und Steuerbilanz, 5. Auflage, München/Wien 1990

Binz, M.K./*Freudenberg*, G.: Ist die Rechtsform der Genossenschaft noch zeitgemäß?, in: Der Betrieb, 44. Jg. 1991, S. 2473-2477

Bleckmann, A.: Europarecht, 5. Auflage, Köln et al. 1990

Bleicher, K./*Hahn*, D.: Konzernplanung, in: *Szyperski*, N. (Hrsg.), Handwörterbuch der Planung, Stuttgart 1989, Sp. 898-913

Bleicher, K./*Paul*, H.: Das amerikanische Board-Modell im Vergleich zur deutschen Vorstands-/Aufsichtsratsverfassung, in: Die Betriebswirtschaft, 46. Jg., 1986, S. 263-288

Blohm, H.: Kooperation, in: *Grochla*, E. (Hrsg.), Handwörterbuch der Organisation, 2. Auflage, Stuttgart 1980, Sp. 1112-1117

Born, K.E.: Unternehmen, multinationale, in: *Albers*, W. et al. (Hrsg.), Handwörterbuch der Wirtschaftswissenschaften, Bd. 2, Stuttgart et al. 1980, S. 83-84

Buchanan, J.M.: Die Grenzen der Freiheit - Zwischen Anarchie und Leviathan, Tübingen 1984

Buchner, R.: Der Wirtschaftsprüfer, Herne/Berlin 1985

Buchner, R.: Rechnungslegung und Prüfung der Kapitalgesellschaft, Stuttgart 1990

Buchner, R.: Wirtschaftliches Prüfungswesen, München 1991

Budde, W.D. et al.: Wirtschaftsprüfer-Handbuch 1985/1986, *siehe:* Sinnbilder für Programmablaufpläne

Budde, W.D./*Förschle*, G.: Das Verhältnis des "True and Fair View" zu den Grundsätzen ordnungsmäßiger Buchführung und zu den Einzelrechnungslegungsvorschriften, in: *Mellwig*, W./*Moxter*, A./*Ordelheide*, D. (Hrsg.), Einzelabschluß und Konzernabschluß, Beiträge zum neuen Bilanzrecht, Bd. 1, Wiesbaden 1988, S. 27-45

Bühner, R.: Rechtsform und Organisationsstruktur, in: *Macharzina*, K./*Welge*, M.K. (Hrsg.), Handwörterbuch Export und Internationale Unternehmung, Stuttgart 1989, Sp. 1841-1854

Bundesverband der Deutschen Industrie e.V.: Was bringt der EG-Binnenmarkt, 2. Auflage, Köln 1990

Bundesvorstand des Deutschen Gewerkschaftsbundes: Stellungnahme zum Vorschlag vom 25.08.1989 für eine Verordnung (EWG) über das Statut einer Europäischen Aktiengesellschaft und für eine Richtlinie des Rates zur Ergänzung des SE-Statuts hinsichtlich der Stellung der Arbeitnehmer, Düsseldorf 1989

Busse von Colbe, W.: Vereinheitlichung des Jahresabschlusses in der EWG, in: Zeitschrift für Unternehmens- und Gesellschaftsrecht, 2. Jg. 1973, S. 105-122

Caemmerer, E. von: Europäische Aktiengesellschaft, in: *Biedenkopf*, K.H./*Coing*, H./*Mestmäcker*, E.-J. (Hrsg.), Das Unternehmen in der Rechtsordnung, Festgabe für *Heinrich Kronstein* aus Anlaß seines siebzigsten Geburtstages am 12. September 1967, Karlsruhe 1967, S. 172-202

Carl, D.: Neue Vorschläge der Kommission zur Unternehmensbesteuerung, in: Europäische Zeitschrift für Wirtschaftsrecht, 2. Jg. 1991, S. 369-372

Cecchini, P.: Europa '92, Der Vorteil des Binnenmarkts, Baden-Baden 1988

Chmielewicz, K.: Der Neuentwurf einer 5. EG-Richtlinie (Struktur der AG) - Darstellung und Kritik, in: Die Betriebswirtschaft, 44. Jg. 1984, S. 393-409

Chmielewicz, K.: Harmonisierung der europäischen Unternehmensverfassung aus betriebswirtschaftstheoretischer Sicht, in: *Chmielewicz*, K./*Forster*, K.-H. (Hrsg.), Unternehmensverfassung und Rechnungslegung in der EG, Sonderheft 29 der Zeitschrift für betriebswirtschaftliche Forschung, Düsseldorf/Frankfurt am Main 1991, S. 15-59

Chmielewicz, K.: Unternehmensverfassung, Gremien der, in: *Grochla*, E. (Hrsg.), Handwörterbuch der Organisation, 2. Auflage, Stuttgart 1980, Sp. 2272-2282

Coenenberg, A.G.: Jahresabschluß und Jahresabschlußanalyse, 12. Auflage 1991, Landsberg am Lech

Committee of Independent Experts on Company Taxation: Conclusions and Recommendations (deutsch: Die Schlußfolgerungen und Empfehlungen des Ruding-Ausschusses), in: Der Betrieb, 45. Jg. 1992, Beilage Nr. 5, S. 1-15

Csik, A./*Dörner*, D.: §§ 284-288, in: *Küting*, K./*Weber*, C.-P. (Hrsg.), Handbuch der Rechnungslegung, 3. Auflage, Stuttgart 1990, S. 1743-1834

Dabin, L./*Benoit-Moury*, A.: Die Errichtung einer Tochtergesellschaft in Belgien, in: Zeitschrift für Unternehmens- und Gesellschaftsrecht, 11. Jg. 1982, S. 291-323

Dabin, L./Benoit-Moury, A.: Die Gründung einer Tochtergesellschaft in Belgien, in: *Lutter*, M. (Hrsg.), Die Gründung einer Tochtergesellschaft im Ausland, 2. Auflage, Berlin/New York 1988, S. 31-68

Daimler-Benz Aktiengesellschaft: Das Geschäftsjahr 1991, Stuttgart 1992

Dauses, M.A.: Die rechtliche Dimension des Binnenmarktes, in: Europäische Zeitschrift für Wirtschaftsrecht, 1. Jg. 1990, S. 8-11.

Dawkins, W.: Brussels details final plans for company statute, in: Financial Times, Nr. 30,893, vom 13.7.1989, S. 1

Dawkins, W.: EC company law plan could be blocked, in: Financial Times, Nr. 30,898, vom 19.7.1989, S. 20

Deutsche Aerospace Aktiengesellschaft: Das Geschäftsjahr 1990, München 1991

Deutsche Aerospace Aktiengesellschaft: Das Geschäftsjahr 1991, München 1992

Dörner, D.: Aufwandsrückstellungen - Möglichkeiten und Grenzen der Bilanzpolitik (Teil I), in: Die Wirtschaftsprüfung, 44. Jg. 1991, S. 225-229

Dötsch, E.: Körperschaftsteuerliche Behandlung der Verlegung des Sitzes bzw. der Geschäftsleitung einer Kapitalgesellschaft über die Grenze, in: Der Betrieb, 42. Jg. 1989, S. 2296-2303

Dreher, M.: Sockellösung statt Optionsmodell für die Mitbestimmung in der Europäischen Aktiengesellschaft?, in: Europäische Zeitschrift für Wirtschaftsrecht, 1. Jg. 1990, S. 476-478

Drobnig, U.: Das EWG-Übereinkommen über die Anerkennung von Gesellschaften und juristischen Personen, in: Die Aktiengesellschaft, 18. Jg. 1973, S. 90-98, 125-131

Duden, K.: Das Für und Wider einer europäischen GmbH, in: GmbH-Rundschau, 53. Jg. 1962, S. 76-77

Duden, K.: Internationale Aktiengesellschaften, in: Rabels Zeitschrift für ausländisches und internationales Privatrecht, 27. Jg. 1962/63, S. 89-111

Ebenroth, C.T.: Nach Art. 10, in: *Rebmann*, K./*Säcker*, J. (Hrsg.), Münchener Kommentar zum BGB, Bd. 7, 2. Auflage, München 1990, S. 413-645

Ebenroth, C.T./*Auer*, T.: Grenzüberschreitende Verlagerung von unternehmerischen Leitungsfunktionen im Zivil- und Steuerrecht, in: Recht der Internationalen Wirtschaft, 38. Jg. 1992, Beilage Nr. 1, S. 1-30

Ebenroth, C.T./*Eyles*, U.: Die innereuropäische Verlegung des Gesellschaftssitzes als Ausfluß der Niederlassungsfreiheit (Teil I), in: Der Betrieb, 42. Jg. 1989, S. 363-372

Ebenroth, C.T./*Neiß*, E.: Voraussetzungen der steuerlichen Abschirmwirkung für Finanzierungsgesellschaften in den Niederlanden, in: Betriebs-Berater, 45. Jg. 1990, S. 145-157

Ebenroth, C.T./*Wilken*, O.: Entwicklungstendenzen im deutschen Internationalen Gesellschaftsrecht - Teil 1, in: Juristenzeitung, 46. Jg. 1991, S. 1014-1022

Eckardt, U.: § 23 AktG, in: *Geßler*, E./*Hefermehl*, W./*Eckardt*, U./*Kropff*, B. (Hrsg.) Kommentar zum Aktiengesetz, Bd. I, München 1984

Eggers, W.: Neuer Vorschlag der EG zur Verlustrichtlinie, in: Internationale Wirtschaftsbriefe, 3. Auflage, Herne/Berlin 1971, Stand 25.9.1992, IWB Aktuell Nr. 18/1992, S. 712-713

Einmahl, J.: Die erste gesellschaftsrechtliche Richtlinie des Rates der Europäischen Gemeinschaften und ihre Bedeutung für das deutsche Aktienrecht, Teil 2, in: Die Aktiengesellschaft, 14. Jg. 1969, S. 167-173

Emmerich, V./*Sonnenschein*, J.: Konzernrecht, 3. Auflage, München 1989

Endres, D.: Die Besteuerung gesellschaftsrechtlicher Vermögensübertragungen, Frankfurt am Main/Bern 1982

Esser, R.: Quellensteuerbefreiung, Schachtelprivileg und Staatshaftung, in: Recht der Internationalen Wirtschaft, 38. Jg. 1992, S. 293-297.

Estel Naamloze Vennootschap: Geschäftsbericht 1972, Nimwegen 1973

Estel Naamloze Vennootschap: Geschäftsbericht 1981, Nimwegen 1982

Everling, U.: Das Niederlassungsrecht im Gemeinsamen Markt, Berlin/Frankfurt am Main 1963

Everling, U.: Zur Auslegung des durch EG-Richtlinien angeglichenen nationalen Rechts, in: Zeitschrift für Unternehmens- und Gesellschaftsrecht, 21. Jg. 1992, S. 376-395

Everling, W.: Konzernführung durch eine Holdinggesellschaft, in: Der Betrieb, 34. Jg. 1981, S. 2549-2554

Fehl, U./*Oberender*, P.: Grundlagen der Mikroökonomie, 4. Auflage, München 1990

Fichna, G.: EG - Kommission und Ministerrat als Gesetzgeber?, in: Recht der Internationalen Wirtschaft, 34. Jg. 1988, S. 887-892

Fischer, H.G.: Staatshaftung und Gemeinschaftsrecht, in: Europäische Zeitschrift für Wirtschaftsrecht, 3. Jg. 1992, S. 41-44

Förster, J.: Reaktion der EG-Kommission auf den Ruding-Bericht, in: Internationale Wirtschaftsbriefe, 3. Auflage, Herne/Berlin 1971, Stand 10.8.1992, Fach 5, Gruppe 2, S. 211-216

Frey, K.: Bericht über die Diskussion, in, Zeitschrift für Unternehmens- und Gesellschaftsrecht, 21. Jg. 1992, S. 327-332, zu: *Rasner*, H.: Die Europäische Aktiengesellschaft (SE) - ist sie wünschenswert?, in: Zeitschrift für Unternehmens- und Gesellschaftsrecht, 21. Jg. 1992, S. 314-326

Gail, W./*Greth*, M./*Schumann*, R.: Die Maßgeblichkeit der Handelsbilanz für die Steuerbilanz in den Mitgliedstaaten der Europäischen Gemeinschaft, in: Der Betrieb, 44. Jg. 1991, S. 1389-1400

Ganske, J.: Änderungen des Verschmelzungsrechts, in: Der Betrieb, 34. Jg. 1981, S. 1551-1559

Ganske, J.: Das Recht der Europäischen Wirtschaftlichen Interessenvereinigung (EWIV), München 1988

Ganske, J.: Das Zweite gesellschaftsrechtliche Koordinierungsgesetz vom 13. Dezember 1978, in: Der Betrieb, 31. Jg. 1978, S. 2461-2465

Ganske, J.: Die Europäische Wirtschaftliche Interessenvereinigung (EWIV), in: Der Betrieb, 38. Jg. 1985, Beilage Nr. 20, S. 1-12

Gaugler, E.: Personalplanung, in: *Szyperski*, N. (Hrsg.), Handwörterbuch der Planung, Stuttgart 1989, Sp. 1350-1362

Gautron, J.-C.: droit européen, 4. Auflage, Paris 1989

Geib, G./*Ellenbürger*, F./*Kölschbach*, J.: Ausgewählte Fragen zur EG-Versicherungsbilanzrichtlinie (VersBiRiLi) (Teil I), in: Die Wirtschaftsprüfung, 45. Jg. 1992, S. 177-186

Geib, G./*Ellenbürger*, F./*Kölschbach*, J.: Ausgewählte Fragen zur EG-Versicherungsbilanzrichtlinie (VersBiRiLi) (Teil II), in: Die Wirtschaftsprüfung, 45. Jg. 1992, S. 221-231

Geisendörfer, U.: Die Entwicklung des Wirtschaftsprüferberufs im Hinblick auf den Europäischen Binnenmarkt 92, in: Die Wirtschaftsprüfung, 42. Jg. 1989, S. 667-671

Geiler, K.: Antrag zum vierunddreißigsten Deutschen Juristentag in Köln 1926, in: Verhandlungen des 34. Deutschen Juristentags zu Köln, hrsg. von dem Schriftführeramt der ständigen Deputation, Bd. 2, Berlin/Leipzig, S. 878

Gemeinsamer Arbeitsausschuß des Bundesverbandes der Deutschen Industrie, des Bundesverbandes Deutscher Banken, der Bundesvereinigung der Deutschen Arbeitgeberverbände, des Deutschen Industrie- und Handelstages, des Gesamtverbandes der Deutschen Versicherungswirtschaft für Fragen des Unternehmensrechts: Vorläufige Stellungnahme zum geänderten Verordnungs- und Richtlinienvorschlag für Europäische Aktiengesellschaften (SE) vom 16. bzw. 6. Mai 1991, Köln/Bonn 1991 (= Arbeitsausschuß Unternehmensrecht)

Gemeinsamer Arbeitsausschuß des Bundesverbandes der Deutschen Industrie, des Bundesverbandes Deutscher Banken, der Bundesvereinigung der Deutschen Arbeitgeberverbände, des Deutschen Industrie- und Handelstages und des Gesamtverbandes der Deutschen Versicherungswirtschaft für Fragen des Unternehmensrechts: Stellungnahme zum geänderten Verordnungs- und Richtlinienvorschlag für Europäische Aktiengesellschaften (SE), vom 25.8.1989, Köln/Bonn 1989 (= Gemeinsamer Arbeitsausschuß)

Gemeinsamer Arbeitsausschuß des Bundesverbandes der Deutschen Industrie, des Bundesverbandes Deutscher Banken, der Bundesvereinigung der Deutschen Arbeitgeberverbände, des Deutschen Industrie- und Handelstages, des Gesamtverbandes der Deutschen Versicherungswirtschaft für Fragen des Unternehmensrechts: Stellungnahme zu den Vorschlägen der EG-Kommission für ein Statut des Europäischen Vereins, der Europäischen Genossenschaft und der Europäischen Gegenseitigkeitsgesellschaft, Köln 1992

Gerum, E.: Führungsorganisation und Mitbestimmung in der europäischen Unternehmensverfassung, in: Zeitschrift für Organisation, 61. Jg. 1992, S. 147-153

Gerum, E.: Unternehmensverfassung, internationale, in: *Macharzina*, K./*Welge*, M.K. (Hrsg.), Handwörterbuch Export und Internationale Unternehmung, Stuttgart 1989, Sp. 2140-2154

Glanegger, P.: § 6 EStG, in: *Schmidt*, L. (Hrsg.), Einkommensteuergesetz, 10. Auflage, München 1991, S. 416-541

Gleichmann, K.: Europäische Aktiengesellschaft (S.E.), in: *Macharzina*, K./*Welge*, M.K. (Hrsg.), Handwörterbuch Export und Internationale Unternehmung, Stuttgart 1989, Sp. 478-488

Goerdeler, R.: Überlegungen zum künftigen Gesellschsftsrecht in der EG, in: *Baur*, J.F./*Hopt*, K.J./*Mailänder*, K.P. (Hrsg.), Festschrift für *Ernst Steindorff* zum 70. Geburtstag am 13. März 1990, Berlin/New York 1990, S. 1211-1227

Goergen, R.: Unternehmensbesteuerung aus europäischer Sicht, in: Mitglieder des Zentrums für Europäisches Wirtschaftsrecht (Hrsg.), Vorträge und Berichte, Nr. 3, Bonn 1990

Grabitz, E.: Art. 189 EWGV, in: *Grabitz*, E. (Hrsg.), Kommentar zum EWG-Vertrag, München 1983, Stand 4. Ergänzungslieferung, Juni 1990, S. 1-26

Gravenstein, V.: Französisches Gesellschaftsrecht, 3. Auflage, Frankfurt am Main 1988

Grimm-Curtius, H.: Erster Teil: Betriebswirtschaftlicher Gesamtprozeß und konstitutiver Rahmen, in: *Bestmann*, U. (Hrsg.), Kompendium der Betriebswirtschaftslehre, 5. Auflage, München/Wien 1990, S. 5-72

Groeben, H. von der: Auf dem Wege zu europäischen Aktiengesellschaften, in: Die Aktiengesellschaft, 12. Jg. 1967, S. 95-102

Großfeld, B.: Internationales Gesellschaftsrecht, in: *Staudinger*, J. von (Hrsg.), Kommentar zum Bürgerlichen Gesetzbuch, Einführungsgesetz zum Bürgerlichen Gesetzbuch, Teil 2a, 10./11. Auflage, Berlin 1980

Großfeld, B.: Internationales Unternehmensrecht, Heidelberg 1986

Gutenberg, E.: Grundlagen der Betriebswirtschaftslehre, Bd. 1: Die Produktion, 23. Auflage, Berlin/Heidelberg/New York 1979

Hahn, D.: Planungs- und Kontrollrechnung - PuK, 3. Auflage, Wiesbaden 1985

Hahn, J.: EG-Mittelstandsrichtlinie und EG-Bilanzrichtlinien-Ergänzungsrichtlinie, in: Deutsches Steuerrecht, 29. Jg. 1991, S. 121-126

Haller, A.: Die Jahresabschlußerstellung der Europäischen Aktiengesellschaft nach dem Statut-Entwurf der EG-Kommission, in: Der Betrieb, 43. Jg. 1990, S. 1573-1579

Haller, A.: Die Jahresabschlußprüfung einer europäischen Aktiengesellschaft nach dem Statut-Entwurf der EG-Kommission, in: Die Wirtschaftsprüfung, 43. Jg. 1990, S. 585-593

Hallstein, W.: Der unvollendete Bundesstaat, Baden-Baden 1969

Hans-Böckler-Stiftung (Hrsg.): Europäische Betriebsräte - Ein Beitrag zum sozialen Europa, 3. Auflage, Düsseldorf 1992

Harms, W.: Rechtsprobleme inter- und multinationaler Unternehmen, in: Betriebs-Berater, 24. Jg. 1969, S. 603-609

Hauschild, W.: Die Europäische Aktiengesellschaft, in: *Caemmerer*, E. von (Hrsg.), Europäische Handelsgesellschaft und Angleichung des nationalen Gesellschaftsrechts, Frankfurt am Main/ Berlin 1968, S. 81-99

Hauschka, C.E.: Die Europäische Aktiengesellschaft (SE) im Entwurf der Kommission von 1992: Vor der Vollendung?, in: Europäische Zeitschrift für Wirtschaftsrecht, 3. Jg. 1992, S. 147-149

Hauschka, C.E.: Entwicklungslinien und Integrationsfragen der gesellschaftsrechtlichen Akttypen des Europäischen Gemeinschaftsrechts, in: Die Aktiengesellschaft, 35. Jg. 1990, S. 85-103.

Hauschka, C.E.: Kontinuität und Wandel im Statut für die Europäische Aktiengesellschaft (SE) 1989, in: Europäische Zeitschrift für Wirtschaftsrecht, 1. Jg. 1990, S. 181-184

Havermann, H.: Zur Bilanzierung von Beteiligungen in Einzel- und Konzernabschlüssen, in: Die Wirtschaftsprüfung, 28. Jg. 1975, S. 233-242

Hederer, G./*Kumar*, B./*Müller-Heumann*, G.: Begriff und Wesensinhalt der internationalen Unternehmung, in: Betriebswirtschaftliche Forschung und Praxis, 22. Jg. 1970, S. 509-521

Heinen, E.: Handelsbilanzen, 12. Auflage, Wiesbaden 1986

Henn, G.: Handbuch des Aktienrechts, 4. Auflage, Heidelberg 1991

Herzig, N./*Dautzenberg*, N./*Heyeres*, R.: System und Schwächen der Fusionsrichtlinie, in: Der Betrieb, 44. Jg. 1991, Beilage Nr. 12/1991, S. 1-19

Herzig, N./*Förster*, G.: Steueränderungsgesetz 1992: Die Umsetzung der Fusionsrichtlinie in deutsches Steuerrecht (Teil I), in: Der Betrieb, 45. Jg. 1992, S. 911-916

Herzig, N./*Förster*, G.: Steueränderungsgesetz 1992: Die Umsetzung der Fusionsrichtlinie in deutsches Steuerrecht (Teil II), in: Der Betrieb, 45. Jg. 1992, S. 959-963

Heuer, G./*Raupach*, A./*Federmann*, R.: § 6 EStG, in: *Raupach*, A./*Herrmann*, C. (Hrsg.), Herrmann/Heuer/Raupach, Einkommensteuer- und Körperschaftsteuergesetz mit Nebengesetzen, Kommentar, Bd. 4, 19. Auflage, Köln 1982, Stand 167. Ergänzungslieferung September 1991, § 6 EStG, S. 1-784

Hoesch Aktiengesellschaft: Geschäftsbericht 1969/70, Dortmund 1971

Hoesch Aktiengesellschaft: Geschäftsbericht 1970/71, Dortmund 1972

Hoesch Aktiengesellschaft: Geschäftsbericht 1971/72, Dortmund 1973

Hoesch Aktiengesellschaft: Geschäftsbericht 1981, Dortmund 1982

Hoesch Aktiengesellschaft/Koninklijke Nederlandsche Hoogovens en Staalfabrieken Naamloze Vennootschap: Hoesch/Hoogovens, Bericht über den Zusammenschluß, Dortmund 1972

Hoffmann, F.: Unternehmensleitung, Organisation der, in: *Grochla*, E. (Hrsg.), Handwörterbuch der Organisation 2. Auflage, Stuttgart, 1980, Sp. 2261-2272

Hoffmann-Becking, M.: § 66 Abwicklung, in: *Hoffmann-Becking*, M. (Hrsg.), Münchener Handbuch des Gesellschaftsrechts, Bd. 4 Aktiengesellschaft, München 1988, S. 697-701

Hommelhoff, P.: Die deutsche GmbH im System der Kapitalgesellschaften, in: *Roth*, G.H. (Hrsg.), Das System der Kapitalgesellschaften im Umbruch - ein internationaler Vergleich, Köln 1990, S. 26-61

Hommelhoff, P.: Gesellschaftsrechtliche Fragen im Entwurf eines SE-Statuts, in: Die Aktiengesellschaft, 35. Jg. 1990, S. 422-435

Hommelhoff, P.: Konzernrecht für den Europäischen Binnenmarkt, in: Zeitschrift für Unternehmens- und Gesellschaftsrecht, 21. Jg. 1992, S. 121-141

House of Lords, Select Committee on the European Company Statute, Session 1989-1990, 19th Report, European Company Statute, HL Paper 71-I (zitiert nach *Merkt*, H.: Europäische Aktiengesellschaft: Gesetzgebung als Selbstzweck, in: Betriebs-Berater, 47. Jg. 1992, S. 660, Fußnote 69)

Hübner, H.: Recht und Organisation, in: *Grochla*, E. (Hrsg.), Handwörterbuch der Organisation, 2. Auflage, Stuttgart 1980, Sp. 2006-2027

Immenga, U.: Abhängige Unternehmen und Konzerne im europäischen Gemeinschaftsrecht, in: Rabels Zeitschrift für ausländisches und internationales Privatrecht, 48. Jg. 1984, S. 48-80

Institut der Wirtschaftsprüfer in Deutschland e.V.: Die Fachgutachten 1-3/1988: Anliegen, Neuerungen, Auswirkungen auf die Prüfungspraxis, Düsseldorf 1989

Ipsen, H.P.: Europäisches Gemeinschaftsrecht, Tübingen 1972

Jacobs, O.H. et al.: Internationale Unternehmensbesteuerung, hrsg. von *Jacobs*, O.H., 2. Auflage, München 1991

Jacobs, O.H./*Scheffler*, W.: Unternehmensbesteuerung und Rechtsform, hrsg. von *Jacobs*, O.H., München 1988

Jäger, W.: Genossenschaft, in: Gabler Wirtschaftslexikon, 12. Auflage, Wiesbaden 1988, Bd. 1, Sp. 2045-2049

Jahr, G.: Vereinheitlichtes internationales Konkursrecht in der Europäischen Wirtschaftsgemeinschaft, in: Rabels Zeitschrift für ausländisches und internationales Privatrecht, 36. Jg. 1972, S. 620-652

Janzen, W./*Dötsch*, E.: § 12 KStG, in: *Dötsch*, E. et al. (Hrsg.), Die Körperschaftsteuer, Bd. 1, Stuttgart 1983, Stand 15. Ergänzungslieferung, Mai 1991

Jauernig, O.: Zwangsvollstreckungs- und Konkursrecht, 18. Auflage, München 1987

Jonas, H.H.: Der Konzernabschluß, Stuttgart 1986

Jonas, H.H.: Die EG-Bilanzrichtlinie, Freiburg i.Br. 1980

Jürgens, P.: Die Europäische Aktiengesellschaft nimmt Strukturen an, in: Betriebs-Berater, 45. Jg. 1990, S. 1145-1150

Kaligin, T.: Das internationale Gesellschaftsrecht der Bundesrepublik Deutschland, in: Der Betrieb, 38. Jg. 1985, S. 1449-1456

Kallmeyer, H.: Die Europäische Aktiengesellschaft - Praktischer Nutzen und Mängel des Statuts, in: Die Aktiengesellschaft, 35. Jg. 1990, S. 103-106

Kaminski, H.: Vorschlag einer 5. Richtlinie der Kommission der Europäischen Gemeinschaften, in: Die Wirtschaftsprüfung, 25. Jg. 1972, S. 603-638

Kayser, G. von/*Schwarting*, U.: Definitorische Ansätze zur Klärung des Begriffs "kleine und mittlere Unternehmen", in: Bundesministerium für Wirtschaft (Hrsg.), Unternehmensgrößenstatistik 1981/82, Bonn 1981

Kieschke, H.-U.: Aktuelle Fragen des Ertragsteuerrechts, in: Deutsche Steuer-Zeitung, 79. Jg. 1991, S. 289-295

Kirchner, C./*Schwartze*, A.: Umsetzung der EG-Rechnungslegungsrichtlinien in nationales Recht, in: Die Wirtschaftsprüfung, 38. Jg. 1985, S. 397-404

Kiuchi, Y./*Hommelhoff*, P.: Die Gründung einer Tochtergesellschaft in Japan, in: *Lutter*, M. (Hrsg.), Die Gründung einer Tochtergesellschaft im Ausland, 2. Auflage, Berlin/New York 1988, S. 217-244

Kloten, N./*Bofinger*, P.: Geldpolitik in der offenen Volkswirtschaft, in: *Kloten*, N./*Stein*, J.H. von (Hrsg.), Obst/Hintner, Geld-, Bank- und Börsenwesen, 38. Auflage, Stuttgart 1988, S. 127-147

Klunzinger, E.: Grundzüge des Gesellschaftsrechts, 6. Auflage, München 1990

Knobbe-Keuk, B.: Bilanz- und Unternehmenssteuerrecht, 8. Auflage, Köln 1991

Knobbe-Keuk, B.: Die steuerliche Behandlung der Europäischen Aktiengesellschaft, in: Die Aktiengesellschaft, 35. Jg. 1990, S. 435-441

Knobbe-Keuk, B.: Umzug von Gesellschaften in Europa, in: Zeitschrift für das gesamte Handels- und Wirtschaftsrecht, Bd. 154, ohne Jg., 1990, S. 325-356

Knobbe-Keuk, B.: Wegzug und Einbringung von Unternehmen zwischen Niederlassungsfreiheit, Fusionsrichtlinie und nationalem Steuerrecht, in: Der Betrieb, 44. Jg. 1991, S. 298-306

Knobbe-Keuk, B.: Was fehlt noch zum Binnenmarkt, in: Der Betrieb, 45. Jg. 1992, Heft 41, S. I

Kohlhepp, K.H.: Die Europäische Aktiengesellschaft, in: Recht der Internationalen Wirtschaft, 35. Jg. 1989, S. 88-90

Kolvenbach, W.: Die Europäische Aktiengesellschaft - eine wohlgemeinte Utopie?, in: *Kübler*, F./ *Mertens*, H.-J./*Werner*, W. (Hrsg.), Festschrift für *Theodor Heinsius* zum 65. Geburtstag am 25.9.1991, Berlin/New York 1991, S. 379-395

Kolvenbach, W.: Statut für die Europäische Aktiengesellschaft (1989), in: Der Betrieb, 42. Jg. 1989, S. 1957-1962

Kommission der Europäischen Gemeinschaften: Die Vollendung des Binnenmarktes, Bedingungen für die industrielle Zusammenarbeit, Öffentliches Auftragswesen, Brüssel/Luxemburg 1990

Kommission der Europäischen Gemeinschaften: Memorandum der Kommission an das Parlament, den Rat und die Sozialpartner, Binnenmarkt und industrielle Zusammenarbeit - Statut für die Europäische Aktiengesellschaft - Weißbuch für die Vollendung des Binnenmarktes, Rdnr. 137, in: KOM(88) 320 endg., vom 15.7.1988

Kommission der Europäischen Gemeinschaften: Mitteilung der Kommission - Eine Unternehmenspolitik für die Gemeinschaft, in: KOM(88) 241/2 endg. vom 10.5.1988

Kommission der Europäischen Gemeinschaften: Vollendung des Binnenmarktes, Weißbuch der Kommission an den Europäischen Rat, in: KOM(85) 310 endg., vom 14.6.1985

Kommission der Europäischen Gemeinschaften: XX. Bericht über die Wettbewerbspolitik, Brüssel/Luxemburg 1991

Kommission der Europäischen Gemeinschaften: Zusammenfassung des Memorandums der Kommission vom 8. Juni 1988, KOM(88) 320 endg., in: Bulletin der Europäischen Gemeinschaften, Beilage 3/88

Kommission der Europäischen Wirtschaftsgemeinschaft: Denkschrift der Kommission der Europäischen Wirtschaftsgemeinschaft über die Schaffung einer europäischen Handelsgesellschaft, in: SEK (66) 1250, vom 22.4.1966

Kommission Organisation im Verband der Hochschullehrer für Betriebswirtschaft e.V.: Stellungnahme zum Entwurf einer 5. EG-Richtlinie (Struktur der AG), in: Die Betriebswirtschaft, 47. Jg. 1987, S. 538-553

Köstler, R.: Ein Füllhorn europäischer Rechtsformen, in: Die Mitbestimmung, 38. Jg. 1992, S. 58-59

Köstler, R.: Europäische Aktionärsrechte - Nationale "Mitbestimmung"?, Veröffentlichung der Hans-Böckler-Stiftung, Düsseldorf 1991

Krebs, H.-J.: Die Harmonisierung der direkten Steuern für Unternehmen in der EG, in: Betriebs-Berater, 45. Jg. 1990, S. 1945-1951

Kreile, R.: Zum Vorentwurf einer EG-Richtlinie über die Harmonisierung der steuerlichen Gewinnermittlungsvorschriften, in: Der Betrieb, 41. Jg. 1988, Beilage 18, S. 1-19

Kropshofer, B.: §§ 237, 238, in: *Hess*, H./*Kropshofer*, B.: Kommentar zur Konkursordnung, 3. Auflage, Neuwied/Frankfurt am Main 1989, S. 866-873

Kübler, F.: Gesellschaftsrecht, 3. Auflage, Heidelberg 1990

Küting, K.: Rechnungslegung im Umbruch, in: Betriebs-Berater, 46. Jg. 1991, Beilage 4/1991, S. 1-15

Küting, K.: Zur Systematisierung von Konzernstrukturen, in: Wirtschaftswissenschaftliches Studium, 9. Jg. 1980, S. 6-10

Langer, M.: Umsatzsteuer im Binnenmarkt - Übergangslösung ab 1.1.1993 (Teil I), in: Der Betrieb, 45. Jg. 1992, S. 340-349

Langer, M.: Umsatzsteuer im Binnenmarkt - Übergangslösung ab 1.1.1993 (Teil II), in: Der Betrieb, 45. Jg. 1992, S. 395-404

Langguth, G.: Die Unternehmen müssen sich nach europäischem Recht organisieren können, in: Handelsblatt Nr. 93, vom 14.5.1992, S. 7

Larenz, K.: Methodenlehre der Rechtswissenschaft, 6. Auflage, Berlin et al. 1991

Lause, B./*Sievers*, H.: Maßgeblichkeitsprinzip und Steuerreform 1990, in: Betriebs-Berater, 45. Jg. 1990, S. 24-32

Leffson, U.: Die Grundsätze ordnungsmäßiger Buchführung, 7. Auflage, Düsseldorf 1987

Lehmann, H./*Dietz*, R.: Gesellschaftsrecht, 3. Auflage, Berlin/Frankfurt am Main 1970

Lehmann, H.: Konzernorganisation, in: *Grochla*, E. (Hrsg.), Handwörterbuch der Organisation, 2. Auflage, Stuttgart 1980, Sp. 1105-1112

Leonhardt, K.-H./*Leimbach*, C./*Keil*, W.: Aktiengesellschaften und GmbH in Spanien, Frankfurt am Main 1990

Lieb. M.: Arbeitsrecht, 4. Auflage, Heidelberg 1989

Lietzmann, H.: Stand der Diskussion über die europäische Aktiengesellschaft, in: Die Aktiengesellschaft, 6. Jg. 1961, S. 57-61

Lohmann, M.: Einführung in die Betriebswirtschaftslehre, 4. Auflage, Tübingen 1964

Lutter, M.: Der qualifiziert faktische Konzern, in: Die Aktiengesellschaft, 35. Jg. 1990, S. 179-185

Lutter, M.: Die erste Angleichungs-Richtlinie zu Art. 54 Abs. 3 Lit. g) EWGV und ihre Bedeutung für das geltende deutsche Unternehmensrecht, in: Europarecht, 4. Jg. 1969, S. 1-19

Lutter, M., (Hrsg.): Die Europäische Aktiengesellschaft, Köln et al. 1976

Lutter, M.: Die Rechtsangleichung im Gesellschaftsrecht, in: *Caemmerer*, E. von (Hrsg.), Europäische Handelsgesellschaft und Angleichung des nationalen Gesellschaftsrechts, Frankfurt am Main/Berlin 1968, S. 5-36

Lutter, M.: Empfehlen sich für die Zusammenfassung europäischer Unternehmen neben oder statt der europäischen Handelsgesellschaft und der internationalen Fusion weitere Möglichkeiten der Gestaltung auf dem Gebiete des Gesellschaftsrechts?, in: Ständige Deputation des Deutschen Juristentages (Hrsg.), Verhandlungen des 48. Deutschen Juristentages in Mainz 1970, Bd. I (Gutachten), Teil H, München 1970

Lutter, M.: Europäisches Gesellschaftsrecht, Sonderheft 1 der Zeitschrift für Unternehmens- und Gesellschaftsrecht, 2. Auflage, Berlin/New York 1984

Lutter, M.: Europäisches Unternehmensrecht, Sonderheft 1 der Zeitschrift für Unternehmens- und Gesellschaftsrecht, 3. Auflage, Berlin/New York 1991

Lutter, M.: Europa und das Unternehmensrecht, Berlin/New York, 1988

Lutter, M.: Genügen die vorgeschlagenen Regelungen für eine "Europäische Aktiengesellschaft"?, in: Die Aktiengesellschaft, 35. Jg. 1990, S. 413-421

Lutter, M.: Legal Forms of German Business Organisation, in: *Grochla*, E./*Gaugler*, E.: Handbook of German Business Management, Bd. 2, New York et al. 1990, Sp. 1323-1336

Lutter, M.: Perspektiven eines europäischen Unternehmensrechts, in: Zeitschrift für Unternehmens- und Gesellschaftsrecht, 21. Jg. 1992, S. 435-451

Lutter, M.: Stand und Entwicklung des Konzernrechts in Europa, in: Zeitschrift für Unternehmens- und Gesellschaftsrecht, 16. Jg. 1987, S. 324-369

Manke, K.: Unternehmensbesteuerung in der EG, 1. Teil, in: Zeitschrift für Unternehmens- und Gesellschaftsrecht, 21. Jg. 1992, S. 333-345

Mathiak, W.: § 5 EStG, in: *Kirchhof*, P./*Söhn*, H. (Hrsg.), Einkommensteuergesetz, Bd. 2, Heidelberg 1991, 27. Ergänzungslieferung, S. 1-204

Matschke, M.J.: Finanzierung der Unternehmung, Herne/Berlin 1991

Maul, K.-H.: Die Wertpapiere des Umlaufvermögens und die flüssigen Mittel, in: *Wysocki*, K. von/ *Schulze-Osterloh*, J.: Handbuch des Jahresabschlusses in Einzeldarstellungen, Abteilung II/7, Februar 1986

Maydell, B. von: Die vorgeschlagenen Regeln zur Mitbestimmung für eine Europäische Aktiengesellschaft, in: Die Aktiengesellschaft, 35. Jg. 1990, S. 442-447

Merkt, H.: Europäische Aktiengesellschaft: Gesetzgebung als Selbstzweck, in: Betriebs-Berater, 47. Jg. 1992, S. 652-661

Merkt, H.: US-amerikanisches Gesellschaftsrecht, Heidelberg 1991

Mertens, H.-J.: Angleichung des Gesellschaftsrechts, europäische Handelsgesellschaft und europäischer Konzern, in: Juristische Rundschau, ohne Jg. 1970, S. 321-328

Messerschmidt-Bölkow-Blohm Gesellschaft mit beschränkter Haftung: Geschäftsbericht 1986, München 1987

Messerschmidt-Bölkow-Blohm Gesellschaft mit beschränkter Haftung: Geschäftsbericht 1988, München 1989

Messerschmidt-Bölkow-Blohm Gesellschaft mit beschränkter Haftung: Das Geschäftsjahr 1991, München 1992

Mestmäcker, E.-J.: Europäisches Wettbewerbsrecht, München 1974

Meyer-Landrut, A.: Die Europäische Wirtschaftliche Interessenvereinigung, Stuttgart 1988

Moine, M.: Geleitwort zu den Europäischen Berufsgrundsätzen der Union Européenne des Experts Comptables Economiques et Financiers, in: Die Wirtschaftsprüfung, 14. Jg. 1961, S. 470

Mössner, J.: Die Methoden zur Verminderung der Doppelbesteuerung - Vorzüge, Nachteile, aktuelle Probleme, in: *Vogel*, K. (Hrsg.), Grundfragen des Internationalen Steuerrechts, Köln 1985, S. 159-166

Moxter, A.: Die Jahresabschlußaufgaben nach der EG-Bilanzrichtlinie: Zur Auslegung von Art. 2 EG-Bilanzrichtlinie, in: Die Aktiengesellschaft, 24. Jg. 1979, S. 141-146

Müller, T.: Beschränkte Steuerpflicht und einige Aspekte des EG-Rechts, in: Steuer und Wirtschaft, 69. (22.) Jg. 1992, S. 157-169

Müller-Graff, P.-C.: Die Rechtsangleichung zur Verwirklichung des Binnenmarktes, in: Europarecht, 24. Jg. 1989, S. 107-151

Müller-Graff, P.-C.: Privatrecht und Europäisches Gemeinschaftsrecht, Baden-Baden 1989

Mundorf, H.: Statt einheitlicher Rechtsformen nur ein Angebot von nationalen Optionen, in: Handelsblatt Nr. 250, vom 31.12.1991, S. 17

Nagel, B.: Erosion der Mitbestimmung und EG-Kommissionsentwürfe zur Europa-AG, in: Arbeit und Recht, 38. Jg. 1990, S. 205-213

Nathusius, K.: Gründungsplanung, in: *Szyperski*, N. (Hrsg.), Handwörterbuch der Planung, Stuttgart 1989, Sp. 609-618

Netta, F.: Das Recht der verbundenen Unternehmen im Vorschlag eines Statuts für die Societas Europaea, Diss. Bochum 1974

Nicolaysen, G.: Europarecht, Bd. 1, Baden-Baden 1991

Niehus, R.J.: Die Vierte Gesellschaftsrechtliche Richtlinie - Harmonisierung des Jahresabschlusses vor internationalem Hintergrund, in: Die Wirtschaftsprüfung, 31. Jg. 1978, S. 465-473

Niehus, R.J.: Zur Transformation der 4. EG-(Bilanz-) Richtlinie in den Mitgliedstaaten der Europäischen Gemeinschaft - Überblick und erste Würdigung, in: Zeitschrift für Unternehmens- und Gesellschaftsrecht, 14. Jg. 1985, S. 536-566

Nordemann, H.H.J.: Der Europäische Wirtschaftsprüfer - Mythos oder Realität?, in: Die Wirtschaftsprüfung, 42. Jg. 1989, S. 671-679

O. V.: Airbus Industrie (Stichwort), in: Der Knaur, Universallexikon in 15 Bänden, Bd. 1, München 1990, S. 114

O. V.: Devisenbericht, in: Frankfurter Allgemeine Zeitung, Nr. 230, vom 2.10.1992, S. 22

O. V.: EG-Statut für Genossenschaften, in: Frankfurter Allgemeine Zeitung, Nr. 294, vom 19.12.1991, S. 13

O. V.: Noch Hürden auf dem Weg zum gemeinsamen Markt, in: Frankfurter Allgemeine Zeitung, Nr. 247, vom 24.10.1991, S. 15

O. V.: Noch viele Hürden bis zum schrankenlosen Binnenmarkt, in: Frankfurter Allgemeine Zeitung, Nr. 4, vom 6.1.1992, S. 9

O. V.: Rückendeckung des Straßburger Parlaments für die Europa-AG, in: Frankfurter Allgemeine Zeitung, Nr. 19, vom 23.1.1991, S. 14

Oppermann, T.: Europarecht, München 1991

Ordelheide, D.: Der Konzern als Gegenstand betriebswirtschaftlicher Forschung, in: Betriebswirtschaftliche Forschung und Praxis, 38. Jg. 1986, S. 293-312

Otte, H.-H.: Harmonisierte Europäische Rechnungslegung, Prüfung und Publizität, in: Wirtschaftsprüferkammer Mitteilungen, 29. Jg. 1990, S. 1-11

Passow, R.: Betrieb, Unternehmung, Konzern, Jena 1925

Pausenberger, E.: Der Konzernaufbau, Diss. München 1957

Pausenberger, E.: Konzerne, in: *Grochla*, E./*Wittemann*, W. (Hrsg.), Handwörterbuch der Betriebswirtschaft, Bd. I/2, 4. Auflage, Stuttgart 1975, Sp. 2234-2249

Perridon, L./*Steiner*, M.: Finanzwirtschaft der Unternehmung, 5. Auflage, München 1988

Piltz, D.J.: Unbeschränkte Steuerpflicht ausländischer Kapitalgesellschaften aufgrund inländischer Geschäftsleitung, in: Finanz-Rundschau, 40. Jg. 1985, S. 347-348

Pinto Ribeira, J.A.: Die verbundenen Gesellschaften im neuen portugiesischen Handelsgesellschaftsgesetzbuch, in: *Mestmäcker*, E.-J./*Behrens*, P. (Hrsg.), Das Gesellschaftsrecht der Konzerne im internationalen Vergleich, Baden-Baden 1991, S. 203-215

Prahl, R.: Die neuen Vorschriften des Handelsgesetzbuches für Kreditinstitute (Teil I), in: Die Wirtschaftsprüfung, 44. Jg. 1991, S. 401-409

Priester, H.-J.: Das neue Verschmelzungsrecht, in: Neue Juristische Wochenschrift, 36. Jg. 1983, S. 1459-1467

Raiser, T.: Führungsstruktur und Mitbestimmung in der Europäischen Aktiengesellschaft nach dem Verordnungsvorschlag der Kommission vom 25. August 1989, in: *Baur*, J.F./*Hopt*, K.J./ *Mailänder*, K.P. (Hrsg.), Festschrift für *Ernst Steindorff* zum 70. Geburtstag am 13.3.1990, Berlin/New York 1990, S. 201-214

Rasner, H.: Die Europäische Aktiengesellschaft (SE) - ist sie wünschenswert?, in: Zeitschrift für Unternehmens- und Gesellschaftsrecht, 21. Jg. 1992, S. 314-326

Rechenberg, W.-G. Freiherr von: Die EWIV - Ihr Sein und Werden, in: Zeitschrift für Unternehmens- und Gesellschaftsrecht, 21. Jg. 1992, S. 299-313

Rödder, T.: Bilanzierung und Besteuerung der Europäischen Aktiengesellschaft (Teil I) in: Die Wirtschaftsprüfung, 44. Jg. 1991, S. 200-208

Rödder, T.: Bilanzierung und Besteuerung der Europäischen Aktiengesellschaft (Teil II), in: Die Wirtschaftsprüfung, 44. Jg. 1991, S. 229-241

Rokos, V.: Die Übergangsregelung bei der Umsatzsteuer für grenzüberschreitende Umsätze im Europäischen Binnenmarkt ab 1993 - Änderung der 6. EG-Richtlinie, in: Umsatzsteuer-Rundschau, 41. Jg. 1992, S. 89-107

Sagasser, B./*Swienty*, C.: Die Gründung einer Europäischen Aktiengesellschaft im Wege der Verschmelzung - Zur Praktikabilität des SE-Statuts in der Enrwurfsfassung vom 6./16.5.1991 (Teil I), in: Deutsches Steuerrecht, 29. Jg. 1991, S. 1188-1194

Sagasser, B./*Swienty*, C.: Die Gründung einer Europäischen Aktiengesellschaft im Wege der Verschmelzung - Zur Praktikabilität des SE-Statuts in der Enrwurfsfassung vom 6./16.5.1991 (Teil II), in: Deutsches Steuerrecht, 29. Jg. 1991, S. 1222-1226

Sahner, F.: Die Bilanzierung von Preisänderungen im handelsrechtlichen Jahresabschluß, Köln 1974

Sanders, P.: Auf dem Wege zu einer europäischen Aktiengesellschaft, in: Außenwirtschaftsdienst des Betriebs-Beraters, 6. Jg. 1960, S. 1-5

Sanders, P.: Vorentwurf eines Statuts für europäische Aktiengesellschaften, in: Kommission der Europäischen Gemeinschaften (Hrsg.), Kollektion Studien, Reihe Wettbewerb Nr. 6, Brüssel 1967

Sarrazin, V.: Änderungen des Einkommensteuergesetzes durch das Steueränderungsgesetz 1992 im Bereich der Unternehmensbesteuerung, in: Neue Wirtschaftsbriefe, 27. Auflage, Herne/Berlin, Stand 9.3.1992, Fach 3b, S. 3959-3968

Saß, G.: Die Fusionsrichtlinie und die Mutter/Tochterrichtlinie, in: Der Betrieb, 43. Jg. 1990, S. 2340-2346

Saß, G.: Zum EG-Richtlinienvorschlag vom 28.11.1990 über den Abzug von Verlusten ausländischer Betriebsstätten und Tochtergesellschaften, in: Betriebs-Berater, 46. Jg. 1991, S. 1161-1165

Schaffland, H.-J.: Die Europäische Genossenschaft - Eine neue Rechtsform, in: Deutsche Zeitschrift für Wirtschaftsrecht, 1. Jg. 1991, S. 18-21

Schierenbeck, H.: Grundzüge der Betriebswirtschaftslehre, 10. Auflage, München/Wien 1989

Schmeder, W.: Die Rechtsangleichung als Integrationsmittel der Europäischen Gemeinschaft, Köln et al. 1978

Schmidt, K.: Gesellschaftsrecht, 2. Auflage, Köln et al. 1991

Schmidt, L.: § 5 EStG, in *Schmidt*, L. (Hrsg.), Einkommensteuergesetz, 10. Auflage, München 1991, S. 289-416

Schmitz, R.: Die Bilanzrichtlinie und ihr Beitrag zur Harmonisierung der Rechnungslegung in den EG-Staaten, in: *Albach*, H./*Klein*, G. (Hrsg.), Zeitschrift für Betriebswirtschaft, 58. Jg. 1988, Ergänzungsheft 1/88, S. 1-35

Schneider, U.H.: Europäischer Verein, Europäische Genossenschaft, Europäische Gegenseitigkeitsgesellschaft, in: Europäische Zeitschrift für Wirtschaftsrecht, 3. Jg. 1992, Heft 7, S. I

Schubert, W./*Küting*, K.: Unternehmungszusammenschlüsse, München 1981

Schwartz, I.E.: 30 Jahre EG-Rechtsangleichung, in: *Mestmäcker*, E.-J./*Möller*, H./*Schwarz*, H.-P. (Hrsg.), Eine Ordnungspolitik für Europa, Festschrift für *Hans von der Groeben* zu seinem 80. Geburtstag, Baden-Baden 1987, S. 333-368

Semler, F.-J.: § 34 Zuständigkeit der Hauptversammlung, in: *Hoffmann-Becking*, M. (Hrsg.), Münchener Handbuch des Gesellschaftsrechts, Bd. 4 Aktiengesellschaft, München 1988, S. 327-339

Sieber, E.H.: Die multinationale Unternehmung, der Unternehmenstyp der Zukunft?, in: Zeitschrift für betriebswirtschaftliche Forschung, 22. Jg. 1970, Neue Folge der Zeitschrift für handelswissenschaftliche Forschung, S. 414-438

Sigle, H.: Konzerngestaltungspolitik, in: Betriebswirtschaftliche Forschung und Praxis, 38. Jg. 1986, S. 313-325

Simon, H.V.: Die Bilanzen der Aktiengesellschaften und der Kommanditgesellschaften auf Aktien, 3. Auflage, Berlin 1899

Sinnbilder für Programmablaufpläne des *Deutschen Instituts für Normung* e.V., abgedruckt in: *Budde*, W.D. et al.: Wirtschaftsprüfer-Handbuch 1985/86, hrsg. vom Institut der Wirtschaftsprüfer in Deutschland e.V., Bd. I, 9. Auflage, Düsseldorf 1985

Skaupy, W.: Europäisches Gesellschaftsrecht, in: Die Aktiengesellschaft, 11. Jg. 1966, S. 13-24

Sonnenberger, H.J.: Die Organisation der Aktiengesellschaft im gemeinsamen Markt, in: Die Aktiengesellschaft, 19. Jg. 1974, S. 1-8

Springsguth, U.: Die Grundzüge des neuen Mehrwertsteuerrechts in der Europäischen Gemeinschaft, in: Betriebs-Berater, 47. Jg. 1992, S. 747-755

Stabenow, M.: Unternehmen für Einheitswährung, in: Blick durch die Wirtschaft, Nr. 107, vom 7.6.1991, S. 2

Steinmann, H./*Gerum*, E.: Reform der Unternehmensverfassung, Köln et al. 1978

Steinmann,H./*Gerum*, E.: Unternehmenspolitik in der Mitbestimmten Unternehmung, in: Die Aktiengesellschaft, 25. Jg. 1980, S. 1-10

Strobl, J./*Kellmann*, C.: Umwandlung einer inländischen Betriebsstätte eines ausländischen Unternehmens in eine deutsche Tochtergesellschaft, in: Außenwirtschaftsdienst des Betriebs-Beraters, 13. Jg. 1967, S. 385-394

Strobel. W.: Zum Referentenentwurf des Bilanzrichtlinie-Gesetzes, in: Der Betrieb, 33. Jg. 1980, S. 1225-1233

Stüdemann, K.: Rechtsform der Unternehmung, in: *Grochla*, E./*Wittmann*, W. (Hrsg.), Handwörterbuch der Betriebswirtschaft, 4. Auflage, Bd. I/2, Stuttgart 1975, Sp. 3362-3373

Theisen, M.R.: Das Umsatzsteuersystem im europäischen Binnenmarkt - Systematische Grundlagen und Harmonisierungsnotwendigkeit, in: Wirtschaftswissenschaftliches Studium, 22. Jg. 1993, Heft 1

Theisen, M.R.: Das Umsatzsteuersystem im europäischen Binnenmarkt - Vorschläge zur Harmonisierung der Umsatzsteuer, in: Wirtschaftswissenschaftliches Studium, 22. Jg. 1993, Heft 2

Theisen, M.R.: Der Konzern, Stuttgart 1991

Theisen, M.R.: Die Überwachung der Unternehmungsführung, Stuttgart 1987

Thommen, J.-P.: Allgemeine Betriebswirtschaftslehre, Wiesbaden 1991

Thömmes, O.: Auswirkungen der EG-Fusionsrichtlinie auf die steuerliche Behandlung des Anteilstausches, in: Internationale Wirtschaftsbriefe, 3. Auflage, Herne/Berlin 1971, Stand 1.4.1991, Fach 5, Gruppe 2, S. 137-148

Thömmes, O.: Neue steuerliche Maßnahmen zur Förderung der grenzüberschreitenden Unternehmenskooperation in der Europäischen Gemeinschaft, in: Die Wirtschaftsprüfung, 43. Jg. 1990, S. 473-482

Tilly, H.: Die Aufbauorganisation der multinationalen Unternehmung - Zur Gestaltung der Teilsysteme von Organisation und Führung, Diss. Freiburg i.Br.

Timmermanns, C.W.A.: Die europäische Rechtsangleichung im Gesellschaftsrecht, in: Rabels Zeitschrift für ausländisches und internationales Privatrecht, 48. Jg. 1984, S. 1-47

Trojan-Limmer, U.: Die Geänderten Vorschläge für ein Statut der Europäischen Aktiengesellschaft (SE), in: Recht der Internationalen Wirtschaft, 37. Jg. 1991, S. 1010-1017

Trützschler, K.: § 250, in: *Küting*, K./*Weber*, C.-P. (Hrsg.), Handbuch der Rechnungslegung, 3. Auflage, Stuttgart 1990, S. 691-723

Tubbesing, G.: "A True and Fair View" im englischen Verständnis nach der 4. EG-Richtlinie, in: Die Aktiengesellschaft, 24. Jg. 1979, S. 91-95

Verhandlungen des 34. Deutschen Juristentags zu Köln, hrsg. von dem *Schriftführer-Amt der ständigen Deputation*, Bd. 2, Berlin/Leipzig 1927

Voß, R.: Steuern in Europa, in: Deutsches Steuerrecht, 29. Jg. 1991, S. 925-932

Wagner, F.W.: Allokative und distributive Wirkungen der Ausschüttungskompetenzen von Hauptversammlungen und Verwaltungen einer Aktiengesellschaft, in: Zeitschrift für Unternehmens- und Gesellschaftsrecht, 17. Jg. 1988, S. 210-239

Wahlers, H.W.: Art. 100a EWGV - Unzulässige Rechtsgrundlage für den geänderten Vorschlag einer Verordnung über das Statut der Europäischen Aktiengesellschaft?, in: Die Aktiengesellschaft, 35. Jg. 1990, S. 448-458

Wang, M.: Die Europäische Aktiengesellschaft in der EWG, Freiburg, Schweiz 1964

Wassermeyer, F.: Besteuerung des ausländischen Unternehmenserwerbs durch Anteilstausch (unechte Fusion) und Einbringung von Unternehmensteilen, in: Deutsches Steuerrecht, 30. Jg. 1992, S. 57-62

Weber-Braun, E.: Grundlagen des neuen Bilanzrechts, Umsetzung in den sonstigen EG-Mitgliedstaaten, in: *Küting*, K./*Weber*, C.-P. (Hrsg.), Handbuch der Rechnungslegung, 3. Auflage, Stuttgart 1990, S. 7-28

Weitnauer, W.: Die europäische grenzüberschreitende Gesellschaft, in: Europäisches Wirtschafts- und Steuerrecht, 3. Jg. 1992, S. 165-173

Werres, T.: Ende der wilden Ehen - Die Europäische Aktiengesellschaft auf dem Vormarsch, in: Die Zeit, 46. Jg., Nr. 25, vom 14.6.1991, S. 30

Westphal, J. in einem Gespräch mit dem Handelsblatt, *o. V.*: Absage an die Brüsseler Pläne für eine Europa-AG, in: Handelsblatt, Nr. 174/37, vom 10.9.1990, S. 4

Wiese, G.: § 87, in: *Fabricius*, F./*Kraft*, A./*Kreutz*, P./*Thiele*, W./*Wiese*, G.: Betriebsverfassungsgesetz: Gemeinschaftskommentar, Bd. II, 4. Auflage, Neuwied/Berlin 1990, S. 573-906

Wiesner, P.M.: Das weitere Schicksal der Europa-AG ist wegen der Mitbestimmung ungewiß, in: Handelsblatt, Nr. 123, vom 30.6.1992, S. 8

Wiesner, P.M.: Europa-AG: Europäisches Parlament für Letztentscheidungsrecht der Aktionäre, in: Die Aktiengesellschaft, 36. Jg. 1991, S. R 54-R 55

Wiesner, P.M.: Europa-AG: Wirtschaft begrüßt neue Kommissionsvorschläge, in: Die Aktiengesellschaft, 37. Jg. 1992, S. R 35-R 36

Wiesner, P.M.: Europa-AG: WSA kritisiert neue Vorschläge, in: Die Aktiengesellschaft, 35. Jg. 1990, S. R 306-R 310

Wiesner, P.M.: Kommission legt neue Vorschläge zur Europa-AG vor, in: Die Aktiengesellschaft, AG-Report, 36. Jg. 1991, S. R 275-R 276

Wiesner, P.M.: Neue Vorschläge zur Europa-AG, in: Die Aktiengesellschaft, 34. Jg. 1989, S. R 307-R 308

Wiesner, P.M.: Spitzenverbände kritisieren neue supranationale Rechtsformen, in: Handelsblatt, Nr. 53, vom 16.3.1992, S. 8

Wiesner, P.M.: Stand des Europäischen Unternehmensrechts, in: Europäische Zeitschrift für Wirtschaftsrecht, 3. Jg. 1992, S. 270-279

Wiesner, P.M.: Verein, Genossenschaft, Gegenseitigkeitsgesellschaft: EG-Kommission legt drei neue supranationale Rechtsformen vor, in: Die Aktiengesellschaft, 37. Jg. 1992, S. R 66-R 70

Windbichler, C.: Zur Trennung von Geschäftsführung und Kontrolle bei amerikanischen Großgesellschaften, in: Zeitschrift für Unternehmens- und Gesellschaftsrecht, 14. Jg. 1985, S. 30-73

Wöhe, G.: Betriebswirtschaftliche Steuerlehre, Bd. I/1, 6. Auflage, München 1988

Wöhe, G.: Betriebswirtschaftliche Steuerlehre, Bd. I/2, 6. Auflage, München 1986

Wöhe, G.: Betriebswirtschaftliche Steuerlehre, Bd. II/2, 3. Auflage, München 1982

Wöhe, G.: Bilanzierung und Bilanzpolitik, 7. Auflage, München 1987

Wöhe, G.: Einführung in die Allgemeine Betriebswirtschaftslehre, 17. Auflage, München 1990

Wöhe, G./*Bilstein*, J.: Grundzüge der Unternehmensfinanzierung, 4. Auflage, München 1986

Zacker, C.: Binnenmarkt und Gemeinsamer Markt, in: Recht der Internationalen Wirtschaft, 35. Jg. 1989, S. 489-490

Zeitler, F.-C./*Jüptner*, R.: Europäische Steuerharmonisierung und direkte Steuern, in: Betriebs-Berater, 43. Jg. 1988, Beilage Nr. 17, S. 1-16

Zenthofer, W.: § 12 KStG, in: *Kläschen*, K.D. (Hrsg.), Körperschaftsteuer, Kommentar, Bonn 1976, Stand 18. Ergänzungslieferung Februar 1991, S. 1-13

Rechtsquellen

Das Verzeichnis der Rechtsquellen enthält die in der Arbeit verwendeten Gesetze, EG-Verordnungen (einschließlich Vorschlägen und Entwürfen), EG-Richtlinien (einschließlich Vorschlägen und Entwürfen), Gerichtsurteile, Abkommen, Staatsverträge, Verwaltungsanweisungen, Protokollerklärungen, Absichtserklärungen, Gerichtsbeschlüsse, Übereinkommen (einschließlich Vorentwürfen), gemeinsame und einseitige Erklärungen der EG-Staaten sowie amtliche Stellungnahmen und Berichte:

Abgabenordnung 1977 vom 16.3.1976, BGBl. Teil I, vom 23.3.1976, S. 613-700, berichtigt in BGBl. Teil I, vom 9.2.1977, S. 269, zuletzt geändert durch Steueränderungsgesetz 1992 vom 25.2.1992, BGBl. Teil I, vom 28.2.1992, S. 297-358

Abkommen zur Vermeidung der Doppelbesteuerung auf dem Gebiet der Steuern vom Einkommen und Vermögen der OECD (OECD-Musterabkommen), abgedruckt in: *Jacobs* O.H. et al.: Internationale Unternehmensbesteuerung, hrsg. von *Jacobs*, O.H., 2. Auflage, München 1991, S. 715-729

Absichtserklärung der Regierungsvertreter über den Abschluß der Arbeiten an dem Übereinkommen über den Konkurs, Vergleiche und ähnliche Verfahren, in: ABl. EG Nr. C 117, vom 31.12.1973, S. 15

Achte gesellschaftsrechtliche EG-Richtlinie (Prüferbefähigungsrichtlinie), in: ABl. EG Nr. L 126, vom 12.5.1984, S. 20-26

Aktiengesetz vom 6.9.1965, BGBl. Teil I, vom 11.9.1965, S. 1089-1184, zuletzt geändert durch Bankbilanzrichtlinie-Gesetz vom 30.11.1990, BGBl. Teil I, vom 7.12.1990, S. 2570-2578

Arbeitnehmerschutzrichtlinie, *siehe:* Richtlinie über die Wahrung von Ansprüchen der Arbeitnehmer beim Übergang von Unternehmen, Betrieben oder Betriebsteilen

Bankbilanzrichtlinie, in: ABl. EG Nr. L 372 vom 31.12.1986, S. 1-17

Bank für internationalen Zahlungsausgleich mit Sitz in Basel (Schweiz), - Grundgesetz, Statuten und deutsches Zustimmungsgesetz -,in: RGBl. Teil II, vom 19.3.1930, S. 289-327 und RGBl. Teil II, vom 19.5.1930, S. 776

Bericht des *Rechts- und des Wirtschaftsausschusses des Deutschen Bundestags* zu 58 AktG, in: *Kropff,* B.: Aktiengesetz, Düsseldorf 1965, S. 76-77

Beschluß des *ersten Senats des Bundesverfassungsgerichts* vom 18.10.1967, in: *Mitglieder des Bundesverfassungsgerichts* (Hrsg.), Entscheidungen des Bundesverfassungsgerichts, Bd. 22, Tübingen 1968, S. 293-299

Beschluß des *Großen Senats des BFH* vom 25.6.1984, BStBl. Teil II, vom 22.11.1984, S. 751-770

Betriebsverfassungsgesetz 1952 vom 11.10.1952, BGBl. Teil I, vom 14.10.1952, S. 681-694, zuletzt geändert durch Arbeitsgerichts-Änderungsgesetz vom 26.6.1990, BGBl. Teil I, vom 29.6.1990, S. 1206-1210

Betriebsverfassungsgesetz 1972 (BetrVG) vom 15.1.1972, BGBl. Teil I, vom 18.1.1972, S. 13-43, in der Fassung der Bekanntmachung vom 23.12.1988, BGBl. Teil I, vom 2.1.1989, S. 1-31, zuletzt geändert durch Rentenreformgesetz 1992 vom 18.12.1989, BGBl. Teil I, vom 28.12.1989, S. 2261-2395

Bewertungsgesetz (Neufassung), in der Fassung der Bekanntmachung vom 1.2.1991, BGBl. Teil I, vom 13.2.1991, S. 230-275, zuletzt geändert durch Steueränderungsgesetz 1992 vom 25.2.1992, BGBl. Teil I, vom 28.2.1992, S. 297-358

BFH-Gutachten vom 16.12.1958 (Tauschgutachten), in: BStBl. Teil III, vom 21.1.1959, S. 30-39

BFH-Urteil vom 13.9.1989, BStBl. Teil II, vom 12.2.1990, S. 59

BFH-Urteil vom 17.10.1974, BStBl. Teil II, vom 7.2.1975, S. 58-61

Bilanzrichtlinie, *siehe*: Vierte gesellschaftsrechtliche EG-Richtlinie

Bürgerliches Gesetzbuch vom 18.8.1896, RGBl., vom 24.8.1896, S. 195-603, zuletzt geändert durch Rentenüberleitungsgesetz vom 25.7.1991, BGBl. Teil I, vom 31.7.1991, S. 1606-1708

Deutsches Gesetz zur Ratifizierung der Einheitlichen Europäischen Akte in: BGBl. Teil II, vom 24.12.1986, S. 1102-1103

Dritte gesellschaftsrechtliche EG-Richtlinie (Fusionsrichtlinie), in: ABl. EG Nr. L 295, vom 20.10.1978, S. 36-43

Einheitliche Europäische Akte vom 28.2.1986 in: ABl. EG Nr. L 169 vom 29.6.1987, S. 1-29

Einkommensteuergesetz 1990, in der Fassung der Bekanntmachung vom 7.9.1990, BGBl. Teil I, vom 15.9.1990, S. 1898-1988, berichtigt in BGBl. Teil I, vom 28.3.1991, S. 808, zuletzt geändert durch Steueränderungsgesetz 1992, vom 25.2.1992, BGBl. Teil I, vom 28.2.1992, S. 297-358

Erste EG-Richtlinie zur Harmonisierung der Rechtsvorschriften der Umsatzsteuer, in: ABl. EG Nr. 71, vom 14.4.1967, S. 1301-1303

Erste gesellschaftsrechtliche EG-Richtlinie (Publizitätsrichtlinie), in: ABl. EG Nr. L 65, vom 14.3.1968, S. 8-12

EuGH-Urteil vom 26.2.1986, in: Recht der Internationalen Wirtschaft, 32. Jg. 1986, S. 739

EuGH-Urteil, vom 27.8.1988, in: Der Betrieb, 42. Jg. 1989, S. 269-271

Europäische Berufsgrundsätze für Wirtschaftsprüfer der *Union Européenne des Experts Comptables Economiques et Financiers*, in: Die Wirtschaftsprüfung, 14. Jg. 1961, S. 470-473

Europäisches Parlament: Bericht des Ausschusses für Recht und Bürgerrechte zum Vorschlag der Kommission an den *Rat* für eine Verordnung über das Statut einer Europäischen Aktiengesellschaft, Teil A: Änderungsanträge, in: PE 139.411/endg./A, vom 20.12.1990

Fünfte gesellschaftsrechtliche EG-Richtlinie, *siehe*: *Kommission der Europäischen Gemeinschaften*: Geänderter Vorschlag einer fünften gesellschaftsrechtlichen Richtlinie über die Struktur von Aktiengesellschaften

Fusionsrichtlinie, *siehe*: Dritte gesellschaftsrechtliche EG-Richtlinie

Fusionsrichtlinie, steuerliche, *siehe*: Richtlinie des *Rates* über das gemeinsame Steuersystem für Fusionen, Spaltungen, die Einbringung von Unternehmensteilen und den Austausch von Anteilen, die Gesellschafter verschiedener Mitgliedstaaten betreffend

Gemeinsame und einseitige Erklärungen der EG-Staaten zum Schiedsabkommen, in: ABl. EG Nr. L 225, vom 20.8.1990, S. 21-24

Gesetz betreffend die Erwerbs- und Wirtschaftsgenossenschaften (Genossenschaftsgesetz) vom 1.5.1889, RGBl., vom 10.5.1889, S. 55-93, in der Fassung der Bekanntmachung vom 20.5.1898, RGBl., vom 14.6.1898, S. 369, 810-845, zuletzt geändert durch Bankbilanzrichtlinie-Gesetz vom 30.11.1990, BGBl. Teil I, vom 7.12.1990, S. 2570-2578

Gesetz Nr. 66-537 vom 24.7.1966 über Handelsgesellschaften in Frankreich, in: Journal Officiel de la République Française, Lois et Décrets, du 25 et 26 juillet 1966, S. 6402-6440

Gesetz über die Gründung der Europäischen Gesellschaft für die chemische Aufarbeitung bestrahlter Kernbrennstoffe (Eurochemic) mit Hauptniederlassung in Mol (Belgien), BGBl. Teil II, vom. 6.6.1959, S. 621-671

Gesetz über die Gründung der Gesellschaft für die Finanzierung von Eisenbahnmaterial (Eurofima) mit Sitz in Basel (Schweiz), in: BGBl. Teil II, vom 19.10.1956, S. 908-923

Gesetz über die Gründung der Internationalen Mosel-Gesellschaft m.b.H. mit Sitz in Trier, BGBl. Teil II, vom 24.12.1956, S. 1837-1862

Gesetz über die Gründung der Saar-Lothringischen Kohlenunion, deutsch-französische Gesellschaft auf Aktien (Saarlor), mit Doppelsitz in Saarbrücken, Deutschland und Straßburg (Frankreich), BGBl. Teil II, vom 24.12.1956, S. 1634-1645, 1791-1792

Gesetz über Sprecherausschüsse der leitenden Angestellten (Sprecherausschußgesetz) vom 20.12.1988, BGBl. Teil I, vom 23.12.1988, S. 2312-2329

Gesetz über steuerliche Maßnahmen bei der Änderung der Unternehmensform 1977 a.F. (Umwandlungssteuergesetz 1977 a.F.), vom 6.9.1976, BGBl. Teil I, vom 9.9.1976, S. 2641-2650, geändert durch Steuerreformgesetz 1990 vom 25.7.1988, BGBl. Teil I, vom 2.8.1988, S. 1093-1184

Gesetz über steuerliche Maßnahmen bei der Änderung der Unternehmensform 1977 (Umwandlungssteuergesetz 1977), vom 6.9.1976, BGBl. Teil I, vom 9.9.1976, S. 2641-2650, zuletzt geändert durch Steueränderungsgesetz 1992, vom 25.2.1992, BGBl. Teil I, vom 28.2.1992, S. 297-358

Gewerbesteuergesetz (Neufassung), in der Bekanntmachung vom 21.3.1991, BGBl. Teil I, vom 6.4.1991, S. 814-825, zuletzt geändert durch Steueränderungsgesetz 1992 vom 25.2.1992, BGBl. Teil I, vom 28.2.1992, S. 297-358

Grunderwerbsteuergesetz 1983, vom 17.12.1982, BGBl. Teil I, vom 21.12.1982, S. 1777-1789, zuletzt geändert durch Steueränderungsgesetz 1992, vom 25.2.1992, BGBl. Teil I, vom 28.2.1992, S. 297-358

Grundgesetz der Bundesrepublik Deutschland, in: BGBl. vom 23.5.1949, S. 1-20, zuletzt geändert durch den Einigungsvertrag vom 31.8.1990, BGBl. Teil II, vom 28.9.1990, S. 889-1236

Grundgesetz, Statuten und deutsches Zustimmungsgesetz der Bank für internationalen Zahlungsausgleich mit Sitz in Basel (Schweiz), *siehe*: Bank für internationalen Zahlungsausgleich mit Sitz in Basel (Schweiz)

Handelsgesetzbuch vom 10.5.1897, RGBl. Teil I, vom 21.5.1897, S. 219-436, zuletzt geändert durch Rechtspflegevereinfachungsgesetz vom 17.12.1990, BGBl. Teil I, vom 22.12.1990, S. 2847-2863

Hochschuldiplom-Anerkennungsrichtlinie, *siehe:* Richtlinie über die gegenseitige Anerkennung von Hochschuldiplomen

Internationale Fusionsrichtlinie, *siehe*: *Kommission der Europäischen Gemeinschaften*: Vorschlag für eine zehnte gesellschaftsrechtliche EG-Richtlinie über internationale Verschmelzungen

Kapitalrichtlinie, *siehe*: Zweite gesellschaftsrechtliche EG-Richtlinie

Kommission der Europäischen Gemeinschaften - DE Generaldirektion Finanzinstitutionen und Steuerfragen: Vorentwurf über die Harmonisierung der Gewinnermittlungsvorschriften, in: DOK. Nr. XV/27/88-DE

Kommission der Europäischen Gemeinschaften: Geänderter Vorschlag einer fünften gesellschaftsrechtlichen Richtlinie über die Struktur von Aktiengesellschaften (Strukturrichtlinie), in: ABl. EG Nr. C 240, vom 9.9.1983, S. 2-38

Kommission der Europäischen Gemeinschaften: Geänderter Vorschlag für eine Richtlinie des *Rates* zur Ergänzung des SE-Statuts hinsichtlich der Stellung der Arbeitnehmer, in: KOM(91) 174 endg. - SYN 219, vom 6.5.1991 (= ABl. EG Nr. C 138, vom 29.5.1991, S. 8-17)

Kommission der Europäischen Gemeinschaften: Geänderter Vorschlag für eine Richtlinie über die Unterrichtung und Anhörung der Arbeitnehmer (Vredeling-Richtlinie), in: ABl. EG Nr. C 217, vom 12.8.1983, S. 3-16

Kommission der Europäischen Gemeinschaften: Geänderter Vorschlag für eine Verordnung (EWG) des *Rates* über das Statut der Europäischen Aktiengesellschaft, in: KOM(91) 174 endg. - SYN 218, vom 16.5.1991 (= ABl. EG Nr. C 176, vom 8.7.1991, S. 1-68)

Kommission der Europäischen Gemeinschaften: Statut der Europäischen Aktiengesellschaft, in: Bulletin der Europäischen Gemeinschaften, Beilage 5/89

Kommission der Europäischen Gemeinschaften: Überarbeiteter Entwurf für eine neunte gesellschaftsrechtliche EG-Richtlinie (Konzernrechtsrichtlinie) in: DOK. Nr. III/1639/84

Kommission der Europäischen Gemeinschaften: Überarbeiteter Vorentwurf einer Richtlinie über die Auflösung und Liquidation von Gesellschaften von 1987, in: *Lutter*, M. (Hrsg.), Europäisches Unternehmensrecht, Sonderheft 1 der Zeitschrift für Unternehmens- und Gesellschaftsrecht, 3. Auflage, Berlin/New York 1991, S. 321-325

Kommission der Europäischen Gemeinschaften: Verordnungsvorschlag über das Statut einer Societas Europaea, in: ABl. EG Nr. C 124, vom 10.10 1970, S. 1-55

Kommission der Europäischen Gemeinschaften: Vorschlag einer Richtlinie über die Einsetzung Europäischer Betriebsräte zur Information und Konsultation der Arbeitnehmer in gemeinschaftsweit operierenden Unternehmen und Unternehmensgruppen, in: ABl. EG Nr. C39 vom 15.2.1991, S. 10-15

Kommission der Europäischen Gemeinschaften: Vorschlag einer Richtlinie zur Ergänzung des SE-Statuts hinsichtlich der Stellung der Arbeitnehmer, in: KOM(89) 268 endg. - SYN 219, vom 25.8.1989

Kommission der Europäischen Gemeinschaften: Vorschlag einer Verordnung des *Rates* über das Statut für Europäische Aktiengesellschaften, in: Bulletin der EG, Beilage 4/1975, S. 1-200

Kommission der Europäischen Gemeinschaften: Vorschlag für eine Richtlinie des *Rates* über die gemeinsame Steuerregelung für Zahlungen von Zinsen und Lizenzgebühren zwischen Mutter- und Tochtergesellschaften verschiedener Mitgliedstaaten, in: ABl. EG Nr. C 53, vom 28.2.1991, S. 26-29

Kommission der Europäischen Gemeinschaften: Vorschlag für eine Richtlinie des *Rates* zur Ergänzung des Statuts der Europäischen Gegenseitigkeitsgesellschaft hinsichtlich der Rolle der Arbeitnehmer, in: KOM(91) 273 endg., Brüssel 1992

Kommission der Europäischen Gemeinschaften: Vorschlag für eine Richtlinie des *Rates* zur Ergänzung des Statuts der Europäischen Genossenschaft hinsichtlich der Rolle der Arbeitnehmer, in: KOM(91) 273 endg. - SYN 390, Brüssel 1992

Kommission der Europäischen Gemeinschaften: Vorschlag für eine Richtlinie des *Rates* zur Ergänzung des Statuts des Europäischen Vereins hinsichtlich der Rolle der Arbeitnehmer, in: KOM(91) 273 endg. - SYN 387, Brüssel 1992

Kommission der Europäischen Gemeinschaften: Vorschlag für eine Richtlinie über den Abzug von Verlusten ausländischer Betriebsstätten und Tochtergesellschaften, in: ABl. EG Nr. C53, vom 28.2.1991, S. 30-34

Kommission der Europäischen Gemeinschaften: Vorschlag für eine Verordnung (EWG) des *Rates* über das Statut der Europäischen Gegenseitigkeitsgesellschaft, in: KOM(91) 273 endg. - SYN 391, Brüssel 1992

Kommission der Europäischen Gemeinschaften: Vorschlag für eine Verordnung (EWG) des *Rates* über das Statut der Europäischen Genossenschaft, in: KOM(91) 273 endg. - SYN 388, Brüssel 1992

Kommission der Europäischen Gemeinschaften: Vorschlag für eine Verordnung (EWG) des *Rates* über das Statut des Europäischen Vereins, in: KOM(91) 273 endg. - SYN 386, Brüssel 1992

Kommission der Europäischen Gemeinschaften: Vorschlag für eine zehnte gesellschaftsrechtliche EG-Richtlinie über internationale Verschmelzungen (internationale Fusionsrichtlinie), in: ABl. EG. Nr. C 23 vom 25.1.1985, S. 11-15

Kommission der Europäischen Gemeinschaften: Zweiter geänderter Vorschlag einer Verordnung über das Statut der Europäischen Aktiengesellschaft, in: KOM(89) 268 endg. - SYN 218, vom 25.8.1989

Kommission der Europäischen Wirtschaftsgemeinschaft: Vorentwurf eines Übereinkommens über den Konkurs, Vergleiche und ähnliche Verfahren vom 16.2.1970, in: Rabels Zeitschrift für ausländisches und internationales Privatrecht, 36. Jg. 1972, S. 734-767

Konkursordnung vom 10.2.1877, RGBl. vom 5.3.1877, S. 351-389, zuletzt geändert durch Rechtspflege-Vereinfachungsgesetz vom 17.12.1990, BGBl. Teil I, vom 22.12.1990, S. 2847-2863

Konzernbilanzrichtlinie, *siehe*: Siebente gesellschaftsrechtliche EG-Richtlinie

Konzernrechtsrichtlinie, *siehe*: *Kommission der Europäischen Gemeinschaften*: Überarbeiteter Entwurf für eine neunte gesellschaftsrechtliche EG-Richtlinie

Körperschaftsteuergesetz (Neufassung) vom 11.3.1991, BGBl. Teil I, vom 20.3.1991, S. 638-658, zuletzt geändert durch Steueränderungsgesetz 1992 vom 25.2.1992, BGBl. Teil I, vom 28.2.1992, S. 297-358

Mitbestimmungsergänzungsgesetz vom 7.8.1956, BGBl. Teil I, vom 8.8.1956, S. 707-711, zuletzt geändert durch Sprecherausschußgesetz vom 20.12.1988, BGBl. Teil I, vom 23.12.1988, S. 2312-2329

Mitbestimmungsgesetz vom 4.5.1976, BGBl. Teil I, vom 8.5.1976, S. 1153-1165, zuletzt geändert durch Arbeitsgerichts-Änderungsgesetz vom 26.6.1990, BGBl. Teil I, vom 29.6.1990, S. 1206-1210

Montan-Mitbestimmungsgesetz vom 21.5.1951, BGBl. Teil I, vom 23.5.1951, S. 347-350, zuletzt geändert durch Bilanzrichtlinie-Gesetz vom 19.12.1985, BGBl. Teil I, vom 24.12.1985, S. 2355-2433

Mutter-Tochter-Richtlinie, *siehe*: Richtlinie des *Rates* über das gemeinsame Steuersystem der Mutter- und Tochtergesellschaften verschiedener Mitgliedstaaten

Oberlandesgericht Hamburg: Urteil vom 21.1.1987, in: Recht der Internationalen Wirtschaft, 34. Jg. 1988, S. 816-817

OECD-Musterabkommen, *siehe*: Abkommen zur Vermeidung der Doppelbesteuerung auf dem Gebiet der Steuern vom Einkommen und Vermögen der OECD

O.V.: Beschlüsse des Rats der EG vom 24.6.1991 zur Umsatzsteuerharmonisierung, in: Der Betrieb, 44. Jg. 1991, S. 1705

Protokollerklärung der *Kommission und des Rates der Europäischen Gemeinschaften* zu Art. 2 Abs. 4 4. EG-RL, abgedruckt bei: *Schruff*, L.: Rechnungslegung und Prüfung der AG und der GmbH nach neuem Recht (4. EG-Richtlinie), Düsseldorf 1978, S. II/12

Protokollerklärung der *Kommission und des Rates der Europäischen Gemeinschaften* zu Art. 16 Abs. 4 7. EG-RL, abgedruckt bei: *Biener*, H./*Schatzmann*, J.: Konzern-Rechnungslegung, Düsseldorf 1983, S. 30

Prüferbefähigungsrichtlinie, *siehe*: Achte gesellschaftsrechtliche EG-Richtlinie

Publizitätsrichtlinie, *siehe*: Erste gesellschaftsrechtliche EG-Richtlinie

Richtlinie des *Rates* über das gemeinsame Steuersystem der Mutter- und Tochtergesellschaften verschiedener Mitgliedstaaten, in: ABl. EG Nr. L 225 vom 20.8.1990, S. 6-9

Richtlinie des *Rates* über das gemeinsame Steuersystem für Fusionen, Spaltungen, die Einbringung von Unternehmensteilen und den Austausch von Anteilen, die Gesellschafter verschiedener Mitgliedstaaten betreffend (Fusionsrichtlinie, steuerliche), in: ABl. EG Nr. L 225 vom 20.8.1990, S. 1-5

Richtlinie des *Rates* vom 16.12.1991 zur Ergänzung des gemeinsamen Mehrwertsteuersystems und zur Änderung der sechsten EG-Umsatzsteuerrichtlinie, in: ABl. EG Nr. L 376, vom 31.12.1991, S. 1-19

Richtlinie über die gegenseitige Anerkennung von Hochschuldiplomen (Hochschuldiplom-Anerkennungsrichtlinie), in: ABl. EG Nr. L 19, vom 24.1.1989, S. 16-23

Richtlinie über die Wahrung von Ansprüchen der Arbeitnehmer beim Übergang von Unternehmen, Betrieben oder Betriebsteilen, RL 77/187/EWG (Arbeitnehmerschutzrichtlinie), in: ABl. EG Nr. L 61, vom 5.3.1977, S. 26-28

Richtlinienvorschlag der *Kommission der Europäischen Gemeinschaften* über die Einsetzung Europäischer Betriebsräte zur Information und Konsultation der Arbeitnehmer in gemeinschaftsweit operierenden Unternehmen und Unternehmensgruppen, *siehe*: *Kommission der Europäischen Gemeinschaften*: Vorschlag einer Richtlinie über die Einsetzung Europäischer Betriebsräte zur Information und Konsultation der Arbeitnehmer in gemeinschaftsweit operierenden Unternehmen und Unternehmensgruppen

Schiedsabkommen, *siehe*: Übereinkommen über die Beseitigung der Doppelbesteuerung im Falle von Gewinnberichtigungen zwischen verbundenen Unternehmen

Sechste EG-Richtlinie zur Harmonisierung der Rechtsvorschriften der Umsatzsteuer, in: ABl. EG Nr. L 145, vom 13.6.1977, S. 1-40.

Siebente gesellschaftsrechtliche EG-Richtlinie (Konzernbilanzrichtlinie), in: ABl. EG Nr. L 193, vom 18.7.1983, S. 1-17, geändert durch: Richtlinie 90/604/EWG (Mittelstandsrichtlinie), ABl. EG Nr. L 317, vom 16.11.1990, S. 57-59 und Richtlinie 90/605/EWG, ABl. EG Nr. L 317, vom 16.11.1990, S. 60-62

Stellungnahme der *Kommission der Europäischen Wirtschaftsgemeinschaft* zur Schaffung einer europäischen Gesellschaftsform auf Anfrage von Herrn *Lichtenau*, Mitglied des *Europäischen Parlaments*, in: ABl. EG Nr. 65, vom 19.12.1959, S. 1272

Steuerliche Mutter-Tochter-Richtlinie, *siehe*: Richtlinie des *Rates* über das gemeinsame Steuersystem der Mutter- und Tochtergesellschaften verschiedener Mitgliedstaaten

Steuerliche Fusionsrichtlinie, *siehe:* Richtlinie des *Rates* über das gemeinsame Steuersystem für Fusionen, Spaltungen, die Einbringung von Unternehmensteilen und den Austausch von Anteilen, die Gesellschafter verschiedener Mitgliedstaaten betreffend

Strukturrichtlinie, *siehe*: *Kommission der Europäischen Gemeinschaften*: Geänderter Vorschlag einer fünften gesellschaftsrechtlichen Richtlinie über die Struktur von Aktiengesellschaften

Überarbeiteter Entwurf für eine neunte gesellschaftsrechtliche EG-Richtlinie, *siehe*: *Kommission der Europäischen Gemeinschaften*: Überarbeiteter Entwurf für eine neunte gesellschaftsrechtliche EG-Richtlinie (Konzernrechtsrichtlinie)

Übereinkommen über die Beseitigung der Doppelbesteuerung im Falle von Gewinnberichtigungen zwischen verbundenen Unternehmen (Schiedsabkommen), in: ABl. EG Nr. L 225, vom 20.8.1990, S. 10-20

Übereinkommen über die gegenseitige Anerkennung von Gesellschaften und juristischen Personen, in: BGBl. Teil II, vom 25.5.1972, S. 369-383, das auch das deutsche Zustimmungsgesetz enthält

Umwandlungssteuergesetz 1977 a.F., *siehe*: Gesetz über steuerliche Maßnahmen bei der Änderung der Unternehmensform 1977 a.F.

Umwandlungssteuergesetz 1977, *siehe*: Gesetz über steuerliche Maßnahmen bei der Änderung der Unternehmensform 1977

Vergleichsordnung vom 26.2.1935, RGBl. Teil I vom 4.3.1935, S. 321-340, zuletzt geändert durch Rechtspflege-Vereinfachungsgesetz vom 17.12.1990, BGBl. Teil I, vom 22.12.1990, S. 2847-2863

Verlust-Richtlinie, *siehe*: *Kommission der Europäischen Gemeinschaften*: Vorschlag für eine Richtlinie über den Abzug von Verlusten ausländischer Betriebsstätten und Tochtergesellschaften, in: ABl. EG Nr. C 53, vom 28.2.1991, S. 30-34

Vermögensteuer-Richtlinien für die Vermögensteuer-Hauptveranlagung 1989, in der Fassung der Bekanntmachung vom 9.3. 1989, BStBl. Teil I, Sondernummer 1

Verordnung des *Rates der EG* über die Schaffung einer Europäischen Wirtschaftlichen Interessenvereinigung (EWIV), in: ABl. EG Nr. L 199, vom 31.7.1985, S. 1-9

Versicherungsbilanzrichtlinie: Richtlinie des *Rates* vom 19.12.1991 über den Jahresabschluß und den konsolidierten Abschluß von Versicherungsunternehmen (91/674/EWG), in: ABl. EG Nr. L 374, vom 31.12.1991, S. 7-33

Vertrag zur Gründung der Europäischen Wirtschaftsgemeinschaft (EWG) vom 25.3.1957, in: BGBl. Teil II, vom 19.8.1957, S. 753-1233

Vertrag zur Gründung der Europäischen Atomgemeinschaft (EURATOM), in: BGBl. Teil II, vom 19.8.1957, S. 1014-1155

Vertrag zur Gründung der Europäischen Gemeinschaft für Kohle und Stahl (EGKS), in: BGBl. Teil II, vom 6.5.1952, S. 445-504

Vertrag zwischen der Bundesrepublik Deutschland und der Deutschen Demokratischen Republik über die Herstellung der Einheit Deutschlands - Einigungsvertrag -, vom 31.8.1990, BGBl. Teil II, vom 28.9.1990, S. 889-1245

Vierte gesellschaftsrechtliche EG-Richtlinie (Bilanzrichtlinie), in: ABl. EG Nr. L 222, vom 14.8.1978, S. 11-31, geändert durch: Richtlinie 84/569/EWG in: ABl. EG Nr. L 314, vom 4.12.1984, S. 28, Richtlinie 90/604/EWG, in: ABl. EG Nr. L 317, vom 16.11.1990, S. 57-59, und Richtlinie 90/605/EWG, in: ABl. EG Nr. L 317, vom 16.11.1990, S. 60-62

Vorschlag der *EG-Kommission* für eine Richtlinie über den Abzug von Verlusten ausländischer Betriebsstätten und Tochtergesellschaften, *siehe*: *Kommission der Europäischen Gemeinschaften*: Vorschlag für eine eine Richtlinie über den Abzug von Verlusten ausländischer Betriebsstätten und Tochtergesellschaften

Vorschlag der *EG-Kommission* für eine zehnte gesellschaftsrechtliche EG-Richtlinie über internationale Verschmelzungen, *siehe*: *Kommission der Europäischen Gemeinschaften*: Vorschlag für eine zehnte gesellschaftsrechtliche EG-Richtlinie über internationale Verschmelzungen

Vredeling-Richtlinie, *siehe*: *Kommission der Europäischen Gemeinschaften*: Geänderter Vorschlag für eine Richtlinie über die Unterrichtung und Anhörung der Arbeitnehmer

Wirtschaftsprüferordnung (WPO), Gesetz über eine Berufsordnung der Wirtschaftsprüfer (Wirtschaftsprüferordnung) vom 5.11.1975, BGBl. Teil I, vom 12.11.1975, S. 2803-2832, zuletzt geändert durch Rechtspflege-Vereinfachungsgesetz vom 17.12 1990, BGBl. Teil. I, vom 22.12.1990, S. 2847-2863

Wirtschafts- und Sozialausschuß der Europäischen Gemeinschaften: Stellungnahme zu dem Vorschlag für eine Verordnung (EWG) des *Rates* über das Statut der Europäischen Aktiengesellschaft und dem Vorschlag für eine Richtlinie des *Rates* zur Ergänzung des SE-Statuts hinsichtlich der Stellung der Arbeitnehmer, in: CES(90) 379, vom 28.3.1990

Zweite EG-Richtlinie zur Harmonisierung der Rechtsvorschriften der Umsatzsteuer, in: ABl. EG Nr. 71, vom 14.4.1967, S. 1303-1312

Zweite gesellschaftsrechtliche EG-Richtlinie (Kapitalrichtlinie), in: ABl. EG Nr. L 26, vom 31.1.1977, S. 1-13